职业教育专业建设与课程教材开发

许 远 ◎ 著

中国人民大学出版社
· 北京 ·

前　言

我国拥有世界上规模最大的职业教育和培训体系，主要表现有二：一是根据《2016 年全国教育事业发展统计公报》，截至 2016 年年末，全国中等职业教育共有学校 1 万余所（其中，普通中等专业学校 3 398 所、职业高中 3 726 所、技工学校 2 526 所、成人中等专业学校 1 243 所），高职（专科）院校 1 359 所，成人高等学校 284 所，职业技术培训机构 9.34 万所。各类职业院校共拥有超过 3 000 万名的在校生。二是根据《2016 年度人力资源和社会保障事业发展统计公报》，2016 年年末全国共有就业训练中心 2 741 所、民办培训机构 19 463 所，全年共组织各类职业培训 1 775 万人次（其中，就业技能培训 959 万人次，岗位技能提升培训 551 万人次，创业培训 230 万人次，其他培训 35 万人次）。在全年各类职业培训中，农民工培训 913 万人次，城镇登记失业人员培训 287 万人次，城乡未继续升学的应届初高中毕业生培训 75 万人次。2016 年年末全国共有职业技能鉴定机构 8 224 个，职业技能鉴定考评人员 28 万。全年共有1 755万人参加了职业技能鉴定，1 446 万人取得不同等级的职业资格证书。

各类职业院校作为培育高素质技术技能人才的主阵地，正积极进行一系列顶层设计和改革试验，力求在新时代奋发有为，努力弥补“短板”，培养出更多优秀技能人才。2019 年印发的《国家职业教育改革实施方案》指出：“把握好正确的改革方向，按照‘管好两端、规范中间、书证融通、办学多元’的原则，严把教学标准和毕业学生质量标准两个关口。将标准化建设作为统领职业教育发展的突破口，完善职业教育体系，为服务现代制造业、现代服务业、现代农业发展和职业教育现代化提供制度保障与人才支持。建立健全学校设置、师资队伍、教学教材、信息化建设、安全设施等办学标准，引领职业教育服务发展、促进就业创业。落实好立德树人根本任务，健全德技并修、工学结合的育人机制，完善评价机制，规范人才培养全过程。深化产教融合、校企合作，育训结合，健全多元化办学格局，推动企业深度参与协同育人，扶持鼓励企业和社会力量参与举办各类职业教育。推进资历框架建设，探索实现学历证书和职业技能等级证书互通衔接。”目前，职业教育领域正在大力加强职业教育国家教学标准体系建设，职业培训领域正在努力构建终身职业技能培训体系。

本书是一本介绍职业教育课程教材开发相关内容的著作，以提升职业教育教材开发水平和规范程度为目标，面向广大职业院校教师、职业教育教材的出版工作者等读者对象，介绍了专业教学标准开发，课程标准编制，教材选题策划、开发编写和出版等方面的最新研究成果，涉及职业教育专业建设与专业教学标准制定、职业教育课程开发与课程标准制定、职业教育教材的理论基础和概念辨析、职业教育教材开发的原则与方法、典型职业教育教材开发的实践研究、典型职业培训教材开发的实践研究、职业技能教材评价的指标体系研究、职业技能教材的数字化研究等内容。

教材无小事。习近平总书记明确指出：教材建设体现国家意志，是国家事权。在新时代，职业教育领域在国家层面上进一步加强了标准化体系建设，随之而来的，也应进一步加强课程教材统筹指导和宏观管理，解决为谁培养人、培养什么样的人、怎样培养人的根本问题；应进一步创新课程教材编审、使用体制机制，不断推出高水平课程教材，确保课程教材的政治方向、价值取向，为坚定广大劳动者的文化自信，培育和践行社会主义核心价值观，为加强广大劳动者的思想道德、职业道德建设，为鼓励广大劳动者创新创业提供保障。

本书的出版得到中国新闻出版研究院原院长郝振省研究员、中国就业培训技术指导中心原主任陈宇教授、教育部职业技术教育中心研究所原所长杨进教授、天津职业技术师范大学职业教育学院院长张元教授的大力帮助支持。张伟（中国劳动社会保障出版社职业培训分社社长）、吕志敏（外语教学与研究出版社编审）、贾瑞武（高等教育出版社副总编辑、编审）、孔全会（高等教育出版社上海出版事业部总经理、编审）、葛都（教育科学出版社副总编辑、副编审）、柴灿（电子工业出版社教育出版中心中职事业部主任）、郑浩（语文出版社职业教育部主任、编审）、沈力匀（科学出版社编审）、赵玉山（北京师范大学出版社副社长、副编审）、邓海平（机械工业出版社技能教育分社社长、编审）、丁岭（清华大学出版社编审）、王国川（教育部行指委办公室常务副主任、副研究员）、辜东莲（广州市职业技术教研室主任、副研究员）、童革（柳州职业技术学院副教授）等为本书提供了有关案例，特此感谢。

希望本书的出版能给广大职业教育工作者和服务于职业教育的出版工作者带来新的经验、提供新的思路，促进职业院校专业建设、课程开发、教材编写的进一步规范化，为建设面向新时代的校企双元合作开发的国家规划教材和符合 1+X 证书制度需要的职业技能等级教材提供解决思路，从而促进职业教育质量的提升。

著者
2019 年 6 月 17 日

目录

第1章 职业教育专业建设与专业教学标准制定

❖ 1.1 职业教育的专业与专业建设

1.1.1 职业教育的专业

1. 定义

什么是“专业”？目前，重要辞书和教育专著对“专业”一词有不同的定义。

《现代汉语词典》的释义认为，“专业”是根据科学分工或生产部门的分工把学业分成的门类。我国学校里所称的“专业”大体相当于《国际教育标准分类》的课程计划（program）或美国高等学校的主修（major）。与普通高等教育按照学科体系设置专业不同，职业教育的“专业”是按照职业所需要的各项专门能力为原则设立的。可以说，职业教育的“专业”是根据社会职业岗位对人才的需求和学校教育规律与培养的可能所设置的人才培养的学业门类。

《教育大辞典》的释义是：“中国、苏联等国高等教育培养学生的各个专业领域，大体相当于《国际教育标准分类》的课程计划或美国高等学校的主修。根据社会职业分工、学科分类、科学技术和文化发展状况及经济建设与社会发展需要划分。高等学校据此制定培养目标、教学计划，进行招生、教学、毕业分配等项工作，为国家培养、输送所需的各种专门人才；学生亦按此进行学习，形成自己在某一专门领域的专长，为未来职业活动做准备。”①

《高等教育学》中对“专业”的释义是：“课程的一种组织形式。”② 联合国教科文组织编的《国际教育标准分类》中，没有出现“专业”这个词，相对应的是“课程计划”，即“学生在某系选择一组课程计划，这一组课程计划内常有些课程要到其他院、系去上。也有这种情况，同一种课程计划，由于重点不同，往往在一个以上的系中进行”③。赵康在论文中提出：“根据专业社会学，专业也称为专业性职业。专业性职业具有一个共性，每一个专业都有一个科学的知识体系。”④ 卢晓东、陈孝戴对上述定义进行了比较研究，建议在《教育大辞典》的释义基础上完善为：“专业就是课程的一种组织形式，学生学完所包含的全部课程，就可以形成一定的知识与能力结构，获得该专业的毕业证书。《国际教育标准分类》称为课程计划，美国高等学校称为主修。”⑤

2. 职业教育专业的特征

职业院校的专业具有三大显著特征：其一，它是一种以高新技术应用为中心的综合多学科与职业特色的知识；其二，它具有高新技术岗位工作的情境性，是一种鲜活的、功能灵活的知识；其三，它通常是一种以案例形式存在、积累和传承的知识。因此，根据高新技术岗位的工作要求，对相关知识进行开发、提炼和整理，使之系统化（变成专业课程内容）、结构化（组成专业课程计划）和合法化（对课程内容和计划予以确认），形成具有技术专业特征的课程体系，并从人、财、物诸方面创造实施这些课程的必要条件，是职业教育专业建设所要达到的基本目标。

3. 职业教育专业的功能

一般地说，教育既有育人功能（本体功能），又有社会功能（工具功能）。具体到高职教育来说，它具备高等教育的三大功能：人才培养的功能、科学研究的功能、社会服务的功能。这三大功能是通过专业来实现的。首先，职业院校的专业是培养高技能人才的载体，这种人才不是资本主义国家专门从事脑力劳动的白领和专门从事体力劳动的蓝领，而是既懂理论又能实践的银领（周济

---

① 顾明远．教育大辞典．上海：上海教育出版社，1998.

② 潘懋元，王伟廉．高等教育学．2版．福州：福建教育出版社，2007.

③ 联合国教科文组织教育统计局．国际教育标准分类．国家教育委员会教育发展与政策研究中心，译．北京：人民教育出版社，1988：246.

④ 赵康．论高等教育中的专业设计．教育研究，2000（10）.

⑤ 卢晓东，陈孝戴．高等学校“专业”内涵研究．教育研究，2002（7）.

语)，是中国特色社会主义建设急需的人才，这是职业教育专业的人才培养功能。其次，职业院校的专业都与对口行业、对口企业联系密切，这样的做法有利于产学研结合，有利于订单培养。在培养企业急需的高技能人才的同时，也培养了职院急需的“双师型”教师。专业师资水平大大提高，不但开展以教育教学为重点的社会科学研究，而且开展以专业技术为重点的自然科学研究，这是职业教育专业的科学研究功能。最后，职业院校以服务为宗旨，面向市场办学，既为商品市场提供物质产品，又为信息市场提供科技信息，还为技术市场提供技术服务，包括技术培训、技术咨询、技术承包、技术转让等，使科学技术由潜在的生产力转化为现实的生产力。办院一所，造福四方，从而促进脱贫致富，全面实现小康，这是职业教育专业的社会服务功能。

1.1.2 专业建设的内涵要素

专业是职业院校的基本细胞，关系到经济和社会的发展，关系到职业教育的发展，也关系到院校师生的发展。从这个意义上讲，专业建设是职业院校实践科学发展观的具体行动。

《国家示范性高等职业院校建设项目预审标准（试行）》中，共有六项一级指标，其中第五项是“专业建设”，又包含三项二级指标：专业建设总体水平；课程建设；职业能力与职业素质教育。

专业建设的目的在于不断健全和完善为培养适应社会发展需要的高级应用型人才所需的必要条件，是在已经设置的专业基础上，为使专业所培养的人才适应社会或行业不断发展变化的要求而进行建设。它侧重于专业发展的线和面，是动态的①。这种差别取决于社会不断发展变化的客观现实，而这一客观现实又要求某一专业人才的素质应当与这种不断发展变化的要求同步甚至超前。专业建设过程就是把握社会发展变化对专业人才素质要求的脉搏，为提高专业人才适应社会发展变化需要所应具备的素质，不断完善或创造条件的过程。这一过程也是专业建设各要素的不断健全和完善的过程，专业建设有以下五大要素②。

1. 课程体系建设

课程体系建设与改革是提高教学质量的核心，也是教学改革的重点和难点。示范院校课程体系建设重点强调职业性和开放性，根据技术领域和职业岗

---

① 谢川．对高职专业设置与建设的思考．机械职业教育，2007（5）．

② 杨理连．国家示范性高等职业院校建设内涵分析．承德石油高等专科学校学报，2007（2）．

位（群）的任职要求，参照相关的职业资格标准，改革课程体系和教学内容。通过积极与行业企业合作开发课程，建立突出职业能力培养的课程标准，体现职业岗位的能力要求，使专业核心课程与职业岗位能力紧密对应，强化学生能力的培养。

（1）改革人才培养模式。其中工学结合是高等职业教育人才培养模式改革的重要切入点。工学结合的本质是教育通过企业与社会需求紧密结合，实行工学交替、任务驱动、项目导向、顶岗实习等有利于增强学生能力的多种教学模式。高等职业院校根据企业需要开展企业员工的职业培训，与企业合作开展应用研究和技术开发，使企业在分享学校资源优势的同时，参与学校的改革与发展，使学校在校企合作中创新人才培养模式，强化学生的生产实习和社会实践，不断提高学生的实际动手能力。

（2）以项目为导向。理论教学与实践教学采取以问题、项目为中心的原则整合课程内容，根据课程培养目标所规定的职业能力设定工作项目，以工作项目为轴心整合课程内容形成课程单元，课程单元和职业能力相对应，课程内容由基础知识、专业技能和扩展知识组成。充分体现课程结构、课程定位和课程内容的职业性，形成“理论教学＋认识实习＋教师导学＋校内实训＋校外实训”的课程教学体系。

（3）以任务为驱动。以工作任务为中心，以现场模拟与实际操作为载体，在实际训练中培养能力，帮助学生掌握知识、方法、技巧。探讨“教、学、做”紧密结合的教学方法，融“教、学、做”于一体，实现课程教学实施方式的根本性转变。

（4）以“双证书”为目标。构建以职业能力为主线的教学内容和教学环节，将“双证书”融入教学全过程，学生学习相关课程后可直接参加职业资格证书考试，在学习期间获得职业资格证书或职业技能等级证书。

2. 实训基地建设

加强实训、实习基地建设是高等职业院校改善办学条件、彰显办学特色、提高教学质量的要点。示范院校要以职业岗位核心技能培养为目标，以课程体系要求为依据，以教学模式实现为主线来开展专业实训基地的建设。

（1）通过校企合作，实现实训基地效能最大化、教学成果最优化和社会效益最大化。在承担职业院校同类专业技能实训的同时，承担各级各类职业技能的培训任务，使实训基地在地方经济、社会发展中发挥服务和辐射作用。紧密联系行业企业，厂校合作，加强和推进校外顶岗实习力度，逐步加大校内生产性实训、校外顶岗实习比例，提高学生的实际动手能力。

（2）按照职业岗位（群）对技能的要求和教学大纲的要求，实训基地建设内容尽可能创造企业的真实场景，营造真实的职业环境，模拟职业岗位进行实际操作训练和技术培训，特别是要积极探索校内生产性实训基地建设的校企组合新模式，由学校提供场地和管理，企业提供设备、技术和师资支持，以企业为主组织实训，形成一批教育改革力度大、装备水平高、优质资源共享的高水平校内生产性实训基地。

3. 师资队伍建设

按照开放性和职业性的内在要求，加强“双师”结构的教学团队建设，使他们具有一定实践教学能力和科技开发服务能力，以适应经济和社会发展的新需要。

（1）加大引进。根据重点专业对人才的需求，加大引进高技能、高技术、高素质人才，尤其是把握专业技术改革方向且精通企业行业工作程序的专业带头人和具有企业工作经历、具备实践教学能力的骨干教师，以改变现有教学团队的结构。聘请企业行业技术骨干或能工巧匠到学校担任兼职教师，形成一批把握行业企业最新技术动态的领军人物，逐步形成实践技能课程主要由具有相应高技能水平的兼职教师讲授的机制。

（2）着力培养。增加专业教师中具有企业工作经历的教师比例，制订并落实重点建设专业教师轮流下企业顶岗培养的计划。鼓励重点建设专业带头人或骨干教师在企业中兼职，参与企业技术指导和产学研项目开发。有计划地选派重点建设专业带头人或骨干教师到国内外著名大学、知名企业、专业团体或与学校合作办学的境外大学研修，以此积累实际工作经验，提高实践教学能力。重视中青年教师的培养和教师的继续教育，提高教师的综合素质与教学能力，使骨干教师全部具备企业经历，使部分青年骨干教师在行业领域内具备一定的影响力。

4. 教学管理改革

根据职业性与开放性的要求，针对“工学结合、半工半读”模式的特点，创新教学管理模式，使教学管理从校内向企业延伸，使实训环节管理规范化。

（1）改革实践环节管理。探讨实训环节的“课程化管理”，即根据职业岗位能力的要求，制定教学大纲，确定实训内容、实施办法以及考试考核办法。聘请企业、行业人员参与实践环节有关文件的修订，与企业共同制定实验、实训、实习等环节的评价标准和质量监控办法；制定学生评教体系，由学生对实践教学过程和效果进行评价，以改进实践教学；将毕业设计（论文）环节与顶岗实习有机结合，将顶岗实习的操作能力、生产能力、生产组织与管理能力等作为考核要求。

（2）在企业建立教研室，以确保工学结合教学模式的人才培养质量。教研室由公司技术人员和专业教师组成，根据企业职业岗位能力要求，制定课程标准，负责实训课程的组织；拟订专业核心课程与主要实训课程的评价标准，将企业评价引入教学评价中；对学生在企业的实习实训环节实施员工式管理，探索学生实训与顶岗实习的新模式；负责对理论课教师在企业进行实践能力训练，以培养教师的“双师素质”。

(3) 提升现代化管理手段。为确保“工学结合、半工半读”等教学模式的实施，学校在实行弹性学制的基础上，开发柔性化的教学管理系统，对不同的教学模式采取相应的模块化管理，以满足“小批量、个性化、不同类别”的顶岗实习、订单培养、项目需求等“工学结合、半工半读”学习形式的要求，强化各类实践教学、理论教学和学生管理工作。

5. 社会服务

主动面向全国以及区域经济的产业群和职业岗位群，发挥职业院校人力与智力资源优势，为地方乃至全国经济建设与社会发展做贡献。

面向地方经济建设与社会发展发挥服务作用。围绕产业、行业、企业人才需求，为地方经济和社会发展培养素质优良、技术精湛的高技能人才；开展以岗位培训和继续教育为重点的面向企业员工与下岗职工的职业培训和职业技能鉴定；与区域经济支柱产业、新兴行业、骨干企业联合设立研发中心，进行科技开发和成果转化，直接服务于区域经济发展；通过基地的生产性实习实训进行产品生产，探索生产、实训相结合的基地建设新模式，逐年提高产值，扩大服务基础。

与地方政府部门合作，开展对进城农民工的技能培训，加强农村劳动力转移培训工作；推进与中西部地区职业院校对口支援项目的实施，开展管理干部、专业课教师职业技能培训。

1.1.3 职业教育专业建设发展趋势

2006 年《关于全面提高高等职业教育教学质量的若干意见》(教高〔2006〕16 号) 文件为职业教育专业建设指明了方向，在此之后，职业教育的专业建设发展呈现以下趋势。

1. 紧跟行业拓展专业

高职教育的本质属性决定了高职教育的专业要紧跟行业的发展，这样才能保证专业建设方向的正确性，特别是专业群的拓展。所以，专业建设满足社会需求是前提，与企业对接、合作并能适当超前至关重要。

2. 瞄准岗位更新专业

岗位能力培养的要求决定了高职专业建设的内涵要随着岗位的变化而变化。这里包括专业方向的调整和专业内容的更新。特别是随着经营体制和经营方式的变革，出现了一些新的岗位变化。因此，专业建设必须与职业融通，随着这些变化而变化。

3. 工学结合，突出生产性实训

校企合作、工学交替、工学结合概念的提出进一步促进了专业建设外延的发展和内涵的深化。学校与企业合作、校内与校外交替、工作与学习交替是专业建设的革命性的改革。所谓工学结合，主要指学生通过参与企业工作过程，达到学习职业技能的目的①。根据目前学生的职业素质现状，增加企业实训时间，强化企业实训过程中的工学结合是培养高技能型人才不可或缺的环节，是专业建设与改革的长期发展趋势。

所谓生产性实训，主要指校内的实践教学要做到实训项目来源于市场；实训过程有生产任务要求，执行生产标准要求；实训产品推向市场，实现一定的经济效益。要达到学生实训过程与项目生产过程的结合与统一，应以学生技能实训为主，生产项目管理为辅。要在原有单项技能训练、综合技能训练的基础上增加生产性实训，这是专业建设的一个重要趋势，是专业建设内涵上的重要改革，也是检验专业建设水平的重要指标。

4. 产学研一体化

专业建设、技术培训、应用技术研发、生产经营公司呈现一体化建设趋势。高职教育的专业要面向市场、面向企业、面向地方经济，仅仅靠培养人才是不够的。因此，加强和扩大技术培训是扩展学校功能的需要；加强应用技术研究是增强服务能力的需要；开展经营服务活动是提高办学活力的需要。这是高水平专业建设的标志，也是重要发展趋势。

5. 强化实训基地建设

随着示范院校建设项目的启动，职业院校的实训基地建设将进入新一轮高水平的建设高潮。与前面发展趋势相对应，校内实训基地建设的要求是实训基地的功能要与岗位能力培养要求相一致，与实训学生的数量相匹配，即能满足生产性实训的需求。校外企业实训基地建设要能满足工学结合的需要。

---

① 陈解放．合作教育的理论及其在中国的实践．上海：上海交通大学出版社，2006：155.

6. 打造“双师”素质团队

推进专业教师的聘任和培养机制改革。在专业建设中，具有“双师”素质的教师队伍建设始终是重中之重。为保证专业建设与改革的持续深入，通过建立聘任与培养机制，培养教师的指导生产性实训能力和参与企业生产经营管理能力、打造“双师”素质团队是一个长期的发展趋势。

1.2 专业建设目标与思路

专业建设是体现学校人才培养质量的重要标志，是增强学校服务社会能力和提高学校整体办学水平的有效平台。要面向先进制造业、新兴产业和现代服务业领域，以专业基础条件建设、人才培养模式创新、优质课程建设、办学机制和管理体制改革为重点，建设一批办学条件好、工学结合紧密、就业质量高的精品专业和特色专业。要在专业基础条件建设中重点加强专业带头人的引进和培养工作，为吸引优秀的领军人物创造必需的条件；同时在专业实训基地建设中增加模拟和仿真实训比例，不断更新教学设施和仪器设备，拓展服务功能，提升服务水平。在此基础上探索和实践工学结合、半工半读、订单式培养、“双证书”制度等多种人才培养模式和方案的改革，同时每个精品和特色专业确定3～5门专业核心课程作为优质课程加以建设，加强专业教材建设和多媒体教学课件建设。

1.2.1 专业建设机制创新

1. 专业预警机制

政府劳动部门应建立劳动力市场研究机构，专门对劳动力市场变化开展相应对策研究，不仅对当年市场所需人才做出评估，而且对市场所需要的各类人才做出中长期预报。同时，教育部门应建立“职业资格早期监测系统”，对未来5～10年的职业演进变化实行监测，为面向未来的专业划分与设置提供可靠的数据支持。

2. 绩效优先机制

职业院校要实现跨越式发展，必须引入绩效优先的重点建设机制。所谓绩效优先，是根据学校的办学定位，坚持扶优、扶强，坚持有所为、有所不为的原则，对于符合学校办学定位，基础较好，又已形成一定竞争优势的专业，学校应给予重点扶持，努力创建品牌专业和特色专业，在较短的时间内构建较为完善的专业体系。对列入重点建设的专业，学校应给予一些特殊的政策倾斜。

3. 学术参与机制

在专业建设中，不仅要注重企业界的参与，也应注重学术界的参与，以保证所开发的专业具有鲜明的技术特征和较高的技术含量。另外，高职教育专业建设应考虑专业的属性要求，专业名称要规范，专业内涵与外延要科学清晰，专业口径要宽窄有度，课程结构要组建科学，设备条件要达到标准，并力求与世界各国进行教育合作与交流。这类学术规范工作，都离不开学术界的参与指导。

1.2.2 专业建设目标①

职业院校的专业建设应该找准定位、突出重点，支持办学理念先进、产学结合紧密、特色鲜明、就业率高的专业建设；造就一批基础理论扎实、教学实践能力突出的专业带头人和教学骨干；建设一批融教学、培训、职业技能鉴定和技术研发功能于一体的实训基地或车间；合作开发一批体现工学结合特色的课程体系，形成以重点建设专业为龙头、相关专业为支撑的重点建设专业群，提高职业院校对经济社会发展的服务能力。

科学合理地调整和设置专业，改革课程体系和教学内容，将职业岗位所需的关键能力培养融入专业教学体系，增强毕业生就业竞争能力；积极改革以课堂和教师为中心的传统教学组织形式，将理论知识学习、实践能力培养和综合素质提高三者紧密结合起来，提高学生就业能力；根据区域和行业人才需求状况以及职业技术与职业岗位的特点，积极探索弹性学制和以学分制为主要内容的灵活的教学管理制度，加快区域和行业高技能紧缺人才培养。

树立独特的专业建设理念和超前的专业建设意识，在人才培养的规格上，定位准确；在人才培养的途径、手段和方式方法上，有新颖性，尤其要体现以人为本，实践性、主体性、开放性和教学做合一的教育思想；在教学设计、课程体系、知识和技能的结构上，有科学性，尤其重视理论与实践并重，职业能力和创新创业能力的培养以及科学教育与人文素质教育相结合；在产学研结合上，有独创性，尤其重视学生通过参加生产、服务、管理和参与技术开发、创

① 选自时任教育部部长周济2006年在示范性高职院校建设视频会议上的讲话。

新等，获得职业经验和专业技术应用能力。

搞好专业人才培养计划或教学计划的总体设计。要按照高职教育的培养目标，以技术应用能力和职业素质培养为主线，设计好培养人才的知识、能力、素质结构。要按照高职教育的特点来处理好基础与专业、理论与实践、智育与德育等方面的关系。同时在社会、行业、企业等用人部门的参与下共同建设专业。

1.2.3 专业建设思路

1. 更新专业建设理念

(1) 突出专业培养目标的职业性。突破传统的学科性，以培养学生职业岗位能力为目标，从内容上淡化学科性，突出职业性；以生产环节、工艺流程、工作程序为教学环节，从教学过程上淡化学科性，突出职业性；以专业、课程模块为教学特征，从形式上淡化学科性，突出职业性；以企业工学结合为重要实践环节，从培养环境和要求上淡化学科性，突出职业性。

(2) 突出学生在专业建设中的主体性。专业教学活动过程以学生为主体。高职教育是以横向扩展为主的教育，学习的结果不仅包括知识的建构，还包括态度的改变、技能的形成、体验的加深和认知策略的完善等，以满足学生上岗的需要。如此多的学习要求，没有学生的全面参与是无法实现的。专业实训基地的建设管理以学生为主体，生产性实训以学生全程参与为主要特征，所以专业实训基地的管理主体应是学生，否则，专业基地就不是真正意义上的实训基地。教学改革必须为学生的发展提供机会，要创设情境与氛围，为学生展示自我、发现自我和发展自我提供足够的时间和空间，以减少学生对教师的依赖。

(3) 突出专业教学中的实践性。增加职业性知识、应用性知识，突出教学内容的实用性、实践性；增加可操作性、综合性实践，突出实践教学的实用性、实践性；增加生产性、顶岗性实训，突出企业实习的实用性、实践性。

(4) 突出专业办学中的企业性。专业建设必须以就业为导向，积极探索校企合作、工学结合的人才培养模式改革，与企业合作共同开发课程，建设实训基地，以工学结合为切入点，在专业建设、课程设置、教学内容和教学方法改革等方面进行探索，形成特色鲜明的专业。专业教师角色要像企业技术人员，贴近企业；教学组织要有企业真实环境，贴近职业；学生角色要像企业员工，贴近岗位；教学过程要有企业参与，贴近职业资格鉴定。

2. 培养“双师”教师队伍

（1）掌握职业教育规律，认识到位。目前，职业院校教师来源的主要渠道仍然是普通高校。这些教师对高职教育的规律要求并不十分清楚，自身的职业能力不是很强，所以必须不断予以培训。要争取做到：一是主动适应社会、企业需求，不断缩短学校教育与社会企业要求的距离，体现职业教育的开放性；二是主动适应学生要求，用新的教育理念、教学内容、教学方法和手段去适应学生，而不是让学生来适应教师，体现职业教育的时代性；三是主动适应职业岗位能力要求的变化，随时更新培养内容，体现职业教育的先进性。

（2）参加生产实践和科技服务，实践到位。提高教师的职业能力和实践能力至关重要，具体措施有：一是组织教师参加校外实训基地建设与管理，熟悉企业生产环节、工作流程、工作任务，丰富教师的实践经验，尽快使教师具备“双师”素质；二是鼓励教师钻研实用技术，与企业工程师共同开发、研究企业实践应用性课题与科研项目，热爱应用性研究，贴近高职教育，早日具备高级职业能力。

（3）建立企业“双师”培训基地，培养到位。选择部分企业作为“双师”培训基地，可通过结合学生的企业实训指导、参与企业技术研发等途径，选派教师参加企业实践，掌握企业的生产、经营与管理，赢得企业的认可，成为行家里手。

3. 改革人才培养模式

（1）科学设计人才培养模式是前提。设计人才培养模式必须面向行业、企业的生产特点和工作特点，遵照高技能型人才的成长规律，针对学生的特点，走与行业或若干企业联合之路，形成既开展合作研究、联合经营，又合作进行职业人才培训活动的联合体。亦工亦学，其功能是共同开展科学研究、技术开发、新产品研制、生产试验和职业培训等，构成校企合作、工学结合、产学一体化人才培养模式。

（2）生产性实训是主要实现途径。生产性实训的主要途径是加大与企业的合作，将企业的生产项目作为校内实训项目，以及根据市场需求自主开发生产项目。学校实训基地与企业实训基地除了所属主体不同之外，最大的差别就在于企业实训基地具有生产性。面对激烈的市场竞争，企业要获得最大利润，就必须想方设法提高生产率和产品质量。一方面要不断提高职工的职业技能水平，另一方面要不断地更新设备。在这种情况下，学生在企业实训基地进行生产性实训，不仅可以较快提高职业技能水平，还可以掌握最先进设备的操作方法。工作在生产第一线的企业员工有着丰富的实践经验，他们当中不乏既掌握先进理论又拥有熟练的职业技能和突出的创新能力的高素质人才，企业生产性实训可以让学生直接接受企业高素质人才的指导和熏陶。

（3）实训管理至关重要。建立校企合作的长效机制，其中的一个重要原则是满足企业生产的基本需求，追求工作与学习的最大结合。在企业开展工学结合是一个全新的教学组织形式，能否取得预期的实训效果，组织管理至关重要。目前，至少要做到以下几点：一是学校安排指导教师，全程跟踪学生的企业实训，把教学管理前移到企业；二是聘请企业技术人员做指导教师，主管对学生的指导和评价；三是用岗位实训效果评价学生，部分专业可用岗位实训中提出的改革意见和建议作为毕业论文，增强毕业论文的针对性；四是建立双重学籍，将企业实训期间的评价结果导入学生档案，作为学生评价的重要依据，纳入学籍管理范畴。

4. 建设生产性实训基地

（1）建设具有生产和实训双重功能的实训基地。这有利于实施生产项目，保证经济效益与教学效益的统一。有利于形成真实的职业情景，用真实的生产条件、生产任务、生产标准要求和培养学生。

（2）实训基地行政管理以专业为主线，生产过程管理以学生为主体。这有利于校内专业实训的产学研结合，有利于实现教学管理与生产管理的协调统一，有利于增加学生的参与度。

5. 推进校企合作、工学结合

（1）树立产学研结合理念，指导专业建设工作。高职教育是与经济建设联系密切的一种特殊类型的教育，加强专业建设的宗旨是提高职业院校服务地方经济和社会发展的能力，院校专业建设的水平也必须通过社会加以检验。因此，职业院校要加强与社会和企业用人单位的紧密结合，征询用人单位对专业建设的意见和建议，听取用人单位对毕业生的意见，并请其指导专业建设工作，促进专业建设与社会需求同步发展。

（2）建立产学研结合的机制。对于专业建设而言，机制表现为产学研三者在职业教育中的地位、功能及其相互关系。“产”指社会生产、管理、服务工作对人才的需要，既是职业教育的出发点，也是专业设置和专业建设的宗旨所在。在专业建设过程中，应当建立良好的社会对人才需求的分析、调研、规划等制度，以便把握社会人才需求发展变化的脉搏，使专业建设体现出针对性与前瞻性。“学”指专业人才综合素质的养成和完善，是职业教育的根本任务所在。专业建设应当围绕专业培养目标，建立健全专业人才培养的教学管理、教学组织实施、教学质量和学生素质综合考评等制度。“研”是深化专业建设改革、明确专业建设方向和挖掘专业潜力的重要措施。随着经济社会的不断发展，专业人才的知识、能力结构和专业培养目标应当进行调整，而这种调整的基础性工作在于深入研究专业所面临的社会需求情况、人才知识能力要求的更新情况以及专业理论和专业技能的发展趋势。这就要求在专业建设过程中，紧密地与社会和企业等单位加强合作，建立相应的调查研究和组织机构等规范制度，推进专业建设的发展，并使之与经济社会发展需要同步或超前①。

6. 构建能力本位课程

（1）以综合职业能力培养为基点。能力本位观念既是职业教育的核心，也是专业建设的目标。在专业建设过程中，只有紧紧围绕这一核心与目标，才能使专业人才适应经济社会发展的需要，并使专业具有旺盛的生命力，获得可持续发展的能力。专业课程建设要根据专业自身的内在要求，对课程的体系、内容、结构等方面进行创新，突出个性。当然，专业课程的特色又是由职业教育的本质属性所决定的，其特色表现在职业教育的地方性与行业性、技术技能性、市场导向性三个方面。职业教育的这种特性既是通过专业设置和专业建设体现出来的，也是通过专业建设的各要素来实现的。因此，在重点专业建设过程中必须挖掘其特色②。

（2）以课程内容更新、课程整合和完善课程结构为主线，形成专业课程特色。职业教育的培养目标要通过课程的实施才能实现。专业建设过程中的一个重要方面在于：以工作过程为导向，以工作任务项目为驱动，更新课程内容、整合课程体系、完善课程结构，构建出基于工作过程导向的模块化课程体系，并结合职业教育的特点，突出高职专业课程的应用性、技能性和职业性。

7. 倡导多样化教学模式

（1）以增强应用能力为导向，探索适应职业教育的教学模式。高职教育以培养高等技术应用型专门人才为根本任务，以适应社会需要为目标，以培养技术应用能力为主线。因此，高职教育的教学模式应当突出这些特征，在总结传统和现有教学模式的基础上，进行整合与创新。职业教育强调应用性、技能性和职业性，这就决定了职业教育的教学模式有别于其他教育。“应用”的主旨与特征不仅是构建课程和教学内容体系的指导思想，也是选择和改革教学模式的重要依据。

（2）采取灵活多样的措施与手段组织教学。提高教育技术手段的现代化水

---

① 黄日强，张霞．论职业教育与企业的相互参与．职业技术教育，2004（16）．

② 夏建国．高职教育课程模式及评价．教育发展研究，2005（15）．

平和教育信息化程度，充分利用现有资源和各种音像手段，开展多样化的电化教育和计算机辅助教学。

（3）突出能力培养，对传统的教学方式和方法进行改革。能力培养强调真实的工作环境和教学情境，也可以是对现场真实工作的模拟，使教学与实际工作贴近，由此，在专业建设过程中，应当摆脱形式化的缺陷，真正体现教学活动在能力培养上的实践性与应用性。

8. 加强实践教学

（1）围绕能力培养的目标，建立科学、完整的实践教学体系。这一体系建设主要包括实践教学环节设置、实践教学过程的组织实施、实践教学大纲与指导书的编制、实践教学管理、实践教学评价等方面。通过建立与完善实践教学体系，可使实践教学不至于流于形式，从而促进和推动实践教学的规范化，真正发挥实践教学在能力培养方面的重要作用，实现实践教学的目的。实践教学在教学计划中应占有较大比重，要及时吸收科学技术和社会发展的最新成果，改革实验教学内容，减少演示性、验证性实验，增加工艺性、设计性、综合性实验，逐步形成基本实践能力与操作技能、专业技术应用能力与专业技能、综合实践能力与综合技能有机结合的实践教学体系，这是高职教育实践教学的指导方针。

（2）注重实验、实训基地建设。实验、实训基地建设是专业建设的突破口，也是专业实践教学的物质基础。在实验、实训基地建设中，应当充分体现专业的特色和水平，满足教学需要，注重其先进性和实用性。一方面，针对不同专业对实训基地的特殊要求，学校自身应本着自力更生、分步实施、重在使用的原则，不断添置和更新实验、实训设备和完善基地建设；另一方面，充分发挥依托行业的优势，在校外建设一批相对稳定的实训基地，并不断地扩充与完善，有选择地建立实验、实训精品基地。

（3）加强实习、实训师资建设。建立一支高水平的指导教师队伍，是完成实习、实训教学活动的重要保证。为此，可以安排教师到基地进行锻炼，培养校内实训指导教师，同时，在行业、企业等部门选择一批骨干进行专业理论知识培训，使之担任校外实训指导教师，从而确保实习、实训的质量。

9. 创新人才评价体系

（1）明确评价体系建设的指导思想和原则。2004 年劳动和社会保障部（今人力资源和社会保障部）《关于健全技能人才评价体系，推进职业技能鉴定工作和职业资格证书制度建设的意见》提出："逐步健全以职业能力为导向、以工作业绩为重点、注重职业道德和职业知识水平的技能人才评价体系。对技术技能型人才的评价，在现有考核模式上，突出实际操作能力和解决关键生产难题的考核要求，并增加新技术和新知识的要求。”可以借鉴这一原则来构建专业建设中的专业职业能力评价体系。建立以职业能力为导向、科学的社会化的人才评价机制是专业建设的内在要求，也是专业建设工作符合职业教育宗旨和满足社会需要的重要指标。评价体系的建立与完善，有助于检验专业建设的成果，并可以从中总结经验，发现不足，发挥优势，从而进一步推进专业建设。

（2）专业技术人才的评价应满足社会和业内的认可。职业教育具有培养目标的职业性、专业设置的针对性和教学过程的实践性等特征，这是由社会和行业对人才的需要决定的。因此，各专业制定能力测评体系应当以社会和行业对人才素质、能力、知识的要求为依据。

（3）职业能力测评体系应具有综合性与系统性。一般而言，该体系至少应包括以下两个方面的要素或内容：一是职业能力测试，如尽职能力、计划能力、组织能力、控制能力、口头表达能力、文字表达能力等；二是职业人格测试，如敬业精神、情绪调控能力、服从倾向等。

（4）建立毕业生职业能力评价跟踪调查与信息反馈系统。此系统可分为学生实习、实训情况和就业后工作情况的能力评价跟踪调查与信息反馈两个部分。通过此系统的建立，充分了解和掌握学生的能力素质状况，对存在的问题和不足及时在专业能力与素质的培养过程中加以改进和弥补；对所具备的能力素质表现出色的方面加以总结，并进一步提升。

总之，专业建设的思路可以概括为实训基地是专业建设的基础。它包括具有生产性的校内实训基地、具有长效机制的企业实训基地。“双师型”教师队伍是关键，特别是对专业带头人和专业骨干教师的培养和引进。人才培养模式、精品课程、精品教材等是专业建设的重要内涵。生产经营能力和技术研发功能是专业的发展方向，在专业的社会服务能力建设方面具有重要意义。专业建设文化的形成是专业的生命力所在，在打造专业品牌、建设专业教师队伍、提高专业的社会影响力方面将产生深远影响。

1.3　专业教学标准的制定

《国家职业教育改革实施方案》提出，完善教育教学相关标准，发挥标准在职业教育质量提升中的基础性作用。按照专业设置与产业需求对接、课程内容与职业标准对接、教学过程与生产过程对接的要求，完善中等、高等职业学校设置标准，规范职业院校设置；实施教师和校长专业标准，提升职业院校教学管理和教学实践能力。持续更新并推进专业目录、专业教学标准、课程标准、顶岗实习标准、实训条件建设标准（仪器设备配备规范）建设和在职业院校落地实施。巩固和发展国务院教育行政部门联合行业制定国家教学标准、职业院校依据标准自主制定人才培养方案的工作格局。

专业教学标准是由国家职业教育主管部门（包括中央和地区有关部门）组织制定并统一颁布实施的。专业教学标准是职业教育人才培养质量标准体系的重要组成部分，是国家规范职业学校专业建设和专业教学、保证专业建设水平和人才培养质量的纲领性、指导性文件。关于“专业教学标准”的提法，在2006年就已经提及。2006年教育部《关于全面提高高等职业教育教学质量的若干意见》（教高〔2006〕16号）进一步指出，要“加强专业教学标准建设”。2010年，教育部门颁布了《中等职业学校专业目录》，并开始配套制定专业教学标准。2011年，教育部《关于充分发挥行业指导作用推进职业教育改革发展的意见》（教职成〔2011〕6号）则更具体地提出：“推进构建专业课程新体系，实现专业课程内容与职业标准对接。以提高学生综合职业能力和服务学生终身发展为目标，紧贴经济社会发展需求，结合产业发展实际，对接职业标准，指导专业设置标准和教学指导方案开发，指导学校加强专业建设，规范专业设置管理，更新课程内容，调整课程结构，探索教材创新，实现人才培养与产业，特别是与区域产业的紧密对接”。同年，教育部《关于推进中等和高等职业教育协调发展的指导意见》（教职成〔2011〕9号）指出：“根据经济社会发展实际需要和不同职业对技能型人才成长的特定要求，研究确定中等和高等职业教育接续专业，修订中等和高等职业教育专业目录，做好专业设置的衔接，逐步编制中等和高等职业教育相衔接的专业教学标准，为技能型人才培养提供教学基本规范”。

可见，专业教学标准开发是职业教育教育提高教学质量的核心环节，也是本轮职业教育教学改革的重点和难点。专业教学标准开发只有在坚持国家职业标准的导向性作用的基础上，积极谋求与企业行业的有效合作，建立突出职业能力培养的课程标准，改革课程体系和课程内容，才能高质量地实现人才培养目标，满足市场的需求，培养出适应社会经济发展的高技能应用型人才。教育部门已经组织制定了230个中职专业教学标准，高等职业教育领域的首批专业教学标准共335个已公开征求意见。

国家层面的职业教育教学标准逐步形成体系，逐渐扩展到包含中等职业学校设置标准、高等职业学校设置标准、教师专业标准、校长专业标准、专业目录、专业教学标准、中职公共课程标准、顶岗实习标准、专业仪器设备装备规范等。人社部门在技工类职业教育国家教学标准体系建设上也进行了探索，形成了技工院校的专业目录、技工院校设置标准、职业培训大纲、职业培训包、一体化教师标准等教学类，但若干专业的国家技能人才培养标准、一体化课程规范、公共课设置方案和课程标准，尚未形成完整体系，需要进一步完善。

开发符合要求的、国家层面的职业教育专业教学标准，是提高技术技能型人才培养质量的基础工作。但组织好职业教育专业教学标准的开发，不仅是一项理论性、技术性的工作，而且是一项工程性的工作。从目前的现实可能性来看，应该将行指委作为组织此项工作启动、协调、验收等环节的机构。在组织模式上，既要有国家层面的组织架构，也要处理好职业院校、企业专家、课程专家与教师之间的工作关系。同时，对于专业教学标准开发实施中的一些细节问题，也须提出有针对性的举措。因此，本章通过实践研究，梳理出了制定专业教学标准的组织与程序步骤，以便更好地构建好职业教育专业教学标准开发工作的保障机制，从过程、人员、资金等多个方面予以规范和保障。

专业教学标准的开发必须是建立在对专业教学的理性思考之上，经过教学实践充分检验后形成的对专业教学的系统结论，要做到科学性、实效性和前瞻性的统一。结合职业教育实践性和职业导向性强的特点，开发专业教学标准时，应坚持以促进就业为导向，以能力为本位，以岗位需要和职业标准为依据，满足学生职业生涯发展的需求，适应社会经济发展和科技进步的需要。按照实际工作任务、工作过程和工作情景来组织课程，形成以任务引领型课程为主体的现代职业教育课程体系。具体而言，要明确以下五点开发理念：一是以职业生涯发展为目标，明确专业定位；二是以工作任务为线索，确定课程设置；三是以职业能力为依据，组织课程内容；四是以典型产品（服务）为载体，设计教学活动；五是以职业技能标准（等级）为参照，强化技能训练。专业教学标准及其制定是一项综合性很强的工作，认真梳理其中的核心概念，厘清这些概念之间的逻辑关系，尤为重要。

1.3.1 专业教学标准及其功能定位

1. 定义

一般语境中，“标准”即一种可以共同使用与重复使用的规范性文件，它有利于在一定范围内获得最佳秩序；其制定需要建立在协商一致的基础之上，其使用需要通过公认机构的批准。专业教学标准作为一种标准，除具备一般标准的共性之外，也有其特性。

职业教育的专业教学标准主要包括人才培养方案和专业教学基本条件两大部分。专业教学标准是职业教育培养方案的核心内容。《职业教育国际水平专业教学标准开发指导手册》对专业教学标准做出了如下界定：“详细描述专业所面向工作岗位的职业能力要求、人才培养方案与专业设置条件等的规范性教学文件”。它通过对专业教学标准构成要素的高度概括进行概念界定，符合“根据职业能力要求，制定培养方案，建立课程体系，在一定师资、实验及实训条件下实施教学”的职业教育课程建设路径和人才培养规律，也从一定意义上体现了概念本身的功用。

2. 功能

专业教学标准是政府规范职业学校专业建设和专业教学的纲领性文件，规定了专业培养目标、人才培养规格、专业教学内容与要求、相应职业资格证书和教学保障条件等。

专业教学标准是学校专业建设的依据，包括师资配备，教学装备配置及教学文件、课程标准和教材编制。

专业教学标准是学校组织专业教学和专业评估的依据。

专业教学标准是学生选择专业和用工单位招聘录用毕业生的依据。

1.3.2 专业教学标准制定的指导思想和基本原则

1. 指导思想

全面贯彻党的教育方针，落实教育规划纲要和《国务院关于加快发展现代职业教育的决定》的要求，以立德树人为根本，以服务发展为宗旨，以促进就业为导向，充分发挥行业企业作用，推进高等职业教育创新发展，加快现代职业教育体系建设，保障人才培养质量，满足学生职业生涯发展需求，适应经济社会发展和技术进步对技术技能型人才的需要，全面提升高等职业教育专业设置、课程开发的专业化水平。

2. 基本原则

（1）规范性原则。

专业教学标准的文字表达要规范，技术要求和术语应符合国家有关标准和技术规范，格式和内容应符合规定的要求。

（2）实用性原则。

专业教学标准要切合实际，有利于职业学校的发展，能适应企业的要求，与职业标准相结合。

（3）可操作性原则。

专业教学标准的各项内容和要求应清晰明确，尽可能具体化、可度量、可检验。

（4）发展性原则。

专业教学标准要具有前瞻性，能反映科学技术和社会经济的发展，体现职业教育的发展趋势。

1.3.3 专业教学标准的基本框架

专业教学标准主要包括人才培养方案和专业教学基本条件两大部分。

1. 人才培养方案模块

人才培养方案是专业教学标准的重要构件。它主要回答了某专业“培养什么样的人”以及“怎样培养人”的问题，是对专业人才培养目标和过程的整体性描述与规定，为职业院校开展各项专业教学活动和人才培养工作指明了方向、提供了重要依据和参照。其基本构成要素包括专业名称、入学要求、学习年限、培养目标、职业生涯路径、人才规格、课程结构、指导性教学安排等。

人才培养方案模块是指导性的，学校有一定的调整余地和权限，不是各校的实施性人才培养方案，也不像电大的专业规则。该部分包括专业名称及代码、教育类型及学历层次、入学要求条件、学制、培养目标与规格、职业面向及职业能力要求、培养模式与理念、课程体系与核心课程（教学内容）、对接职业资格证书（职业技能等级证书）。

2. 专业教学基本条件模块

该模块规定了开办本专业师资、教学设置等基本条件。包括：专业教学团队；教学设施；教材及图书、数字化（网络）资料等学习资源；教学方法、手段与教学组织形式建议；学生学业评价与考核建议；教学质量保证；等等。如教育部已经颁布顶岗实习标准的，应与顶岗实习标准对接。

我国地域广阔，不同地区之间的经济发展水平、技术应用层次及职业教育发展水平差别较大，师资、实训（实验）设施设备等条件也必然会呈现出较大的差异。专业实施条件的规定对专业建设非常重要，具体来讲包括：教师是教学活动的主要实施者，专业师资是人才培养指导方案得以有效落实的主体保障；技术技能型人才的培养必然需要借助一定的实训（实验）平台，实训（实验）设施设备是专业人才培养方案得以有效落实的重要载体。纵然我国存在较大的地区差异性，但从提升全国职业教育专业教学的整体水平考虑，对专业实施条件做出最基本的要求或标准性的规定是很有必要的，如若具备政府层面的政策和资金支持，也是完全可行的。可以说，专业实施条件是一种最低层次意义上的规定，但却是专业教学标准开发中必不可少的部分。

教育部组织开发完成的专业教学标准中都有对专业实施条件的规定。（1）师资条件上，《中职标准》中的要素主要包括教学团队结构及相应的任职资格要求；《高职标准》中主要分为师资配置比例、师资力量及师资结构三个方面。(2) 实训条件上，《中职标准》主要从校内实训室的功能、适用课程及所配置设施设备的名称、数量方面做出规定；《高职标准》中主要呈现了各实训室所应配备的教学实验设备的名称、完成的教学及实训内容。

这里首先要指出的是，不论是专业师资条件还是实训条件都不能忽视对“生均数”的规定。事实上，目前我国职业教育的最大问题之一不是缺乏师资与设施设备资源，而是班级规模过大带来的生均不足的问题。因此，综合已有专业教学标准对实施条件的描述内容，我们认为：(1) 师资条件上，至少应在专业生师比、教学团队配置结构及相应的任职资格与能力要求几方面进行分析与描述；(2) 实训条件上，应在确定基本实训人数的前提下，对实训（实验）室的功能、适用的课程以及所配置的设施设备几方面进行分析与描述。

相关链接

专业教学标准的内容、体例要求与说明

1. 专业名称

参照《普通高等学校高等职业教育（专科）专业目录（2015 年）》。

2. 专业代码

参照《普通高等学校高等职业教育（专科）专业目录（2015 年）》。

3. 招生对象

具体表述为：本专业的招生对象为：××毕业生。

应明确“普通高中毕业生/中职、职高毕业生/初中生（五年制招生）/高校毕业生/退役士兵”中其中的一类或几类。

4. 学制与学历

具体表述为：本专业的基本学制为×年制，可以根据招生对象实行弹性学制或学分制。学历为专科。

应明确学制为“三年制/两年制/五年制/一年制”中其中的一种，学历统一为专科。

5. 就业面向

本专业主要面向……行业（企业、部门），……（岗位群、技术领域）。

应明确与本专业最直接相关的就业职业领域或技术领域，应包括初始职业领域或技术领域和发展职业领域或技术领域（即本专业毕业生可以从事的主要职业岗位群、相近的职业岗位群以及在获得一定工作经验后可升迁的职业岗位群）。字数要求：不多于 100 字。

6. 培养目标与规格

(1) 培养目标：本专业培养具有……、……素质，掌握（熟悉、了解）……、……基础知识（或基本理论），具备……、……能力，能从事……、……工作的高素质技术技能人才。

应根据本专业的职业领域和就业面向，确定专业培养目标。要求目标定位准确合理，文字表述简明扼要。字数要求：不多于200字。医学、教育、公安等特殊专业可以结合职业特点确定人才的描述词，替换“高素质技术技能人才”。参考《普通高等学校高等职业教育（专科）专业目录（2015年）》专业简介描述。

(2) 培养规格：本专业的培养规格为技术技能型大学专科层次。

7. 培养理念与培养模式

(1) 培养理念：本着对学生知识、能力、素质全面培养的育人理念，按照职业教育规律和人才成长规律，将职业道德、人文素养教育贯穿培养全过程，重视培育学生的工匠精神。

可结合专业特点描述，字数不超过100字。

(2) 培养模式建议：本专业根据……的内容、环境和过程，按照学思结合、知行统一、因材施教的原则，……进行教、学、做一体的人才培养模式。

结合职业领域和专业特点描述，字数不超过150字。

8. 课程体系与核心课程（教学内容）

本专业课程体系包括：基础课程模块、专业核心课程模块、专业拓展课程模块。

基础课程模块：……。

专业核心课程模块：……。

专业拓展课程模块：……。

应围绕高端技术技能型人才培养目标，综合考虑学生知识、能力、素质培养与可持续发展，参照职业标准，引入行业企业技术标准或规范，紧贴行业或产业领域的最新发展变化进行课程体系架构并说明，专业核心课程（一般不多于8门）简介、实习实训单独写，可以从校内和校外两个方面提出要求。每门课程描述不超过300字。

本专业教学进程安排建议：……。

9. 专业办学基本条件和教学建议

(1) 专业教学团队。

本专业按照×：×生师比配备师资。专业教学团队的结构建议为……，……；专任教师应具备……素质，企业兼职教师应具备……素质；专任教师和兼职教师的专业发展，应……，……，“双师型”教师应占配备师资的×%。

字数控制在300字以内。

(2) 教学设施。

本专业应配备以下教学设施：

……教学实验室：包括……设备；

……校内实训基地：(实训基地基本要求)；

……校外实训基地：(实训基地基本要求)；

……学生顶岗实习基地：(顶岗实习基地基本要求)；

……信息网络教学条件：(信息网络教学条件基本要求)。

(3) 教材及图书、数字化(网络)资料等学习资源。

本专业应配置……。

满足教师专业教学研究、教学实施和学生专业学习的教材及图书要求；有利于学生自主学习，内容丰富、使用便捷、更新及时的数字化专业学习资源要求。

(4) 教学方法、手段与教学组织形式建议。

本专业建议采用以下教学方法和手段：

……；

……；

……。

本专业建议采用以下教学组织方式：

……；

……；

……。

要求“以学生为中心”，以工学结合为基础，根据学生特点，倡导启发式、探究式、讨论式、参与式的教学方法，激发学生学习兴趣；倡导任务驱动、项目导向、案例解剖、场景模拟、学训结合等多种形式的“做中学、做中教”教学组织方式，注重现代信息技术在教学中的应用，增强学生的学习效果。

(5) 学生学业评价与考核建议。

本专业基础课程模块建议考核以下内容：……。采取……的考核方式。在……共同参与下进行考核和评价。

本专业核心课程模块建议考核以下内容：……。采取……的考核方式。在……共同参与下进行考核和评价。

本专业拓展课程模块建议考核以下内容：……。采取……的考核方式。在……共同参与下进行考核和评价。

要求在考核内容上既考知识，又考能力(技能)和素质。在考核方式上，笔试、口试、实操、竞赛等多种方式相结合，合理安排形成性考核和终结性考核的比例和方式。在评价主体上，可以根据课程特点，采取任课教师考评、企业师傅考评、学生互评、自我评价等多方评价主体，吸纳更多用人单位和社会组织参与考核评价。

(6) 教学质量保证。

本专业的教学质量保证，建议建立……进行教学管理的机制；健全……相关机构；按照……，科学设计教学工作诊断与改进制度。

要求针对不同生源特点、专业特点，提出符合人才培养模式要求和保证人才培养质量的教学管理建议，切实发挥学校的教育质量保证主体作用，完善教学质量标准体系和机制。

10. 对接职业标准（职业资格证书）

具体表述为："本专业学生毕业前，应取得……职业资格证书或……职业技能证书。"

应针对核心职业岗位的职业资格证书或针对职业核心能力的中级及以上职业技能证书要求（有对应的职业资格证书的）。

1.3.4 专业教学标准研制调研工作指南

1. 调研目的

调研是高等职业学校专业教学标准研制工作的基础，通过调研，了解已颁布专业教学标准的使用情况，明确行业企业对专业人才所需的知识、能力、素质要求，针对学校人才培养现状，为本次高等职业学校专业教学标准的研制工作提供基本依据。

2. 调研对象

根据职业教育的特点，调研对象应该包括行业企业及职业学校两类主体。

3. 调研范围

为保证调研数据的全面、客观、科学，调研范围应包括以下几个方面：

(1) 行业发展调研。

行业是由许多同类企业构成的群体。通过对行业发展状况的调研，了解产业发展的各种宏观和微观的条件和变化，从而了解产业未来的趋势和变化。

(2) 典型企业调研。

对用人企业，要重点调查具有代表性的行业的骨干企业或主流企业。

（3）职业院校调研。

对职业院校，调查要覆盖我国东、中、西部地区的不同发展程度的高等职业院校，并且还应注意把握一般院校和“示范校”的比例，全面了解各个不同类型、不同发展阶段的职业院校的现状与真正需求。

（4）毕业生调研。

对毕业生，要重点调查学生就业现状、毕业生对本专业课程设置等的意见和建议。

4. 调研内容

总体要求：通过行业发展与典型企业调研，了解相应行业的人才结构现状；行业企业人才需求状况；企业职业岗位设置；职业岗位对员工知识、能力、素质的要求；相应的职业资格要求。通过职业院校与毕业生调研，了解现行专业教学标准的使用情况、学校对现行专业教学标准的意见与建议、学生就业现状、学生就业跟踪中反映出的教学当中的问题等，为制定高等职业学校专业教学标准提供比较全面、客观的依据。

具体内容如下：

（1）行业发展调研。

包括：相关行业发展规划要求（以国民经济和社会发展“十三五”规划为依据）；相关行业发展现状（行业经济增长方式转变及国际化发展趋势）、行业人才结构现状及需求，高等职业教育供求状况；相关行业文化传承、技术技能型从业人员职业道德素养需求状况。

（2）典型企业调研。

包括：专业对应的相关企业技术型岗位群所涵盖的技术进步变化情况（工艺、设备、材料等）；管理型岗位群所涵盖的管理方式变化情况（业态变化、管理内容变化、管理流程变化）；服务型岗位群的能力需求变化情况（业态变化、服务内容变化、服务方式变化）等内容。重点研究岗位群需求变化提出的专业培养目标变化要求，以及岗位职业能力的变化情况。

（3）职业院校调研。

包括：现行专业教学标准的使用情况（专业教学标准的执行情况、存在的问题等）；学校教学基本情况（教学团队、教学设施、教材及图书、数字化/网络资料等学习资源、教学方法、手段与教学组织形式、教学评价、考核、教学管理情况）；招生、就业情况（生源情况、专业就业率、对口就业率等）。

（4）毕业生调研。

收集毕业生对本专业课程设置、职业能力实训等教学过程与效果的意见和建议。

5. 基本要求

（1）采用直接调研、间接调研、材料收集等形式，对调研结果进行分析，并形成相应的研究报告。从企业、学校、专业调研出发，分析专业对应职业的职业标准和实际需求，确定职业能力，填写专业与职业能力分析表（如表 1－1所示）。

表 1－1　专业与职业能力分析表

专业	对应职业	职业标准	职业能力
		1.1	1.1.1
			1.1.2
			……
		2.1	1.2.1
			……
		……	……
	……	……	……

（2）企业调查要兼顾地域是否发达，规模的大小，技术岗位、管理岗位或服务岗位。调查企业数不少于 10 个。

（3）学校调查要兼顾地域是否发达，分示范校、骨干校与普通校等。学校数量不少于 20 所。

（4）调查时限为最近 3 年的相关内容。如有近 3 年内的相关调研报告，可以做补充，调查后采用。

（5）报告作为专业教学标准的附件内容，字数要求在 10 000～15 000字。

第 2 章 职业教育课程开发与课程标准制定

❖ 2.1 职业教育课程的内涵、功能与特点

广义的课程概念认为，课程为“所有学科（教学学科）的总和”或“学生在教师指导下各种活动的总和”，简言之，课程是“一整套学科”或“一整套活动”；狭义的课程概念则认为，课程为“一门学科（教学学科）”或“一类活动”。

按照《中国大百科全书·教育》的解释，课程是“课业及其进程”。如果涵盖课程的工具性，则课程“就是教学内容及其进程的总和”；或者说“课程就是有组织的教学内容”，“是实现各级各类学校培养目标的教学设计方案”。最新研究认为，“课程是对学校教育内容、标准和进程的总体安排与初步设计”。

系统论的观点把课程看作由庞大、复杂的教育教学活动组成的一个系统。系统的核心是依据一定的价值观（课程观）而产生的对课程的基本看法。课程系统一般包括课程开发、课程实施、课程评价、课程管理四个基本环节。

综上所述，课程是对教学目标、教学内容、教学方式和教学方法的规划和设计。一般而言，这些规划和设计是在三个层次上进行的：

（1）第一层次是教育机构课程的总体规划，主要是学校的课程方案，包括培养目标、教学年限、教学领域、教学学科或教学活动的设置、教学进度、课

时安排、考试考核及教学法说明等；

（2）第二层次是教学课程的分科要求，即每一教学学科或教学活动的课程标准，包括教学目的、教学内容、课时分配、教学方法和教学手段说明等；

（3）第三层次是课程的具体内容，即课程教材，是对每一教学学科或教学活动内容的具体选择，并按照一定逻辑顺序或心理顺序加以组织。

这表明，课程的内涵和外延十分丰富，不仅包含静态的教学内容，而且强调动态的教学进程。课程的三个层次，即课程方案、课程标准、课程教材，涵盖了教学计划、教学大纲和教材的全部意义。可以把教学计划、教学大纲和教材看成是课程在这三个层次上的具体表现形式，而课程则是教学计划、教学大纲和教材全部内容及其实施进程的总和。

2.1.1　职业教育课程的定义与构成

将人们导向职业体系的课程称为职业教育课程。根据一般课程论，结合职业教育培训的具体特点，我们将职业教育课程定义为：职业教育课程是为了将人们导向职业体系，实现特定培养目标而选择的教育和训练内容及其安排的总和，是职业教育培训机构教学计划、教学大纲及教材所规定的全部教学内容和全部教学活动的总和。从这一定义出发，对于职业教育课程在理论上可理解为：一系列体现职业教育培训目的和学校培养目标的课程方案，包括课程原则、目标、类型、模式等；一系列指导、帮助教学和训练活动的书面文件或媒体，包括教学计划、教学大纲、教材和计算机辅助教学（CAI）软件等。在实践中，对职业教育课程的通俗理解往往是：一个职业教育专业或职业培训体系的全部教学科目； 门教学科日。一般而言，职业教育课程的基本构成是指教学计划、教学大纲和教材等三种最基本的课程文件。

1. 教学计划（program）

教学计划又称课程计划、方案，它反映了课程的结构、模式，规定了学习年限、课程设置、时数分配和教学进程等，是培养各级各类职业技术人才的“蓝图”。通常由有关的主管部门制定、颁发指导性计划，各校根据具体情况制订实施性计划。

2. 教学大纲（syllabus）

教学大纲又称课程大纲、课程标准等。它具体地规定了在教学计划中设置的某一门课程的性质、任务、教学内容的范围、评价标准等，大纲还指出教学重点、难点，并对教学形式、方法，必需的教学设备、设施和器具等提出建议或做出规定。教学大纲把教学计划具体化，使教师编写教材和进行教学工作有了直接依据，也使衡量教学质量有了明确的标准。

3. 教材（textbook）

教材是根据教学大纲的要求和规定编制的供教与学使用的材料。

教材概念有广义、狭义之分。广义的指教学材料或教学资料（teaching and learning materials），包括教学过程中为便利教学或掌握知识、技能的任何材料和设备。狭义的指教科书、课本、讲义等根据教学大纲要求编写的课程文件。狭义的教材又分为基本教材和辅助教材。基本教材指教科书、课本或讲义；辅助教材包括图册、习题集、学习指南、计算机辅助教学软件等。教材是学生获取系统知识的重要工具和媒介，必须精心编制。

2.1.2 职业教育课程的内容

职业教育的课程内容主要由知识、技术、能力、素质四个方面构成。

1. 知识

由于各类教育类型与层次定位的不同，知识的定位是不一样的。根据职业教育的培养目标，知识的定位是务实、必需、够用，是应用知识。根据知识分类理论，对高职课程内容的知识含义分析如下：

第一类，客观事物是什么的知识。此类知识描述了客观事物的现象，比如，事物的外观形状、位置、颜色、数量，它属于陈述性知识。

第二类，客观事物的内部联系是什么的知识。此类知识阐明客观事物的内部联系、规律、原理，认识事物的本质，也属于陈述性知识。

第三类，如何去做事、怎样去做事的知识。此类知识具体指导人做事的过程和方法，是成就一件事的动态过程性知识，属于程序性知识。

第四类，如何去做人、怎样去做人的知识。此类知识具体指导人如何正确对待人、对待事、对待自己。它是在教育、环境、社会化过程中形成品德的过程和方法，是成就一个人品德的体验性的动态过程性知识，属于程序性知识。

第一类与第二类知识是显性知识；第三类与第四类知识是存在于社会人群实践过程与思想中的隐性知识。如何掌握隐性知识？主要通过在实践情境和环境中，动手动脑进行训练和体验，掌握做事的知识，掌握做人的知识。设计高职教学内容主要是第一类知识和第三类知识。第四类知识的获得是长期的。这种知识分类有利于正确导向高职教学内容设计。因此，高职的课程，学生学习的知识主要是事物是什么、如何做事、如何做人。

2. 技术

技术不仅包括掌握能做某件事的技能，而且包括掌握能做一系列的事、一个系统的事的技能。技术应用是全面的。

第一，物化、内化、知识。技术包括物化的各种生产建设管理服务的工具、材料、设备及其使用；包含内化的生产建设管理服务的工艺、方法、制度；包含物化和内化的知识体系。历史上以钻木取火、金属农具、蒸汽机、电机、计算机等机具为标志的五次技术革命形成的技术体系全面推动了社会生产力的发展和社会文明的进步。从技术内涵与技术革命的角度，说明技术是一个系统，是全面的。

第二，技能与技术。技能是做事的本事，高职课程技能的定位是高技能，从做事的难度、深度上分是高级技能，从工作职称上分是指初级工、中级工、高级工、技师、高级技师五级中的后三级，从包括的技能来分有基本技能、专业技能、综合技能；高职课程技术的定位是技术应用，是全面的，包括物化、内化和物化内化的知识体系。设计好高职教学技能学习的内容，不仅要进行技能点的学习和训练，还要进行技能系统的学习和训练，强调掌握技术。高职的培养目标是技术应用型人才。

3. 能力

（1）能力的含义。能力是完成活动的必要条件，直接影响进行活动和行为的效率和效果。能力是成功地完成某种活动所必需的个性心理特征，外化为人的各种本领。从心理活动的角度来分析，职业能力包括：认知能力、情绪能力、职业实践能力。

第一，认知能力。认知过程是人的基本心理过程。认知能力是人在感觉、知觉、记忆、思维、想象等心理活动过程中，伴随着对心理状态的关注、活动方向的控制、个人行动的协调，经过反复而形成的确定的个性心理特征，通常用智力商数来表示。

第二，情绪能力。情绪过程是人的常见心理过程。情绪能力是人在认识世界而产生这样和那样的情感体验过程中，了解自身感受、控制冲动、理智处世、面对各种考验时保持平静和乐观心态的能力，通常用情绪商数来表示。情绪商数，在个人修养方面，强调拥有坚强的意志和毅力的重要性；在与外界接触方面，则强调擅长与他人融洽相处的意义与作用。

第三，职业实践能力。意志过程是人的重要心理过程。职业实践能力是人在改造客观世界的实践活动中，保证实现主体职业实践活动的特殊心理功能，是在自觉发挥主观能动性，提出职业目标，克服困难，完成职业任务的过程中，经过反复而形成的稳定的职业个性心理特征，通常用实践商数来表示。

（2）能力分析。能力有表现出来的实践能力，也有没有表现出来的潜在能力。潜在能力每一个人都有，是需要挖掘的。能力能提高，提高必须在社会实践过程中进行；从认知、情绪、实践来阐述能力，有利于从心理学和教育学两方面来分析自我优势，发展自我优势；能力是融化在实践课程和潜在课程知识、技能内的教育内容，要提炼化为方法论教育学生，形成认识和改造主客观世界的方法习惯。高职课程内容的目标定位是职业能力。

4. 素质

第一，素质的含义。对素质的含义，历来有各种不同的理解和解释。从教育观点来看，素质是在先天生理基础上，受后天教育和环境影响，通过个体自身的学习和社会实践，养成的比较稳定的身心发展的综合特征。素质是内化的综合品质，是内隐的稳定特征，范围较广，包括政治思想、道德素质、科学文化素质、身体素质、心理素质等。素质包含品德，品德是个人依据一定的道德行为和职业道德行为规范行动时表现出来的较稳定的特征。品德和素质都是一种比较稳定的特征。品德仅仅限于道德行为方面，包括认知、情感、行为，是可外显的特定特征。品德是个人的道德面貌，是社会道德在个人身上的反映。道德是一种社会现象，是行为规范的总和。道德起着和平解决人际间关系、发展人际间和谐关系的作用。

第二，素质的作用。不同的素质，有不同的作用。思想文化素质影响个体学习、工作、活动的方向和目标；能力素质影响个体学习、工作、活动的质量和效果；心理素质影响个体学习、工作、活动进程的自我调节控制；身体素质影响个体所有要素的作用发挥。

第三，态度学习。态度是个人在一定情境下用一定方式反映的内部准备状态，在不同程度上决定个人一定类型的行为。态度除包括认知、情感、行为成分外，还包括它们的倾向。高职课程内容态度学习包括三项内容：一是与人交往活动的正确态度；二是对课程、对专业、对学习、对学校的正确态度；三是对职业、对公民身份的正确态度。

第四，素质教育。从素质作用上看，素质的高低关乎一个人能否成才，能否成为对社会有用的人。素质教育必须以现有的思想文化、知识能力、心理和身体素质情况为起点，用科学素质观有针对性地设计好高职的教学内容。实施职业素质教育活动，包括职业设计指导、职业素质拓展计划、职业素质内化评价体系、强化职业素质的社会认同机制等内容和步骤。

2.1.3　职业教育课程的功能

1. 经济功能

与其他课程相比，职业教育课程与经济的联系紧密，它的发展受社会经济的影响也最为明显。职业教育课程的经济功能主要表现为：通过提高劳动者的职业素质和技术水平，进而推动经济的发展；通过培养适合经济需求的各类人才，为经济持续和稳定发展提供良好的背景和基础。目前，由于科学技术飞速发展，人类的经济生活发生了重大变化，职业教育课程的经济功能逐渐成为主导功能。

2. 政治功能

政治是一个社会统治阶级的意识形态的反映。职业教育课程在受社会政治的影响的同时，也发挥着巨大的政治功能。主要表现为职业教育课程具有传递一定的政治意识、促进政治社会化的功能。现代国家通过各种传播媒介对公民施加政治影响形成一定的政治素质而实现政治社会化，学校教育是政治社会化中最系统和最有力的手段。通过职业教育课程的设置，把一定社会中占统治地位的政治意识传递、输入到教育主体中，把受教育者培养成一个符合一定社会的价值标准的人；通过职业道德教育，使受教育者树立正确的人生观、价值观，热爱本行业、本岗位，树立远大的理想，从而实现职业教育的政治功能。

3. 文化功能

职业教育课程对社会文化具有传播和选择、引领和改善的作用。在社会现代化进程中，社会文化选择适应时代要求，从单一意识形态中的稳定选择走向多元文化中的定向选择；从注重传统文化传承走向关注科学技术发展前沿；从阶段性的选择走向终身学习环境下的持久选择。社会文化选择的走向为职业在文化选择中发挥优势开辟了广阔天地。

（1）文化传播和文化选择。

教育处于传统文化、主流文化和外来文化交汇与冲突的中心。职业教育课程以其独特的地位和优越的条件在文化的传播与文化的选择中起着重要作用。

一方面，职业教育课程受社会政治、经济的约束，是在主流文化价值观指导下进行文化选择，并通过多种多样的课程和教学活动传播主流文化的价值观和社会进步需求的知识技能，推动着社会文化良性地正向演进。

另一方面，职业教育课程是大众教育的产物，职业教育面对的又是年轻的学生，职业教育课程的文化选择功能就更有意义。这方面职业教育课程的独特优势表现在：一是职业教育课程的内容富于时代性，贴近社会现实，符合社会文化的发展趋势。二是职业教育课程的主流价值观念合乎社会文化选择的标准。职业教育课程对年轻学生的文化选择能力具有很强的提升作用，强化了他们对社会先进文化的选择能力。三是职业教育课程面向大众，面向基层，具有广泛性、普适性的特点，更宜于传播主流文化。同时数量巨大、分布广阔的高素质的高职学生，用他们的科技精神、时代气息成为社会文化选择中十分活跃的力量。

(2) 文化引领和文化改善。

职业教育课程作为工业社会的产物，它和发达的工业化国家的教育和文化有着千丝万缕的联系。职业教育课程的时代性，正在于它能及时引进最新技术、最新观念和方法。这些引进立足于中国国情，进行择优吸收和创造性的改造，可以高起点改进我国的职业教育课程。同时课程的传播也会改善社会文化。近年来，社会对技术的重视，对技能型人才的重视，对职业整合转换的认识，都得益于高职教育发展对社会文化的影响。

职业教育课程的引领作用还表现在对企业文化的引领作用中。企业文化是一个多层次的文化系统，它包括以经营观念、市场观念、竞争观念、效益观念和人才观念为内容的企业价值观，还包括以目标意识、质量意识、责任意识、亲和意识、归属意识为内涵的企业精神。职业教育课程应该向学生传授先进企业文化，使学生成为先进企业文化的承载者和建设者，不仅增强了学生在企业的适应性，也引领了先进企业文化的建设方向。

4. 科技进步功能

科技进步，是指在经济发展过程中，用较少的投入，获得更多的经济效益，包括所要采取的科技措施及科学管理。职业教育课程内容融入了新产品、新技术、新工艺、新材料，为培养科技进步所需要的科技人才和熟练劳动者奠定了基础。当今国际上争夺军事、经济优势的斗争，集中表现为争夺技术优势和人才优势，因而提高劳动者素质、培养人才，已成为世界各国发展经济的一项重要国策。现代科学技术在世界各国发展的历史表明，一个国家缺乏受过良好教育的科技人才，将是阻碍其经济与社会发展的极重要因素，建立一支训练有素、生气蓬勃的科技队伍，是保证其经济发展立于不败之地的重要措施。在当代国际市场激烈的竞争中，我们只有在劳动力素质、专业技术人才以及高科技人才上拥有优势，才能拥有产品优势和市场竞争优势。

5. 职业获得功能

劳动是人的全部社会活动的核心部分，人的完善和全面发展无疑必须以劳动能力的完善和发展为核心内容。职业教育课程具有传授职业知识、技能以及从事某种职业所应具有的特殊态度、行为和特征的功能；并且要继续发展所有在基础教育中已经形成的、为社会所认同的个性特征，从而使得学生获得某种职业资格和职业角色。

6. 形成正确职业观的功能

真正完善的职业教育课程不仅给人以从业技能，而且把人的职业生活方式作为一个整体来对待。在这种情况下，最为重要的是使人对职业有个正确的态度，明确人对职业究竟要求什么。人可能对职业抱有各种不同的态度，有的人把职业视为获取收入的手段，所以希望得到更多的经济报酬。也有人认为，只要从事自己喜好的工作，并不计较收入多少。还有的人只愿为社会多做贡献，即使报酬不多，也心甘情愿。人们对职业的不同态度，在很大程度上取决于人们的职业观。职业技术教育担负着引导、培养人的正确职业观的任务。特别是对处于职业的探索时期和职业观的发展阶段的青少年，更为重要。

职业教育课程的实施不仅通过理论教学，而且通过以实践为导向的教育，让学生在学习期间就到工作地点实习、体验今后的职业生活，从而增进对职业的深层了解，产生更浓厚的兴趣，逐步进入职业成熟期。将这种被激发起的热爱本职业、本岗位的感情，乐于投入的愿望和热爱祖国、努力服务、自觉奉献的精神联系起来，就更能认清自己所要从事的职业在社会经济发展中的作用和价值，增强光荣感和责任感。

人们的职业观虽因人而异，但从客观上也是时代的产物。人们在把职业看作是谋生手段的同时，追求对社会、对人类的贡献；期望通过职业劳动，充分发挥个人的职业才能使社会得到更好的服务。职业将标志着一个人的价值、尊严、成就和欢乐。

职业教育课程的实施使得年轻人懂得一个道理：怀着理想和希望而劳动、去就业，会感受到生活的美好以及人生的意义。进而会为了实现自己的理想而不断进步，勇于面对职业生涯中的艰难与挫折，以自己的意志、自己的责任心顽强地生活。

2.1.4 职业教育课程的特点

1. 定向性

定向性是职业教育课程独有的特性。普通教育是一种基础教育，着眼于全面提高学生的素质，为学生在德、智、体、美、劳几方面打下坚实基础。其课程主要是使学生基本素质得到全面发展，为继续接受学术性教育与职业教育作双重准备，因而不具定向功能。普通高等教育属于专业教育，其专业设置固然也以社会的职业分工为依据，但它以学科作为专业设置的主要依据。层次越高，越依据于学科，与职业的对应性越差，所以，它的课程也没有明显的职业定向性。由于基础教育和普通高等教育培养的人才规格具有非定向性的特点，所以在课程目标上可以有一个比较规范的统一要求，而课程的总体安排可以实施一个通用的课程方案（教学计划）和相应的课程标准（教学大纲）。

职业教育培训的培养目标是生产或社会工作第一线从事操作、服务或管理的应用型人才。因此，职业教育培训不仅明确培养人才的层次，而且明确今后工作的方向，其专业设置与职业的对应性较强，有的甚至直接与工作岗位相对应，故而职业教育课程的职业定向性十分明显。因此，职业教育课程最终的成功不仅以学生的学习成绩来衡量，而且主要是以毕业生在职业世界中被认可的程度来衡量。

然而，职业教育培训所培养的职业人才要满足劳动力市场的需求，课程一方面必须紧紧针对应用型人才这一根本的培养目标，根据各个职业领域的基本职业活动，使学生掌握操作技能、服务技能或管理技能以及与之相应的知识，这就决定了课程目标只能按职业领域加以确定，具有职业的定向性；另一方面由于区域经济发展的差异与行业技术水平的高低，对同一职业领域的人才规格又有特定的要求，也就是说课程目标常带有区域特色和行业特色，具有地区或行业的定向性。职业教育课程这种定向性的特征，要求采用职业分析的方法来制定相应的课程方案和课程标准。而且随着社会、经济与科技的不断发展，这一定向性也呈现明显的动态特性，课程更新的周期要比基础教育快得多。因此，国家对职业课程的开发可以有一个按职业领域分类的指导性的课程方案，对影响国计民生的主干职业可以有统一的考核要求，但在课程设置以及课时安排上应允许各地区、各行业和各职业学校，根据区域和行业劳动力市场的需求，按照定向性的特点做弹性处理。对一些有明显区域特征或行业特征的非全国性主干职业，课程开发应以地区教育主管部门、行业主管部门或职业学校等职业教育培训机构为主。

2. 应用性

应用性是职业教育课程内容方面的一大特点。应用性是指职业教育课程注重知识的实际运用，关注运用的条件、方法、手段及效果的评价等，而不过分强调原理分析和理论推导；课程的重点在于生产、服务等职业技能的学习和职业态度的养成，而不像高教课程那样重视研究、开发、设计等能力的培养；课程内容的广度和深度基本上以实际工作需要为度，用不着像大学生那样多的知识储备。这一应用性还表现在职业课程的内容应紧密联系职业实践，所传授的技能和知识能在生产、服务或管理工作的第一线直接应用。这与高等学校中以培养科学或技术领域里学术型和工程型人才为目标的教育不同。

培训课程的应用性更强，它要求突出“学以致用”。培训的劳动者，需要在三大产业领域里的生产、服务或管理的一线工作，具有直接操作的特点。

因此职业教育课程在内容上既有别于学术课程的理论性，又不同于中小学课程的基础性。这表现在课程内容上强调具备从业能力所必需的基本职业技能的训练以及与之紧密相关的知识的传授，强调对成熟技术的掌握。职业实践所需要的动作技能和心智技能，是课程内容的重点。而针对这些技能所进行的相关专业理论知识的学习以及态度或行为方式的培养，是课程内容的基本要求。因此，在选择和组织课程的内容时，紧密围绕职业活动，有目的地将专业知识按认知规律展开，同时兼顾学科理论的逻辑顺序，这将使课程内容更加实用，也更具职业特色，学生所掌握的知识和技能也更加扎实。

3. 实践性

职业教育课程十分强调实践性教学环节，因而具有实践性特点。在各级各类职业技术学校的教学计划中，实验、实习、社会调查、毕业设计等实践性教学项目（或称实践课程、活动课程，属于活动中心课程）往往占有相当大的比重。一些技工学校和职业高中更是以生产实习等实践课程为主。在中小学课程中，虽也强调培养学生的动手能力，并安排一些实验，或开设劳动技术课等，但这些实验课、劳动课与职业教育培训中类似的课程不可同日而语。高等院校的学术教育中也安排有实验、实习、毕业设计等，但它在整个课程体系中所起作用和所占分量也不能与职业教育培训相比拟。

4. 整体性

职业教育课程的实施和评价以及学生相应的学习过程应该是一个包括观察、思考、行动和反馈的整体系统。职业教育课程的整体性特征，实质上是职业活动系统整体性的反映。职业活动的整体性要求劳动者对职业活动具有计划、实施和评价的能力。职业教育课程的整体性是与职业活动系统的过程紧密相关的。因此与之相应的课程的整体性，体现为课程的规划、实施和评价是一个相互联系的总过程，是一种在传授技能与知识的同时，培养学生具备独立地制订计划、独立地实施计划、独立地评估计划的能力的过程。实质上，独立地制订计划是一种诊断性、预测性的工作；独立地实施计划是一种形成性、过程性的工作；独立地评估计划则是一种总结性、反馈性的工作。在这样一个动态的教与学的过程中，学生的能力将得到全面提高，这是符合现代课程论和教学论的观点的。

5. 灵活性

现代职业课程由于一方面要适应职业世界和各地区劳动力市场的迅速变化，另一方面要满足学习者的多样化需求，因而其课程设置、课程结构等要求十分灵活。近年来我国从国外引进的一些职业课程模式，如 CBE、MES，以及我国有些学校创造的“宽基础，活模块”课程模式，都具有高度的灵活性。从表面上看，似乎前述的定向性与这里的灵活性是矛盾的，事实上，正是由于学习者在职业方面的定向性才要求课程必须灵活地随着职业需求的变化而变化，必须根据不同学习者的不同需求，灵活地选择和组合课程。

2.1.5 职业教育课程的组织模式

按照课程教学内容的选择与组织的种类和方式的不同，可将课程分为学科课程、活动课程、综合课程、核心课程、模块课程等。课程教学内容的选择与组织上的不同模式又称课程范型。

1. 学科课程

学科课程也称分科课程，是以学科内容为中心设计的课程。课程各门学科的内容选自相应的各门科学，按照学科的独立性加以组织，并依据不同学科之间的相关性按一定的先后顺序开设学科。各门学科有自己的学习时数和期限。学科课程的最大优点是“逻辑性、系统性和简约性”，这有利于学生学习和巩固基础知识，掌握系统的科学文化知识。学科课程是世界各国的学校教育，特别是基础教育和高等教育广泛采用的一种课程类型。

学科课程从整体上讲，比较符合教学规律，学科课程的教学在我国经过多年的发展和完善，已形成比较成熟的教学管理体系，具有一定的优势。我国职业教育领域采用的“单科分段式”课程不仅具有学科课程的一般优点，而且根据职业教育培训的特点分列出理论课程和实践课程，保证了实践课程的地位。但这依然是一种实践课程所占比例很小的学科课程，其不足之处在于：第一，由于学科课程强调学科的系统性，课程内容不适合对技能型、应用型人才的知识结构要求，与职业课程定向性的要求相距甚远，与职业实际相距甚远，因而与社会需求脱节；第二，由于学科课程强调学科的理论性，其内容以抽象的概念、原理、定律为主，以间接经验为主，与职业课程应用性的要求相距甚远，不利于调动学生学习的积极性；第三，由于学科课程强调各自学科的独立性，造成和加深了各门学科间的分离，割裂了学科内容上的一些固有的联系，与职业课程整体性的要求相距甚远，不利于学生把握职业活动的整体发展规律，不利于培养学生用全面的观点分析实际问题和解决实际问题的能力。因此，结合职业教育培训的特点，弥补学科课程的不足，改变我国职业教育培训机构以学科课程为主的课程设置的状况，是当务之急。

2. 活动课程

活动课程也称经验课程，是以学生活动为中心设计的课程。活动课程内容的选择强调“以学生直接经验的形式来掌握的、融合于各项实践活动中的最新知识、技能和技巧”为主，课程依据认知的心理顺序安排，学生在课程教学活动中始终处于主体地位，教师则是课程实施过程的组织者，学生通过亲身实践，即“动手做”来获取直接经验。活动课程的长处是具有“实践性”“开放性”“创造性”“自主性”的特征，学生是在整体的实践活动中通过自身的探究和发现过程，在充分发挥主观能动性的情况下，使解决实际问题的综合能力得到动态的锻炼和提高，从而使学生的个性发展全面而富有特色。因此，活动课程近年来再次受到各国教育界的普遍重视。

需要指出，这里对活动课程的理解：第一，不是指早期无稳定课程目标、无体系化课程内容、无固定课时安排的实用主义的活动课程；而是具有与学科课程相比拟的课程组织体系的新型活动课程。不能笼统地认为活动课程就是与学科课程对立的课程类型，肯定活动课程的优点不是为了否定分科课程，应该说两者是相辅相成、相互补充的。第二，不能把活动课程等同于娱乐、体育、社团和科技等课外活动。课外活动只是活动课程范畴中的一种，而活动课程是课程方案和课程标准中具有正式地位的课程形式，可以根据认知领域、情感领域和动作技能领域确定课程的目标和相对稳定的内容，可以用活动课程的形式组织一些过去仅由学科课程完成的教学任务。

职业教育培训的课程强调要在学生生活经验、学习动机、实际需要和接受能力的基础上，以掌握职业技能为主。所谓职业技能，就是职业所需要的“在一定的知识基础上，通过反复地练习而形成的自动化的动作方式和智力活动的方式”。因此，职业技能的训练和习得是一种典型的实践活动，具有明显的过程属性。这表明，职业教育培训最有条件采用活动课程的形式。但职业教育培训的活动课程，具有鲜明的职业导向性。实际上，职业技能课完全可以设计成以综合作业的组织形式进行的活动课程。

课程内容要针对职业的实际需要，注重对直接性的职业经验的选择与编排，开发出体系相对稳定的活动教材——技能教材。课程实施可以采取项目法、设计法等教学方法，采用个人计划的独立作业、小组计划的独立作业、小组计划的分步作业等教学形式。以技能训练为主的职业教育培训的活动课程，完全可以发展成为一套与学科课程体系并行不悖、相互补充的课程体系。

3. 综合课程

综合课程是一种在学科课程基础上发展起来的课程类型。综合课程在选择内容时，采取的方法是把两门或两门以上密切联系和相互配合的学科知识加以综合，组成一门课程。因此在编制课程时，就不能只考虑单个学科的逻辑结构和排列顺序，而是要全面考虑两门以上相邻学科之间的关系，使传统意义上的各门学科的教学内容与教学顺序结合成一个整体。显然，综合课程的内容排序首先要考虑课程的横向组织，然后在此基础上进行课程的纵向组织。横向组织应以认知的心理顺序为原则，而纵向组织的原则则是知识的逻辑顺序。这表明综合课程是一种在结构上比较接近学生的心理发展规律和教育学要求的课程类型。其优点是：由于加强了组成综合课程的各门学科之间的联系，对学生来说，能在一个更广阔的领域学习和理解知识的真正意义，这样获得的知识具有整体性；对教师来说，能从跨学科的角度来组织教学内容和传授知识，这样进行的教学具有综合性。

根据在学科基础上对知识的综合的程度，综合课程又有关联课程、融合课程和广域课程等几种变式，但其基本思路都是采取合并甚至取消传统的由多门教学学科（普通课或专业课）组成的显性课程的形式（分科课程），将原先的教学学科依其性质分为几个学习领域，再将同一领域的各学科的材料加以组织和排列，形成交叉或边际的学科，进行系统的整体的教学。实际上，综合课程是一种在吸收学科课程与活动课程各自优点的基础上，以纵向逻辑顺序为主、横向心理顺序为辅形成的“跨学科”的学科课程。

由于综合课程强调知识的整体性，因此是职业教育培训经常采用的一种课程形式。设计职业教育培训综合课程的基本思路是：采取围绕职业技能或职业能力的需要将原来平行设置的多门（一般为十几门）教学学科综合成几门教学学科，但仍保持了学科课程（分科课程）的基本形式。例如针对职业技能需要设置的以专业理论为基础的专业理论、专业计算、专业制图“三专课”，就是一种关联课程范畴的综合课程。而专业理论课本身，又是一种将原有的多门专业学科融合在一起的属于广域课程的综合课程。

4. 核心课程

核心课程是一种在活动课程基础上发展起来的课程类型。核心课程在选择内容时，不以学科知识的逻辑结构为主线，而以需要解决的实际问题的顺序为逻辑主线。因此，以问题为核心，凡是与解决实际问题相关的技能和知识，就成为课程的中心内容。但这些知识和技能的教学，既不是按严格的学科课程体系，也不是按无确定目标、内容和时间的“随机”的实用主义的活动课程体系，而是因循解决问题的自身逻辑系统来组织的。这意味着，对相关的知识、技术、经验、手段和方法的传授，要伴随着解决问题的过程，按照解决问题的具体活动展开。这里所需要解决的实际问题，既是选择课程内容的核心，又是课程实施过程的核心，所以核心课程又被称为“问题”课程。实际上，核心课程是一种在吸收活动课程与学科课程各自优点的基础上，以横向心理顺序为主、纵向逻辑顺序为辅形成的“跨学科”的活动课程。

职业教育培训的教学过程，总是围绕着职业活动所需要的知识和技能展开的，这就为采用核心课程创造了极为有利的条件。由于职业活动在职业教育培训的教学中占据中心位置，所以职业教育培训的核心课程是以职业活动为核心的课程。也就是说，从核心课程的角度看，它是一种职业活动导向的核心课程。而从活动课程的角度看，它又是一种以职业活动体系为核心的活动课程，可简称为职业活动课程。其基本含义是：围绕典型的职业活动，按其自然形成的技能序列进行职业技能训练，并有针对性地组织相关专业知识的传授，是学生直接参与活动获得职业经验的过程，促进学生职业能力的发展。

5. 模块课程

模块课程是一种兼有学科课程和活动课程长处的课程类型。每一“模块”都有明确的起点和终点，一般不能再进一步划分。模块引入教育领域，指的是一个教学单元，每个教学单元都有明确的学习目标、完整的学习内容和确定的考核标准，常称为教学模块。模块课程内容是在社会发展对教育提出的人才培养目标的基础上，开发出大批相应的教学单元，再结合学生的需要，灵活地加以组合，编制成课程。由于模块课程可以根据学生已有的经验、知识、技能和能力，以“搭积木”的方式进行必要模块的组合，故具有极大的灵活性；又因为比较容易按照社会职业的要求开发课程，故具有极强的针对性；还能结合最新科技成果随时编写新的模块，故具有较好的现实性。因此，在强调社会需求与个性发展结合、职前教育与职后教育结合的今天，模块课程逐步从最早广泛应用的成人教育领域，迅速扩展至职业教育领域，并有向高等教育领域延伸的趋势。

职业教育培训的模块课程要具有定向性、应用性和整体性的特征，在模块内容的选择上应坚持职业导向的原则，特别是职业分析应成为职业教育培训模块课程开发的主要手段。模块引入职业分析，指的是与职业活动有关的最基本的技能或能力，常称为技能模块或能力模块。职业教育培训模块课程的开发，就是要将在职业分析、工作分析和任务分析基础上得到的技能或能力模块，再进行教学分析得到教学模块（教学单元）。然后将教学模块按照一定的原则，主要是按照职业需求的原则与教育规律的原则进行组合和叠加形成课程。通过水平方向的组合确定职业能力的广度，通过垂直方向逻辑顺序的叠加确定职业能力的深度。这样，既可以组成以纵向组织为主、横向组织为辅的学科型的模块课程，适用于技术类、管理类职业；也可以组成以横向组织为主、纵向组织为辅的活动型的模块课程，适用于操作性、技艺型、服务型职业。

模块课程所具有的灵活性、针对性和现实性的特点，将使得课程，即教学学科或教学活动，都能以模块或模块组合的形式出现。这样，面对着一个经济和科技发展日新月异的现代社会，面对着一个劳动力市场的需求千变万化的竞争社会，就能根据不同职业、不同专业、不同层次、不同学制的需求灵活地开发课程。因此，模块课程将成为职业课程的主要类型和课程开发的主要模式。

2.2 职业教育课程的开发

2.2.1 职业教育课程开发的基本要素

课程开发，也称课程设计、课程编制，实质上是课程结构的设计。这里包括课程整体结构即课程方案的设计，课程具体结构即课程标准和课程教材的设计。在实际工作中，课程开发主要指教学计划、教学大纲和教材的编写，是对教学计划、教学大纲和教材所应达到的目标、选择的内容、采用的结构、评价的标准进行的可行性研究。

一般来说，课程开发包括四个阶段：确定课程目标、选择课程内容、组织课程内容和实施课程评价。这是课程开发最常用的模式。决定或制约职业课程开发的三个基本要素是：社会需求、学科体系、个性发展。

1. 社会需求

社会需求是课程开发的前提，在课程开发中起着主导作用。社会需求体现了在一定的社会制度、政治制度、经济制度及与之相应的教育制度下教育的培养目标和任务。这是决定课程开发的最直接的因素。根据社会需求，将国家总的教育目的，具体化为课程的教育目标、教学目标和相关的内容，是课程开发的首要任务。作为教育与经济的结合点，以培养生产和社会服务第一线的应用型人才为目标的职业教育培训，社会需求在课程开发中占有更重要的地位。职业课程要满足社会需求，主要表现为满足经济发展的需求、职业岗位能力和资格的需求等。

2. 学科体系

学科体系对职业课程开发起着重要的制约和支撑作用。学科体系体现了人类的集体智慧，作为需要继承的文化遗产，它是人类历史经验的总和；作为不断发展的科学体系，它是人类最新成就的总和。学科体系具有逻辑严密、简约的特点，但并不一定符合学生的认知过程，也与职业活动的逻辑顺序不同。因此，职业课程的开发要根据需要，从中选择最需要的内容，并按照适当的体系（例如学科体系、工程技术体系、职业体系）去组织这些内容。

3. 个性发展

个性发展是课程开发的纽带，在课程开发中起着核心作用。一方面要根据同年龄段学生已有的经验及其思维特征，按照认知的心理顺序，培养个体社会活动的基本经验；另一方面也要根据学生不同的兴趣和需要，为不同个体能力的发展创造条件。

2.2.2 职业教育课程建设的原则

1. 适应性原则

课程建设以适应经济建设和社会发展总目标及素质教育和职业技术要求为前提，制定课程目标、课程内容和评价标准，同时兼顾学校自身功能、定位以及师资、实验等教学条件。课程的具体设计要在培养目标不变的前提下，根据学生的素质基础和实践基础制定不同模式。高等职业教育的区域性和行业性都很强，企图采用一种大一统的课程模式是不现实的。

2. 系统性原则

课程建设要把某一门课程需要掌握的知识、技术、技能和教材，获取知识、技术、技能的方法和途径，组织实施的方式、方法以及测试评价等纳入一个系统，统一确定课程内容的排列组合序列，而不能只强调一个方面，或只重视某一个环节。课程模块的设计应特别注意课程与课程之间的衔接，避免脱节和重复。在构建各种高职课程的过程中，尽可能避免学习内容的重复或缺损，注意与原有的科学文化基础和专业基础相衔接，提高教学效益和效率。

3. 现实性与前瞻性兼顾的原则

今天，技术的更新往往意味着进入全新的技术领域，而不是在原有基础上的局部改进。这就要求高职教育课程的专业范围要放宽，重视多技术领域的交叉渗透与复合。高职教育课程必须注意对学生认知能力的培养，使其学会学习，以适应未来社会的需要。

4. 职业性与理论性并重的原则

高职教育课程以就业于某类职业岗位为目标，主要用于培养技术应用型人才，其课程内容结构以能胜任某一职业岗位工作的技能为主导，择取必需的基础和专业理论，看重理论的应用，而不强调其系统性、完整性，同时也不忽视对专业基础理论的传授，以适应学生可持续发展的需要。

5. "以学为主"的原则

要创建一种新的管理体制和运行机制，让学习者在教师指导下，根据一定的学习规程，结合自身发展取向，对学习内容和学习方式的选择享有充分的自主权。学习过程不仅仅是对知识的接受和储存，不能只要求学习者原原本本地复制教师传授的知识，而要求他们主动探索和发现，独立思考和理解，自主进行知识的建构和重构。

2.2.3 职业教育课程开发的基本模式

职业教育的发展与改革，特别是教育教学的改革，最终都会归结到课程的发展与改革。从课程论和教学论的角度考虑，建立职业教育培训的课程模式，必须正确处理几个关系：

第一，职业发展规律与职教发展规律的关系：主要指根据经济及社会发展的需求进行的职业分析与职业划分如何向专业设置、课程设置转换，实际的职业能力又如何向课程的教学目标、教学内容转换。

第二，教育普遍性与职教特殊性的关系：主要指如何紧密围绕职业教育的培养目标即应用型职业人才的培养来设计符合职教特点的具体的课程体系（包括课程的组织与结构），在这一过程中又如何遵循教育学、教育心理学的普遍规律。

第三，实践技能与理论知识的关系：主要指如何确定和优化技能课程与知识课程（包括普通文化课程）的比例关系，如何针对不同的职业在设计课程类型时综合考虑技能与知识、动作技能与心智技能的因果关系及其联系。

职业教育课程开发是指创制一个完整的职业课程的整个过程。在此过程中，课程开发者将比较抽象的教育方针、教育目的、培养目标、职业能力规格要求以及学生本人对学校或培训机构提出的教育或训练需求等转化为比较具体的、可操作的课程方案和课程文件，从而使教学工作者能够根据这种课程开发结果方便地设计教学策略，有计划、有步骤地实施和评价教学活动。由此可见，课程开发是整个教育过程系统中至关重要的环节。

在不同的职业教育培训管理体制和职业课程观指导下，职业教育课程开发的步骤、方法、参与者乃至结果形式均不相同，也就是说职业教育课程开发的模式是不一样的，而不同的开发模式有时会直接影响到课程的质量，继而影响到教育目的和目标的完满实现。能力本位的课程开发，是以职业为导向的，它需要回答的问题有：社会、经济和劳动力市场对课程的需求是什么？课程的目的、目标和内容是什么？采取何种课程结构和课程类型？如何对课程进行管理，如成绩考核、技能鉴定？有何种质量保证体系？需要哪些人力、物力、资源等条件保障？这表明，职业教育培训的课程开发是一个相当复杂的系统工程。

采用系统法，我们可以把职业教育课程开发这一系统分解为两个子系统。

第一个子系统（简称目标子系统）涉及课程目标与课程内容的选择、确定及其出发点和正确性，第二个子系统（简称实施子系统）则为课程内容与课程目标的组织、实施及其评价和改进。如果将两个领域中各自的问题进行分析、综合并按顺序排列，那么课程开发模式可以用两个圆形（表示两个子系统）表示，如图 2－1 所示。

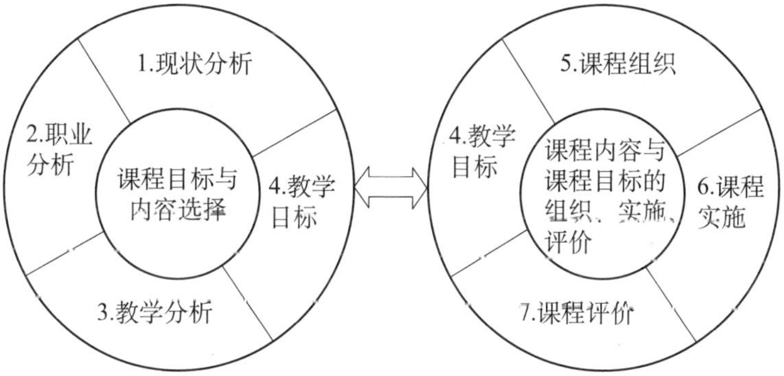

图 2－1　职业教育课程开发模式

1. 现状分析

这里采用社会调查的方式，从定性分析的角度分析现状，即寻求社会对教育已取得的成就与期望取得的成就之间的差异，以便在宏观上把握课程开发的方向和趋势。实际上是对课程目标的选择。

这一步需要做的事情是：一要确定社会需求，如劳动力市场条件、教育决策方向、专家意见；二要了解教学对象，如学生的学习需求、已有的教育基础、学生的兴趣特点；三要保障外部条件，如确保国家职业教育法及职业资格证书制度的严肃性，包括具体的学历资格以及相应的职业资格标准的确定，考核办法及证书的发放，职业课程与其他各类教育之间的相互衔接。其主导问题为：课程开发应该满足什么样的需求？课程应该针对哪些教育对象？怎样保证国家的认可并寻求国家、经济界的支持？

对社会需求进行调查，涵盖以下几个方面：

（1）对课程内容需求调查：一是了解经济发展的趋势和规划，把握产业结构调整所出现的新的职业及新的就业机会，如经济社会发展中出现的物业管理、金融证券、租赁保险、广告营销等；二是了解劳动生产结构的变化对原有职业岗位提出的需要改进的职业能力；三是了解新科技、新设备、新工艺和新材料的采用对劳动者提出的新的智能要求，如跨职业的通用技术和技能的应用、新技术的适应性。

与课程内容需求相关的资料十分广泛，包括国家和地区的经济发展政策，教育发展战略，劳动力市场供求状况，各个重要技术行业的职责、工作性质、工作内涵和工作条件等。收集这些资料的主要方法是调查和咨询。为保证调查工作顺利、有效地进行，各项调查须遵循一定的程式或步骤，如拟订调查大纲、落实调查对象、设计调查表格、实施调查、撰写调查报告等，对于收集到的各种资料，还必须评估其正确性、完整性和实用性，若发现所得资料不正确或不完整，则需要重新进行调查。

（2）对课程现状分析研究：一是对课程的受益者即用人部门如产业、行业或企业界进行调查，了解其对学生的能力水平、所学内容在工作中的实用性要求以及对课程的意见；二是对课程的编制者和实施者即教育教学专家和教师进行调查，研究分析课程理论发展的情况以及教学和管理中存在的问题；三是对课程的使用者即学生进行调查，了解入学水平、愿意接受的学习方式、就业机会、今后再学习的可能性。

（3）对课程数据收集整理：一是人口统计数据信息，如同年龄段就学和就业的情况；二是劳动力市场信息，如就业需求的变化趋势、急需人才的数量与种类、新出现的社会职业的数量、产业结构调整率；三是原有课程的反馈信息，如课程的改革面和开出率，毕业生的专业对口、专业大类对口以及整体就业率。

2. 职业分析

这一步要采用系统工程中定量化系统分析的方式对职业工作进行分析，从定量分析的角度在微观上确定与课程开发有关的职业活动的内容，实际上是对课程内容范围的选择和界定。职业分析包括两个层次：

（1）职业专业分析：目的是确定专业划分、专业设置及专业培养目标。

职业教育培训一般偏重于按工作岗位的规范要求来设置各种专业或工种，

如电气自动化、机械模具、工业会计、护士等，这与普通高等教育通常以学科为基础设置专业，如物理学、经济学、中医学等有所不同。我国教育行政部门、人力资源和社会保障部门一般提供一份专业目录，对各校的专业设置起一定的指导和协调作用，学校享有一定的专业设置权利。故而尽管政府部门与学校各自的出发点可能有所不同，但都关心如何根据国家宏观的经济、教育发展需要，学校微观的师资、设备等资源条件以及学生个人的职业理想、兴趣等需求决定专业设置。在此决策过程中，还应遵循诸如适应一定时期内社会经济体制、产业结构和职业结构的稳定和发展的需要，适应社会在客观实际中对专业的业务服务面"宽窄并存"的需要等原则。专业设置合理与否，直接影响到政府对职业教育培训的宏观投资效益，影响到毕业生的就业状况和岗位适应性等。因此，专业设置十分重要。同时，专业设置也是下一步对职业工作开展分析的重要前提。

（2）职业能力分析：对专业所覆盖的职业岗位或岗位群的工作职责进行分析，以确定职业所需要的综合职业能力。

在确定专业设置后，着手进行职业能力分析，以便最终以此分析结果决定课程内容等。职业能力分析的工作由企事业各方面的专家，包括生产、服务或社会工作第一线的优秀劳动者或长期从事职业专业教育的教师共同完成。

3. 教学分析

教学分析的主要任务是把职业工作的能力要求与对具备这些能力要求的学生的教学联系起来。简言之，教学分析是联系职业工作能力与教学要求的纽带。作为课程开发工作最重要的环节，教学分析要在综合能力与专项能力的基础上划分教学单元，即确定课程单元所需传授的专业知识、职业技能和劳动态度。其主导问题是：为获得职业必需的综合能力和专项能力，应该掌握由哪些基本的知识、技能和态度构成的课程内容？如何从教育教学的角度，即采用什么样的教学理论来归并、划分这些内容并加以阐述？

首先，由课程开发人员，主要是有经验的专业教师和教育专家，将一系列的专项能力转化为教学单元（或模块），并将专项职业能力目标转化为教学目标，将相关的知识技能转化为具体的学习、训练内容。在转化中要提高概括性，同时减少重复，避免遗漏。每一教学单元应包括相应的知识、技能、态度及考核标准。转化的关键是对单元（或模块）的教学目标的描述。如前所述，单元（或模块）的教学目标是可操作性目标，应采用包括活动、条件、标准三要素的表达方式加以描述，尽量做到行为化，可观察，可测量。这将形成由一系列（100～200 个）与职业专项能力相对应的教学单元（或模块）组成的教学目标与教学内容体系。

其次，按照专业目录规定的业务标准，科技进步及劳动方式优化提出的新的知识、技能和能力要求，学生个性发展和未来继续学习的必要准备，以及原有相同或相近专业的教学经验，将教学单元（或模块）分为三类：第一类是基础性（共通性）的，包括普通文化和职业通用基础性的内容，如语言能力、计算能力、外语和计算机应用能力、职业道德等；第二类是职业专业基础性的，即同类专业通用的知识、技能，如专业基础理论与专业技能，以上两类多为具有可迁移性的内容；第三类是职业专业特殊性的，主要是针对职业专长要求的知识与技能。

最后，教学分析还包括对教学对象（学生）和师资、设备等教学条件进行分析，从而确定教学策略。由于职业教育培训的教学对象在文化科学基础、工作经历、学习意向和学习兴趣等方面有较大差异，因而有必要对学生状况进行分析，以便使课程开发结果能够照顾到不同学生的实际情况，体现因材施教的原则。例如有的教学单元及由此编制成的模块对文化基础差的学生来说难度过高，需要设置多个预备性模块（在前述的预备课程模块群中选取）。

根据国内外职业教育课程改革的趋势，今后的职业教育课程计划将出现以下几个新的特点：

（1）更加体现因材施教的原则，教学计划中课程的设置、安排，乃至于教学制度将趋于弹性化、模块化，在统一毕业（修业）基本标准的前提下，更具有选择性，让具有不同兴趣、需要和学习能力的学生自主选择。

（2）教学计划除了反映理论与实践两大比例结构关系外，还应反映文化基础知识、专业技术基础知识、职业技能或能力、职业道德素养等方面的比例结构关系，必修课与选修课之间的比例关系等。

（3）在各科目的进程安排上遵守学习心理学原理，适当地提前开设某些不需要许多预备性基础知识便能十分容易地掌握的专业知识、技能性科目，以便增进学生的专业（工种）兴趣和感性认识，激发学习动机，并促进理论与实践的结合。

（4）特定职业教育培训层次的教学计划必须考虑到与高一级层次与低一级层次的教学计划的衔接，从而减少不必要的重复学习。

4. 教学目标

对教学目标的描述应与相应的职业资格的要求一致。这里的教学目标是指教学单元（或模块）的目标。这些教学目标是分层次和类别的，并且是可操作的目标，即必须描述可观察得到的学习终点行为，必须列举实现学习终点行为的条件，必须给定学习终点行为的评价标准。由各种层次和类别的目标组成的教学目标体系是课程组织和实施的基础。其主导问题有：通过课程可以实现什么目标？应该传授哪些知识（认知领域）、技能（动作技能领域）、态度（情感领域）？怎样使教学目标的描述既能突出重点又规范？

到此为止，第一子系统基本上是采用分析方法的系统。

从现在开始的第二子系统将对分析系统的结果进行综合。分析系统以教学目标及其所包括的所有教学内容为结果，综合系统以教学目标及其所包括的所有教学内容为导向。所以，在这里，教学目标是两个子系统的重合处，亦即分析圆的出口与综合圆的入口的切点。教学目标既是分析圆的输出，又是综合圆的输入。

课程编制将由入口开始一步步地实现，即解决现状与期望的差异，将期望通过实践转换为现实，并由实践加以检验。所以，联系两大子系统的纽带为学习目标的同一性。

5. 课程组织

这里指的是课程设计和编制。首先对课程排序，即将所有教学单元按其基础或通用、专业基础或职业通用、专业或职业专长的性质和功能，在整体结构上进行安排；然后构建课程的门类，要将教学单元归并成教学领域（章节），再由教学领域（章节）组成相应的教学学科或教学活动（即课程），并对每门教学学科或教学活动的目标和内容进行安排，即编写课程标准（教学大纲）；最后对课程的全部教学学科和教学活动的教学阶段和进程加以安排，如课时数、周学时表，即编制课程方案（教学计划）。此时，还需对采用的教学方法和教学媒体提出建议。主导问题是：如何将教学内容及教学目标以教学单元的形式具体化？采取什么样的教学方法和教学媒体使教学过程服务于总体的教学目标？

（1）确定单元课程。

单元课程是指教学计划中标列的一系列课程，是教学内容的集合。狭义的单元课程也就是指课程，如政治、语文、数学等。在我国，对于职业技术学校教育，为保证贯彻国家的教育方针，使学生在德、智、体、美、劳几方面都得到发展，政府统一规定开设各专业（工种）共同的文化基础教育课程或科目，如政治、体育、语文、数学、外语、计算机等。在此基础上，各学校根据不同的专业（工种）特点及其要求，设置以训练各种职业能力为目的的各类专业技术性单元课程。由于所选择的课程类型、课程模式的不同，即使相同的专业（工种），其所设单元课程在名称和内容范围上也可能不相同。当选择学科中心课程类型时，单元课程名称与学科名称基本一致，但在选择其他课程类型时，单元课程就不对应于学科了。在一些模块化课程计划中，某些单元的内容打破了原来的学科界限，将许多学科内容综合在一起，然后再划分若干级模块。确定单元课程后要对单元课程进行排序。

(2) 选择课程范型。

前已述及，课程范型反映了课程体系的结构性特征。它是由课程原则、专业特点、培养目标，以及学生对于课程的灵活性要求等多种因素综合决定的，因此形成了多种范型。由于每种范型都有特定的适用范围和条件，选择合适的课程范型就显得极为重要。

(3) 编写课程标准。

课程标准（教学大纲）是与教学计划配套的课程文件，它根据前面的职业分析、教学分析和课程设计的结果，根据各单元课程在教学计划中的地位和任务，以及各单元课程之间的相互联系而编制。教学大纲是编制教材、装备教学设施、配套师资、组织教学以及评价教学效果的依据。因此，教学大纲与教学计划一样是重要的课程文件，必须认真编制。

课程标准作为最基本的教学文件，编写要做到科学、规范，具有可操作性。这里要将组成课程的每一教学单元（或模块）的知识、技能和态度尽量按照相应的专项能力在实际职业工作中出现的频度、内容的难度和掌握的程度进行排序。

排序的原则是：将专项能力中频度高者所对应的教学单元（或模块）转化为教学中的重点内容，频度低者所对应的转化为一般要求；将难度高的专项能力所对应的教学单元（或模块）定为教学中的难点；将专项能力所对应的教学单元（或模块）中对知识技能掌握的程度要求按教学惯例进行统一规范，采取诸如理解、熟悉、掌握、运用等行为动词加以描述。

课程标准应列出课时细目及内容，明确学习范围的深度和广度，对学习目标可进一步分解并配合适宜的学习训练时数。为便于教学还需提出各部分教学法的选择建议，并列出配套的教学仪器设备与媒体，以及考核考试的标准和方法。

课程标准通常按单元课程分别编制。我国的职业课程教学大纲在长期的实践中也形成一定的格式。它一般分为三部分：

第一部分，指明某科目的性质，是普通课、基础课还是专业课；规定本科目在实现培养目标的要求中所担负的任务；具体规定学生在学完本科目后，在理论知识、技能和职业能力、态度等方面应分别达到什么程度等。这部分就是现代课程论所经常论及的重要课程要素——课程目标。

第二部分，通常以表格形式，顺次写明课题名称以及分配相应的学时数。有的课题有实验、课堂讨论及习题课等，则也应分配所需的学时。分配表上的总学时数应同教学计划中该科目的总时数相一致。然后依次写明每个课题的教学内容及其深度与广度。这部分亦可称为课程内容纲要。

第三部分，对编写该大纲遇到的一些问题进行说明，或提供实验仪器、设备清单、主要教学参考书目等。对于单独设课的实验、实习、设计、调查等实践性科目也应编制大纲，其格式与理论性科目类似。

可见，编制教学大纲的两个主要步骤是编制课程目标和编制课程内容纲要。

就编制课程目标而言，国外较多地采用布卢姆的教育目标分类学原理。例如在编制理论性科目的课程目标时，按照认知领域的教育目标分类学要求，规定某一课题的教学内容应在知识、领会、应用、分析、综合和评价六种层面上达到什么样的程度。在 CBE 和 MES 等以能力为中心的职业教育培训体系中，为了及时测量和评价对职业技能或能力的掌握情况，其课程目标的编制较多采用马杰的行为目标技术。行为目标也称作业目标（performance objectives），指对可观察和可测量的行为陈述的目标。它包含三个要素：第一，说明通过教学后学生能做什么；第二，规定学生的行为产生的条件；第三，规定符合要求的作业的标准。例如，电气技术员在“检查落实安全措施”这一专项能力方面，其行为目标陈述为“受训者应能在十分钟内正确使用工具仪器测量绝缘电阻，并判断是否符合安全标准”。

对于编制课程内容纲要，要根据职业分析和教学分析结果，使内容范围和深度符合现时的工作岗位之需要及学生自身的学习自我适应能力。活动中心课程则有助于加强技术型和技能型人才的实践操作技能，尤其是有助于促进技能型人才在各种缺乏变化的，带有较多重复性特征的技能（在心理学上称再生性技能或再造性技能，与产生性技能或创造性技能相对）方面的熟练性；能力中心课程最适宜于一些职业培训机构为在职人员进行岗位针对性较强的短期培训，当然，职业技术学校也可以吸取能力中心课程的某些长处，对学生的某些业务能力进行有效的训练；问题中心课程对于培养技术型人才分析问题、解决问题的能力大有裨益。国外有关研究表明，为适应高新技术时代的技术特点，职业教育培训的课程计划要突出问题中心课程的地位。

（4）制定课程方案（教学计划）。

课程方案通常按专业编制。制定课程方案（即教学计划），就是要确定该专业课程体系的整体结构，对各门单元课程，即各门教学学科或教学活动，按总体修业年限进行安排。正式的课程方案（教学计划）和课程标准（教学大纲）等文件要经权威的专家会议审议，修改后由主管部门审定批准方可实施。

至此并未达到编制工作的终结，课程方案还要通过若干轮的教学实践不断进行检验与完善，课程方案要定期修改，教学大纲要及时补充完善，以便不断吸收职业发展所需要的新的知识和技能。

课程方案是重要的课程文件。它一般要在总体上明确规定某一专业（工种）的招生对象、学习年限、培养目标、科目设置和各科目的时数分配等。课程方案能集中地反映出课程设计阶段所制定的各项课程原则，也反映出课程的类型、模式以及各科目之间具体的结构比例关系等。它为进一步编制教学大纲提供依据。

（5）教材的编写。

职业教育课程教材包括以下四部分：第一，学生使用的教材，即通常意义上的教科书；第二，与之对应的教学参考书，习题集，实验、实习指导书；第三，与之配套的挂图、模型、标本、实物、实验工具及音像资料、计算机软件等；第四，教师自选或自编的补充读物或选修材料。

要实现教学大纲所规定的各项课程目标，教师与学生都离不开教材这一重要的教学内容载体。教材编写的好坏，会在很大程度上影响教学质量的高低。教材总是根据教学大纲编写的，其编写涉及教材内容的选择和组织两大问题。

第一，教材内容的选择。

首先，要从工作岗位的实际需要出发，选择最基本的和最必需的内容，以培养学生的基本业务能力；其次，要选择一定的新知识、新工艺，反映科技发展的新趋势，以培养学生的适应与发展能力；再次，要注意让学生掌握科学的思维方法，以利于开发学生的智力；最后，通过选择某些内容培养学生严谨的工作作风、负责的职业态度和敏感的安全意识等。

第二，教材内容的组织。

教材内容选定后，应予以合理组织，以便学生学习。一般课程论认为，教材的组织方式有三种。

其一，逻辑式，即按照知识的内在逻辑顺序或者职业活动的内在逻辑顺序组织内容。这是一种传统的组织方式。其优点是可使学生获得系统的知识，了解职业工作的全貌，还可培养学生掌握整理知识的方法。其缺点在于以知识为本位，不顾及学习的难易程度，故较难适应学生的需要、兴趣和能力等。

其二，心理式，它以学生的经验作为教材组织的出发点，逐渐扩大内容范围，使之适应学生的能力、经验和兴趣。这种以学习者为中心的组织方式的优点在于重视学生的经验和心理特点，便于学生学习。其缺点是不重视学科、技术、职业本身的系统性，很难给学生提供系统的知识。

其三，逻辑、心理交融式，它兼采前两种方式的特点，顾及学科体系、技术体系、职业体系与学习者两方面的需要和情况。因职业课程在培养目标、教学内容等方面的特殊性，其教材的编写适宜于采用逻辑、心理交融式。

6. 课程实施

这是实现课程目标的关键。课程实施主要是选择教学策略，更多地涉及教学论的问题。这里要对课堂教学、实验教学、技能实训、企业实习、作业练习所涉及的学生、教材、教具、设备、设施、教学地点等妥善地加以规划、组织、协调，制订相应的课时计划、设备使用计划以及教案等。课程实施可根据学生经验、教师水平、学科逻辑、心理顺序、教学方法、教学形式和教学手段的种类，采取与职业活动有关的学科的内在逻辑顺序或职业活动的自然顺序相结合的形式进行。其主导问题是：采取什么样的教学组织形式？传授专业知识和职业技能的正确方法是什么？是否有足够的教材、教具、工件、工位、材料、专业教室等？

7. 课程评价

这里要检查课程实施的结果和进程，要检查课程内容与课程目标的同一性。课程评价的结果不仅取决于学生参加考试及评估的结果，而且取决于上述第一子系统，即课程目标与课程内容的选择、确定及其理由分析（分析圆）以及第二子系统，即课程目标与课程内容的实施、组织及其结果评价（综合圆）过程的正确与否。因此，课程需要不断进行改进。其主导问题是：课程结束后学生获得什么学习成果？导致学习成果产生缺陷的原因是课程设计、课程实施方式的问题，还是教学对象，即学生本身的问题？

这种包括七个方面问题及两大子系统的模式，比较规范地描述了课程开发和课程实施的整体现象。当然，这种模式并非十分完善，还有很多其他类型的课程开发模式。实际上这是一种以目标模式为主，吸收了过程模式和环境模式的长处的课程开发模式。在进行课程开发时，并不需要严格按七大步骤划分，可根据具体情况加以归并。

例如，构建“基于工作过程的工学结合模式项目”课程体系，必须实施“理实一体、项目导向、任务驱动”的情境化教学模式，加强学生的职业核心能力培养。如果把工作过程知识看作是通过社会交往而构建的，那么作为一种融合了“可编撰知识”与实践知识的综合知识，学生构建工作过程知识的途径只有依赖于职业学校与企业密切合作，共同开发课程。这就要求在开发课程时，需要组成一个课程开发的团队，团队的成员应包括：职业学校教学人员、工厂企业中具有丰富实践经验的技术人员和企业培训部门专职培训人员。这样的课程开发团队保证了在课程中将理论知识与实践知识进行合理有效的整合。在课程开发中，根据特定的“行为领域”确定“学习领域”，而课程就由一系列的“学习领域”组成，每个“学习领域”都反映了组成某项工作过程的“行为领域”。为了确保每个“学习领域”都与整体的工作过程相关，每项工作任务都应被看作是工作系统中的一个组成部分，而不仅仅是一个独立的工作任务。真正实现“校企共建、三方共管”的课程开发模式，尤其是在岗位工作任务调研与典型工作任务归纳、行动领域确定、课程内容设置等方面，必须要征求行业企业专家意见并进行论证，这样才能确保课程体系及课程内容的针对性与适用性。技术课程与文化课程是职业教育课程结构的两大板块。在实践导向的职业教育课程中，技术课程和文化课程都应围绕工作任务展开，如图 2-2 所示。

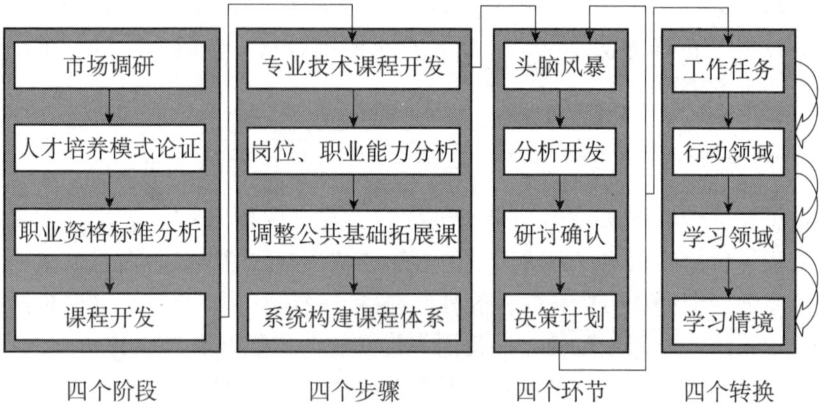

图 2-2 行动导向的课程开发模式

2.2.4 影响课程开发的主要因素

由于课程是教育目的的集中体现，是教育理论的具体体现，因此，影响职业教育课程的因素有许多。可以说影响教育的各种内部和外部因素都会在一定程度上影响职业课程。这里我们重点讨论对职业教育课程产生直接或较大影响的主要因素。

1. 培养目标

培养目标是直接影响职业教育课程的最主要因素。职业教育培训是由职业教育和技术教育两部分构成的，其培养目标就总体而言对应两大类人才规格，即工作在生产第一线的技能型、操作型（技术工人类）人才和面向生产第一线的维系生产正常运行的技术型、中间型（技术员类）人才，对这两类人才所要求的理论知识、操作技能是不同的，因此，课程也就不一样。具体来说，各类学校一般都有自己特定的、具体的培养目标，或者同一所学校里兼而培养技术工人类人才和技术员类人才，它们体现了社会各行业、职业对所需人才在知识、技能、态度等方面的具体要求，于是各类学校的课程也就在内容等方面千差万别，即使一所学校也会有多种课程。培养目标对于课程的影响通常反映在课程方案上。

2. 区域经济的状况

职业教育培训与地区经济发展紧密相关，它主要是直接为学校所在地区的经济建设和社会发展培养各种实用型人才。因而区域经济及其产业特点对职业课程有着明显影响。一方面，地区间产业状况、结构和生产技术水平的差异，会使职业课程在内容与程度上呈现出明显的地区特色；另一方面，地区的经济发展实力，通过教育经费的投入量这一中介对职业课程的设置和实施产生影响。因为职业课程的设置与实施必须考虑相应的设施、设备、材料等各种教育资源的配合，如果在经费上得不到保障，势必影响某些课程的开设，或降低课程应有的教学效果。

3. 科技进步

科技进步直接推动着社会生产力的发展和生产技术体系的变迁，甚至于产业结构的调整，它使社会职业结构不断进行调整和变化，同时对从业人员的职业素质提出新要求。这最终将对职业课程的更新和改革产生重要影响。事实上，各个时期发生的职业课程改革追根溯源都是科技进步所致。科技进步不仅影响课程内容和课程结构，而且影响某些课程的实施形态。如应用现代化视听设备和 CAI 系统，使职业课程的实施更富有效率。

4. 文化传统

一个社会的文化传统对教育信念、价值等的影响是深远的。学校课程突出地反映了这种影响，尽管这种影响是无意识的。职业教育培训作为现代教育的一部分，由于诞生的历史较短，其课程也容易打上传统的烙印。譬如，传统文化一直以学问的渊博和高深来衡量人才，于是传统教育的课程就特别强调知识和理论。受此影响，职业课程也容易忽视职业教育的实用性、实践性等特点，片面追求学科内容的系统性和理论深度，使学科中心课程长期以来一直占统治地位。

5. 哲学基础

哲学基础对课程的影响是根本性的，它影响到课程的类型。除了经验主义、实用主义等哲学观点已对现代职业课程产生决定性影响外，迅速兴起的技术哲学也开始影响职业课程。

6. 心理学理论

心理学理论对课程的影响也是根本性的，它直接、深刻地影响到课程内容的选择、组织和教学。对职业课程影响最大的是学习心理学中的有关理论和原理。例如，“形式训练说”与“实质训练说”这两种对立的理论学说就对职业课程产生了重大影响。心理学研究已否定了“形式训练说”的基本假设，强调“做中学”的“实质训练说”和有关的理论，这有助于突出职业课程的实用性和实践性。

2.2.5 我国职业教育课程开发现状与目标

1. 现状简析

在传统课程观指导下，所谓课程开发即等同于编订教学计划、大纲和教材。这往往是少数学校教育专家的工作，企业内的专家一般只是提供一些意见，而不直接参与课程开发。如果对我国传统的职业课程开发过程做一分析，我们不难发现它有以下特点：

第一，课程开发遵循若干有限的步骤或流程。

第二，课程开发方法通常采用调查法和学科分析法。

第三，课程开发从若干基本原则出发，经由少数专家的内省（introspection）过程直接得到开发结果。

2. 我国职业课程的目标模式

我国市场经济体系已经确立，正在迈向经济社会发展的新阶段，职业教育培训作为与经济联系最紧密的教育形态，其教育体系、管理体制、教育目标、课程观、课程结构和课程内容等都将做相应的变革。我国传统的职业课程开发模式，由于不适应市场经济下各校经常性地、自主地开发和更新课程的客观需要，也必将做重大改革。改革所导向的目标模式既要借鉴国际上先进的课程开发模式，又要结合我国的国情做一定的改造与创新，同时也要保留我国传统课程开发模式中的某些长处。

第一，课程开发要融入“终身职业教育培训”的理念，为劳动者终身学习提供支持。

第二，课程开发要贯彻“职业导向、就业优先”的原则，做到根据职业活动的工作顺序、职业能力的形成顺序、职业资格的发展顺序、职业素质的成长顺序来组织课程内容。

第三，课程开发要实现现代化，反映现代生产劳动的组织方式，采用现代化的教育教学手段。

第四，课程开发要实现科学化。开发过程的组织要更加合理，行业企业人员的参与要更加深入和活跃，引入课程工程系统的概念，科学地组织开发。所谓课程工程系统，包括课程开发、课程实施、课程评价和课程管理四个子系统，而课程工程又与课程观、课程研究、课程发展（curriculum evolution）相互联系。

2.3 职业教育课程标准的制定

2.3.1 课程标准的概念及内涵

1. 概念

中国清朝末年兴办近代教育之初，在各级学堂章程中有《功课教法》章，列有课程门目表和课程分年表。这是课程标准的雏形。1912 年 1 月，中华民国教育部公布了《普通教育暂行课程标准》。此后，“课程标准”一词沿用了约 40 年，直到 1952 年改称“课程计划”和“教学大纲”。2004 年，山东、宁夏、广东和海南首批试点高中新课标时，出现了“课程标准”的提法。

在 1992 年亚太经济合作组织成员国（地区）教育部长会议上，将课程标准表述为“学生应掌握的特定知识、技能和态度的明确描述。一个社会或一种教育体系规定的学生不同年级、不同学科领域应该获得的成绩、行为以及个人发展”。

加拿大的《安大略共同课程省级标准》指出，课程标准是“评估学生学习而设计的一般标准”。澳大利亚的《维多利亚州课程标准框架》则提出，“课程标准是大多数学生能达到的学习结果，为课程规划、实施与评价提供了一种参照”。《美国国家科学教育标准》指出，课程标准是量度教育质量的准绳：学生所掌握知识和能力的质量；教育大纲质量；教学质量；教育系统质量；评价质量；等等。

《教育学大辞典》指出，课程标准是确定一定学段的课程水平及课程结构的纲领性文件。课程标准是规定某一学科的课程性质、课程目标、内容目标、实施建议的教学指导性文件。

应该说，“课程标准”是对学生在经过一段时间的学习后应该知道什么和能做什么（what students should know and be able to do）的界定和表述，实际上反映了国家对学生学习结果的期望。课程标准通常包括内容标准（划定学习领域）和表现标准（规定学生在某领域应达到的水平）。

当代世界职业教育课程改革的特征之一就是国家干预强化。国家课程标准是教材编写、教学、评估和考试命题的依据，是国家管理和评价课程的基础，应体现国家对不同阶段的学生在知识与技能、过程与方法、情感态度与价值观等方面的基本要求，规定各门课程的性质、目标、内容框架，提出教学和评价建议。

2. 内容

课程标准包括：课程性质、课程价值、课程理念、课程标准设计思路、课程目标、课程内容及标准、课程实施建议（教学方法建议、教科书编写建议、教学资源开发建议）、课程评价等，如图 2－3 所示。

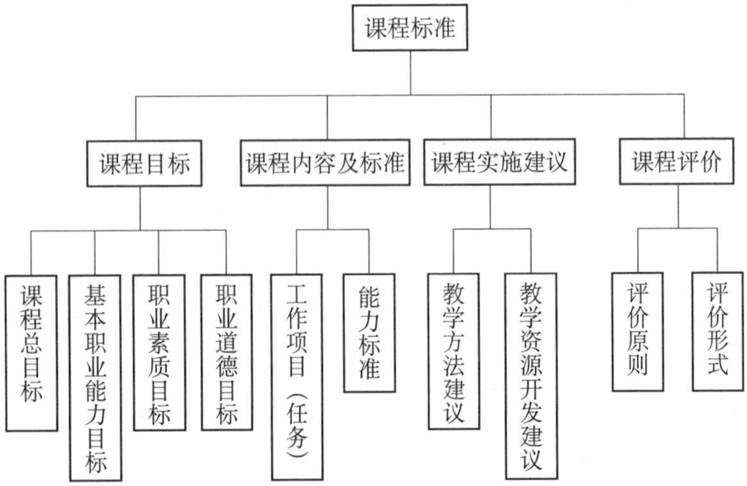

图 2－3　课程标准的结构

撰写课程标准时一般分为以下几部分：

（1）前言：这一部分内容主要包括课程的性质、基本理念和课程标准的设计思路，要求对课程的性质、功能做定性描述，阐述课程改革的基本理念，并说明本课程标准的设计思路。

（2）课程目标：根据专业教学要求，确定知识与技能、过程与方法、情感态度与价值观等方面有共同点而又各具特点的课程目标。课程标准的行为目标，一般采用“ABCD”的描述法（详见第 4 章）：

- ◆ A——Audience　对象
- ◆ B——Behavior　行为
- ◆ C——Condition　条件
- ◆ D——Degree　标准

同时，在进行知识、技能、态度的分析和描述时，可使用标准的行为动词，具体内容将在第 4 章介绍。

课程标准中的目标主要是按结果性目标和体验性目标来描述的。结果性目标主要用于对“知识与技能”目标领域的刻画，而体验性目标则主要用于反映“过程与方法”“情感、态度与价值观”等目标领域的要求。无论是结果性目标，还是体验性目标，都尽可能地以便于理解、便于操作和评估的行为动词来刻画。

(3) 课程内容及标准：根据专业教学要求和课程目标，确定课程内容和要求，说明学生应获得的技能与知识，合理安排课时和教学顺序。

(4) 课程实施建议：根据课程实施的各个环节，提出教学建议、教材编写建议、教学评价建议、课程资源开发与利用建议等。

课程标准一般不需包括教学重点、难点等具体内容。

3. 特点

课程标准规定全体学生的基本要求（即最低要求），而不是最高要求。

课程标准是对学生在经过某一学段之后的学习结果的行为描述。

课程标准结果行为的描述是可理解的、可达到的、可评估的，而不是模糊不清的、可望而不可即的。

课程标准课程目标涉及三个领域：认知、技能与情感，而不仅仅是知识。

课程标准最终要检验的是学生是否达到了预期的学习结果，而不是教师有没有完成某一任务或是否达到了某一目标，因此，“内容标准”的陈述是以学生为出发点的，目标的行为主体是学生，而不是教师。

4. 课程标准与教学大纲的区别

教学大纲是根据课程内容及其体系和教学计划的要求编写的教学指导文件，它以纲要的形式明确规定本课程在专业教学计划中的地位和作用，以及课程的教学目的和任务、知识技能的范围与深度、教学内容体系结构以及教学进度和教学法的基本要求。它是编写教材和进行教学工作的主要依据，也是检查学生学业成绩和评估教师教学质量的重要准则。教学大纲的结构一般分为三个部分，即说明、正文和附录。

“课程标准”取代“教育大纲”，不仅仅是一个简单的词语置换，而是对接以学习者为中心的现代人才培养方式，建设现代职业教育体系的需要：

第一，课程价值趋向从精英教育转向大众教育。

第二，课程目标着眼于对学生素质的全面提高。

第三，从关注教师教学，转向关注课程实施过程。

第四，课程管理从刚性转向了弹性。

课程标准与教学大纲相比：在课程的基本理念、课程目标、课程实施建议等几部分阐述得更为详细、明确，特别是提出了面向全体学生的学习基本要求。其主要是对学生在经过某一学段之后的学习结果的行为描述，而不是对教学内容的具体规定，这是与教学大纲的最主要区别。

教师在教学关注点上发生显著变化。对于教学大纲，教师主要关注的是知识点发生了哪些变化，增加或删减了哪些内容，具体的要求和课时数是多少，在规定的时间内能否完成教学任务和达到教学目标。对于课程标准，教师主要关注的是如何利用各门课程所特有的优势促进每一个学生的健康发展；而不是仅仅关心学生对某个结论是否记住，记得是否准确，某项技能是否形成，并且运用起来是否得心应手。

2.3.2 课程标准的作用

课程建设与改革是教育教学改革的核心，是提高教育教学质量的重要举措。“建立突出职业能力培养的课程标准”是职业教育课程建设与改革系统工程中的一个重要枢纽，因为课程标准不仅是教学过程中配置教学资源、组织教学、进行教学评价和教学管理的主要依据，也是完整体现职业教育理念的表现形式。因此，在职业教育教学改革的实践中，充分认识课程标准的作用，明确课程标准的制定原则、制定途径及基本内容，将有助于课程建设与改革的顺利进行，有助于职业教育人才培养质量的不断提高。

1. 课程标准是职业教育教师教学和学生学习的重要指导文件

课程标准不仅供教师教学使用，也供学生学习使用。课程标准明确了一门课的课程定位、课程目标、课程内容框架和课程实施建议等，可以指导教师很好地贯彻先进的职教理念，进行科学的教学设计和相应的教学条件的准备，组织和指导学生进行学习。同时，课程标准确立了学生学习的知识与技能、过程与方法、情感态度与价值观三位一体的体验性目标，突出地体现了从学生学习和发展角度出发，进行课程内容的选择与组织，全面考虑课程在学生职业能力和职业素质培养中的作用，可以有效地指导学生的学习。

2. 课程标准是职业教育人才培养目标的具体体现

职业教育的课程标准是依据专业人才培养目标，以学生综合职业能力和职业技能形成为重点，来确定课程改革基本理念、课程设计思路和教学内容组织等。人才培养目标必须很好地体现在课程目标中，而课程目标是课程标准的灵魂。职业教育课程标准的实质是对学生经过职业教育之后的结果进行的具体描述，是职业教育质量应达到的具体指标要求。

3. 课程标准是职业教育教学质量保障体系的重要组成部分

建立制度、制定标准是教育教学质量保障体系的重要内容。职业教育的课程标准对课程定位、课程目标、课程内容、课程实施等提出了具体要求，是教师教和学生学的标准。尤其在教学内容上，课程标准给出了这门课结束后学生在知识、能力和技能等方面应该达到的定量的或半定量的具体标准，它是教学评价的重要依据。因此，课程标准的制定是职业教育培养面向生产、建设、服务和管理第一线需要的高素质技能型专门人才的重要保障。

4. 课程标准是职业教育编写教材的重要依据

教材是课程标准的具体化。课程标准是课程教材编写的前提和依据，因为课程标准不仅给出一门课的教学内容，更指明了课程的教学理念及设计思路。教材编写要根据课程标准选编和组织有一定范围和深度的知识与技能体系的资料，需要在认真领会并执行课程标准基本精神的基础上进行。

5. 课程标准是教育标准与企业标准相融合的纽带

职业教育成功与否，不能只用学生取得的成绩来衡量，更主要的是取决于学生在实际工作中被社会认可的程度。社会标准、企业标准才是检验职业教育课程质量的依据。课程标准应由社会、企业、学校共同参与制定，它是教育标准与国家人力资源和社会保障部门制定的国家职业标准和相关企业标准的融合。

2.3.3 课程标准制定的基本原则

职业教育是高等教育的一个类型，它既有一般教育的共性，也有自身显著的个性。要制定出符合职业教育教学需要的课程标准，在课程标准的制定过程中应坚持以下原则。

1. 服务于专业人才培养整体目标的原则

制定课程标准要遵循“设计导向”的现代职业教育指导思想，服从专业人才培养整体目标的要求，明确本门课程在专业人才培养方案中的地位、作用和任务，防止脱离培养目标片面强调课程学科的系统性、完整性。

2. 坚持以学生为本的原则

课程标准要突出学生的主体地位，有利于调动学生学习的积极性和主动性，方便学生主动自我构建个人的经验和知识体系，提高职业能力。课程标准应是合格标准，不是选拔标准，它的制定不应过分强调选拔与淘汰的一面，而应强调提高学生的职业能力，帮助不同程度的学生达到课程目标要求，突出以社会需要、学习者需求为导向，设计多元化、模块化的课程内容体系，满足课程对变化着的劳动世界的灵活适应性，体现个性化的需要。

3. 突出职业教育特点的原则

要打破传统课程教学大纲的束缚，贯彻现代职业教育理念，确立知识与技能、过程与方法、情感态度与价值观三位一体的体验性课程目标，注重方法能力、专业能力和社会能力培养的有机融合；积极与行业企业合作开发工学结合的专业核心课程，根据技术领域和职业岗位（群）的任职要求，参照相关的职业资格标准，改革课程教学内容；教学内容的取舍和内容排序遵循职业性原则，融“教、学、做”为一体，突出教学过程的实践性、开放性和职业性；要紧密结合地方社会经济发展，满足受教育者就业、择业和创业的需求，形成具有职教特色的课程标准。

4. 体现可持续发展的原则

课程标准要突出对学生的素质和能力培养，就不能忽视对基础理论知识的教学，因为知识是能力形成和能力发展的基础，也是素质形成和提高的基础，没有相应知识的武装，不可能内化和升华为更高的心理品格。知识既要够用，又要有一定发展潜力，要重视对知识的综合应用，要保持知识、能力、技能三者的协调统一。适应未来的课程，必定是综合考虑现在和未来需要的课程，把发展潜在能力与获得技能结合在一起。

2.3.4 课程标准的制定

职业教育课程标准的制定是一个系统工程，需要有先进的教育理念的指导、需要建立有效的组织机构、需要有充分的前期准备、需要制定科学合理的操作程序。

1. 要有先进的教育理念的指导

教育理念是所有教育行为的出发点和归宿点。职业教育课程标准的制定必须有先进的职业教育理念的指导，如终身学习的教育观、多元智能的人才观、建构主义的学习观、“设计导向”的职教观、能力本位的质量观、过程导向的课程观、行动导向的教学观及校企合作的课程开发观等。只有在先进的教育理念的指导下，才能很好地贯彻落实党的教育方针，体现素质教育和职业教育的特点，实现职业教育人才培养目标。

2. 要建立有效的组织机构

课程标准的制定是教育教学改革的一个重要的切入点，职业院校领导要给予高度重视，要建立相应的组织机构，形成学校、教务处、院（系部）、专业指导委员会、教研室等层次的组织机构，切实担负起课程标准制定的工作任务，层层把关，人人负责，以确保课程标准制定工作的顺利进行。教务管理部门要对课程标准进行审查，并就制定课程标准的基本原则和管理要求进行宏观指导，对需要统一的部分内容做出明确规定，协调公共基础课、专业技能课程以及各课程之间的关系，确保工作顺利进行并达到质量标准。

3. 要有充分的前期准备

制定课程标准要有充分的前期准备。首先，要从专业的角度出发，广泛地进行市场调研，形成调研报告，确定工作岗位和职业资格；其次，在企业专家参与下进行工作任务与职业能力分析，确定职业能力标准；再次，由课程专家和学校教师进行课程结构分析，优化课程体系，形成课程计划；最后，由课程专家和学校教师共同进行课程标准的编制。

4. 要制定科学合理的操作程序

课程标准的制定要有科学合理的操作程序。第一，根据专业的培养目标，以职业能力分析为出发点，找准专业的核心能力；第二，根据本课程承担培养某个核心能力，确定课程的定位、任务与目标；第三，依据课程的定位、任务与目标，针对核心能力，确定本门课程的知识、能力、技能和素质要求；第四，将已确定的知识、能力、技能和素质要求依据教学论原理进行分类排序，构建课程内容体系；第五，落实课程的组织与实施细则；第六，建立考核指标体系和考核标准，提出学生学业评价考核方法。

第3章
职业教育教材的理论基础和现状

3.1 职业教育教材的内涵和特点

3.1.1 教材的定义和功能

1. “教材”与“大教材”

关于教材的定义，众说纷纭。目前大家比较认同的说法，是《中国大百科全书·教育》卷中的定义：“教材一般有两种解释：(1) 根据一定学科的任务，编选和组织具有一定范围和深度的知识和技能体系，它一般以教科书的形式来具体反映；(2) 教师指导学生学习的一切教学教材，包括教科书、讲义、讲授提纲、参考书、辅导材料以及教学辅助材料（如图表、教学影片、唱片、录音、录像等），教科书、讲义和讲授提纲是教材整体中的主体部分。”对“教科书”的定义为：“教科书，亦称课本，根据教学大纲（或课程标准）编定的系统反映学科内容的教学用书。”上述定义具有一定的普适性，但它突出了教材的学科性质，强调教材要“根据一定学科的任务”“系统反映学科内容”，因而并不完全适用于职业技能教材。

必须指出的是，教材是个不断发展的概念，无论是从内容到形式，还是从结构到功能，都随着教育理论、教育技术的不断发展而不断发生着变化。因此，关于教材的定义，应随着现代教育理论、现代教育技术的发展，建立起适应现代学生接受习惯，改变目前教材出版形态单一（以纸质图书为主体）的教材形式，促进教材的数字化、电子化等多元形态建设的广义上的开放性的“大教材”概念。

“大教材”的概念，就是教材除作为文字教材的教科书外，还包括音像教材、电子教材、网上教材。它源于科学、文化、艺术、生活的各个领域，并以计划的形式表现出来。它包括那些在教学过程中，自然地成为普通教育与专业教育的成分。就其内涵而言，华东师范大学钟启泉教授认为，现代的教材概念蕴含了下列要素：

（1）作为学习的体系所要求的事实、概念、法则、理论。

（2）同知识紧密相关，有助于系统掌握各种技能，以及心理作业与实践作业的各种步骤、作业方式和技术。

（3）知识体系同能力体系的密切结合，奠定世界观基础的，表现为信念的、政治的、世界观的、道德的认识、观念及规范。

2. 职业教育与培训教材

为了使“职业教育与培训教材”这个概念的内涵更准确，外延更宽泛，既反映教材的学科属性，也反映教材的职业属性，我们对“职业教育与培训教材”做下述定义：职业教育教材是根据一定的教学任务而选择、组织的具有一定深度和广度的知识和技能体系。教材是教学的基本工具，是教育思想、教学内容与教学方法的集中体现，是知识与经验的载体，教学内容的物化形态。在教学过程中，教材是教师教学的主要依据，是学生所学知识的主要来源和学习指导。“职业教育教材”和“职业培训教材”在内涵上有所不同，如图 3－1所示。

从形式上来分类，和所有教材一样，可以把职业教育与培训教材分为：纯纸质教材、纯数字教材、纸数结合教材三类。从内涵上分类，可以分为职业教育教材（用于职业院校全日制教学）、职业培训教材（用于各类职业准备和继续培训）。职业教育教材可分为公共基础课教材、专业技能课教材两大类；职业培训教材可分为通用能力培训教材、职业技能培训教材两种。职业技能培训教材是思想政治理论课教材和文化素质课教材以外的所有职业教育与职业培训教材。

同为职业技能教材，必有其共同特点，所以有着基本一致的评价体系，而各类职业技能教材又有其鲜明的特征。因此，对于不同类型的职业技能教材，应采取“相同的评价指标体系、不同的评价权重”，即所有的职业技能教材都应从思想性、职业性、科学性、达标性、适应性、规范性等进行评价，但不同的教材，这六项指标的权重不同。思想政治理论课教材和文化素质课教材，因其功能导向上的不同，不在本书的研究范畴内。

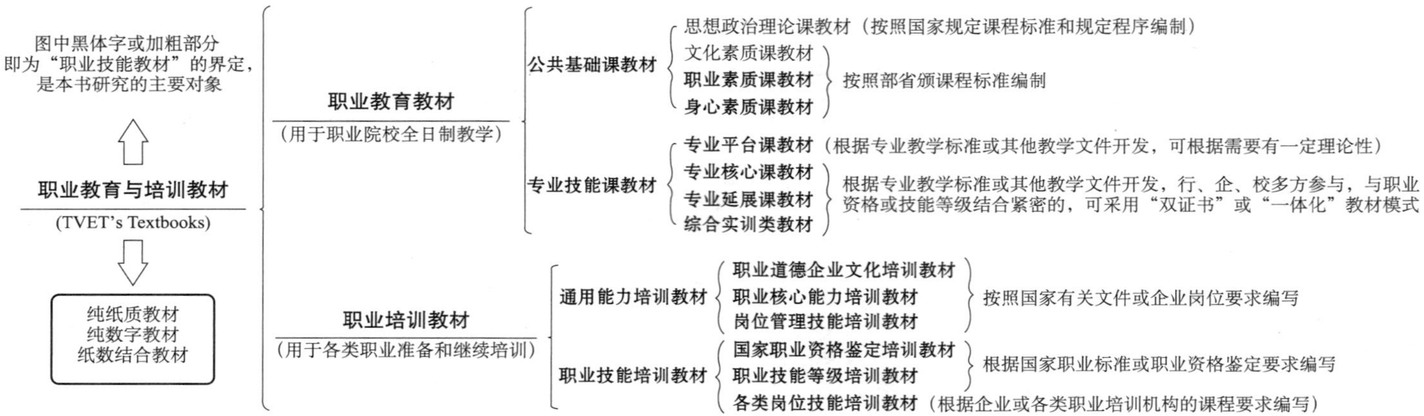

图 3-1 职业教育与培训的教材体系

3. 职业技能教材的功能

(1) 思想品德教育功能。

教材作为教学活动的工具，首先承担着培养学生思想品德的任务。所谓“教书育人”，就是要通过书本来培育学生良好的思想品德，帮助他们树立正确的世界观、人生观、价值观。对于职业教育来说，还要通过教材渗透职业道德和职业意识教育，让学生树立正确的择业观，养成良好的劳动习惯等。要让学生“学会做人”。

(2) 人类文化、经验传递功能。

教材作为教学内容的载体，它的基本功能是传承人类文化科学技术知识和技能，适应经济社会发展的需要，满足职业岗位工作的需要。与其他类型的教育不同的是，职业技能教材还担负着传播工业文化、行业文化、职业文化、企业文化等任务，要让学生“学会做事”。

(3) 职业能力构建功能。

学生心理结构的构建是教学的基本任务之一。职业教育学习论认为，学生心理结构的构建是学习的本质。“学习作为个体的一种适应活动，其实质在于它是在主客体相互作用中，在反映客观现实的基础上，通过主体一系列反映动作，在内部构建起调节行为的心理结构的过程。”心理学家认为，学生的认知结构是从教材的知识结构转化而来的。技能是通过学习而形成的合理的活动方式，是在一定推理条件的基础上，在心理活动支配下，按某种要求，通过反复练习形成的。技能既包括操作技能，也包括心智技能，如阅读技能、运算技能、记忆技能等。构建学习的心理结构就是要让学生“学会学习”。

3.1.2 职业技能教材的特点

1. 职业技能教材的总体特点

(1) 专业体系性强。

职业教育的教材应根据职业教育的专业设置进行整体开发。职业教育的专业目录，是指政府教育行政部门、人力资源和社会保障行政部门确定的高等职业院校、中等职业学校培养各种专门人才的分类目录。专业目录规定专业的划分、专业名称及所属门类，反映培养人才的业务规格和就业方向，是国家有关行政部门规划职业教育发展，设置与调整专业，实施人才培养，安排招生，指导毕业生就业，进行教育统计和信息处理等工作的重要依据。专业目录是国家教育有关行政部门对职业教育进行行政管理和各类职业院校进行教学工作的一个基本文件。

各类职业院校要开设一个职业教育专业，一般要经历“进行专业调查→设计培养目标→制定人才培养方案→确定单元课程设计”这几个步骤，职业教育的专业教材体系要服从专业建设的整体要求。

目前可以参照的专业目录主要有《中等职业学校专业目录》《全国技工院校专业目录》《普通高等学校高等职业教育（专科）专业目录》。

（2）职业针对性强。

职业技能教材的一个显著特点，就是教材目标的职业针对性强。其针对性可以是针对一个职业，也可以是针对一群工作性质类似或相近的职业。职业教育注重培养学生的职业能力，使学生毕业后能在社会上找到工作，因此在课程设置上强调针对性。近年来，随着工作环境变化的加速，工作岗位的流动性增强，在教材中增加毕业生职业适应能力的内容（如核心能力）逐渐引起人们重视，尽管如此，职业技能教材的岗位针对性仍是不可忽视的。

（3）对社会需求反应快。

社会需求是职业教育课程的出发点，职业技能教材必须适应社会发展的速度，根据社会对人才需求的变化，做出最快的反应，培养出社会所需要的合格劳动者。当今社会，新知识、新技术、新技能、新工艺层出不穷，新的科学理论从产生到应用于生产实践的周期越来越短，每3～5年就有约50%的职业技能需要更新，每年都有大量新的职业和工作岗位产生，同时大量原有职业和工作岗位消失。与此相适应，职业技能教材对社会需求的反应也正在加快。

（4）教材形式和种类多样化。

由于职业技能教材的目标在强调职业性的同时，呈现多样化的态势。因此，在整个教材体系中，教材形式和种类呈现多样化。

（5）强调实训实践环节。

社会用人单位对职业教育毕业生的要求是：毕业就能顶岗工作或有一段短暂的工作适应期后就能适应岗位工作。因此，职业技能教材中实践性课程必须占有相当大的分量，加强实训，强化操作技能的培养，使学生在校期间有较多的机会参与到社会实践环节中来。理论在职业教育课程中是起支撑作用的，为学生掌握技能提供理论基础，但职业教育并不刻意追求学科体系的完整性。

（6）行业企业参与度高。

多数职业学校设有由工商界人士与教育界人士共同组成的课程（教材）开发委员会，负责开发、审查和评估所设课程教材及其实施方法。之所以这样做，一方面，社会用人单位的专家对于社会职业岗位变化及职业内涵变化最为敏感，把社会对职业教育的要求及时反映到学校中来。另一方面，职业学校难以独立承担对学生的职业训练任务，而通过聘请企事业专家积极参与到课程实施中来，旨在加强职业学校与企业、行业、社会的联系，广泛吸引社会教育资源，为学校提供各种实训条件。这也是使职业教育课程具有上述几个特征的重要保证。

2. 职业技能教材开发的特殊性

教材建设的理论与实践告诉我们，编写任何教材都必须处理好四方面的问题：一是教材内容的筛选、取材问题；二是教材内容的组织编排问题；三是教材内容的呈现表达问题；四是教材资源配套问题。职业技能教材与普通学科型教材在这几个方面既有共同点，又有个性特点。

职业教育的职业属性是职业教育区别于普通学科教育的本质特征，同样也是职业技能教材有别于其他教材的最显著特点。

要了解教材的职业属性，需要对职业教育的职业属性有所了解。所谓“职业”，就是“个人在社会中所从事的作为主要生活来源的工作”。

职业教育在教学领域中的职业性特点主要表现在：坚持以服务为宗旨，以就业为导向的办学指导思想；实行“学历文凭”与“职业资格证书”并重的“双证书”制度和工学结合、校企合作的办学模式；按照职业分类而不是按学科类别设置专业；培养目标的定位突出技能型、实用型人才，在生产、技术、服务、管理第一线的高素质劳动者；在业务规格上，与职业资格标准或技术等级标准接轨，满足职业岗位（群）的需要；坚持“以全面素质为基础，以职业能力为本位”的教学理念；推行“以教师为主导、学生为主体”“以学生发展为本”的“行动导向”教学模式；在课程结构上，突出课程的综合化与模块化，减少学科课程设置；在教学管理上，实行学分制、工学交替等灵活、柔性的管理制度；在教学内容上，坚持以职业活动为核心，强调教学内容的实用性、实践性和应用性；理论教学要加强针对性，不追求科学知识的系统性和完整性；实践教学突出实训、操作技能培养以及咨询、计划、决策、执行、检查、评价等完整的行为能力的培养。

职业技能教材除了要具备教材的共性外，还必须体现它的职业性特点。根据前面我们对职业教育职业属性的分析，职业技能教材还应具备以下特点：

（1）在教材功能上，职业技能教材除了一般教材具有的思想品德教育功能外，还要突出其职业引导功能。通过教材使学生了解职业、热爱职业岗位，帮助学生树立正确的价值观、择业观，培养良好的职业道德和职业意识；不仅传授知识，而且要突出技能和能力的培养。

（2）在教材内容的筛选、取舍方面，要突出教学内容的实用性和实践性，坚持以全面素质为基础，以职业能力为本位，以应用为目的，以“必需、够用”为度，加强职业针对性，满足职业岗位（群）的需要，与相应的职业资格标准或行业技术等级标准接轨。教材告诉学生的是“是什么，做什么，怎么做”，而不是“是什么，为什么”，不强调“知其然，又知其所以然”。

(3) 在教材内容的组织结构方面，传统的高校教材强调按学科的逻辑推理顺序构建教材的逻辑体系。如从一般到个别的演绎推理顺序构成的公理化教材体系，从个别到一般的归纳推理顺序构成的教材体系等；提倡布鲁纳的建构主义，强调以每个学科的基本概念、原理、定律和基本方法为纲构建教材的框架结构。传统的中小学教材按不同科目特点和不同年龄段学生的心理特征，分别采用直线型、螺旋型（同心圆型）或两者的混合型的教材体系。上述教材的体系结构反映了“以学科为中心”“以知识为本位”的传统学科教育的教学理念，显然难以适应“以就业为导向”“以能力为本位”的职业教育的需要，难以适应职教教学模式的需要。什么是最佳职业技能教材的体系结构，目前尚在探索之中。但是，按照“以全面素质为基础”“以职业能力为本位”的教学理念，职业技能教材的体系结构应符合学生的认知规律和技能养成规律，遵循劳动过程的系统化，符合工作过程逻辑；坚持以应用为主线，不强调理论知识的系统性、完整性，不追求教材的学科结构与严密的逻辑体系，以适应课程的综合化和模块化的需要。

(4) 在教材内容的表达、呈现方面，要适合学生的心理特点和认知习惯，语言要简明通顺，浅显易懂，生动有趣，要多采用图表、图像，做到图文并茂，引人入胜。

如何在职业技能教材质量评价指标体系中充分反映职业技能教材的上述职业特性是本书讨论的重点和难点之一，也是我们要着力解决的问题。

3.1.3 职业技能教材的发展趋势

随着科学技术的不断进步和教育科学研究的不断深入，教材无论从形式上，还是从功能上等各个方面，必然不断地发展进步。对于教材的发展，许多文献进行过探讨，一般认为有以下六大趋势①。

1. 职业化

因为教学场所正从学校延伸到实验室、图书馆、科技馆、博物馆、科研所、社区、工厂、田间、医院等，同时，教师队伍也从专职扩展到兼职，所以，在教材的使用和开发上，教材编写不但要针对一定的岗位（群），还应从学生的整个职业生涯考虑，适应更换工种、扩大就业面、增强未来适应性的需要，体现教材的科学性、职业性和实用性。

---

① 赵居礼，王艳芳. 完善高职教材体系建设的基本思路. 职业技术教育，2003 (10).

2. 系列化和多样化

所谓系列化，即各专业（科类）应按照不同的培养目标、培养方案及课程要求，有计划地组织编写各自的系列教材，以方便同一方案各门课程教材间的衔接与沟通，形成有机整体，避免不必要的重复。

所谓多样化，有以下三层含义：

一是内容多样化。传统观念下的教材是权威的学术著作，是教学的唯一依据，其呈现方式具有严肃性和陈述性。它以严格的学术语言向学生陈述有关知识内容，其范例的典范性、叙述的准确性是第一位的，而对其他方面的要求，如文字内容的可读性、趣味性、广泛性对教学方法的引导则非常有限。

二是种类多样化。随着高职教育教学方式方法的不断改革和优化，与之配套的教材也要求实现高质量和多样化。就全国而言，同一专业（科类）可以编写多种系列教材，以适应不同地区（或行业）的需要，即实现按照基本教学大纲各具特色的一纲多本化或者同一门课程编写多种教材，以体现不同的风格。譬如，有特定的适用对象，不同的学习素材，在框架结构的安排、教学活动的设计、知识内容的选择和阐述，以及在活动形式等方面有独到之处，能为师生提供各种各样的方法和活动案例。

三是形式多样化。由单一的文字性教科书，发展成为包括传统教学媒体和运用现代教育技术、体现先进教学方法的各种新教学媒体在内的多媒体教材体系。

3. 立体化

所谓立体化教材，就是立足于现代教育理念和现代信息网络技术平台，以传统纸质教材为基础，以学科课程为中心，统合多媒体、多形态、多层次的教学资源，包括多种教学服务内容的教学出版物的集合。立体化教材由主教材、教师参考书、学习指导和试题库等组成，具体由教师辅导、电子教案、助教课件、素材库、文字教材、助学课件、网络课程、试题库、工具软件、教学支撑环境等部分有机构成。其不同于传统教材之处，在于它综合运用多种媒体并发挥其优势，形成媒体间的互动，强调多种媒体的一体化教学设计，注重激发学生的学习兴趣。它能够根据不同学科、不同应用对象、不同的应用环境来设计教学要求，并采用先进的教育思想，构建新型教学模式，以学生的学习为本，来调动学生各方面的积极性，这样有利于学生素质和创新能力的培养。它不仅是高科技时代教学手段现代化的标志，更重要的是实现教学信息化、网络化，整合教育教学资源、优化教育要素配置的途径，是一种新型的整体教学解决方案，必将打破过去单一的纸质教材、书本教材那种过分重视知识传授而忽视能力培养的弊端，为创新人才的培养创造良好的条件。

4. 信息化

现代教育技术发展为教材信息化建设奠定了坚实的基础。一方面，计算机辅助教学课件（包括多媒体课件）、音像教材、电子教科书、教育数据库等，以及技术含量极高的教材的发展和应用，将使高职教育打破传统的时空限制，突破院校的围墙，超越国界、地域的樊篱，使网络虚拟大学、多媒体大学、远程教育成为现实。另一方面，高职院校要根据高职教育需要，认真组织教师和软件制作人员设计、开发不同类型的电视教材、CAI 教材和网上教材等教学软件，逐步形成与课程系列配套的教材，方便师生使用，提高教学效果。

5. 市场化

职业院校要适应经济结构调整、技术进步和劳动力市场变化，发展面向新兴产业和现代服务业的适应性强的特色专业，教材建设就必须面向市场，将教材的编写、出版、发行、使用置于市场竞争机制中，通过优胜劣汰，使优秀的具有职业教育特色的教材脱颖而出。

6. 国际化

教材内容应体现时代要求，注意培养学生的全球视野和适应国际化的能力，以适应 21 世纪信息化、全球化社会对高等技术应用型人才的需求。应积极引进国外优质的、适合我国国情的高职教育资源，同时继承传统的、行之有效的职业教育资源，以实现高职教材形式与内容的更新。

3.1.4 几个基本关系的辨析

1. 教材与课程的关系（开显与定格）

教材与课程除了具有内容、功能上的一致性，拥有共同教育理论基础外，教材与课程之间还存在“开显”与“定格”的关系，如图 3-2 所示。

教材是课程内容的一种主要媒体表现形式。职业教育的课程体系包含了培养目标所要求的知识、技能、态度的能力结构以及训练程序。课程“开显”了教材，将原本记录于教材中的知识技能显露出来。

教材必须体现课程应有的作用和它与相关课程之间的关系。现代的教材编写中，已经逐步采用了课程设计的思想，使得教材与课程的结合更加紧密。教材“定格”了课程，是课程生命周期中的一张照片，教材编者的水平越高，这些定格的信息就越多，越详细。好的教材开发者不仅仅会将课程中传授的知

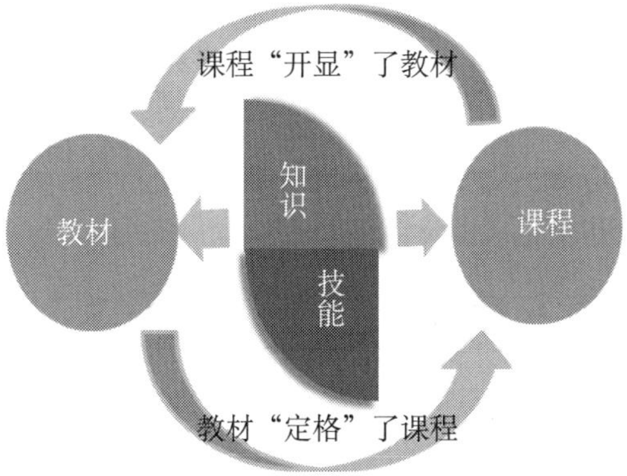

图3-2 教材和课程关系示意图

识、技能如实记录，还会使用与课程一致的内容组织模式，并对学生学习方法和教师教学方法进行提示，就像一张“全息照片”，而水平一般的教材编者，仅能反映最基本知识、技能信息，宛如一张“黑白照片”。此外，教材主要通过“传承”得以流传，即跨越时间的阻隔，会带有明显的时代印记；而课程主要是通过“传播”得以扩散，即跨越空间阻隔，让更多的受众知晓，例如“网络课程”。

2. 教材与教学的关系（匹配适应、互不取代）

（1）匹配适应。

教材内容的选择和组织要符合教学目标的要求（信息量适当，呈现与传递方式适当，符合教学对象的知识能力水平和思维发展阶段特征，传授的内容具有可接受性）。

教材内容组织的顺序要符合教学需要，对于职业教育教材而言，就是要求内容的组织能够帮助学生形成明确的学习目标，有效地激发学习动机，符合职业能力形成的心理顺序，符合职业岗位工作的逻辑顺序，符合职业资格发展的顺序，符合职业素质提升的顺序。

（2）互不取代。

即教师的讲授不能完全代替教材，反之亦然。第一，讲授的最大缺陷是时空局限性，所以需要多媒体教材进行补充。第二，讲授主要是促进学生对知识技能的掌握，有些知识在课堂上不一定讲授，就要靠教材来支持，学生可以通过自学从教材上获得有关知识。第三，讲授是对教材的深化。教材是一种被动的、静态的信息，讲授可以帮助学生较好地区分这些知识的重点、难点等，有效分配学习时间。

（3）教材是教学内容的主要部分，是显性的内容，但不是全部教材，而是组成教学过程的四个要素（教师、学生、教材、教学条件）之一。教学的任务是指导学生掌握知识和技能、提升能力和提高素质。教材是根据一定的教学任务而选择、组织的具有一定深度、广度、难度的知识和技能体系。在教学过程中，教材是教师教授的主要依据，也是学生学习的主要依据。

3. 教材与学习的关系（支持关系）

现代教材与学生学习之间存在着越来越密切的关系，教材正经历着从“教程”向“学程”的转变，教材在学生学习中发挥的作用如下：

（1）激发学习的愿望和崇尚科学的功能。

（2）提示学习课题和深化理解的作用。

（3）提示学习方法和培养方法论素养的功能。

（4）促进学习个性化和培养创造性的功能。

（5）巩固学习成果和进一步发现学习方向的功能。

必须指出的是，教材（尤其是主教材）不是唯一的学习资源。

3.2 职教教材理论研究和编写出版工作现状梳理

3.2.1 理论研究的现状梳理

教材是学生学习的对象，是学习主体对其进行信息加工的客体，是教师用以构建学生心理结构的外部工具或手段。职业技能教材的开发建设直接影响职业院校正常的教学秩序和教学质量的高低，是实现培养合格技术技能型人才目的的重要保障。职业教育正处在一个新的历史发展阶段，面对新形势、新要求，职业技能教材建设工作更加艰巨，规范和完善职业技能教材建设，建立一个相对完善的职业教材建设机制是职业技能教材建设的重中之重。我们对国内有关研究情况进行了梳理，以便加强课题设计的针对性。

目前，现有的研究还不够深入，多为经验积累，较少有系统的阐述。人社部学者还未系统发表过职业技能教材开发方面的成果。根据初步的文献分析，总结如下。

1. 在理论研究层面

范印哲等人在1998年、2003年分别出版了《教材设计与编写》《教材设计导论》，但其研究对象是全部的教材，尤其是偏重高等理工科教材，较少涉及职业技能教材。

2. 在标准研究上

中央电大组织开发的《广播电视大学教学资源技术标准（2008）》对信息条件下的多媒体课程资源开发（包括文字教材开发）做了较为全面的技术规范性规定，但其偏重于形式，较少考虑内容和开发程序的规范化。

3. 在管理实践上

教育部职成司于 2004 年编写的《职业教育教材建设研究分卷（上、下）》，对教材基本概况、管理体制、运行机制、开发方法、质量评价等方面进行了研究。

4. 在评价体系上

2006 年高等教育出版社出版的《职业教育教材质量评价指标体系研究》对职业教育教材质量评价进行了研究；天津职业大学根据自身实践，总结了“工学结合教材评价标准”；教育部在中职教材领域，制定过“中职创新示范教材遴选指标体系”。

应该说，这些研究推动了职业技能教材工作水平的提高。以“中职创新示范教材遴选指标体系”为例，它起到了提高职业技能教材质量的作用，但是，其实这应该作为准入标准，而不是优秀标准。又如，外研社在其教材开发过程中，提出了一个标准化技术路线，使得其教材优质品率大为提升。

因此，我们将继续深入研究，总结和归纳一些出版社行之有效的职业技能教材开发的经验做法。

3.2.2 编写开发的现状梳理

只有把握职业教育教材规律，做好职业教育教材的基础性研究工作，才能更好地组织一线教师、行业专家、企业技术人员和能工巧匠共同编写出适用性强的职业教育教材。但在实际工作中，对职业教育教材的研究十分薄弱，研究人员与研究成果较少，出现了多种问题。

1. 编写理念上的问题

编写教材没有以学生为主，职业教育教材无就业针对性，过于注重理论知识，缺乏实践操作训练，不能与学生未来的工作岗位衔接。

2. 内容选择上的问题

教材内容过于滞后，不能及时反映新理论、新技术、新工艺、新装备、新材料，而且不少教材不符合新规范、新规程、新标准，与职业技术应用型人才的培养目标不适应。

3. 内容组织上的问题

课程综合化水平差，有的综合化课程只是几门课程的简化和叠加，而没能很好地将它们融合到一起，造成不同课程之间的内容重复。并且不少教材信息化程度不够，配套教学资源不足，影响了教学的效果。

4. 教材选题结构的问题

教材选题结构的问题，实际上是教材供给的问题，主要表现为有效优质供给不足，同质化的一般产品供给过剩。具体表现为：新型的理实一体化教材缺乏、中高职衔接教材缺乏、“双证书”教材缺乏、实践性教材严重不足。

（1）新型的理实一体化教材缺乏。职业教育人才培养方案和课程体系改革要求打破三段式的学科体系，构建“一体化”课程体系。但目前职业教育教材研究跟不上，因此难以落地。如果不能创新教材编写模式，以符合现代学徒制要求，不打破学科体系，不对专业课程进行综合化，不以典型工作任务为载体，不以学生为中心，不根据典型工作任务和工作过程设计课程体系和内容，不按照工作过程和学生自主学习的要求进行教学设计并安排教学活动，就无法编写出教、学、做合一，理实一体，理论知识与技能训练有机结合的教材。

（2）中高职衔接教材缺乏。目前，不论什么层次的职业教育教材，技能学习内容均为“零起点”，没有考虑不同学段目标的衔接，缺乏中高职衔接教材，不能满足新形势下职业教育改革与发展的需要。

（3）“双证书”教材缺乏。教材编写单位和教师尚不能在开发编写教材的过程中，主动将相关专业对应的国家职业标准或技术等级标准融入其中，形成“双证书”教材，同时由于缺乏相应的技术指导，编写人员也不知如何去获取相关专业教学标准和国家职业标准，职业院校和技工院校对上述两个标准的认知度偏低，影响了“双证书”教材的开发。

（4）实践性教材严重不足。目前教材主要是供教师授课使用的，而实践性教学一般占职业教育总学时数的1/3～1/2，是职业教育中的重要环节，但实践性教材开发的数量和质量都不能令人满意，已成为制约职业教育人才培养的瓶颈。

3.2.3 出版发行的现状梳理

1. 现状及问题

在职业教育大发展的时期，教材需求规模庞大。仅从职业技能教材发行的码洋可见一斑。根据原新闻出版总署产业发展司《中国新闻出版统计资料汇编(2016)》的数据，2015年全国共计出版大专及以上课本62 334种（初版22 757种）、32 048万册（张），总定价1 106 992万元；中专、技校课本7 644种（初版2 813种）、7 471万册（张），总定价174 717万元。

目前职业技能教材开发领域“乱象丛生”，行业内存在着“准入门槛过低、出版品种过滥、利益驱动过强”等问题。另据统计，目前全国500多家出版社中，约有400家从事职业技能教材的出版，过低的准入门槛使得职业技能教材开发毫无技术含量可言，贯彻职业教育改革思想的基本功能更无从谈起。

2. 原因初探

根据初步掌握的情况，“乱象丛生”问题主要表现在，内容质量差、选用秩序乱。主要原因在于职业院校教师和出版单位的利益高度契合。显然，现有的制度存在监管漏洞，需要政府有关职能部门加大管理力度。

一是推行行业自律、管住教材内容质量。内容质量差的问题，主要表现在教材不能体现职教、职业特点，没有在“国家职业标准”和“专业教学标准”指导下进行开发。提高质量的关键是推行“开发技术规范”，用开发的过程性标准管住（自律）出版者，确保质量。

二是规范选用秩序，调整政府、院校、教师在教材选用上的权限分配。选用秩序乱的问题，是由于教师自由裁量权过大，但客观上存在着教材好坏无明确评价标准的窘境，从而无法对教师进行约束，所以，应开发“评价指标体系”，对教材的质量做科学判断。

三是完善相关法律法规。法律法规缺失是造成乱象的根本原因。根据《义务教育法》，国家对义务教育阶段的教科书，有着严格的编写、审定、选用机制，实行国家教科书制度，该法第38～41条对此有专门规定。在职业技能教材的管理上，目前《职业教育法》只有第38条规定：“县级以上各级人民政府和有关部门应当建立、健全职业教育服务体系，加强职业教育教材的编辑、出版和发行工作。”实在是过于笼统，这也是导致管理缺位、市场混乱的客观原因。

第 4 章

职业技能教材开发的基本模式

根据对职业教育课程开发、编辑出版规律的认识，我们把职业技能教材开发的基本模式（如图 4－1 所示）归纳如下：一个完整的教材开发模式、两个应用领域（职业教育与职业培训）、三大理论支撑（职业教育课程论、职业教育学习论、职业教育教学论）、五个标准步骤（选题规划、教材设计、开发编写、审定制作、反馈修订）和五个重要环节（目标决策、内容选择、内容组织、内容呈现、评价保障）、六个基本策略（目标导向、动机导向、能力导向、教学导向、效果导向、质量导向）。

4.1 职业技能教材开发的标准步骤

4.1.1 选题规划

职业教材的选题是指组织编写单位（学校、出版社）对于准备出版的图书的一种设想和构思，一般由选题名称、著译者、内容概要、读者对象以及篇幅字数等部分构成，它是职业教材开发工作的基础。出版社的教材选题规划是关于教材的战略性策划，它明确了出版社在较长时期内教材出版的基本目标，并制定了相应的教材出版方针、政策。而职业院校的选题规划是本校教学课程改革思想和行动路线的集中、系统的体现。

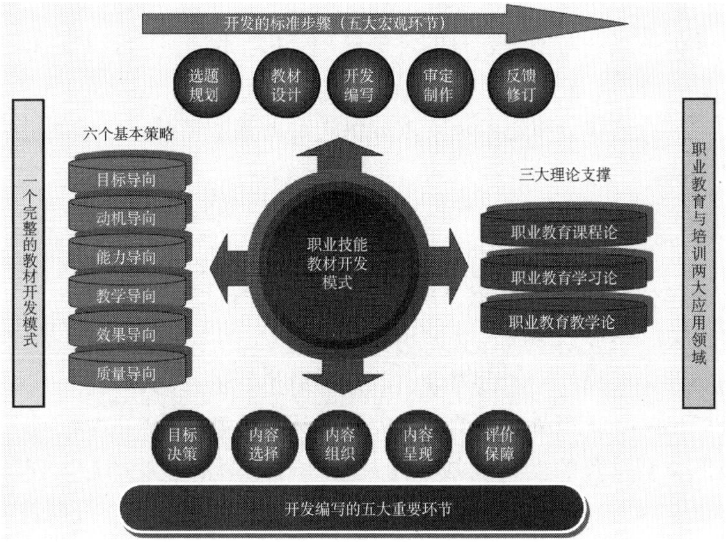

图 4-1 职业技能教材开发的理论体系

选题规划包括寻找选题来源、进行选题分析、确定选题方案三个阶段。

1. 寻找选题来源

职业教材的选题来源于政府部门（包括教育部门、人力资源和社会保障部门、行业职业教育机构）的教材规划或发布的选题指南；有关职业教育与职业培训教改科研课题的研究成果；职业学校的自编教材需求。

2. 进行选题分析

首先，对拟考虑的教材选题进行科学的分析，例如对近年来该专业的招生数量的分析，对该专业和有关职业发展情况的分析，对有关职业资格考试和职业技能鉴定情况的分析，对学员培训需求的分析，对其他出版社同类产品的分析，对拟采用的组稿方式和拟选择的作者的分析。选题分析的目的是采取各种方法提高选题设计的合理性、科学性，避免盲目性，既要保证选题的社会效益，又要确保选题的经济效益。

其次，在进行选题分析时，读者定位尤其重要。读者定位可以说是对职业教材开发的整体定位，包括确定职业教材的读者对象和层次、教学课时等。一般而言，可以从如下几方面来考察：

（1）学校类型：包括高等职业院校、中等职业院校、技工院校、社会职业培训机构、企业职业培训机构、远程职业培训机构等。

（2）技能等级：可以依据国家职业技能标准确定的技能等级进行开发，例如，高级、中级、初级、专项职业能力。

(3) 学员特点：对使用教材的学员进行分析，例如，全日制在校生、业余学习者、农村学员、企业脱产学员等。

最后，进行选题分析时，还要求提供选题的基本情况，各出版社可自行设计选题介绍表。

3. 确定选题方案

根据选题分析的有关数据，决定选题的名称、组织编写的方式、经费投入、人员投入、完成期限等。选题方案可以是关于一个选题的具体实施方案，也可以是涵盖一系列（一般以专业、职业为单位）的选题方案。

值得指出的是，职业教材的选题方案设计遵循整体化的原则。职业教材的规划与其他类型教育的教材规划不同，应针对一个个专业的教材进行规划建设。这主要是因为职业教育是能力教育，不是学科教育，不能按照普通专业教育那样，按学科去确定教材内容，而是要运用职业分析的方法，先确定出教材所涉及专业的培养目标；再运用能力形成条件分析方法，依据已确定的专业培养目标，确定专业课程内容；最后运用课程组织方法，对专业课程内容进行组织，确立课程体系，提出教材规划。

根据职业课程理论，职业教育专业培养目标一般设计为社会能力、方法能力和专业能力。社会能力和方法能力，又称为关键能力或通用能力。为了教材规划的方便，可以把职业教材规划分为：通用能力教材规划和专业能力教材规划。

4.1.2 教材设计

教材功能的实现，需要教材内容和结构的保证，因此，职业技能教材内容与结构问题是职业教育教材观的核心问题。为了解决这个核心问题，在职业教育课程理论、学习理论、教学理论的基础上，提出了职业技能教材设计的基本原则，包括课程目标原则、职业导向原则、动机发展原则、出版传播原则。教材设计模式是在教材设计的实践中总结教材设计与开发的经验而逐步形成的，是对教材设计过程简化的、理论化的描述。其最直接的作用是对教材设计操作进行宏观的规范。

教材设计包括目标设计、内容选择、内容组织、资源配套四个环节。教材设计的目的是使教材最终达到定位准确、目标具体，内容先进、取舍合理，结构科学、循序渐进，突出技能、体系得当、方便教学。

教材的设计要围绕教材的功能（包括思想品德培养、人类文化经验传承、心理结构构建、兴趣动机发展）来进行。

（1）思想品德培养功能的设计。主要通过对教材内容素材长期的积累和精心筛选来实现。一个个活生生的例子，不但可以展示学生需要的知识、技能，还可以展示人们对这个问题的态度。这样做，就把精神思想赋予这些知识和技能，使这些知识和技能“活”了起来。

（2）人类文化经验传承功能的设计。主要通过对教材教学目标的科学确定、教学实施的科学程序和方法来实现。对于职业教材的人类经验传承功能设计来说，人类经验主要包括创新能力、社会能力、方法能力和专业能力。

（3）心理结构构建功能的设计。职业教育是能力本位的教育，职业教材心理结构构建功能的设计主要依据能力形成的条件和一般过程，通过对教材的结构设计实现。建立在能力形成一般规律基础上的职业教材结构，将使学生构建起能力学习的心理结构。

（4）兴趣动机发展功能的设计。主要通过明确需要、目标先行、任务驱动等方式实现。明确需要是因为需要产生学习动机，目标先行是因为学习应先行明确方向，任务驱动实现了为了解决问题而学习，做到了从实际到理论、从具体到抽象、从个别到一般的能力学习过程。

1. 目标设计

职业技能教材的目标设计是教材设计过程的第一个环节，职业教材目标的准确性，对教材的质量和教材的教学效能有着十分重要的影响。职业教育是针对职业岗位（群），根据职业需要，培养生产、管理、服务一线的技术应用型人才的教育类型，而职业的需要决定了专业培养目标，专业培养目标决定了课程目标，课程目标决定教材目标。因此，职业教材的目标应与职业课程的目标保持一致。

2. 内容选择

职业技能教材的内容取决于能力、素质形成的条件及所需知识、技能和态度，并服务服从于教材日标，遵循信息来源原理，做到科学先进、取舍合理。

因此，职业教材内容的筛选原则，即发现学习者开展这些职业活动所需的知识、技能和态度。

第一，依据能力形成条件选择内容。

第二，依据学习动机发展条件选择内容。

第三，依据职业工作所要求的工业文化、行业文化、职业文化、企业文化选择内容。

3. 内容组织

内容组织指职业教材的内容编排和呈现方式。教材内容组织的科学性将是课程目标实现的关键。职业教材的内容组织，应考虑学生学习动机的发展，做到以任务为导向，学习目标先行，有效激发学生的学习兴趣。

内容组织应遵循职业能力形成的心理顺序、职业岗位工作的逻辑顺序、职业素质的发展顺序、职业资格的获得顺序，确保教材内容结构清晰、层次分明，信息传递高效，使人一目了然。

内容组织要和教学设计统一起来考虑。职业教育培养的是技术应用型人才，应遵循"从实际到理论、从具体到抽象、从个别到一般"和"提出问题、解决问题、归纳总结"的教学程序，可尽可能选用任务导向、案例分析等教学方法。

4. 资源配套

教材资源是指为了进一步发挥教材的效能而配套开发的各种教学、学习资源，包括教学方案、课件、模拟题（卷）库、视频素材、图片素材等。

4.1.3 开发编写

教材的开发编写是指根据专业教材规划和各单元课程的标准，建立和组织编写队伍，统一思想，分工编写，最终完成教材书稿创作的过程。现代职业技能教材开发队伍一般由策划编辑、编写人员共同组成。编辑总体掌握教材的编写进度，负责协调教材开发过程中的投资安排。编写者可以由职业院校教师、企业人员、行业专家组成。开发编写包括遴选作者、分工编写、中期检查、统稿交付四个环节。

4.1.4 审定制作

审定制作的目的是使得教材内容科学、概念表述准确、技能描述规范、文字表达流畅；版式设计优美，整体风格优良，外在质量合格。审定制作包括审核审查、编辑加工、排版制作、成品检验四个环节。

1. 审核审查（审稿）

审稿是对教材的科学性、规范性、职业性、实用性进行总体评价，提出修改建议的过程。审稿分为审核和审查两个层次，一般聘请专家进行教材的审核审查。

（1）审核是指对教材是否符合专业培养目标、职业技能标准、企业行业需要、职业生产实际等方面进行整体把握，并给出评价意见和修改建议。教材审核由教材开发单位（如出版社、学校）组织进行。

（2）审查是对教材是否符合国家有关的政治理念、社会主义核心价值观、课程标准、职业技能标准等进行审查，由职业教材开发行政部门（包括教育部门、人力资源和社会保障部门）组织。

2. 编辑加工

编辑加工是对教材的内容、体例进行把关，修改各类错误的过程。编辑加工时，由编辑根据国家新闻出版部门关于出版物的质量标准和图书质量保证体系以及有关国家技术标准、行业标准等进行，一般包括初审、二审、终审三个审次，一校、二校、三校、加校、核红等校次。

职业教材的读者往往具有特殊性，例如对国家标准的计量符号不太熟悉，而对企业的执行标准更为熟悉等，这些问题要根据读者认知规律的要求给予特殊而又妥当的处理。

编辑加工应根据教育传播理论，对内容的呈现方式进行必要的调整，例如根据需要将文字描述改为表格、流程图，增配插图，将有关内容改为脚注等。

3. 排版制作

根据教育传播理论和阅读规律，结合教材内容的需要，对教材的各部分版式进行合理的设置，明确区分各部分。例如，某职业教材在编写上一般可采用功能模块的形式，在版面设计时，应将这些部分分别突出，让读者一目了然。

4. 成品检验

经过编辑加工合格的教材，经出版社最终审查后即可付印。在教材投放市场前的最后环节是成品检查，主要由出版社对教材的封面、封底、文前页等部分进行通读检查，对全书的质量进行检查。部分出版社对重要产品在拼版后还加出蓝图进行检查或者印少量24小时样书（或数码样）进行质量检查，必要时质量检查也可请作者协助通读。

4.1.5 反馈修订

本部分包括教材试用、反馈调查、质量评价、推广应用、修订重版五个环节。

1. 教材试用

教材的出版虽然历经许多环节，质量上应有保障。但是为了更好地实现教材的设计目标，仍然需要在一定的范围内组织教材试用以便发现问题。使用的范围可根据需要确定，职业教材一般应先在参加编写的作者所在院校范围内组织试用。

2. 反馈调查

通过设计问卷，继续发现教材试用过程中的问题，包括：

（1）发现教材中存在的文字漏错。

（2）对教材的内容选择和组织进行问卷调查等。

（3）学生对教材的评价。

（4）教师对教材的评价。

3. 质量评价

根据反馈调查的情况，采用科学的指标体系对教材的质量进行评价。

4. 推广应用

经试用合格的教材，通过各种渠道进行宣传推广，一般包括：

（1）上教材目录和刊登征订信息（包括上教育部门的教材目录、人力资源和社会保障部门的教材目录、新华书店的教材目录、其他教材信息目录，在职业教育的专业杂志上刊发信息）。

（2）学校巡回展示、赠送样书。

（3）举办师资培训班和研讨班。

5. 修订重版

根据对教材使用的跟踪，对需要改进的教材进行修订重版。只改动少量错漏的，称为修订。修订一般只对教材的个别内容进行修改，不涉及对内容组织结构的改动。涉及对教材内容组织结构的改动，并且需修改的错误较多，或者部分内容过时失效需要重新编写再出版的，称为重版。

4.2 职业技能教材开发的基本策略

职业技能教材的开发是指创制一个完整的职业技能教材体系的整个过程。在此过程中，开发者将比较抽象的教育方针、教育目的、培养目标、职业能力规格要求以及学生本人对学校或培训机构提出的教育或训练需求等转化为比较具体的、可操作的教材目标，从而使教学工作者能够根据这种目标方便地设计教学策略，有计划、有步骤地实施和评价教学活动效果。

在不同的职业教育培训管理体制和课程观指导下，职业技能教材开发的步骤、方法、参与者乃至结果形式并不相同，甚至差别巨大。也就是说，教材开发的模式是不一样的，而不同的开发模式有时会直接影响到教材的质量，继而影响到教材目标的实现。但不论是什么样的职业技能教材开发，都涉及以下几个基本问题：

（1）政府行政管理部门、社会价值观、行业企业技术发展水平、受教育者对教材的需求是什么？

（2）教材开发的目标是什么？依据哪个或哪些教学文件？

（3）如何选取教材的内容？

（4）采取什么方式来组织这些内容？推荐什么样的教学方法？

（5）如何组织教材开发团队？需要哪些人力、物力、资源等条件保障？推行开发的教材，需要进行怎样的师资准备？

（6）如何评价教材开发质量，如何持续改进教材质量？

这表明，职业技能教材开发是一个相当复杂的系统工程，它不仅需要考虑职业标准、教学文件、行业企业的要求，还要综合考虑本教材在整个职业教育人才培养方案、专业建设之中的前后衔接关系。教材的开发不仅需要编写者参与，还要综合考虑管理者、出版者、组织者（或使用者）等各方要素。

我们通过大量研究，根据职业教育学、教育传播学、编辑学的有关理论，在课程教学论的指导下，编制了职业技能教材开发的技术规范体系框架，经过实践证明，该技术规范体系适用于各类职业技能教材的开发，如图 4－2 所示。职业技能教材开发可以分为目标决策、内容选择、内容组织、内容呈现、评价保障几个步骤。每个步骤应贯彻相应的基本原则。

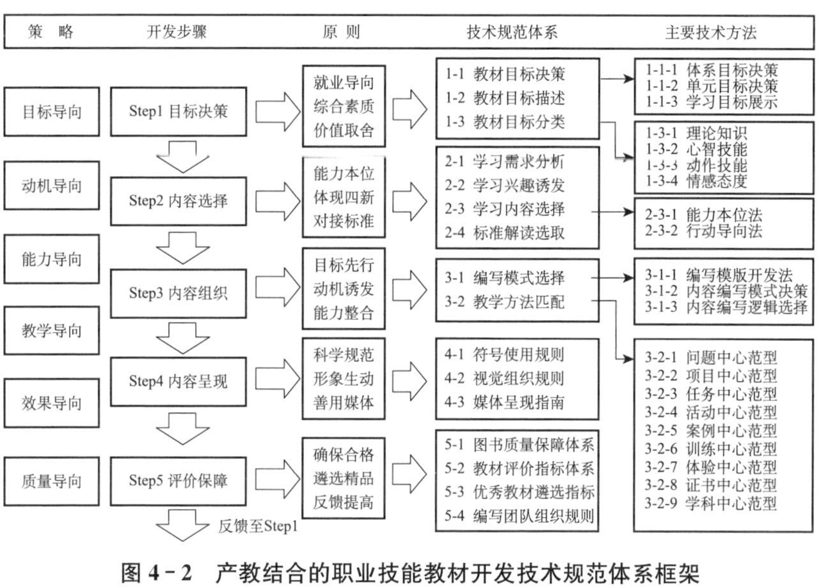

图 4－2　产教结合的职业技能教材开发技术规范体系框架

我们通过理论梳理和实证研究，总结归纳出职业技能教材开发的六大基本策略：目标导向、动机导向、能力导向、教学导向、效果导向、质量导向，这既是教材开发中应遵循的理念，也是教材开发的基本策略。其中，目标导向是教材内容选择的基本策略和方法；动机导向、能力导向、教学导向是教材内容组织的基本策略和方法；效果导向则是内容呈现的基本策略。六个策略和方法完整涵盖了教材开发中的目标决策、内容选择、内容组织、内容呈现、评价保障五个重要环节。

4.2.1 目标导向策略

目标导向策略是指职业技能教材的开发，应在职业教育课程理论的指导下进行教材的总体设计，确保教材目标的完整性和合理性，最低的要求是不遗漏有关知识点、技能点、态度点。换言之，职业技能教材在目标确定、内容选择、内容组织上，应以职业教育课程理论为指导，科学地进行设计和规划。从这个意义上说，课程目标就是教材目标。教师的工作是根据教材制定教学目标，亦即根据教材内容将课程目标（教材目标）进一步具体化，这是指导、实施和评价教学的基本依据。在实际教学中，教学管理部门往往会提供根据所选用教材开发的统一的教学目标文本，并为教师提供教学方法的建议和指导。

1. 综合确定教材目标

教材目标要贯彻和体现职业教育的教育目的、培养目标，并保障教学目标要求的实现。确定课程目标，一方面，要明确课程目标与教育目的、培养目标的衔接关系，以便确保这些要求在课程中得到体现。另一方面，只有对学生的特点、社会的需求、学科的发展等各个方面进行深入研究，才有可能确定行之有效的课程目标。课程目标有助于澄清课程编制者的意图，使各门课程不仅注意到学科的逻辑体系，还关注到教师的教与学生的学，关注到课程内容与社会需求的关系，最终形成学生合理的心理结构。下面从职业培训和职业教育两方面论述。

（1）职业培训教材的目标。职业培训教材的目标是使得人们掌握某项职业技能、树立职业态度、养成某项职业素质、获得某种职业资格。其主要依据是国家职业标准、企业岗位要求。

（2）职业教育教材的目标。职业教育是面向生产、建设、管理及服务一线，培养具有综合职业能力和全面素质的技术技能人才的一种教育类型。这种教育类型有两个比较显著的特点：一是其学生已经完成或基本完成了基础阶段的教育，基本素质已初步形成；二是毕业即面临就业上岗，而社会上的每一个职业岗位又都有相应的就业上岗的条件和国家职业技能标准。所以，职业教育教材的目标要服务于两个基本任务：一是保障在学生基本素质初步形成的基础上，进一步补充、巩固和完善学生的基本素质；二是使学生具备进入就业岗位所需要的上岗条件和职业技能标准。因此，邓泽民等人的研究指出，我们需要把“行为目标”取向和“表现性目标”结合起来，形成一种新的“行为-表现性目标”课程目标取向。“行为-表现性目标”取向仍以具体的、可操作的行为的形式陈述课程目标，但以行为性目标和表现性目标为课程目标（亦即教材目标）。行为性目标旨在使学生掌握职业岗位所要求的基本条件；表现性目标则旨在培养学生的创造性，强调个性化。

2. 合理划设目标层次

与课程体系相对应，职业技能教材的目标由三个层次组成，即体系教材目标（在职业教育中，称为“专业培养目标”；在职业培训中，称为“职业培训目标”）、单元教材目标（每本教材的目标）、分解教材目标（一本教材的目标分解后形成的若干教学模块的目标，即一本教材中每个部分的目标），以下简称体系目标、单元目标、分解目标。教师可据此进一步明确教学目标，编制教案。

（1）体系目标。

这是指整个课程计划的目标，旨在为开发较详细的每门课程的目标与教学目标提供方向与依据。一个专业的有关教材的目标整体上应形成完整的体系，但不是学科体系，而是能力体系。教材体系目标与人才培养方案和能力框架体系息息相关，往往由国家行政部门主导制定。一般地说，课程计划的目标是广泛的、不可量化的，往往反映了一定的职业教育理念或哲学。例如，药剂专业的课程目标可能被表述为“让学生获得进行药剂生产的相关知识与技能，并形成严格遵守医药生产标准的态度”；会计专业的目标可能包括“发展作为会计初上岗所需的具体职业技能，发展与会计职业相关的知识与合适的态度”。这种目标显然是比较笼统的、难以量化的，但它能够为每门课程的目标与教学目标开发提供宏观指导。体系目标决定了进行职业教育和职业技能教材的开发时必须整体考虑，而不是各自为政。这主要是由于职业教育各专业的课程设置是围绕着专业培养目标设置的，不像普通专业教育那样，是根据学科确定的。所以，职业技能教材的体系目标表现为按照职业逻辑进行系统化，这就不能够完全照顾到学科体系，导致有时候一些本科院校的专业人员觉得职业教育教材显得支离破碎，但它却是按照职业行动体系和职业能力体系进行系统化的。

职业教育课程理论研究表明，职业教育各门课程的教材目标取决于专业培养目标，因此，职业技能教材目标的设计需要遵守一体化原则，其示意图如

图 4－3所示。

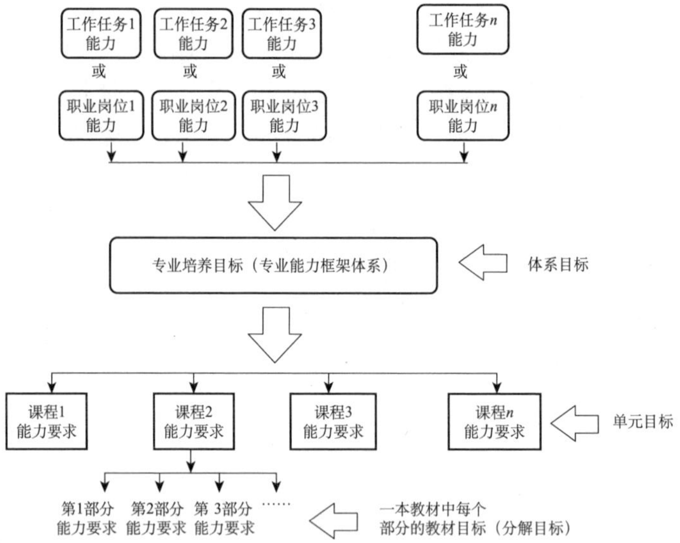

图 4－3 职业技能教材目标设计

因此，职业教育每个专业的各门教材规划，就需要遵守整体化原则，按照专业进行整体规划，需要遵循教育部门颁布的专业目录（中职、高职）和据此制定的专业教学标准，或人力资源和社会保障部门制定的技工院校专业目录和据此制定的国家技能人才培养标准。具体来讲，就是职业教育的一个专业需要自己的一套教材，同一名称的教材，在不同专业中，因专业培养总目标的不同，会有所不同，要么是知识广度上的不同，要么是操作技能数量程度上的要求不同，因此不能一本教材管全部，随意套用，最好是选用一个出版社出版的同一专业的系列，职业培训教材也要按照职业分类和职业技能等级进行整体规划。

因此，要根据职业能力的形成条件及其过程，对教材目标进行自上向下的结构化设计，直至每本教材的每一部分都有着明确、适当、清晰的目标。

（2）单元目标。

除了确定整个教材体系的目标外，对每门课程（为了区别学科体系的科目课程，一般称为“单元课程”）的目标也应有比较明确的规定。教材单元目标是对整个教材体系目标的分解和具体化，但往往也采用比较笼统的形式进行陈述，量化还是比较困难的。教材单元目标虽是通过教材体系目标分解而来的，但也具有一定的独立性。单元教材目标可以根据教育行政部门颁布的“课程标准”或人力资源和社会保障部门制定的“一体化课程规范”确定，亦需要考虑相关的职业技能标准的要求和产业发展中出现的新知识、新技能、新工艺、新产品。

（3）分解目标。

根据每门课程的要求，按照一定的职业逻辑，将单元目标进一步分解成子目标。分解目标必须能对单元目标提供支撑。

3. 科学描述教材目标（ABCD 法）

教材开发者只有详细说明“体系教材目标”和“单元教材目标”，才能使之发挥应有的效用。因为在目标不清的情况下，根本谈不上如何去达标。而目前我们的职业技能目标通常都用“掌握”“了解”“熟悉”等动词来表述，这种表述非常模糊，使教材目标只停留在文本层面，无法对教学产生实质性的指导作用。为了解决这一问题，美国学者麦格（Mager）认为，能力目标的描述一般应包括行为（behavior）、条件（condition）和标准（degree）这三个要素，有的学者又加上了“对象”（audience）要素，就构成了目标的“ABCD 表达法”。

（1）对象。

对象要素是指能力目标所要求的主体，例如对高职或是中职学生要准确界定，不同的对象，对于同一操作技能或同样的概念的理解，有着不同程度的要求。

（2）行为。

行为要素是用来显示学生实际上该做什么。把学生应从事的活动内容表述清楚，有助于师生间有目的地交流，因此，用于直接指导教学的每个课程目标应当设计成可以量化的，尽量使所有达标活动都是可观察的。例如，我们不能仅仅简单地说“理解植物系统”，还必须让学生从事相关的活动以证明其是否真正理解。再如，“将华氏 85 度转换成摄氏度应该是多少”“将 50 英里转换成公里应该是多少”等，在说明这些活动时，应尽量避免使用模糊不清的用语，如“知道”“明白”“喜欢”“相信”等，而应当用“列出”“解决”“写出”“背诵”“描述”“说明”“选择”“量化”等用语，只有这样，才有助于师生的交流并对目标进行有意义的量化。

（3）条件。

条件要素是指在什么条件下对操作行为进行观察。在目标的开发过程中，应注意考虑开发的条件，包括学生必须学会解决的问题的范围、可使用的工具和设备、书本或工作手册这样的辅助教材、环境条件以及特别的身体条件等。例如，文字速录时，应该讲清楚是纯中文文本还是中英混合文本，是看稿打还是听打，是速录机键盘还是不同 PC 键盘，这些都需在目标中表述清楚。尤其是在对学生的操作行为做进一步的分类或分级时，阐明条件尤为重要，因为不同的条件会产生不同的结果。

（4）标准。

目标中的最后一个要素是可接受的操作行为标准，它被用来鉴定课程中学生操作行为的水平。“标准”可关注多方面的操作行为或能力，如速度、精确度、频率或产品的形式等。在职业教育中，对一些复杂的技能往往会使用多种标准。如以“用计算机设计商业信函”的技能目标为例，所涉及的标准可能包括“在半小时内”“根据规定的商业信函格式”“在个人电脑上设计3封商业信函”等。应该说，这些标准具有各自的重要性，它们向学生展示了未来工作岗位上将出现的真实的工作情境。

在建立标准时，教材开发者应意识到，对一门具体的课程而言，其标准是在变化的，往往初始阶段的标准比较容易、简单，越往后就越复杂，要求也越高。如初学打字的标准是“每分钟50个字，错误少于3个字”，但对即将毕业的学生来说，标准可能是“每分钟打70个字，无错”。此外，教材开发者应明白，有意义的标准必须既切合学生的发展水平，又与现实生活中工作岗位的要求相一致。

4. 准确进行目标分类

在开发职业技能教材目标并且初步得到有关目标描述文本后，需要进一步规范化，以避免教材目标之间的彼此重叠、排斥，确保衔接顺畅，这就需要对教材目标进行分类。

归根到底，对职业技能教材目标的准确描述，就是说清楚每个能力单位所必需的知识、技能、态度，也就是把教材目标最终分解为这三类，它们分属认知、动作、情感领域。文献研究表明，在过去的30年里，出现了许多目标分类法，每种方法都试图帮助教师合理和系统地组织教材目标。

布卢姆（Bloom）提出了“认知目标分类法”，把认知目标分成知识、领会、应用、分析、综合与评价六大类别。这个分类体现了认知目标的层次性，与教学的顺序十分吻合，因此对教材开发很有帮助。

哈罗（Harrow）与辛普森（Simpson）提出了“动作技能目标分类法”，将动作技能类的目标分为知觉、定式、指导下的反应、机制、复杂的外显反应、适应、创作七大类别，为职业技能教材目标的开发提供了一个重要的框架。

克拉斯沃尔（Krathwohl）等人在情感领域对目标进行了分类，提出了“情感目标分类法”，这种目标分类法强调对感情或情感的接受或拒绝程度，把情感目标分成接受、反应、价值评价、组织与性格化五大类别，其中“接受”为最低层次，“性格化”为最高层次。采用这个分类法可以区分情感目标，从而使情感目标更有效地融入到课程之中。

借鉴普通教育的教材目标描述经验，我们推荐开发者使用如表4-1所列的行为动词表。职业技能教材开发的目标描述要从简单的“能”“会”“懂”描述逐步走向规范化，尤其是在中高职衔接教材和职业技能等级教材的开发中，更应该注意对目标的准确描述和准确分类，这样才能把握不同学段的教材目标，并有效衔接，避免目前的中高职教材在技能要求上都是“零起点”的问题。事实上，包括许多编写过教材的作者在内，多数的职业教育教师都没有教材目标开发的经验，大部分开发者分不清知识和技能，出现分类上的错误。

表 4－1　描述教材目标的行为动词表

类型	程度	各水平的要求	使用的行为动词
知识性目标	低↓高	了解水平：再认或回忆事实性知识；识别、辨认事实或证据；列举属于某一概念的例子；描述对象的基本特征；等等	了解、熟悉、说出、描述、列举、列出、指出、背诵、辨认、复述、回忆、选出、识别
		理解水平：把握事物之间的内在逻辑联系；新旧知识之间能建立联系；进行解释、推断、区分、扩展；提供证据；收集、整理信息；等等	解释、理解、说明、识别、归纳、概述、推断、区别、比较、提供、预测、调查、检索、查找、整理
		迁移应用水平：归纳、总结规律和原理；将学到的概念、原理和方法应用到新的问题情境中；建立不同情境中的合理联系；等等	分析、设计、制定、评价、探讨、总结、研究、选用、选择、学会、画出、适应、自学、发现、归纳、确定、判断、辩护、质疑、撰写、解决、检验、计划、推广、证明
技能性目标	低↓高	模仿水平：在原型示范和他人指导下完成操作	重复、再现、尝试、模仿、模拟、访问、解剖、使用、运行、演示、调试、例证、临摹、类推、扩展
		独立操作水平：独立完成操作；在评价的基础上调整与改进；与已有技能建立联系；等等	获取、加工、管理、表达、发布、交流、运用、使用、制作、操作、搭建、安装、开发、实现、完成、制定、解决、绘制、安装、尝试
		熟练操作水平：根据需要评价、选择并熟练操作技术和工具	联系、转换、创作、熟练使用、熟练地操作、有效地使用、合乎规范地使用、灵活运用、举一反三、触类旁通
情感性目标	低↓高	经历（感受）水平：从事并经历一项活动的全过程，获得感性认识	亲历、体验、感受、交流、讨论、观察、（实地）考察、参观
		反应（认同）水平：在经历基础上获得并表达感受、态度和价值判断；做出相应的反应；等等	关注、借鉴、欣赏
		领悟（内化）水平：建立稳定的态度、一贯的行为习惯和个性化的价值观；等等	形成、养成、确立、树立、构建、增强、提升、保持

4.2.2 动机导向策略

动机导向策略是指在教材目标确定后，向学习者展示学习目标、提示现状差距，并创设适当的学习情境，从而激发学习者的学习动机。

学习动机（learning motivation）是通过发现差距，推动学习者进行学习活动的内在动力，它对个体学习活动有着极其重要的影响。根据凯勒（Keller）的“通用动机驱动 ARCS 模型”，提升学习动机需要提升学习的注意力（attention）、针对性（relevance）、自信心（confidence）、满足感（satisfaction）来实现。

通过研究文献我们发现，职业学校学生的学习需要主要来自就业的要求和个人发展的渴望，提升学习动机的途径是增强自我效能感（即成就感，向学生表达明确可行的期待）；改进教学方法、适应学习风格、提高学习兴趣；注重学习动机与学习效率的关系；制定合理的反馈与评价机制；进行适当的归因训练。对于参加职业培训的成人，其学习需要主要是认知兴趣和职务晋升，提高其学习动机的方式包括提高学习信心、将外在诱导因素向内在学习需要转换、增加成功体验。

提高学习动机需要科学的学习需要分析和系统的教学设计来解决，不是单靠教材的设计就能全部达成的。不过，在职业教育教材开发中把握职业院校学生的学习动机特点和学习风格、在职业培训教材的开发中把握成人学习的特点，将有助于促进学习者动机的提升。

1. 学习目标先行

关于学习目标先行对学生学习动机的影响，美国心理学家耐特（Kinght）和瑞莫斯（Remmers）曾做过一个实验。通过实验他们发现，被试者如果认清了学习目标，就会产生强烈的学习动机。“明确的目标”是指学习目标要完整、系统、具体，而且学习者必须能够理解它的价值和意义；学习者明确了学习目标的价值和意义，学习目标的诱因性将大大增加。因此，教材应当为学习活动指明方向。为此，我们推荐教材开发者使用类似图 4－4 的目标展现方式。

为了使得学习目标具体明确，根据教育传播理论的研究成果，职业技能教材目标应采用图表的形式，这样可以使学生对学习目标一目了然。教材编写实践经验表明：用能力图表表现教材教学目标，具有系统、明确、具体的特点，能够做到一目了然。

采用思维导图表达学习内容之间的内在关系也是一种可行的方法。如图 4－5所示，思维导图又叫心智图，是表达发射性思维的有效的图形思维工具，它简单却极其有效。

图 4-4　《职场安全与健康教育》教材中的目标展现方式

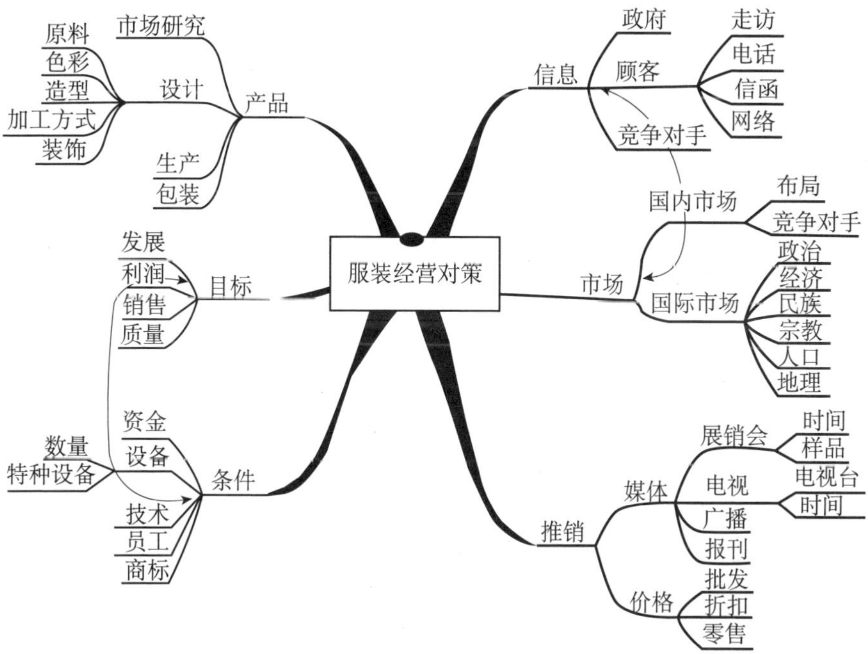

图 4-5　用思维导图展示“服装经营对策”

2. 针对现状差距

差距是动机的前提，发现不了差距，就等于找不到努力方向，再好的教学方法也可能是徒劳的。明确目标后，要通过一定的调查分析，掌握学习者（即教材读者）现状与需要达到的知识技能要求（即企业需求或教学目标）之间普遍存在的差距（例如，通过调研发现，在计算机文字处理的教学中，学生普遍不会“页眉页脚设置”的操作），从而为教材编写提供基本方向，分析可以提供何种教学资源条件，找到解决这些问题的合适方法。关于这个问题，一般的思考路径是：企业需要什么样的知识或技能？往届的学生在实习或工作中遇到的最困惑的问题是什么？教学大纲（课程标准）中要求学生达到什么样的水平？学生现在能做什么？最需要学习什么？

3. 适应学习风格

学习风格由美国学者哈勃特·塞伦（Herbert Thelen）提出，是指学习者带有个性特征的学习倾向。研究者从学习者个人生理因素、心理因素和社会环境因素的角度研究个体在学习方法、学习进程、学习倾向上存在的差异，从而为分析学习者学习内部的动态心理过程和个性特征提供了新的视角，它为“因材施教”的原则提供了科学的理论依据。

费勒明（Fleming）和米勒（ Mills ）在 1992 年定义的 VARK 学习风格近年在职业教育中应用较为广泛，该模型侧重于研究学习者如何运用自己的各种感官有效地学习，尤其在澳大利亚的 TAFE 职业教育中，所有参加职业培训的学员均需参加学习风格测试，从运动员、厨师、护士到工程技术人员毫无例外。VARK 模型所定义的 4 种类型分别为视觉型、听觉型、读写型及运动实践型。视觉型（V）学习者喜欢图形、表格、流程图等视觉辅助；而听觉型（A）学习者在学习过程中通常受益于讲座和口头讲解；读写型（R）学习者则经常在阅读或编写文本、资料信息时学到更多的知识；而运动实践型（K）学习者通常在各种动手型的教学活动如角色扮演、辩论、实验和模拟、仿真的过程中受益。研究表明，多数学生具有多重学习风格。

各种倾向的学习风格并无优劣之分，教材编写者应对某专业某课程学生的主流学习风格有充分的认识。例如：主要学习风格为视觉型的学习者可以采用诸如多利用图片、录像、流程图，将感兴趣的或重点的学习内容划出等方法提高学习效率；听觉型的学习者可以采用参加讲座、与同学和教师就问题展开讨论、向同学阐述自己的新想法、使用录音等手段提高学习效率；读写型的学习者可以采用在图书馆广泛阅读、将学习内容归纳整理出重点等方法提高学习效率；运动实践型的学习者可以尽自己最大努力调动各种感官，通过多做试验、现场考察、多做典型习题等方式提高学习效率。

国内学者多次调查表明，职业学校学生的学习风格中，K 风格占绝对的优势，其次为听觉型的 A 风格。这就是为什么在职业院校提倡采用参与式、合作型为主的学习方式，也是为什么职业院校的课程改革以项目课程、任务引领型课程、工作过程系统化课程及学习领域课程最具代表性。因此，在职业技能教材开发前，要借鉴澳大利亚 TAFE 职业教育的课程开发经验，即先进行培训需求分析，在了解课程中所需要掌握的知识和能力的同时，也要掌握学生的学习风格，进而更有效地适应学生的学习风格。

4. 诱发学习兴趣

教育心理学研究表明，学习兴趣的诱发可以分为设趣、激趣、诱趣、扩趣 4 个阶段。教材设计要充分体现这 4 个阶段。

(1)“设趣”即提出一个足以令人感兴趣的问题，是通过分析学生本身的个体需要或者可能的外部诱因，揭示个体或群体在某个技能上与既定的标准之间的差距，为学生的学习设定学习目标和创设新异的学习情境。所以，教材首先应该通过设置恰当的学习目标，创设问题情境，提高学习者的学习兴趣。例如，通过视频资料展示一个衣冠不整的公司职员的糟糕形象导致一场商务谈判失败的反面例子以及一个具有良好职业礼仪的人在职场面试中获得成功的正面例子，说明学习职业礼仪的重要性。

(2)“激趣”是激发学生的好奇心和进一步的求知欲。在教材中，要注意促使学生好奇心尽快地向求知欲发展，最终通过激趣，使学生形成良好的学习兴趣。例如，向学生说明正在学习的知识、技能的价值，使学习者相信这项学习内容在未来很有价值，掌握了这一项技能，就可以胜任职场中哪项工作等。通过在教材内容组织上采用任务导向的方式，可以促进学生学习动机的发展。因为任务导向的任务可以结合学生毕业后所从事职业的真实环境设计，使学生内心产生真实的需求，而这种需求就会产生学习的内部动力。

(3)“诱趣”是诱发学生“生疑—思疑—释疑、再生疑—再思疑—再释疑”的过程。这就需要对教材内容精心组织、科学安排，使学生产生这种诱惑。针对教学重点、难点，采用恰当的方法，环环相扣地提出问题，诱导学生“生疑—思疑—释疑”，不仅要学生有所知，更要让学生有所思。学生每解决一个问题，就有一种战胜难点的兴奋，就会多一份自信。研究表明，以下做法可以进一步促进学习兴趣的发展：即时向学习者提供学习成绩反馈，主动让学生及时了解自己的学习结果（即反馈）；将教材内容安排得循序渐进；适当变化内容的呈现方式；将新学习的内容与已有的知识和经验结合起来以降低新学习材料的生疏程度；用具体的事例说明；巧用名人名言；等等。

(4)“扩趣”是引导学生不断探究，培养创造思维，引发创新精神。教材要做到进一步引导学生主动去发现问题，养成善于提问的习惯，以开拓思维的广度和深度，鼓励学生多思考，学会“发现问题、分析问题、解决问题”的思维方法。

4.2.3 能力导向策略

能力导向策略是职业技能教材开发的一条重要原则。它是指在职业教材的内容选择、内容组织上要以职业能力为本位，科学地选择、安排与职业能力中各项要求（如知识、技能、态度、素质）有关的内容，摒弃与其无关的内容，使得教材符合学生职业能力形成的心理顺序，符合职业资格的发展顺序，确保在教材设计中不出现能力形成条件缺失的现象。

1. 准确理解职业能力的层次结构

能力直接影响职业活动和效率的个性心理特征。职业能力是指人们运用知识与经验、技能与技巧，按照特定职业所规定的职责、任务和活动方式，完成职业活动的综合能力。1998 年，陈宇等人为了方便对职业能力深入研究，提出职业能力分为职业特定技能、行业通用技能、核心能力三个层次。

（1）职业特定技能。反映职业能力的特性，是针对某一个特定的具体职业的，在国家职业大典中，对应于“细类”。

（2）行业通用技能。反映行业的个性和共性，是针对某个行业中的若干职业的，在国家职业大典中，对应于“中类”和“小类”。

（3）核心能力（又称“关键能力”），产生于 20 世纪 80 年代初的德国企业界，并在西门子公司进行了试点培养，取得了良好效果，受到职业教育培训界的普遍关注。反映人类劳动能力的共性，具有广泛的、跨职业的普遍运用性和可迁移性。

职业能力的层次结构，只是为了问题的方便而划分的，它不是职业能力的本质体现，在教材开发中不能将核心能力、行业通用技能与职业特定技能完全分开，事实上，在职业教育中，绝不是先培养核心能力，再培养通用技能，最后培养特定的职业技能。职业能力是在职业活动中对各种技能不断加以内化、整合，从而形成的稳定的综合能力，其外在表现是劳动者执行规范、解决问题、完成任务的能力。例如，职业素养、工匠精神与创新创业能力是在某个具体专业教育、具体职业培训中，通过综合学习训练形成的。因此，在职业素质类教材开发时，离不开具体的学习案例，不能脱离专业去讲；在专业课教材开发中，也要不失时机地渗透提升职业核心能力、职业素质的教育内容。

2. 全面把握职业能力形成的条件

职业学校学生能力的形成是有条件的。单项能力形成的条件，根据职业能力的条件定义，包括知识、技能和态度，而综合能力的形成条件是具备相关单项能力。在教材设计编写中，应注意不要出现能力形成条件缺失的现象，以避免因为能力形成条件的缺失而影响教材的教学效能。具体形式如图4-6所示。

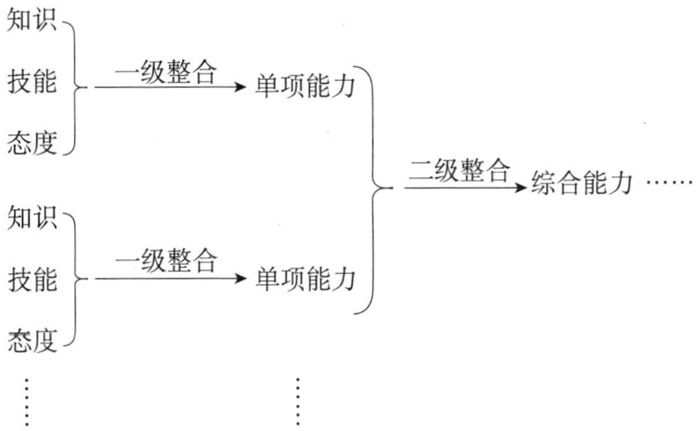

图4-6 能力形成条件示意图

3. 努力遵循职业能力形成的过程

根据职业教育学习理论对能力的过程定义，能力通过学习形成，职业能力的形成，具有一个由多个环节共同作用，而每个环节又具有不同特点的较为复杂的过程[①]。根据组成能力要素的知识、技能（分为心智技能和操作技能）、态度（含核心能力、工作价值观等）分析，具体的学习过程如图4-7所示。

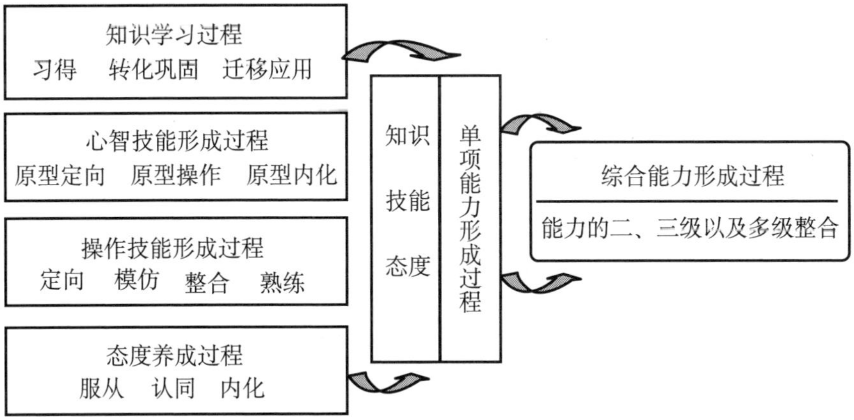

图4-7 能力各要素的形成过程示意图

因此，在教材设计编写中，应注意遵循能力形成的一般过程及其特

① 邓泽民．职业学校学生职业能力形成与教学模式研究．北京：高等教育出版社，2002.

点，保证教材心理逻辑顺序得到贯彻。避免出现因能力形成过程环节的缺失而影响学生能力的形成，最终影响教材的教学效能。

4. 选用适当的内容筛选方法

职业技能课程内容要回归生活与职业，必须打破长期以来形成的壁垒森严的学科界限，以全面素质为基础，以能力为主线，在课程内容的筛选和结构性重组基础上逐步加以实现。

在知识本质观下，课程内容的筛选较为简单。在制定一个专业的课程体系时，依据专业培养目标，需要某个学科的知识，那么这个学科将成为这个专业课程体系中的一门学科课程。对于这门学科课程的内容，则严格按其学科的科学理论固有的知识逻辑进行筛选。这种课程内容筛选方法的优点主要体现在：教材是按照学科组织起来的，它有助于学生系统完整地接受学科知识；注重课程内容间的知识逻辑联系，便于学习者对知识的掌握。不足之处主要表现在：这样筛选组织的教材内容偏重于学科逻辑系统，在教学时容易出现重记忆、轻理解的倾向；在教学中容易偏重知识的传授，忽视能力的培养。因此，这种课程内容筛选方法对培养学科继承和发展型人才的学科教育是十分有效的。在活动本质观的指导下，为了确保学习者能力的培养，在职业教育活动本质观下，教材内容选择出现了多种形式。比较有影响的是能力本位的课程内容筛选方法和工作过程导向的课程内容筛选方法。

（1）能力本位的课程内容筛选方法。

这种方法来自美国和加拿大。由于课程的目标采用“职业能力”来具体描述，那么教材内容的筛选就是发现学习者开展这些职业活动所需的知识、技能和态度，可以通过图 4－8 所示的方法来筛选课程内容。

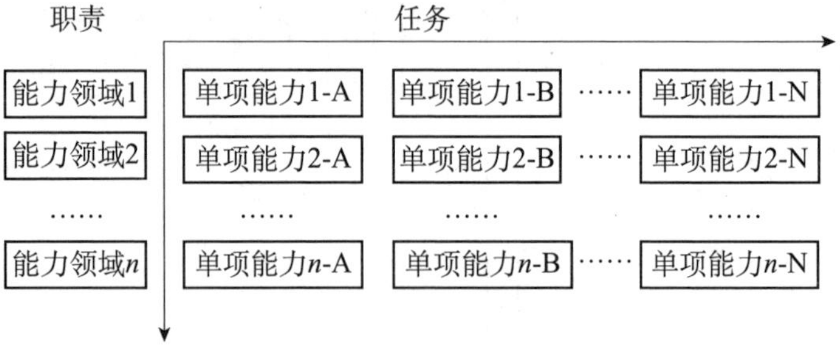

图 4－8　能力本位的课程内容筛选方法示意图

能力本位的课程内容筛选方法在我国已经得到广泛应用。

能力-素质法是针对某一单项素质或单项能力进一步进行分析，列出其全部操作步骤，活动内容，所需的相关理论知识、技能和应具备的品性，提出课程的教学目标和表现性目标考核的评价标准，列出学习过程中用到的工具、设备、材料以及所需的指导人员、应注意的事项等。这种方法我们可称为能力-素质分析方法。这项工作主要由课程设计专家、教师、教材编写人员、现场专家组成的素质分析小组完成。由确定课程目标的课程专家主持能力-素质分析是十分必要的，因为他们掌握课程能力-素质图表形成过程的思路和图表无法表达出的思想。

表4-2是用于教材内容筛选的能力-素质分析表，通过能力-素质分析，可以得到所需要的课程内容。

表4-2 能力-素质分析表

编码	职业能力	操作步骤	理论知识	态度、品性	资源	评价标准

每门教材的职业能力分析的具体步骤如下：

第一，列出全部操作步骤与活动内容，并按一般操作程序排列。

第二，列出必需、够用的理论知识。

第三，列出要求的态度和品性。

第四，列出课程目标要求的教学目标标准。

第五，列出教学中用到的设备、工具、材料等资源。

(2) 工作过程导向的课程内容筛选方法。

这种方法来自德国。他们认为，“一个职业之所以能够成为一个职业，是因为它具有特殊的工作过程，即在工作的对象、方式、内容、方法、组织以及工具的历史发展方面有它自身的独到之处”。因此，他们对工作过程进行了深入研究，并指出工作过程是“在企业里为完成一件工作并获得工作成果而进行的一个完整的工作程序”。这个工作程序是“一个综合的、时刻处于运动状态之中但结构相对固定的系统”，并具有对象、工具、工作方法、劳动组织以及要求五个要素。这五个要素在不同的工作过程中是不同的，或者说是变动的；但实现工作过程的步骤——咨询、计划、决策、实施、检查、评估是不变的。在此基础上，形成了工作过程导向的课程。其特点是课程的名称和内容不是指向学科的子区域，而是来自职业活动领域里的工作过程。一般用类似表4-3的方式来选择课程内容。

表4-3 工作与学习内容分析表

对象	工具	工作方法	劳动组织	要求
生产设备的操作、监控与操作	● 生产说明 ● 工作计划、操作规程、设备手册 ● 测试检测工具	● 设备状况检查与评价方法	● 集中检查 ● 分散检查	● 生产设备运行保障 ● 制定保养策略 ● 保证劳动安全

上述两种课程内容筛选方法，相同点是能力本位的课程内容筛选方法把任务界定为在职业活动中较短时间内能够完成，并产生产品、服务或决策的职业活动；工作过程导向的课程内容筛选方法则强调工作过程的完整性。虽然字面上不同，而实际上都强调学习者通过完成一项有意义的任务开展学习。不同点是能力本位的课程内容筛选方法关注学习者开展职业活动所需的知识、技能和态度。这样的课程内容，在课程实施过程中，通过任务驱动教学，便于得到落实。工作过程导向的课程内容筛选方法关注学习者完成任务的工作过程及其五个要素。

4.2.4 教学导向策略

教学导向策略是指职业技能教材要与一定的课程类型、课程模式、教学方法、教学程序相适应，并适当配置数字媒体资源和其他配套教学资源。

教材内容的选择和组织要符合教学目标的要求（信息量适当，呈现与传递方式适当，符合教学对象的知识能力水平和思维发展阶段特征，传授的内容具有可接受性）。教材内容组织的顺序要符合教学需要，对于职业技能教材而言，就是要求内容的组织能够帮助学生明确学习目标，有效地激发学习动机，符合职业能力形成的心理顺序，符合职业岗位工作的逻辑顺序，符合职业资格发展的顺序，符合职业素质提升的顺序。

1. 根据课程类型确定宏观编写模式

教材编写模式就是教材编写的模板，由内容栏目、标题层次设置和编写样章组成，是所有参加教材开发人员所需要共同遵守的技术文本，一经商定，在教材开发过程中一般不宜变更或变通。教材编写模式是通过编写模板来得到固化和体现的。

课程类型指教学内容的选择与组织的种类和方式，更多地具有课程的内涵特征。按照比较一致的认识，课程的基本类型有学科课程、活动课程（也称经验课程）、综合课程、核心课程、模块课程等。职业教育课程的类型划分，学界尚未取得一致意见，但大体上可分为公共基础课程（包含思想政治理论课程、科学文化素质课程、职业素质类课程、身心素质类课程）和专业技能课程（专业平台课程、专业核心课程、专业延展课程，包括有关实训环节课程），职业资格证书的要求应主要在专业核心课程、专业延展课程中得以体现，故“双证书”课程应在上述两类课程中设置。

课程类型的选取，主要参考课程功能。而课程类型一旦选定，就决定了教材的宏观编写模式。

例如，不能把学科课程教材写成任务导向或是工学结合的，这样会被认为是不伦不类的。正确的做法只能按照学科体系结构来组织教材内容，当然，可以采用一些循序渐进的技术方法去努力降低教材的学习难度，提高可读性。

2. 根据课程模式确定中观编写模式

课程模式（curriculum models）是典型的、以简约的方式表达的课程范式，具有与某种特定教育条件相适应的课程结构和课程功能。从这个角度上来看，职业教育课程可以根据需要采取学科中心范型、活动中心范型、问题中心范型、能力中心范型、训练中心范型、项目中心范型、体验中心范型、证书中心范型等。

每种课程模式，都有与其对应的教学模式和一系列教学方法。教学方法是在教学过程中，教师和学生为了实现教学目的、完成教学任务而采取的教与学相互作用的活动方式的总称。例如行动导向的课程，就有案例教学法、模拟教学法、角色扮演教学法、项目教学法、引导文教学法、示范模仿教学法、六步（咨询、计划、决策、实施、检查、评估）教学法、头脑风暴教学法、思维导图教学法等。教学模式的分类方法很多，而目前主流的职业教育课程模式，主要有能力本位课程模式、行动导向课程模式、MES 课程模式、一体化课程模式、项目课程模式、任务课程模式等。因此教材编写人员要熟悉几种主流的课程模式和课程开发的基本程序，这对于教材的编写很有帮助。

例如，工作过程导向的课程就是采取如图 4－9 所示的以典型工作任务为主的教材内容组织方式。一个职业的典型工作任务（professional task）描述了一项完整的工作行动，包括计划、实施和评估整个行动（工作）过程，它反映了职业工作的内容和形式，在整个职业活动中具有重要的意义和功能。典型工作任务同时也构成职业教育的一个学习领域课程。每个职业（专业）通常有 10～20 个学习领域。

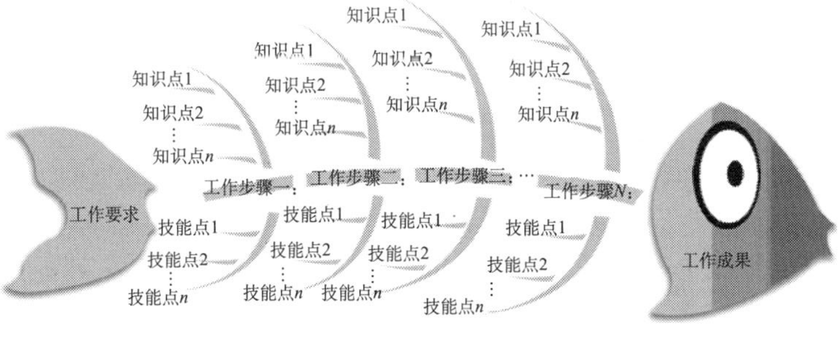

图 4－9　以典型工作任务为主的教材组织模式

实践表明，教材编写模式上，采取经过多年推广的“典型工作任务”模式，可以降低对课程开发方法的培训工作量，易于达成共识，职业学校教师易于接受。

通过教材编写实践，我们发现，编写每本教材时，其实就已经确定了其宏观编写模式。编写参与者要在进行宏观模式决策后，迅速根据教材的课程模式，选定中观编写模式。中观编写模式的确定需要参考此类课程拟采用的主流教学模式和教学方法，在编写模板设计时须努力与之适应和一致。在必要的时候，亦可采取两种或以上中观编写模式，根据内容属性灵活选用。

例如，在《计算机应用基础实训指导》教材开发中，我们就根据实训课程的类型和多重功能属性的课程定位确定采用如图 4－10 所示的编写模式。

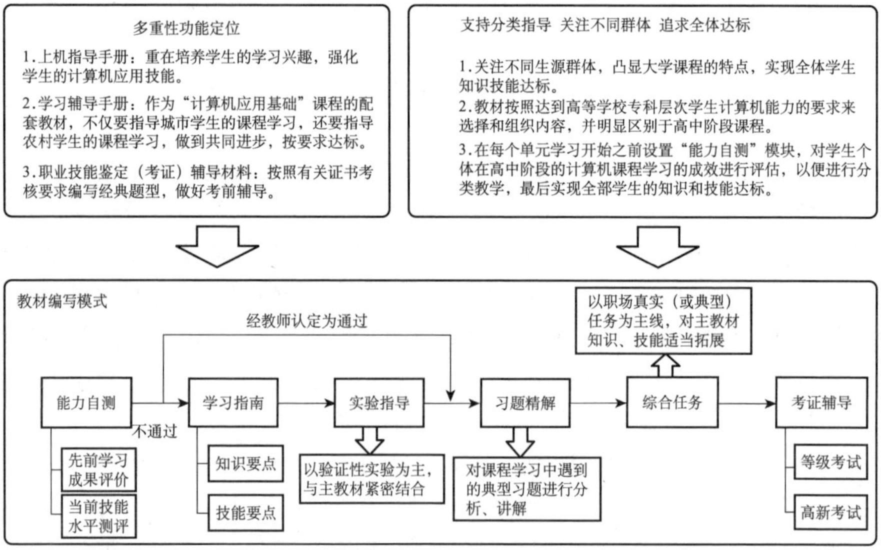

图 4－10 《计算机应用基础实训指导》教材宏观模式的确定

我们打破传统，指导教材开发人员进行大胆创新，每章均由能力自测、学习指南、实验指导、习题精解、综合任务和考证辅导六大模块组成。

又如，在有关课题组组织的“双证书”教材开发实验中，我们就采取了如图 4－11 所示的教材中观编写模式。

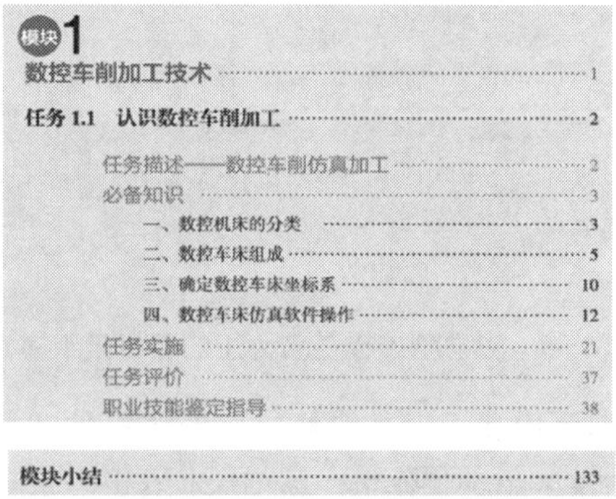
模块1
数控车削加工技术……1
任务 1.1 认识数控车削加工……2
任务描述——数控车削仿真加工……2
必备知识……3
一、数控机床的分类……3
二、数控车床组成……5
三、确定数控车床坐标系……10
四、数控车床仿真软件操作……12
任务实施……21
任务评价……37
职业技能鉴定指导……38
模块小结……133

图 4－11 机电类专业“双证书”教材编写模式

再如，在组织《计算机应用基础》教材开发实验的时候，以信息的获取、识别、处理、加工、展示为主线，组织“章”的内容。同时开发者根据教材的内容特点，对于理论性强的教学内容，采用“案例导入”的编写模式；对于实操性的内容，采取“任务驱动”的编写模式。教材以“节”为单位，根据内容特点选择采用不同的编写模式，收到了良好的效果。如图 4－12 所示。

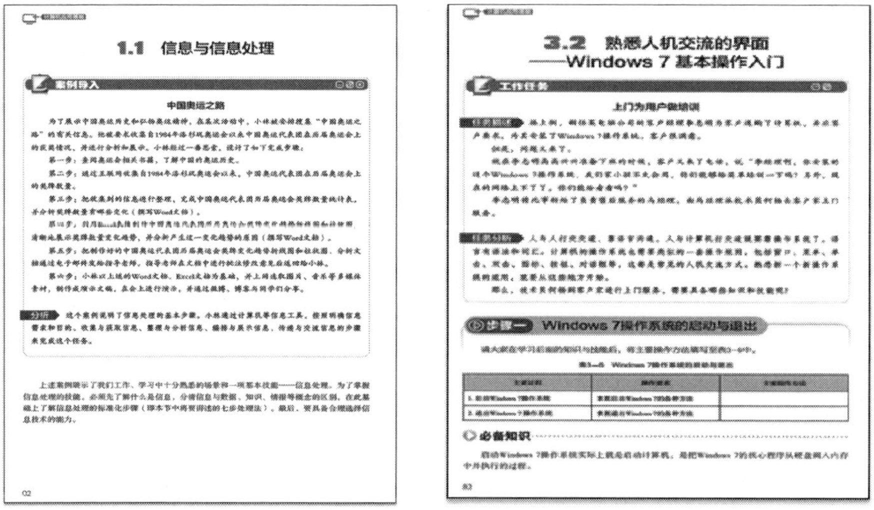

图 4－12　在一本教材中采取两种编写模式

3. 根据教学程序确定微观编写模式

不论采取何种课程模式、选定哪种教学模式和教学方法，职业教育的目的都是促进职业能力的形成和发展。因此在教材编写过程中，应根据能力目标，开展能力教学，并根据能力形成的一般规律选择教学程序。前已述及，在职业教育教学理论研究中，典型的教学程序包括：（1）理论知识学习的教学程序；（2）心智技能学习的教学程序；（3）操作技能学习的教学程序；（4）情感态度的教学程序。如表 4－4 所示。

表 4－4　　教学程序的选择

教学对象	教学程序
理论知识	习得→转化巩固→迁移应用
心智技能	原型定向→原型操作→原型内化
操作技能	定向→模仿→整合→熟练
情感态度	服从→认同→内化

在教材编写过程中，要先准确界定所编写的内容，然后在教学程序的指导下，采取相应的编写元模式（指每种教学对象所需要遵循的编写规律，这是教

材编写中不可再拆分的最小教学单元)。在综合能力教学内容的编写过程中，首先要将其分解为几个单项能力，再根据构成单项能力所需要的知识、技能、态度，编写教材。

4. 统筹考虑教材内容的组织逻辑

教材内容确定后，内容组织的科学性将是课程教材目标实现的关键。从最广泛的意义上说，教材内容的组织要解决的是不同课程内容按照什么顺序进行序列化，以及把哪些课程内容按照什么逻辑编排在一起这两大问题。由于职业教材的根本任务是把学生顺利地导向工作体系，因而工作体系的结构应当成为其课程内容序列结构的基本依据。这样，课程内容的序列就是：首先，考虑工作体系的结构，使职业教材序列结构与工作体系结构基本吻合；其次，考虑知识的内在逻辑，如果先学习某个知识有利于学生对另一个知识的理解，那么这个知识就应当安排在另一个知识的前面；最后，对于那些处于并列位置的课程内容，即无论是按照工作体系结构还是按照知识内在逻辑都无法确定其先后顺序的课程内容，则按照知识的难易程度编排其顺序。

教材内容组织的基本取向，一般认为有学科取向、学生兴趣和发展取向、社会问题取向和混合取向等。职业教材组织的取向，鉴于其目的、属性等，应是混合取向的。但这里混合取向的特点是以学生兴趣为前提、职业问题为主线、学科知识为基础的。教材内容的组织是为了学生适应和改进职业情境。课程设计要围绕着学习中的核心要素来进行，设计开发的资源和媒体产品，要以优化学习过程、促进学生认知的获得为最终目标，而不仅仅是为了方便教师的教学活动。以学生为中心的课程设计，就是要在既定的教学目标框架内设计出学生真正需要的学习资源与学习环境，在具体的设计过程中，要充分考虑学生的原有知识水平、能力水平、认知水平、认知风格和认知特点，设计开发的学习资源要能够充分发挥学生认知主体的作用，支持学生的自主学习和协作式探索。为此，客观要求课程设计具体内容发生质的转变，不仅是传统的教材建设，还要进行学习资源的设计与开发，强调用各种信息资源来支持“学”(而不只是支持“教”)。当然，以学生为中心的设计原则并不是要否定教师的作用，而在于扭转传统教学设计过分强调以教师为中心、忽视学生这个认知主体的倾向。

文献研究表明，教材内容组织有以下三种典型顺序需要统筹考虑：

(1) 纵向组织与横向组织。

所谓纵向组织，是指将各种课程要素按纵向的发展序列组织起来。由于人的身心有发展的阶段序列，学科知识有逻辑演进的序列，技能的形成有先易后难的序列，所以课程就有纵向组织的必要。纵向组织标准有连续性和顺序性两个标准。连续性是指直线式地陈述主要的课程要素；顺序性是强调每一后继内容要以前面的内容为基础，同时又对有关内容加以深入，广泛地展开。所谓横向组织，是指将各种课程要素按横向的发展序列组织起来。横向组织是 20 世纪 70 年代以后，一些教育家开始强调的课程组织原则。这主要是因为学生能力或者素质是经过多种课程内容整合形成的。所以，整合性是课程横向组织的标准。整合性是指各种课程内容之间横向联系，以助于学生素质或者能力的形成。

（2）逻辑顺序与心理顺序。

所谓逻辑顺序，就是指根据学科本身的系统和内在的联系来组织课程内容；所谓心理顺序，就是指按照学生心理发展的特点来组织课程内容。学生是学习的主体，学科是学习的对象，所以，课程组织应是学科的逻辑顺序与学生的心理顺序的统一。一方面，学科体系是对客观事物的发展和内在联系的反映；另一方面，课程内容是为学生安排的，如果不符合学生认知的特点，学生就难以接受，那么再科学的内容也是无效的。

（3）直线式与螺旋式。

所谓直线式，就是把课程的内容组织成一条在逻辑上前后联系的直线，前后内容基本上不重复。螺旋式则是要在不同阶段上使课程内容重复出现，但逐渐扩大范围和加深程度。一般来说，直线式与螺旋式都有其利弊。直线式可以避免不必要的重复；螺旋式则容易照顾到学生认识的特点，加深学生对学科的理解。

5. 根据教学需要组织数字媒体资源

教学媒体是直接介入教学活动，在教学过程中传递信息的手段。媒体选择的依据主要有：教学目标、教学内容、教学对象、教学条件和所需代价。因此，在职业技能教材设计中，对于教材形式（例如纸介质教材、纸数结合教材、纯数字教材）的选择，应主要考虑学习对象，也就是教学目标和教学内容。在认知领域教学中，注意知识系统结构的展示，以便于学生形成完整系统的理论知识框架。在技能领域学习教学中，定向是十分关键的。而应用多媒体学习资源，可以根据需要，随时有效地解决技能学习中的定向问题。在态度领域教学中，利用多媒体技术，可以设定教学的情境、氛围等，这更是其他方式所不能取代的。

图 4 - 13 是根据不同教学对象采用的数字资源形式。这说明，在教材中添加二维码，从而导入某种形式的数字媒体资源，也不是随心所欲的，要根据教学对象精心选择，仅在必须使用、效果显著、文字难以表达清楚时才适当使用。

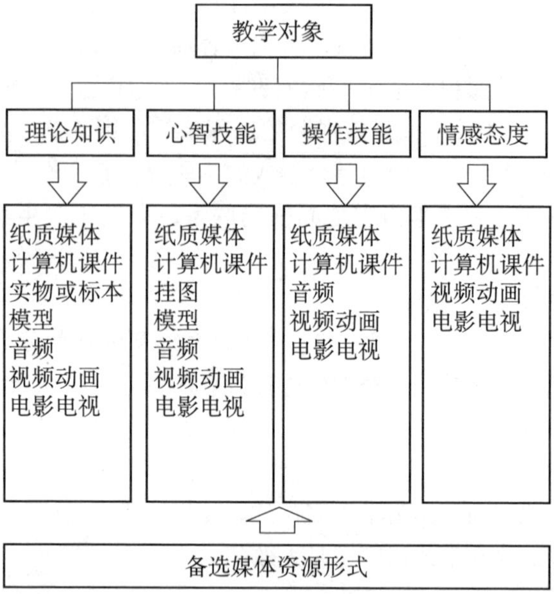

图 4-13　数字媒体的选择

在综合能力教学中，可用多媒体展示出完成一项任务的全过程，以及在各个阶段需要的能力操作，为学生能力的整合形成进行定向培养。

不仅如此，还应根据需要配置适当的配套数字资源。教材配套的数字资源是指为了进一步发挥教材的效能，而配套开发的各种教学、学习资源，包括教学方案、课件、模拟题（卷）库、各种视频素材和图片素材等。

6. 根据需要提示教学方法和教学组织形式

在教学参考书中，可根据需要提示教学方法和教学组织形式，这对提高教材使用效能有很大帮助。

根据教学对象划分，可以把教学方法分为：理论知识领域的教学方法、心智技能领域的教学方法、操作技能领域的教学方法，情感态度领域的教学方法，如表 4-5 所示。

表 4-5　教学方法的选择

教学对象	教学方法	
	低水平层次	高水平层次
理论知识	讲授法、演示法	研讨法、案例研究、项目法、角色扮演
心智技能	演示法、模仿练习	研讨法、案例研究、实训
操作技能	演示法、见习实习、模仿训练	研讨法、案例研究、实训
情感态度	讲授法、讨论法、谈话法	研讨法、角色扮演

职业教育的教学组织形式必须强化技能培养。因此在教学参考书的编制过程中，要考虑向教师推荐合适的教学组织形式。对于前述的 4 种不同的教学对象，教学组织形式区别比较大，如表 4－6 所示。

表 4－6 教学组织形式的选择

教学对象	教学组织形式	
	低水平层次	高水平层次
理论知识	集体讲授、集体演示、个别化学习	小组讨论、集体谈话
心智技能	集体讲授、集体演示、个别化学习	个体指导
操作技能	集体讲授、集体演示	个体指导、个别化学习、小组讨论
情感态度	集体讲授、集体演示	个体指导、个别化学习、小组讨论

4.2.5 效果导向策略

效果导向策略是指利用教育传播方法，将知识、技能、态度、经验等以最小代价、最优效果传送给特定教育对象的一系列策略。

教育传播是教育者按照一定的目的和要求，选定合适的信息内容，通过有效的媒体通道，把知识、技能、态度、经验等传送给特定教育对象的一种活动。它是教育者和受教育者之间的信息交流活动，具有目的明确、内容规范、对象特定、媒体多样的特点。教材作为教学活动的主要客体，其设计需要遵循教育传播的一般规律。目前，教育传播理论研究一般认为，优化教育传播的效果，必须遵循以下基本方法。

1. 合理选用文字符号

在我们讨论文字形式的职业技能教材时，使用的符号只限于那些可印刷的书面语言（文字符号）、人工语言（人工编制的专业符号和语言系统），非语言系统中的部分象征符号，例如图表、地图、图形符号。教材本质上有三个基本要素：信息、符号和载体。在职业技能教材设计与编写中，需要研究教学内容的信息如何使用最恰当的记录符号记录、存储、呈现，用哪种媒体或媒体组合进行传播最为有效，效果最好。

阅读是人类接收信息的主要方式，文字教材是人类学习的主要媒体。文字符号便于使用，保存时间长，适合需要较长时间注意的复杂内容的呈现。文字符号系统发展比较完整，易于复制、传播、翻译、编辑。文字符号加上人工符号的使用，可以准确、科学、规范地表达抽象的概念。文字符号的主要不足是它只能以线性形式排列，是一维表达形式。

在职业教育教材中使用文字符号时，除了遵守科学、规范、准确的通用标准外，还要根据学生的学习特点，采取以下处理准则：

准则 1：突出显示关键信息。

突出关键信息的显示，有利于注意、记忆和理解。充分运用突出显示的办法来展示关键信息，在最初学习这一阶段特别重要。但是，后续学习阶段应该逐渐淡化关键信息。

例如：第一次出现概念时，用黑体字，加下波浪线或用着重号。

准则 2：根据抽象层次原理，合理选择描述方式。

抽象层次原理指出，教材所用的所有呈现信息的符号，都必须在学生能明白的范围内使用。在实践中，凡能用中文描述的，不要用外文符号描述；凡能定性描述的，不要定量描述；凡能用初等数学描述的，不要用高等数学描述；凡能用英文字母描述的，不要用希腊或罗马字母描述；如须用希腊或罗马字母的，最多只用前三个。根据教材开发的经验，举以下几个例子：

例 1：在中等职业教育教材中，“力”的单位最好用“牛顿”或“牛”，不要用“N”，“分钟”最好不要写作“min”。在高等职业教育教材中，可酌情使用英文单位符号，但需要加中文说明。

例 2：描述“速度”这个物理量，如不需要定量描述，可以表述为“速度是表示物体运动快慢的物理量”；如需要定量描述，可以表述为“速度等于物体运动的位移除以相应时间”；如要进一步描述，可使用公式“速度＝位移/时间”或“$v=s/t$”（初等数学的表示方法）；要力求避免出现“$v=\mathrm{d}s/\mathrm{d}t$”这种高等数学的表示，必须避免“$v=\mathrm{d}s/\mathrm{d}\tau$”“$v=\lim\limits_{\Delta t\to 0}\left(\frac{\Delta s}{\Delta t}\right)$”等表述，因为很多职业院校的学生根本不知道希腊字母“τ”的发音，这样的表述会给他们增加阅读困难。

例 3：要尽量避免采用 $n!$、Σ、Π 的表述，采用相应的连乘、连加的表达方式，如“$n\ (n-1)\ (n-2)\ \times\cdots\times 2\times 1$”“$1+2+3+\cdots+(p-1)+P$”这样的等价形式来替代；尽量不要连用上下标等。

准则 3：要合理把握概念密度，控制标题的层次。

研究表明，人一次可以感知 5～9 个新的名词术语。经验表明：一个学时的大专教材，以掌握 3 500～4 000 字为妥，中专教材则为 2 500～3 000 字，但概念的密度要更低。标题层次一般不要超过 3 级，每个层次平行罗列的小标题不要超过 5 个。

例 1：教材的章节划分、段落划分、版式设计等都要考虑到不能太集中、太拥挤，例如把知识、技能的操作分成适合感知和记忆的若干小模块。对教材的知识体系描述时，要注意控制概念的密度。

例 2：把 12 步操作步骤改为 3 个 4 步的操作，然后在教材内容组织上适当引入上位概念，用 1 个上位概念概括 3～5 个下位概念。

2. 合理选用图像符号

图像是一种二维显示，信息内涵更加丰富，有利于开发形象思维。在向学生展示某些运动技能和操作技能时，图像在其中能起到独特的作用。图像和语言具有互补作用，语言能限定和解释图像，图像也有助于对定义的阐述，使语言表达便于记识。在技能教学中，使用文字符号和图像符号相结合的形式最为合适。图像符号的缺点是难以保证细节清楚，只能通过视觉传达，无法通过声音感知。

图像设计是一个创作过程，用图像呈现教学信息，一要正确地了解学科内容，二要正确地构图，正确地使用点、线、面、体、色彩、明暗、空间等。

在图像的设计中，还要正确地使用数学、物理、化学、生物学、制图学的专门符号；要正确使用有关学科的图形符号，例如电工学、电子学、地图图例、气象学符号、建筑学符号、材料学符号等，保证图像内容的科学、规范、统一。

照片也是一种形象的表示法。照片应图像清楚、构图巧妙、突出主题，与正文文字配合好。

在职业教材中，经常使用的插图类型有示意图、方框图、曲线图、程序图、照片或绘制插图等。在教材中安排插图的原则如下：插图内容要符合科学性和教学适用性；插图画面要突出主体；插图要做到图文一致、配合紧密；要使用先进技术（绘图软件）提高插图质量。

在职业教育教材中，如有可能，可增加插图，并尽可能采用实物图代替原理图，线条图代替照片。举例如图 4－14、图 4－15 所示。

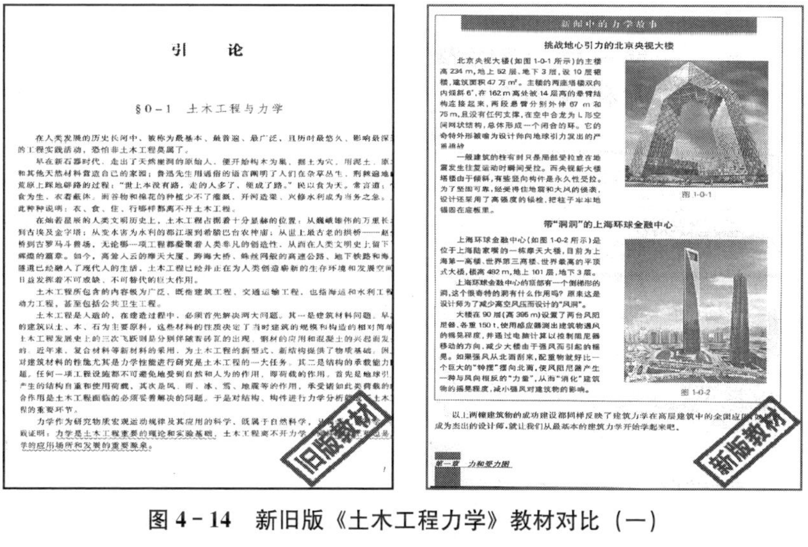

引　论

§0－1　土木工程与力学

在人类发展的历史长河中，被称为最基本、最普遍、最广泛，且历时最悠久、影响最深的工程实践活动，恐怕非土木工程莫属了。

早在新石器时代，走出了天然洞穴的原始人，便开始构木为巢，掘土为穴，用泥土、… 和其他天然材料营造自己的家园；鲁迅先生用通俗的语言阐明了人们在杂草丛生、荆棘遍地的荒原上踩地辟路的过程：“世上本没有路，走的人多了，便成了路。”民以食为天。常言道：…食为生，衣着蔽体。而谷物和棉花的种植少不了灌溉，开河造渠、兴修水利成为当务之急。…此种种说明：衣、食、住、行哪样都离不开土木工程。

在灿若星辰的人类文明历史上，土木工程占据着十分显赫的位置：从巍峨雄伟的万里长…到古埃及金字塔；从变水害为水利的都江堰到希腊巴台农神庙；从世上最古老的拱桥——赵…桥到古罗马斗兽场，无论哪一项工程都凝聚着人类非凡的创造性，从而在人类文明史上留下…辉煌的篇章。如今，高耸入云的摩天大厦、跨海大桥、蛛丝网般的高速公路、地下铁路和海…隧道已经融入了现代人的生活，土木工程已经并正在为人类创造崭新的生存环境和发展空间…日益发挥着不可或缺、不可替代的巨大作用。

土木工程所包含的内容极为广泛，既指建筑工程、交通运输工程，也指海运和水利工…动力工程，甚至包括公共卫生工程。

土木工程是人造的，在建造过程中，必须首先解决两大问题。其一是建筑材料问题。早…的建筑以土、木、石为主要原料，这些材料的性质决定了当时建筑的规模和构造的相对简单…土木工程发展史上的三次飞跃则是分别伴随着砖瓦的出现、钢材的应用和混凝土的兴起而发…的。近年来，复合材料等新材料的采用，为土木工程的新型式、新结构提供了物质基础。因…对建筑材料的性能尤其是力学性能进行研究是土木工程的一大任务。其二是结构的承载能力…题。任何一项工程设施都不可避免地受到自然和人为的作用，即荷载的作用。首先是地球引…产生的结构自重和使用荷载，其次是风、雨、冰、雪、地震等的作用。承受诸如此类荷载的…合作用是土木工程面临的必须妥善解决的问题。于是对结构、构件进行力学分析…土木…程的重要环节。

力学作为研究物质宏观运动规律及其应用的科学，既属于自然科学，…践证明：力学是土木工程重要的理论和实验基础。土木工程离不开力学，…学的应用场所和发展的重要源泉。

1

旧版教材

新闻中的力学故事

挑战地心引力的北京央视大楼

北京央视大楼（如图 1-0-1 所示）的主楼高 234 m，地上 52 层、地下 3 层，设 10 层裙楼，建筑面积 47 万 m²。主楼的两座塔楼双向内倾斜 6°，在 162 m 高处被 14 层高的悬臂结构连接起来，两段悬臂分别外伸 67 m 和 75 m，且没有任何支撑，在空中合龙为 L 形空间网状结构，总体形成一个闭合的环。它的奇特外形被喻为设计师向地球引力发出的严重挑战。

一般建筑的柱有时只是局部受拉或在地震发生往复运动时瞬间受拉。而央视新大楼塔楼由于倾斜，有些竖向构件是永久性受拉。为了坚固可靠，经受得住地震和大风的侵袭，设计还采用了高强度的锚栓，把柱子牢牢地锚固在底板里。

图 1-0-1

带“洞洞”的上海环球金融中心

上海环球金融中心（如图 1-0-2 所示）是位于上海陆家嘴的一栋摩天大楼，目前为上海第一高楼、世界第三高楼、世界最高的平顶式大楼，楼高 492 m，地上 101 层，地下 3 层。

上海环球金融中心的顶部有一个倒梯形的洞，这个很奇特的洞有什么作用吗？原来这是设计师为了减少高空风压而设计的“风洞”。

大楼在 90 层（高 395 m）设置了两台风阻尼器，各重 150 t，使用感应器测出建筑物遇风的摇晃程度，并通过电脑计算以控制阻尼器移动的方向，减少大楼由于强风而引起的摇晃。如果强风从北面刮来，配重物就好比一个巨大的“钟摆”摆向北面，使风阻尼器产生一种与风向相反的“力量”，从而“消化”建筑物的摇晃程度，减小强风对建筑物的影响。

图 1-0-2

以上两幢建筑物的成功建设都同样反映了建筑力学在高层建筑中的全面应用…成为杰出的设计师，就让我们从最基本的建筑力学开始学起来吧。

第一章　力和受力图

新版教材

图 4－14　新旧版《土木工程力学》教材对比（一）

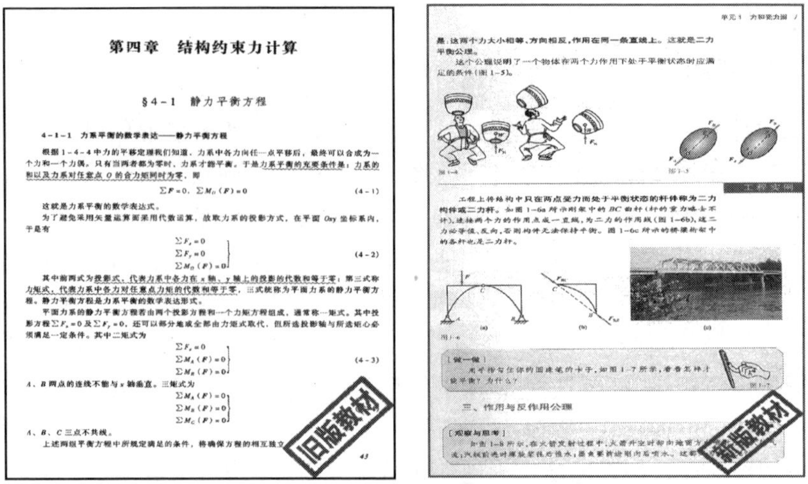

图 4-15 新旧版《土木工程力学》教材对比（二）

研究表明，教材内容的呈现也是影响学生学习，加强记忆和理解的一个重要因素——其核心问题是符号的选择。学习者在学习过程中是通过感知各种各样的符号，例如文字、数字、图像、颜色而获得学习信息的。我们将文字和图像符号的对比列于表 4-7 中。

表 4-7 文字和图像符号特性的对比

符号	呈现类型	视觉接收	听觉接收	记忆效果	理解效果
文字	长时间注意的、复杂的内容，信息呈现较深刻和完备	好	不能	具体描述比抽象描述长久；比语言长久	两种描述相结合效果最佳
图像	图像比语言、文字更形象。一般用来重复现实文字叙述信息；图像比文字显示信息量大；动态图像显示比静态图像显示信息量大	最好	不能	长久	图文结合，图语结合效果更好

文字是一种十分注重细节刻画的表征符号，比图像更为精确、细致、深刻，但比较抽象。在文字表述中需要用到较多的术语和词语，学习者需要事先掌握或者了解。图像显示生动、具体，包含信息量大，但是科学性稍差，有些隐含信息表达不明确，对学习不利。编制教材时，图文结合会收到更好的效果。

3. 合理选用表格符号

教材中的表格按照排文方向分，可分为横排表、竖排表；按照图文位置分，可分为串文表、非串文表；按照所占页面分，可分为单页表、多页表、双跨单表、插页表等；按照跨栏与否分，可分为短栏表、通栏表、跨栏表。表格突出的特点是具有整体显示相关信息的功能，可把有关信息按照一定格式集中分类进行对照、比较，得到比使用语言文字先行叙述更多的信息。表格中可以使用文字、符号、简单图形，甚至插图等，多用于对总结性内容的表述。

4. 合理使用图表符号

图表也是一种形象的表示方法，它是以图形和数字，简明、形象地表达事物的一种形式。图表主要用于表现各种统计数字及其变化，可以使枯燥、抽象、难以用文字表达的内容一目了然。图表的主要类型有柱状图、条形图、折线图、X－Y 散点图、面积图、圆环图等。

绘制任何形式的图表，都要注意同类线条内容或形象，其粗细和色彩应当统一，以便于识别。

5. 合理使用标志符号

标志符号在纸数结合的教材和纯数字教材中都会使用到。标志和事物的关系是具体的、现实的，通常都是因果关系。例如，用汽车的喇叭声表示汽车的到来，用火车的汽笛声表示火车的到来，用敲门的声音表示客人的到来等。

6. 合理应用共同经验原理

教育传播是一种信息传递交换活动，教师要与学生沟通，就必须把沟通建立在双方共同的经验范围内，这就是共同经验原理。根据共同经验原理，课程内容的筛选，必须回归学生的生活世界、学生未来的职业世界。

准则 1：教材与内容排列顺序原则。

教材内容编排，要处理好先行课程和后续课程、课程内容之间的逻辑顺序，预备知识和新知识的有机联系也要符合共同经验原理。

准则 2：教材概念及其术语、符号规范化和统一原则。

一个概念有 3 个要素：科学含义、表示概念的术语、表示概念和术语的符号。三者统一，是进行学习和交流的前提和必要条件。

准则 3：媒体辅助原则。

学习者不可能对每一件事都能获得直接经验，我们可以运用多种媒体形式进行教学，提高教学效果和教学效率。当然，教学媒体的选择与设计必须充分考虑到学生的经验。

7. 合理运用重复作用原理

重复作用原理是指将一个概念在不同的场合或用不同的方式重复呈现。例如，一个单词在不同场合的应用；用声音、图像、文字呈现同一个概念；同一个概念在不同理论层次上，从不同角度进行阐述，以求不断深化。

人们认识一个事物，学习一个概念，掌握一种技能，一般都不可能是一次完成的，需要经历一个反复的认识过程。一方面是需要从各个不同的角度、不同的理论层次上去认识；另一方面是需要在发展中去认识。外语教学的经验表明，一个外语单词必须在不同的场合重复八次才能在大脑中达到长时记忆。重复作用的另一个含义是将一个概念用不同的方式重复呈现。如用文字、声音、图像来呈现同一个概念，通过多种感观得到的信息会使人的记忆深刻、长久。

对一门课程的学习也是如此。螺旋式上升的课程体系、课程设置，都是符合重复作用原理的。这里是指有意义重复，而不是简单重复。在技能性课程中，重复作用体现得尤其明显。如操作性技能的获得需要重复训练，一个优秀运动员的任何一个动作都是经过成千上万次的重复训练才练习成功的。根据重复作用原理得到的教材编写（制）的原则如下。

准则 1：“伏笔”重复作用准则。

对比较重要概念的讲述，应在此概念出现以前，在适当的地方先埋下“伏笔”，这样在讲到这一概念的时候就不会使人感到是“从天上掉下来的”。在新概念出现前已结合有关概念的讲述有了一个印象，在正式讲述时就不感到十分难懂。

例如，“非晶态结构”是一个新概念，在讲述完整晶体结构时，就可以说在某些特定的条件下还可形成“非完整晶体”，因而还存在“非晶态结构”。这样，正式引入的“非晶态结构”概念对前面的伏笔就是一个重复。

准则 2：使用“在不同场合出现”的重复作用准则。

最明显的例子是同一个汉语单词或外语单词，在它的不同用法的场合重复出现，既能增强记忆，又能加深理解。对一个概念的讲述也是如此。通过一个概念与其他各相关概念的联系，可从不同的角度去认识，从而达到对一个概念全面、深刻的理解。练习题是对正文内容以问题形式的一种重复，不同角度练习是不同问题情境的一种重复等。

此外，还可以将一个概念“在不同理论层次”重复作用，这是“在不同场合出现”原则的推广。同一个概念可从深浅不同的理论层次上去阐述，或从不同的理论角度（如在不同的课程中阐述同一个概念）去阐述。这一般取决于阐述中所用相关知识的理论深度，如对一个概念的定性描述、定量描述，用初等数学工具描述还是用高等数学工具描述需视情况而定。一般地讲，通过多种描述会得到更加深刻的理解。

准则 3：“以不同方式呈现”的重复作用准则。

这一准则是说，以不同的呈现方式来呈现同一个概念，如利用文字符号方式、图像方式或声音方式相配合呈现，可增强感知，加深记忆。在教学过程中，利用幻灯、投影、电视、电影、CAI 课件等多媒体配合文字教材，就是以不同方式重复呈现同一个概念，它的良好教学效果已得到广泛证明。

准则 4："在不同的教学环节"重复作用准则。

为了指导学习者真正全面掌握知识，必须科学、系统地设计知识应用体系，在讲授的基础上，通过科学、系统的练习与实践环节来达到记忆、理解、应用和掌握知识的目的。这就是在不同的教学环节上的重复作用。

8. 合理运用层次抽象原理

抽象是人类思维通过对事物的比较、分析、综合和概括等活动得出一类事物的共同性的本质特征，并用概念、范畴、规律等形式固定下来的过程。抽象有不同的层次，一般来讲，可分为 3 个层次：第一层次为从个别事物中抽出的特征；第二层次为从一类事物中抽出的共同特征；第三层次为从几类事物中抽出的共同特征。抽象层次原理，主要应体现在教材设计上的以下几个方面。

准则 1：合理使用准则。

前已述及，教材所用的语言、术语、图像等所有呈现信息的符号，都必须在学生能明白的范围内的各抽象层次上使用，具体与抽象相结合。

准则 2：循序渐进准则。

教材内容要考虑到学习者的预备知识与技能，也就是一门课程的设置，一要有前面的课程做准备；二要和后续课程相衔接。由每个学科构成的整个的知识结构具有严格的系统性、逻辑性。对于由几门学科构成的综合学科，其内容的编排也是如此，必须有层次相同的预备概念和技能在前面，循序渐进，逐步深入。

准则 3：恰当运用感性概括和理性概括准则。

只有通过对教材的概括，才能使学生认识事物的本质。在教材中一般运用两种基本概括形式，即感性概括和理性概括。

感性概括是直观概括，主要通过对感性材料进行分析、综合、比较、抽象等一系列的信息加工，从形式上概括出一类事物的外部特征。在教材中，感性概括主要运用在对现象的描述上。

理性概括是在感性概括的基础上，主要通过分析、综合、比较、抽象等一系列的信息加工，进一步揭示一类事物的共同本质特征与内在联系。

需要指出的是，感性概括不能自发地转变成理性概括，而必须经过学习者自觉的科学思维，才能完成这种转变，从而达到对事物本质的理性认识。

9. 合理运用最小代价原理

最小代价原理是指用最少的篇幅、最少的语言、最少的时间、最经济的设备完成教学任务。不同类型的媒体具有不同的教学功能，一般来讲，不可互相代替，只能互相补充。如在教师的主导作用和学习者的主体作用下，在共同完成教学任务的基础上，确定（特别是在同一堂课上）使用媒体的种类，争取教学效果最佳，且又最经济。通常，凡能够选用现有的（商品化的）媒体，就不一定要重新选择新的媒体。反之亦然。

10. 合理运用信息来源原理

有权威、有信誉的人说的话，容易被听众接受；知名的专家、教授讲的课、写的书容易被人们接受。根据这一原理，在教材编写（制）中，要选择学术水平较高和有丰富教学经验并热心教材建设的作者写书或编制教学软件；审稿也是一样。这样才能保证教材的质量，这是教材的权威性特征。

例如：自然科学方面的教材，可以选取著名中外科学家的有关言论；社会科学方面的教材，可以选取著名哲学家、革命领袖的名言。

11. 合理运用知觉组织原理

知觉组织原理是指学习的过程始于知觉，而知觉是大脑将感观获得的信息转化为有组织的整体的过程。因此，教材必须符合“组织化原理”，才便于感知和理解。最基本的组织方法从形式上说是从背景中辨别学习对象（黑体字、划上点或线等标记，图形分区等）。教材版式或格式设计的目的是突出重要的内容。从内容的内在联系上说，教材应具有逻辑性和系统性，注意利用感知规律组织教材内容。如时常分区规律、刺激强度依存规律、相似规律、毗邻和记忆接近规律、差异与节奏规律等，用以提高教材的“组织化”水平。

知觉组织原理在教材设计中，主要用于信息呈现所用符号的选择与配合的问题，在文字形式的教材中，主要是文字符号和形象符号以及颜色的选择与配合；在数字教材中，还有声音、颜色和动态显示等的选择与配合。

知觉组织原理在教材设计中的应用，可概括为以下几项准则。

准则 1：便于筛选和识别准则。

运用各种标示方法把关键信息与背景（其他信息）区别开来，以引起和增强注意和感知。突出关键信息的显示，有利于注意、记忆和理解。充分运用突出显示的办法来展示关键信息，在最初学习这一阶段特别重要。但是，后续学习阶段应该逐渐淡化关键信息。

准则 2：符合学习特点准则。

所用信息标示方法和信息呈现方式要适合学习者的特点，即文化水平、年龄特征和经验范围，否则起不到强化感知的作用。

准则3：便于记忆准则。

教材内容的组织排列应具有逻辑性和系统性，层次清楚，条理分明，这样有利于感知、记忆和理解。

4.2.6　质量导向策略

质量导向策略是指综合应用《图书质量保障体系》《教材评价指标体系》《优秀教材遴选指标》《编写团队组织规则》等质量标准，确保教材的质量达标。

职业教育教材作为物品，应体现产品质量（即内容质量和出版质量）；职业教育教材作为服务，应追求过程质量（即强调开发过程的规范性和用户的使用体验）；职业教育教材作为工具，应追求结果质量（即使用效果）。因此，质量是一个综合的评价，既体现在编校高质量、内容高水平，更体现在教材作用和功能的实现程度上。

第5章 典型职业教育教材开发的实践研究

2013年年底，国家职业教育“十二五”规划教材工作启动，本章收录笔者与有关出版社、职业院校共同参与“十二五”规划教材申报、编写的部分典型案例，例如高职公共基础课程（包括文化素质课程、职业素质课程）、专业技能课程（如“双证书”教材、“一体化”教材）的开发实例，这些教材的开发过程也是教材研发者不断完善本课题组提出的“产教结合的职业技能教材开发技术规范体系”的过程。

5.1 公共基础课程教材开发的探索实践（一）——高职职业素质类教材开发案例

本节以职业素质教育和职业核心能力训练为例，介绍高职职业素质类教材开发的基本模式。

5.1.1 职业素质教育教材的开发实践

随着我国经济、文化、教育体制改革的快速发展，我们对职业教育的认识在不断提升，由就业教育、技能教育逐步向素质教育转变。职业教育不应仅仅是技能的习得，而要使学生在身体、知识、智力、道德、批判性思维、创造性精神、价值操守等方面都得到发展。职业教育不仅要关注学生各项成绩指标的量化，同时也要关注人格养成的动态发展过程。职业教育也不应只是为获得文凭，更要为终身学习打下基础。因此，职业素质类教材是职业教育公共基础课教材中的重要一类。本课题专门对此进行了研究，并委托天津现代职业技术学院院长李国桢研究员主持子课题“职业（技工）院校职业素质类课程教材开发技术规范研究”，该子课题组完成了预定研究任务并提交了研究报告。

1. 从职业教育功能转变和职场需求出发进行目标决策

2014 年以来，《国务院关于加快发展现代职业教育的决定》（国发〔2014〕19 号）、《国务院关于进一步做好新形势下就业创业工作的意见》（国发〔2015〕23 号）、《国务院关于印发〈中国制造 2025〉的通知》（国发〔2015〕28 号）等文件相继颁布，职业教育领域出现了一些新的变化。在建设现代职业教育体系的过程中，国家对职业教育的功能定位进行了调整，从“以服务为宗旨”变成“以服务发展为宗旨”，隐含了服务社会经济发展和人的全面发展两方面的内容；从“以就业为导向”调整为“以促进就业为导向”，隐含着从片面追求当期就业目标向追求全面考量当期和长期就业目标的转变，追求体面劳动和更高质量的就业。同时，随着我国经济转型发展、实施中国制造 2025、全球经济一体化、社会分工进一步细化，以及“大众创业、万众创新”“学习型社会”“终身学习”等观念深入人心，社会发展对技术技能型人才素质提出了更高的要求。

因此，作为国民教育体系的一部分，职业教育将更加注重立德树人、全面育人，加强文化基础教育、强化人文素养教育、培养终身学习能力、掌握非正规学习的有关技能、具备对健康的正确选择能力。作为人力资源开发体系的一部分，职业教育将更加注重对促进就业创业能力的培养，进一步加强对包括创新思维能力在内的职业核心能力的培养，推动产业文化、工业文化、企业文化与职业教育的融合，对接国际标准，提高技能培养水平，大力培养质量意识、环保意识、安全规范意识、绿色道德意识等。

经验表明，认真梳理有关背景，能为我们更加准确地定位职业院校的公共基础课程和职业素质课程教材的开发目标提供依据。例如，教材开发组经过讨论确定了《职业素质教育》教材开发的总体目标：《职业素质教育》教材的开发目标为体现立德树人的根本任务，把培养学生的社会责任、创新精神、实践能力，把社会主义核心价值观等重大新时期的教育思想、人才培养思想作为课程的主流思想，以素质就业和培养创新型高技能人才为导向，以国家、社会、行业、企业、职场需求为依据，帮助学生认知职业、职场、企业、岗位，从而树立正确的职业意识和职业理想；大力弘扬工匠精神、质量意识等新时期技能人才的典型职业精神；通过一定的活动和训练，促进学生养成良好的职业形象、职业规范、职业态度、职业习惯；采取有效的方法，向学生传达环保意识、安全规范、绿色道德等新时期职场中的基本职业准则。课程服务于学生核心能力养成，服务于学生专业发展，服务于学生职业生涯发展，并为后续“职业生涯规划”“就业与创业指导”“创新创业教育”等课程学习提供基本支持。

2. 基于准员工和初次就业把握内容选择广度和深度

确定了教材目标后，就要依据设定的目标，精心选取能支持教材目标实现的内容。

职业素质是职业能力形成和发展的前提条件，为各行各业员工职业素养的养成提供基本公共内容。为此，教材开发组组织编写人员进行了讨论，主要采取头脑风暴法，使用 CBE-DACUM 等开发工具。

根据教材目标，笔者指导开发的外语教学与研究出版社出版的《职业素质教育》教材在内容选择上应包括：职业理想、职业意识、职业规范、职业精神、职业态度、职业习惯、职业形象、职业准则等。

同时，根据现代企业的要求，对劳动者职业素质的要求主要包括以下 10 个方面：（1）自我认知客观、清晰，会做职业生涯规划；（2）融入企业文化、遵守企业规章；（3）沟通能力强、有亲和力；（4）有团队精神和协作能力；（5）积极主动、做事认真细致；（6）有较好的职业礼仪；（7）环境意识强，掌握环保的基本知识；（8）会自我管理，能承受较大的工作压力；（9）有良好的学习习惯；（10）不断创新、创优。通过实践案例，在理论和教学实践中提升学生职业素质。在产业调整升级、企业转型优化的过程中，提高企业员工后备队伍的职业素质已成为当今人才培养十分突出的重点任务。

考虑到大多数学生从未参加过工作，因此还应加上对职业、企业、班组、团队、岗位等的认知，引导他们树立对企业和企业文化的认知、适应各类企业的生产和生活；了解企业的组织结构，了解企业的最小组织单位——班组，使他们顺利融入团队；教给他们诸如时间管理、目标管理、压力管理等基本基层管理技能；教给他们正确对待企业内部竞争的方法；还要进行最基本的职业礼仪、沟通交流方面的训练，以便养成良好的职业习惯。

考虑到就读职业教育的学生的心理特点，需要编入国家关于技能人才的政策，以鼓励他们走技能成才的道路；同时，教材编入关于世界技能大赛的内容，以参赛选手的切身经历和感想做例子，以便学生看到自己在提升职业素质方面的差距和努力方向，从而激发学习动机。

据此，我们确定教材的主要内容，包括：职业认知与职业素养、科学择业与就业、岗位工作与岗位素质、组织结构与组织文化、社会与社会交往素质、团队与团队素养的提升、自主发展与自我管理素质、职场与职场典范、竞争与创新素养、终身职业学习与职业素养提升，共 10 章，如图 5－1 所示（修订时根据需要增加“工匠精神”的内容）。

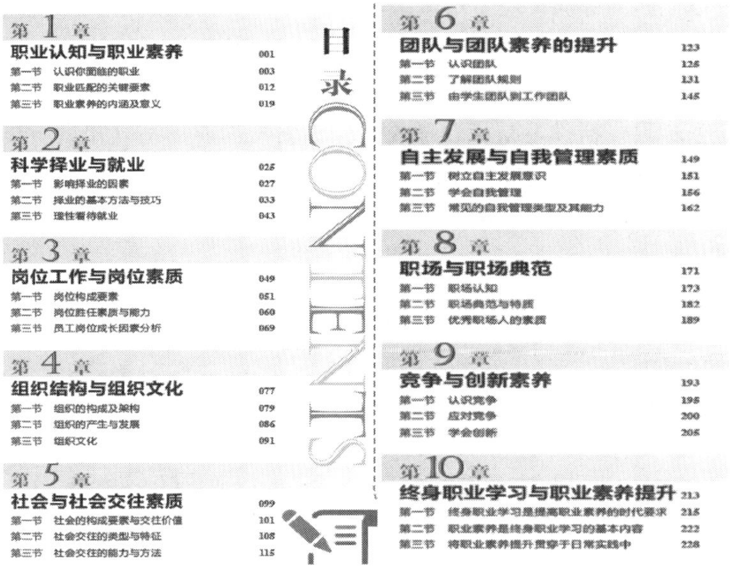
目录 CONTENTS

图 5－1　《职业素质教育》教材内容选择

教材在充分分析高职学生对职业教育的需求的基础上，将教材编写定位于“准员工”，抓住学生初次就业前的黄金培养阶段，提高教材培养的针对性和有效性，以促进学生更高质量的就业。同时，教材精准地把握学生就业前的准职业素质教育这一精准定位，为推进学生有素质地进入就业阶段提供有效服务。

3. 职业主线、问题导向、活动特色的内容组织模式

内容组织是职业教育教材开发普遍面临的难题。本教材的内容组织的关键问题在于如何跳出说教模式，让学生真正感受到职业素质教育是什么（做一个合格职业人的教育）、做什么（培养正确的价值观、要有责任心和能力、要有爱心和行为、树立绿色环保观念、培养职场安全意识等）、怎样做（具体教学模式的改革、做中学以及终身修炼意识）。

（1）以职业为主线，确定全书编写模式（选择宏观模式）。

从教材的本质属性和有关问题的内在逻辑出发，教材把“职业”二字定为编写主线，并在编写过程中，紧紧抓住职业的形成与发展的规律来谈素质，严格将就业前后不同的素质教育区别开来，避免素质教育的雷同化，凸显个性化。因为学生的成长与发展是有时段性差异的。比如，爱岗敬业对没有就业的学生而言，只要知道它是就业和职业生涯发展的核心要素即可；而对在职员工而言，它是岗位行为和职业生涯发展过程中的态度及工作表现，是考核指标之

一。因此，在编写过程中，有目标、有阶段性地呈现学生要掌握的内容，这也是符合学生学习发展规律的。

(2) 以问题为导向，确定章节编写模式（确定中观模式）。

经过讨论，确定了如图 5-2 所示的章节编写模式，每章由引导语、学习目标、学习指南、若干节（一般为三节）、本章小结、综合训练几个部分组成。每节的主要栏目包括学习目标、导入案例、素质养成指南（知识与技能）、总结案例、活动与训练（每节要求两个）、思考与讨论等。

第一章　####

引导语

【学习目标】

【学习指南】

第一节　####

【学习目标】

【导入案例】(以正面或失败的案例导入，以便引出下面讲解的知识内容)

【素质养成指南】(或者“知识与技能”)

【总结案例】(以负面或成功案例收尾，总结分析说明)

【活动与训练】

【思考与讨论】

第二节　####

……

第三节　####

……

本章小结

综合训练

图 5-2　《职业素质教育》教材编写结构

1) 引导语：每章开始用 200～300 字概述有关背景。可以引用相应的教学文件要求（或职业标准要求）进行必要描述。

2) 学习目标：本栏目的设置可以有效贯彻“目标先行”的理念。每章的学习目标，列举本章学习的知识、技能、态度（一级目标，按照编写提纲的要求）。每节的学习目标，列举本节学习的知识、技能、态度（二级目标，应对一级目标进行分解，为一级目标的实现提供支撑）。

3) 学习指南：每章开头，对学习者的学习方法、学习过程进行指导，要与本章所推荐采用的教学方法对应，但不能直接描述教学方法。

4) 导入案例：这个案例统领整个模块，需认真选择。建议采用一个真实的案例导入，用失败的案例导入可以引发学生思考问题所在，就是所谓的“设趣”环节。该案例不编号，并附对案例的分析。

5）素质养成指南（或者“知识与技能”）：按照确定的编写大纲，分知识、技能、态度等要素来组织内容，要求不遗漏、不重复，按照学生的学习规律来编排，避免知识选取体系结构过于繁杂。讲解中要穿插小案例，案例并附点评，也可根据需要插入知识卡片、职场箴言、职场榜样等栏目。

写作要求：最好多用表格、图示，图文并茂，利于学生理解，激发学生的学习兴趣。知识讲解的标题形式及行文语言活泼，避免死板教条。

6）总结案例：以一个成功的案例总结，并做总结分析。

7）活动与训练：采用具有实践意义的相对完整的任务、项目、活动、拓展训练，利于学生课堂完成，可操作性强。

8）思考与讨论：用于判断是否具备本节要求的能力。可设计自我评估和小组评估两部分。可采取量表式的评价，也可设计综合性的思考题。

9）本章小结：对本章的内容进行汇总小结，提出关键字词、关键点，利于学生总结。

10）综合训练：每章结束时，应安排综合训练。

（3）以活动为重点，适应实际教学需要。

调查表明，职业教育的教师一般不是科班出身，往往是从其他专业转岗而来，不了解职场实际情形等。由于教师们编制活动案例存在困难，课题组专门组织了国际劳工组织的专家进行案例的编写。每个活动设置了主题、目标、建议时间、活动准备、活动步骤、总结评价等固定栏目。编写材料时要注意与以下的教学方法相适应。

1）专题研讨法：比如讲授职业道德素质问题时，我们首先让学生在校内进行诚实守信、遵纪守法调查，并结合所学专业调查从业人员职业道德规范进行专题研讨；学生通过收集资料、撰写小论文和发言提纲，制作多媒体课件进行演示。然后，由教师进行有针对性的提问，学生进行答辩，展开教师与学生之间、学生与学生之间的研讨。最后由教师结合研讨情况进行总结。

2）案例分析法：教师应收集职场经典案例，辅助学生从剖析案例入手，虚实结合，具体生动，让理论联系实际更有成效。案例可以是文字材料，也可以是视频。教师引导学生在案例设置的情境中独立思考，并在对案例分析、探讨并解决问题的过程中获得启迪。

3）角色扮演法：模拟学生真实生活场景，让学生通过角色表达自我观点和见解，体验所扮演角色的心路历程，培养团队合作能力、应变能力、公关能力、解决矛盾的能力。

4）视频观摩法：根据教学内容，选择播放相关职业文化的视频材料，让学生通过观看生动的图像资料，在特定的情境中感受心灵的陶冶。同时，围绕视频资料中的某一问题，借助网络、课堂，设计相应的互动教学环节，开展形式多样的师生互动、学生与学生之间的互动、使学生在活动中感受体验，相互学习，共同成长。

5）团队拓展法：通过专门设计的富有挑战性的活动，利用种种典型场景和活动方式，让团队和个人经历一系列的考验，磨炼意志，培养积极进取的职业态度，增强团队合作的协作意识。

6）现场教学法：教师带领学生到专业实习基地、企业工作现场，进行现场教学。与以往教学不同的是，学生可以直观感受企业职业文化，并与企业相关人员交流。

7）项目实践法：采用多种形式的实践方法，如参观、访问、调查等形式，使课堂教学与社会实践活动有机结合起来。精心设计序列化主题实践项目来组织教学，使学生在行中学、学中思、思中行，充分挖掘学生的创造潜能，提高学生职业素养。

4. 科学规范、目标先行、双色印刷的内容呈现特色

教材编写前，编写组对一些基本概念做了统一描述，并用科学、浅显的文字对职业、岗位、班组等概念进行界定。对教材中不同章节反复使用的概念，力求在不同地方出现时，描述一致。

教材采取章节两级学习目标呈现方式，以强化学习目标。

教材采用了双色印刷，版式设计上反复斟酌，做到美观、大方、新颖，案例和正文采取了不同字体和底色，以方便阅读。

教材在媒体符号选择上，大量使用表格、图表、照片等元素。《职业素质教育》的内文版式如图 5-3 所示，供参考。

5. 适度使用的数字教学资源配置

教材提供了配套教学资源，供学生和教师使用，为学生职业基本素质提供最佳学习途径。课程资源包括几大模块：教学大纲、教学设计、PPT 课件、考评方案、丰富的教学案例以及大量视频资料。

国家开放大学为教材配套了微课程资源，教材修订版又引入了二维码形式的在线教学资源，支持师生通过扫码获得视频资源。数字教学资源仅在教学难点或重点处适当配置，如表 5-1 所示。

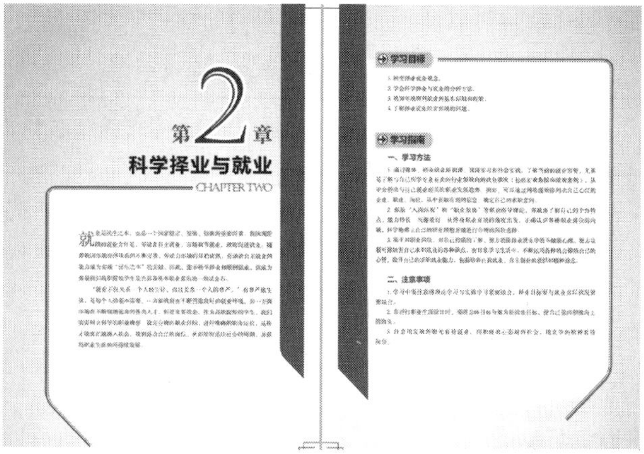

(a) 章首页的引导语和学习目标、学习方法提示

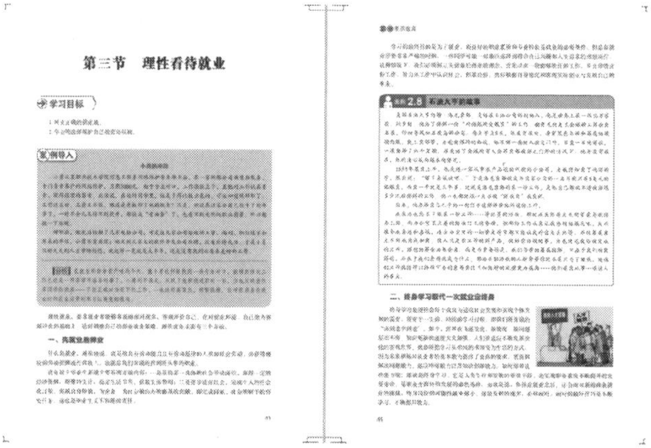

(b) 每节的学习目标提示和导入案例

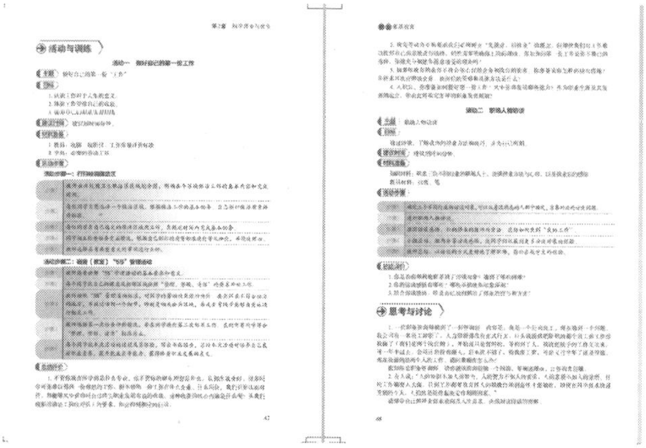

(c) 活动与训练的版式设计

图 5-3 《职业素质教育》教材内文版式设计

表 5-1　《职业素质教育》数字资源建设方案

章名	节名	二维码位置	数字资源配套方式（请画√）				
			视频	微课	PPT	题库	其他
前言		P4 结尾处					学校开通
第一章 职业认知与职业素养	1.1 认识你面临的职业	P11 思考与讨论 2					国家职业分类
	1.2 职业匹配的关键要素▲	P18 思考与讨论 1					调查问卷
	1.3 职业素养的内涵及意义△	P22 职业素养的意义	√				
第二章 科学择业与就业	2.1 影响择业的因素△	P31 活动与训练		√			
	2.3 理性看待就业	P48 活动与训练 2	√				
第三章 岗位工作与岗位素质	3.1 岗位构成要素△	P58 活动与训练 1	√				
	3.2 岗位胜任素质与能力▲	P68 活动与训练 2 总结评价 1					调查问卷
	3.3 员工岗位成长因素分析▲	P76 活动与训练	√				
第四章 组织结构与组织文化	4.1 组织的构成及架构△	P85 活动与训练 总结评价 2			√		
	4.2 组织的产生与发展	P90 思考与讨论 2	√				

续前表

章名	节名	二维码位置	数字资源配套方式（请画√）				
			视频	微课	PPT	题库	其他
第五章 社会与社会交往素质	5.1 社会的构成要素与交往价值△	P105 社会交往价值		√			
	5.2 社会交往的类型与方法▲	P114 活动与训练 总结评价 1					心理测试
第六章 团队与团队素养的提升	6.1 认识团队△	P125 认识团队	√				
	6.2 了解团队规则△	P135 初入团队的磨合技巧	√				
	6.3 由学生团队到工作团队▲	P148 思考与讨论 2		√			
第七章 自主发展与自我管理素质	7.1 树立自主发展意识△	P155 总结与评价 1	√				
第八章 职场与职场典范	8.1 职场认知△	P177 职场认知	√				
	8.2 职场典范及其特质▲	P188 思考与讨论 2	√				
	8.3 优秀职场人的素质▲	P192 活动与训练 总结评价 2	√				
第九章 竞争与创新素养	9.1 认识竞争△	P199 思考与讨论 1	√				
	9.2 应对竞争▲	P204 活动与训练目标		√			
	9.3 学会创新▲	P212 思考与讨论 2	√				

续前表

章名	节名	二维码位置	数字资源配套方式（请画√）				
			视频	微课	PPT	题库	其他
第十章 终身职业学习与职业素养提升	10.1 终身职业学习是提高职业素养的时代要求△	P221 思考与讨论 2	√				
	10.3 在日常实践中提升职业素养▲	P234 思考与讨论 1	√				

注：△=重点，▲=难点。

教材编写学校还提供“敬业乐群”的校训文化、丰富多彩的学生活动资料，如职业技能大赛、演讲比赛、创新创业大赛活动等，为学生职业基本素养提供了滋养的土壤。

6. 教材开发中的感想和体会

（1）对教材功能特点的认识。

职业素质对学生今后的发展具有决定性的作用，也是学生职业生涯成败的关键。职业素质类教材是培养技术技能人才的重要载体，其不同于文化课，也不同于思想政治理论课，有独特的一面。这是进行这类教材质量评价的关键。

因此，职业素质类教材在功能特点上要具有以下六大特性：一是工具性。它是帮助教师施教，学生学习，最终促进学生发展的有效工具。二是系统性。职业素质课程教材设计要适合教学论要求，同时在整体上形成知识网络或知识链，一方面要保持自身的系统性；另一方面要与直接关联的教材在内容上相衔接。三是教育性。职业素质课程教材具有教育价值，开发潜能、完善个性。四是教学性。编制职业素质课程教材的目的是为教学服务，而且要符合学生的认知特性，深入浅出，循序渐进，这是职业素质课程教材不同于一般科学著作的特性，它明确反映在教材的结构和内容上。五是艺术性。教材作为学生获取知识能力的支持工具，它就应当利于学生认知、理解、吸收、消化、运用，为此教材在表达上要求符合审美特性。六是实践性。教材与其他知识载体相比较，不仅以一般的实践为基础，而且是科学实践、生产实践、生活实践、教学实践综合作用的产物，是各种社会实践宏观规律的综合反映，仅靠理论思辨或某一种社会实践难以建设优质教材。

（2）对编写理念的再确认。

《职业素质教育》编写开发的理念：一是精准把握教材定位。该教材充分分析职业院校学生对职业教育的学习需求，关注学生就业前的黄金培养阶段，提高教材培养的针对性和有效性，以促进学生更高质量的就业。要把握学生就业前的准职业人这一精准定位，为推进学生更加合格地进入就业阶段提供有效服务。二是基于职业发展规律谈素质教育。教材编写过程中反复讨论，将“职业”二字定为编写主线，并在编写过程中紧紧抓住职业的形成与发展的规律来谈素质，严格将就业前后所具备的不同素质区别开来，避免教育的雷同化，凸显其个性化。在教材编写过程中目标明确、有阶段性地呈现学生要掌握的内容，这是符合学生学习发展规律的。三是注重学生良好习惯的培养。该教材注重培养学生良好的习惯，进而逐步提升学生的个人素养，也就是说教材不但要让学生明白要具备何种能力、形成何种素质，还要让学生明白如何做才能形成这种能力和素质。教材注重培养学生从点滴小事做起的意识，注重培养学生将行动力作为提升和改变个人素质的关键思想，提升学生自主发展意识和自我管理能力，这才是职业素质培养与提升的关键。

（3）对当前职业素质教育现状的思考。

在教材开发前，课题组对当前职业素质教育课程存在的主要问题进行了梳理，主要包括如下内容：

1）培养目标模糊，无法凸显职业素质教育的重点和有用之处，目标定位上有所偏离。同“把立德树人教育作为教育的根本任务”“职业技能培养与职业素质培养相融合”“培养学生社会责任、创新精神、实践能力”的教育目标还有差距。

2）职业素质教育的课程建设和教材开发不够充分。

3）在课程设计上，普遍存在教师主讲的现象，忽视学生的参与，忽视学生实践中职业素质的提升。

4）内容选择上，与企业的需求、学生的求职欲望之间存在偏差。内容选择应以社会、行业、企业、职场需求为依据，而目前恰恰与此脱节。

5）内容呈现上偏向呆板化。职业素质训练具有很强的实践性，但目前大部分此类教材在内容的呈现上不够科学，以“说教”为主，形象性不够。没有职业教育特色的光环，职业性的特征被隐去，高职院校组织开展的大学生素质拓展活动，大多以思想道德素质、人文素质、社会实践等内容为主，高等职业教育的职业针对性不强。

6）职业素质教育内容缺乏整体性和系统性，评价制度和机制不健全，注重对结果的考核和参评，忽视了对过程性的终结性评价。

7）职业素质教育与专业教育相脱节，学生职业素质养成与学生培养的整体目标相脱节等，没有将职业素质教育纳入到各专业的人才培养方案中。

8）职业素质教育在学校实施只是象征性的，缺乏系统的实施管理，涉及职业素质教育的课程大多是选修课，这有悖于职业教育的特性，其职业针对性不强，没有与学生将要从事的职业岗位需求发生联系。

7. 提出了职业素质类教材的整体方案

课题组在研究的基础上提出了职业素质类教材的整体开发方案，并延伸开发了部分教材对应课程的课程标准。这充分说明了教材建设对于课程开发的作用，能在一定程度上促进课程建设更加系统化、科学化，并可对课程内容建设提出改进建议。

课题组还提出了职业素质教育类课程的整体解决方案，如表 5-2 所示。

(1) “职业素质教育”可独立开设，亦可结合入学教育进行，只发教材，不单独占学时。

(2) “创新思维”可与“创业教育”合并开设，共 36 学时，用《创新创业教育》一本教材，该模式下，“就业指导”独立开设。

(3) “就业指导”可与“创业教育”合并开设，共 36 学时，用《就业与创业指导》一本教材，该模式下，“创新思维”独立开设。

(4) “职业生涯规划”“就业指导”“创业教育”如合并开设，建议最少需要 48 学时，并需要另开设“创新思维”。

表 5-2　职业素质教育类课程整体解决方案

学期	课程性质	课程名称	学时	教学形式	主要内容	教材举例
1	必修	职业素质教育	16	结合入学教育开展	课程目的是了解职业、职场和职业生涯，属于职业素质教育的统领性课程。内容包括：职业认知与职业素养、科学择业与就业创业、岗位工作与岗位素质、组织结构与组织文化、社会与社会交往素质、团队与团队素养提升、自主发展与自我管理、职场与职场典范（职业精神、工匠精神）、竞争与创新素养、终身学习与职业素养提升	《职业素质教育》（毕结礼）
2	必修	职业生涯规划	16	活动课程	课程目的是帮助学生做好自身职业生涯规划。内容包括：感知环境、认识自我、了解职业、设计职业生涯、职场适应、就业准备、应对非正规就业、创业意识教育（相当于 GYB、SYB）	《职业生涯规划》（瞿立新）
	必修	心理健康教育	32	活动课程	课程目的是促进学生健康心理素质的养成，以正确的方式应对职场的各种社会心理现象。遵循“身、心、灵”全面发展的理念，分别从自我认知、学习成长和职业发展三个方面进行有关心理针对性训练，关注职前心理辅导	《心理健康教育》（时勘）

续前表

学期	课程性质	课程名称	学时	教学形式	主要内容	教材举例
3	必修	创新思维	16	活动课程	课程目的是激发和培养创新思维、学会创新的基本方法。内容包括：策划创意、评估创新潜质、破解定式思维和转换思维视角、应用创新技法、提升创新能力	《创新创业教育》（丛子斌）
4	必修	创业教育	20	活动课程	课程目的是对有创业意愿的学生进行创业实践指导，培养企业家精神和新创企业经营管理能力。内容包括：企业文化教育、新创企业管理、创业项目体验或实践（相当于 EYB、IYB）、绿色创业、性别创业	《创新创业教育》（丛子斌）
	选修	职业礼仪	20	训练课程	课程目的是使学生了解礼仪的基本理论知识，熟练掌握国际标准的礼仪规范，培养学生具有一定的沟通能力、组织能力、应变能力及团队合作精神，促进职业素质和职业精神的养成。课程努力贯彻“ABC”（attitude-behavior-communication，态度-行为-沟通）的礼仪教育先进理念，主要内容包括：礼仪认知、塑造职业形象、事务礼仪训练、服务礼仪训练、商务礼仪训练、公务礼仪训练、涉外礼仪初步。课程注重吸收近年来热门的“拓展训练”和“企业内训课程”的优点，努力做到课程安排的多样化	《职业礼仪》（斯静亚）

5.1.2 职业核心能力训练教材的开发实践

网络化、智能化、数字化的快速推进带来了劳动力市场的瞬息万变和工作领域的深刻变迁，如何面向未来、适应变化，是未来劳动者所要面临的首要问题。高职教育如何在这一过程中准确把握自身人才培养定位与方式的转变，将培养学生适应工作岗位的能力扩展到面向未来的职业核心能力，是高职教学改革的关键。

1. 目标决策适应社会发展对人才培养的需要

职业核心能力是人们职业生涯中除岗位专业能力之外的基本能力，它适用于各种职业，适应岗位的不断变换，是伴随人们终生可持续发展的能力。

劳动和社会保障部（现人力资源和社会保障部）1998 年在《国家技能振兴战略》报告中提出八大职业核心能力，其中包括职业方法能力（即“自我学习”“信息处理”“数字应用”等能力）和职业社会能力（即“与人交流”“与人合作”“解决问题”“创新革新”“外语应用”等能力）。

教育部在 2006 年 16 号文件中指出，要“培养学生的社会适应性，教育学生树立终身学习理念，提高学习能力，学会交流沟通和团队协作，提高学生的实践能力、创造能力、就业能力和创业能力”。并在办学水平评估指标体系中要求测评学生的自我学习、信息处理、语言文字表达和合作协调能力。同时，教育部与其他部委的相关文件中也一再强调学生以及职业人士的职业核心能力的重要性。

随着社会岗位的不断开发，职业核心能力已经成为人们就业、再就业和职场升迁所必备的能力，也将是在校生、已就业和即将就业人群竞争力的重要标志，它必将成为企事业单位在职人员综合素质提高的重要内容。因此，职业核心能力课程也必将成为各大中专院校的公共基础课，其生命力将伴随大学生的毕业、就业及职业发展，对提升大学生职业素质起到积极作用。

为适应社会发展对人才需要的培养，根据人力资源和社会保障部提出的八项职业核心能力，经过我们的梳理、优化、调整和创新，除外语应用能力之外，我们将职业核心能力课程梳理整合为六大模块，即两大主模块：与人交流能力、团队合作能力；四大辅模块：自我学习能力、信息处理与数字应用能力、解决问题能力、创新能力。

2. 内容选择体现“三实”特征

根据课程目标，着眼于学生未来职业发展的需要，建构与职业培训相融通的课程内容，内容选择体现“三实”特征。

（1）实用性。

本课程教材在知识点的取舍、内容设计、案例选择上，一方面从学生的学习生活入手，照顾学生最近发展实际，立足于学生的接受能力与学习兴趣，适应学生在校的学习情况；另一方面着眼于学生未来职业发展的需要，建构与职业培训相融通的课程内容，力图打造一门培训化的课程，让课程走入社会，适应社会发展的需要，避免闭门造车的课程，让学生的求职从大一开始，在需要中学习，学习实用与通用的课程内容，为毕业、就业与未来的职业发展奠定基础。

本课程内容又可以作为员工素质培训的课程，结合社会需要开展员工素质培训，如优秀员工的职业化形象、工作就是解决问题、有效沟通与执行能力、卓越服务与品质提升、快乐工作幸福生活等，帮助企业、事业单位和政府机关工作人员提升了员工素质与职业素养，促进了社会经济文化建设，获得用人单位和学员好评。

（2）实践性。

本课程教材内容设计以学生活动为中心，根据体验式教学理念，以实践、体验、互动为核心概念，将教学策略、教学方法、实训活动设计融为一体，探索以学生活动为中心的体验式、互动式的“五步教学法”的教材体例，将教材内容与教学设计完美结合，使教材既是教师教学的教本，也是学生自主学习的学本，凸显了教材内容的实践性特点，并根据教学目标与教学设计建设了职业核心能力实训基地，基于实训基地进一步对课程内容进行实训化改造，促进了教材内容的实践性建设。

课程内容的实践性既是基于学生需求，体现“学习者中心”，又与学生未来的生活与工作联系起来，将课程培训化、培训课程化，具有很强的实践性和可操作性，使学生在体验、观察、反思中学习，在沟通、交流、合作中快乐成长，培养了学生学习的成就感与幸福感，激发了学生学习的积极性与学习的内驱力，促进了学生核心能力的发展。

（3）实效性。

职业核心能力课程培养适应除职业专业能力之外的所有行业和专业的方法能力与社会能力，使学生掌握职业方法能力与职业社会能力，同时有利于促进学生职业专业能力与实习实训课程的学习，使学生学会学习、学会生活，掌握终身学习的能力，对专业课程学习与专业能力培养具有很强的实效性。

同时，教材内容的实效性还体现在教学内容既关注学生当下需求，又着眼于学生长期发展上，提高了课堂教学与课堂学习的实效性，教材内容面向学生未来的生活与工作，适应人工智能时代对社会人才需求发展的变化，适应现代化对全方面发展的人的根本要求，适应岗位变化与学生职业发展的需要，对学生职业发展也具有很强的实效性。

再者，以实用、实践为前提的教材内容，对课程内容进行优化整合，减少了课时数量，解决了学生课时有限、师资缺乏的问题，对课堂教学组织也具有很强的实效性。

3. 内容组织上做到“三化”与“五步教学法”相结合

根据实用、实践、实效的原则，将“八大职业核心能力”课程优化整合为六大模块，并根据课时安排与学生职业素质、职业核心能力培养需要设计专题，以便在有限的课时量限制下以点代面进行能力训练。专题化的内容组织既照顾到课程内容的有效性，又保持课程内容的完整性与连贯性，每个专题再按照“五步教学法”的体例编写教材内容，设计实训项目。模块化、专题化与“五步教学法”将六大能力模块优化为一门课程，将课程内容与教学方法、教学设计融为一体，创编了以学生活动为中心，教与学、训与养一体化贯通教材，内容组织采用“三化”与“五步教学法”相结合的教材体例。

(1)“模块化”课程结构。

六大模块根据模块内容与课时要求，梳理整合出两大主模块，四大辅模块，搭配组合教学：大一上学期教学一大主模块——与人交流能力，两大辅模块——自我学习能力、信息处理与数字应用能力；大一下学期教学又一主模块——团队合作能力，两大辅模块——创新能力与解决问题能力。每个模块都是一个完整的篇目和独立的课程单元，各模块单元都有本篇训练重点和模块导语，模块与模块之间相对独立又完整统一，没有先后顺序，只有共同的理念与教学方法。六大模块课程内容组织如表 5-3 所示。

表 5-3　核心能力训练教材的模块组织

课程模块	模块训练重点	模块导语
自我学习能力篇	● 认识学习的概念及意义； ● 掌握学习的方法，提高学习能力； ● 树立学习目标，拟订学习计划，养成终身学习的习惯	亮光在你背后，生命期待着我们的“蓦然回首”。当我们能以古典的心情对待学习时，春日的鲜花、夏日的小溪、秋天的朗月、冬天的残阳，都将以更加美好的风姿走进我们日臻完善的生活
信息处理与数字应用能力篇	● 认识信息获取的重要性，培养良好的信息素养； ● 掌握信息获取的途径和方法，能准确采集职业活动及生活所需的信息； ● 掌握信息处理的方法，解决职业生活中的实际问题； ● 掌握成功展示的方法和技巧	在知识经济时代，知识、信息、管理与资本一样是决胜要素，谁掌握了信息，谁就占领了先机
与人交流能力篇	● 认识沟通的重要性，打开心门，培养良好的沟通意识； ● 了解沟通的关键，学会倾听，正确认识自我、展现自我，塑造良好的自我形象； ● 掌握有效沟通的策略与方法，提升与人交流的能力； ● 提升语言表达能力，促进有效生动的表达	沟通的过程，实质是一个人的意识、思维方式、思维习惯、观念改变的过程。良好的沟通建立在良好的心态与良好的关系基础上。沟通以对方为中心，运用有效的沟通技巧，最终达到沟通目的，促进人际关系的和谐

续前表

课程模块	模块训练重点	模块导语
解决问题能力篇	● 了解什么是问题，问题的类型，培养发现问题的意识； ● 掌握描述问题的基本要求和方法； ● 学会分析问题原因，掌握分析原因的方法； ● 掌握在解决问题中制订计划的一般方法和步骤； ● 学会在解决问题中检查反思	提出一个问题往往比解决一个问题更重要，因为解决问题也许仅仅是一个教学上或实验上的技能而已，而提出新的问题新的可能性，从新的角度去看旧的问题，都需要有创造性的想象力，而且标志着科学的真正进步。——爱因斯坦
创新能力篇	● 了解创新的概念、意义及作用； ● 培养创新意识，激发创新思维； ● 掌握创新技法，培养创新能力； ● 运用创新能力，解决实际问题	创新是一个民族进步的灵魂，是一个国家兴旺发达的不竭动力。社会的发展，时代的进步，一刻也不能离开创新
团队合作能力篇	● 认识团队的概念、意义，了解团队组建的步骤和方法； ● 培养团队角色意识和团队信任感； ● 掌握团队文化建设、团队冲突、团队危机、团队激励的方法，培养团队执行力，促进职业能力的发展	一滴水，只有融入大海，才能永不枯竭。一个人，只有融入团队，才能实现自我的价值。在当今激烈竞争的市场条件下，合作则生，不合作则亡，合作能力是我们必备的能力

（2）“专题化”课程内容。

根据实用、够用与有效的原则，在每个模块有限的课时量条件下，经过我们的提炼、优化与改造，将六大模块课程内容设计为 28 个专题。在大一学年分两个学期进行教学，每周两课时一个专题。大一上学期由于学生军训占用两周时间，所用我们设计了 12 个专题的课程内容，包括“自我学习能力”模块 3 个专题，“信息处理与数字应用能力”模块 3 个专题，“与人交流能力”模块 6 个专题；大一下学期 16 个专题，包括“解决问题能力”模块 4 个专题，“创新能力”模块 4 个专题，“团队合作能力”模块 8 个专题。

专题内容体现对课程内容的优化与提炼，如“自我学习能力”模块的 3 个专题包括：专题一，激发学习动机，树立学习目标；专题二，有效管理时间，拟订学习计划；专题三，掌握学习方法，提高学习能力。3 个专题概括了自我学习能力模块的课程内容，具有一定的实用性与完整性。再如“团队合作能力”模块的 8 个专题内容包括：专题一，团队认知；专题二，团队组建；专题三，团队角色；专题四，团队信任；专题五，团队文化；专题六，团队冲突；专题七，团队激励；专题八，团队危机。8 个专题内容既是我们对团队知识的提炼，也是对学生团队合作能力培养要素的提炼，体现了实用、有效的原则。

各模块专题内容与教学组织安排如表5-4所示。

表5-4 "大学生职业核心能力训练"专题化课程内容设计

模块	专题	实训	周学时	学年
自我学习能力篇	专题一　激发学习动机，树立学习目标	学习目标	2	大一上学期
	专题二　有效管理时间，拟订学习计划	时间安排表	2	
	专题三　掌握学习方法，提高学习能力	阅读与记忆方法训练	2	
信息处理与数字应用能力篇	专题一　信息获取	信息获取训练	2	
	专题二　数字应用	数据分析	2	
	专题三　结果展示	成果展示	2	
与人交流能力篇	专题一　树立沟通意识，建立阳光心态	学会赞美	2	大一上学期
	专题二　面对自我，展现自我	自我介绍	2	
	专题三　解读肢体语言，塑造完美形象	察言观色	2	
	专题四　认识性格，学会倾听	有效倾听	2	
	专题五　明确沟通目的，掌握沟通策略	有效说服	2	
	专题六　掌握演讲技巧，有效生动表达	即兴演讲	2	
创新能力篇	专题一　培养创新意识	创新体验	2	大一下学期
	专题二　激发创新思维	狗与人的对话	2	
	专题三　掌握创新技法	生活小创意	2	
	专题四　应用创新能力	六顶帽子的应用	2	
解决问题能力篇	专题一　分析问题，提出对策	描述问题	2	
	专题二　拓展思维，提出方案	拟订方案	2	
	专题三　实施计划，解决问题	制订阅读计划	2	
	专题四　检查评估，改进方法	创业计划评估	2	
团队合作能力篇	专题一　团队认知	乾坤大挪移	2	
	专题二　团队组建	十字路口	2	
	专题三　团队角色	接受选择	2	
	专题四　团队信任	红黑游戏	2	
	专题五　团队文化	说出你的故事	2	
	专题六　团队冲突	火上浇油	2	
	专题七　团队激励	无敌风火轮	2	
	专题八　团队危机	解手链	2	

各模块专题内容既体现了我们对课程内容的优化与提炼，又便于在有限的课时条件下进行有效训练。

（3）“实训化”教学设计。

实训化就是把课程理论内容进行筛选整合，将其融入到实训教学中，采用将课程内容任务化、活动化、训练化的教学改革模式，让学生在实训过程中运用并掌握理论知识的教学过程。人才培养模式改革的重点是教学过程的实践性、开放性和职业性，职业核心能力课程作为学院素养工程项目的职业素养训练课与公共基础课，旨在培养学生职业核心能力与职业素养，实验、实训与活动项目开发是课程改革及学生能力形成与培养的关键。

实训化是真正意义上的以行为活动为导向的课程。职业核心能力课程实训化教学设计，将从根本上突破目前职业核心能力课程发展的瓶颈，开创职业素质教育的新天地。

（4）“五步教学法”教材体例。

教学本质上是一种活动，教材是教师组织教学的依据。传统教材关注学习内容，以理论体系组织教材内容，对教师教学缺乏指导性和可操作性。因此，教材的内容组织应以学生活动为中心，结合教学策略、教学方法、实训活动设计教学内容，建构教材体例，才能有效指导教学，发挥教材在教师教学与学生学习中的重要作用。

“五步教学法”的教材体例，是以学习活动为中心，以职业能力培养为目的，以实用、有效、易学为标准，采用体验式、互动式教学设计，将教学策略、教学方法、实训活动设计融为一体，按照五步教学环节即“问题发现、理论点拨、任务驱动、分享反思、拓展延伸”组织教学内容。

1）问题发现：通过故事、游戏等活动设计引入，激发学生学习动机与学习兴趣，引导学生发现问题，并提出本专题学习目标。

2）理论点拨：精选有效实用的理论，通过经典案例分析，结合学生生活实例，引导学生交流讨论，帮助学生理解知识要点与技能要点，促进学生分析问题和解决问题能力的培养，为进一步任务驱动的学习奠定基础。

3）任务驱动：通过有效的、可操作的真实任务与活动项目设计，让学生在实践中学习，在体验中观察，在感悟中提高，有效地指导学生通过体验、感悟，将知识转化为能力，促进学生职业核心能力的发展。

4）分享反思：通过问题设计，引导学生分享活动体验，反思经验教训，学会学习、学会思考。一方面帮助学生内省和感悟，强化体验，提高认识，进而从内心引发改变的意愿并落实行动；另一方面通过总结反思从感性认识上升到理性认识，并进一步指导行动，达到能力训练的教学目标。

5）拓展延伸：将课堂设计延伸到课外，有效地促进学生行为习惯的养成，帮助学生将知识转化为能力，促进学生职业核心能力、职业素养的培养。

“五步教学法”凸显了“激发兴趣、体验感悟、点拨指导、有效训练”的教学思路，符合学生认知规律和能力成长规律，具有很强的实用性与可操作性。

4. 内容呈现标准化、规范化、对象化和形象化

内容呈现表现在课程体例的标准化、教学资源建设的标准化，包括各模块内容与呈现方式的完整性与统一性，统一标准化的教学课件、精品资源与实训手册等；课程设计的规范化，包括教学环节设计的环环相扣与活动项目设计的任务化与实训化；表达方式的对象化，包括通俗易懂的语言、亲切的表述、第一人称的叙述方式与互动式的活动训练反馈留白图表等；图文结合的形象化，即教材内容尽量条分缕析，提纲挈领，图文并茂，通俗易懂。

5. 教材开发中的感想和体会

(1) 基于学生实际和未来发展开发教材。

教材是实施教学的重要载体，只有基于学生实际和未来发展的教材，才能立足于当下，着眼于未来，既适合学生当下的接受能力，又不至于偏离学生未来的职业发展，对激发学生的学习动机与学习兴趣，提高课堂教学的有效性，促进学生能力的成长具有重要的意义，是具有时代性、实效性、趣味性、可读性、发展性的教材。

(2) 基于学习者中心开发教材。

教材是教师实施教学活动的依据，只有开发出以学习者为中心的教材，才能避免传统教学的弊端，打破理论体系的桎梏，将教师的教学活动从“教什么”引向“怎么教”，对教师的教学给予有效的指导，对学生的自主学习给予有效的引领。基于学习者中心开发的教材，具有活动化、过程化、实训化、可操作的特点，对学生职业能力与职业素养的培养具有重要的指导意义。

(3) 基于教学实际开发教材。

教材不同于理论著作，是教师教学和学生学习的材料，基于教学实际开发的教材，立足于实际，基于学时情况、师资情况、教学实际设计。教材在教学内容的选择与提炼、教学方法的设计与实施、教学活动的组织与安排上具有很强的可操作性，教师可以拿来即用，具有很强的实践性。

(4) 基于“互联网＋”开发教材。

教育要面向世界、面向未来。教材作为学校教育的重要载体，基于“互联网＋”开发教材，就是面向世界面向未来开发教材，体现教材的延展性与发展性，凸显教材的互动性，呈现教材形式的多样性与丰富性，对培养学生的职业素养具有很强的现实意义和现代意义。

基于“互联网＋”开发的教材，教学资源更丰富，时代性更强，更便于不断更新与革新，与纸质教材形成有效互补。

图 5－4 是核心能力教材的封面、内文示意。

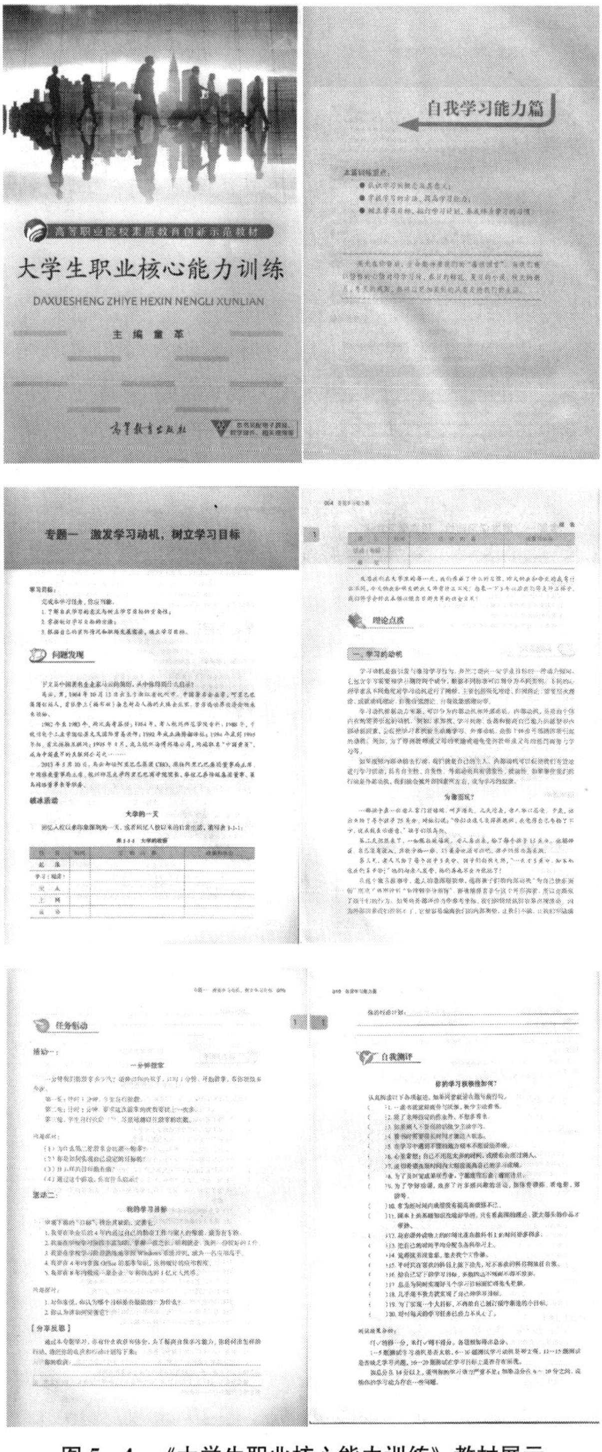

图 5－4　《大学生职业核心能力训练》教材展示

5.2 公共基础课程教材开发的探索实践（二）——高职计算机应用基础教材开发案例

21世纪初叶，人类已经进入信息社会时代。掌握信息技术、学会利用信息资源已经成为现代人必备的基本素质。在“互联网＋”和创新创业、共享发展成为显著时代特征的当今，计算机是信息处理的核心工具，掌握其基本知识、学会其基本操作、领略其基本文化，是当代大学生的一门必修课；同时，计算机也成为一种思维的工具、互联网时代的主要思维工具，计算机应用能力理应成为学生必备的基本思维能力。本节介绍课题组对《计算机应用基础》和《计算机应用基础实训指导》教材的开发过程。

5.2.1 目标决策考虑计算机公共课程的功能和价值

高职公共基础课不仅是学生学好专业技能和专业知识的保障，也是学生在技术技能型人才道路上持续发展的需要。它同时承担着传承社会文化，培养学生社会能力、方法能力的重任。因此，各学校都十分重视高职公共基础课程的建设与改革。但是长期以来，到底是工具性为先，还是文化性为先，存在不少的争论，尤其是对于实训教材，其目标是否应该以某种考试为导向？

课题组组织专家，编制调查问卷，收集、整理有关职业院校计算机公共基础课程的开设方案，开展问卷调查。并重新对高职院校非计算机专业学生的应知、应会、工作案例（典型工作任务）进行企业调查和学情分析，总结、梳理、归纳高等职业教育计算机公共基础课改革的已有成果和经验。经过充分论证，课题组确定课程承载了知识普及、技能传承、文化渗透等多种功能。

同时，课题组提出，《计算机应用基础》教材既要考虑高职院校计算机公共基础课程的改革方向，也要考虑教学实施的实际可能性，能够确保教材的学历性、技能性、人文性和职业性。我们经过多方调研，最终确定了如下教材开发目标。

1.《计算机应用基础》教材的目标

作为高等职业院校非计算机专业的公共基础课程，“计算机应用基础”课程的教材目标旨在介绍计算机基础知识，激发学生兴趣，重点提高学生计算机应用能力，培养学生的信息素养，使其在今后的专业（职业）领域中，自觉地应用计算机进行学习、工作。因此，计算机基础教育是文化教育、素质教育、技术技能教育为一体的教育。

2.《计算机应用基础实训指导》教材的目标

《计算机应用基础实训指导》教材是《计算机应用基础》教材的配套实训教材，其功能定位具有多重性：一是上机实习指导手册，重在培养学生的学习兴趣，强化学生的计算机应用技能；二是学习辅导手册，作为“计算机应用基础”课程的配套教材，不仅要指导城市学生的课程学习，还要指导农村学生的课程学习，做到共同进步，按要求达标；三是职业技能鉴定（考证）辅导材料，按照有关证书考核要求选编经典题型，做好考前辅导。

5.2.2　内容选择考虑学生差异并贴近职场需求和实际需要

1. 知识和技能达到大学专科层次要求，兼顾终身学习需要

（1）按照信息时代对大学生的要求选择内容，并明显区别于高中阶段课程。考虑到全国范围内信息化水平和高中信息技术课程开设情况的巨大差异，我们采取了知识零起点、技能略高于零起点的定位，对基本操作和基础知识进行讲解。在技能操作上特别强调“规范化、符合工业生产要求的操作能力”，要求所选案例来自生产实践第一线，力戒虚构。例如，在 Word 排版中，没有介绍更多高超的 Word 使用技巧，而是突出介绍了各类文档的排版规范、文章编辑修改中的技术规范等更加实用的知识和技能。

（2）关注技术发展，兼顾终身学习。为了介绍计算机应用的最新发展趋势，教材中适当编入计算机技术的新知识、新技能、新产品、新应用。同时，参考和借鉴国外信息技术优秀教材的编写经验，做到课程内容的“国际对接”，兼顾专业发展能力，做到职业教育与终身学习对接。

2. 有效渗透对信息素养、信息能力、计算思维的培养

（1）关注信息素养和信息能力的培养。首先，根据“计算机基础教育的指导思想是着力改善大学生信息素养和应用能力培养”的要求，以及高职公共基础课“不仅是学生学好专业技能和专业知识的保障，也是学生在技术技能型人才道路上持续发展的需要。它同时承担着传承社会文化，培养学生社会能力、方法能力的重任”的要求，该书注重融入“信息处理”核心能力的培养，使得课程具备更多的科学和人文精神。同时，考虑到计算机信息与网络技术在社会发展中的双刃剑作用——一方面，高智能化的计算机、信息交换与传播的快速便捷和时空压缩等，对经济社会的发展起到了积极的推动作用；另一方面，它又把全社会带入了一个全新的生存发展环境，网络色情、网络复制及盗版传

播、计算机黑客、网络金融犯罪、网络攻击和网络暴力等已成为突出的法律和道德问题——该书增加介绍了信息化法律法规、信息社会的道德准则及行为规范等内容，对信息安全的内容也给予必要介绍。

(2) 关注信息化观念和计算思维。信息化是充分利用信息技术，开发利用信息资源，促进信息交流和知识共享，提高经济增长质量，推动经济社会发展转型的历史进程。信息化观念是人们应对大数据、云计算时代的基本思维模式。“计算思维”是运用计算机科学的基础概念进行问题求解、系统设计以及人类行为理解等一系列思维活动。无论是信息化观念还是计算思维，都要求人们采用规范化、标准化的方法进行信息化的数据处理，重视对操作技能做规范性、程序性的总结归纳，提供同类问题的“解决范本”。因此，根据“以计算思维培养为导向的新一轮计算机基础教育课程改革”的思路，教材中适当介绍了信息科技技术前沿知识，包括冯氏计算机机构及其演变、多级存储体系、硬件与软件的关系等。

3. 对现有教学内容调整

结合编者的教学经验，该书对传统的教学内容做了“增”“扩”“简”“舍”四个方面的调整，选取 Windows 7+Office 2010 作为教学环境，摆脱了“繁”“难”“旧”“杂”的传统面孔。

(1) 增加了新的、实用的内容。该书介绍了信息科技前沿知识，扩充了应用领域的新知识。例如，根据学生的兴趣和实际工作需要，增加了计算机的组装与维护（将其并入计算机基础知识部分介绍）、网络文献检索等内容。

(2) 扩大了生源的适应面。因地区差异，大学新生计算机应用能力水平参差不齐，一部分学生已经有很强的计算机应用能力，另一部分学生则可能需要从零开始学起。因此，该书在保留全国计算机等级考试所要求掌握的基础知识和基本内容的同时，对日常工作中用得最多的 Word、Excel、PowerPoint 的学习内容做了加深和拓展，增加了一些高级应用内容，供有一定基础的学生学习，以满足教学需要。

(3) 简化了部分概念。在计算机网络部分，以介绍目前较为流行的信息工具的使用为主，尽量减少抽象化表述，旨在使学生通过学习掌握当前最流行、最实用的信息工具，增强操作和使用技能，为今后的学习和工作打好基础。在常用工具软件部分，则重点介绍了当前最为流行的工具软件。

(4) 舍弃了部分“繁”“难”“旧”“杂”的内容。在不影响教学的前提下，该书舍弃了部分难懂的内容。例如，在“多媒体信息处理”单元中没有过多介绍理论，而代之以音频素材、视频素材、动画素材制作等内容，这些做法在实际教学中均取得了较好效果。

5.2.3 内容组织符合职业教育的特点并考虑多种需要

1. 根据信息处理的主线确定主教材编写模式

教材以收集、整理、加工、传递、存储、发布、评价信息为主线，将内容分为信息科技与计算机、信息获取与数字化、人机信息沟通——操作系统应用、网络技术与信息安全、图文信息处理技术、信息的统计与分析、多媒体信息处理、信息的展示与发布八个单元，体现了信息处理能力培养的规律。

2. 根据教学内容属性确定主教材章节的编写模式

（1）理论性强的内容：采用“案例导入”模式。对于理论性较强的章节，该书采用“案例导入”的模式，首先展示计算机技术的应用实例，然后用浅显的语言介绍基本理论，对易混淆概念进行澄清，最后安排活动与训练，采取合作学习等教学设计对概念进行巩固复习，避免写成专业理论书。

（2）实践教学强的内容：采用任务驱动模式。对于实践性较强的章节，该书采用“任务导入”的模式，首先提出一个需要用计算机完成的实际工作任务，然后围绕完成任务所需要的知识、技能进行介绍，最后通过活动与训练拓展学习内容，做到举一反三、巩固深化技能，避免写成软件说明书。

3. 根据实训课程的功能设计确定实训教材的编写模式

实训教材的章节顺序和主教材完全一致，每章均由能力自测、学习指南、实验指导、习题精解、综合任务和考证辅导六大模块组成，其逻辑关系如图 5－5所示。

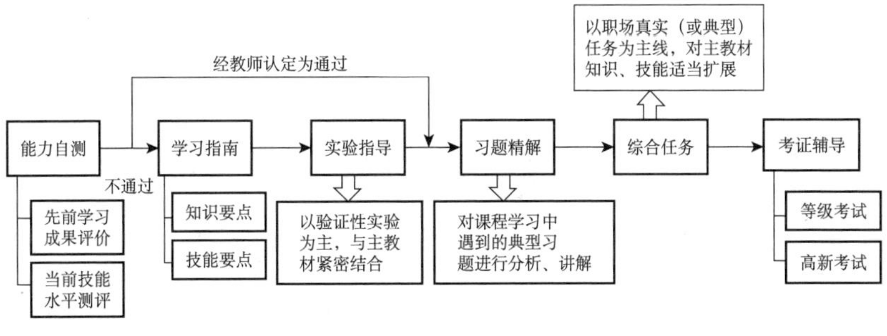

图 5－5 实训教材的编写模式

（1）能力自测：包括“先前学习成果评价”和“当前技能水平测评”两部

分，旨在掌握学生现有学习水平，同时认定其原有学习成果，为分类教学提供支持。

（2）学习指南：包括“知识要点”和“技能要点”两部分，对该单元的知识要求、技能操作做提要介绍，特别是对易混淆的概念进行辨析。

（3）实验指导：由若干实验组成，侧重对常规操作技能进行训练，属于验证性实践环节。

（4）习题精解：对每个单元学习中遇到的典型习题进行详细的分析、讲解。

（5）综合任务：由若干真实（或典型）工作任务组成，目的是按照实际工作要求，对学生的计算机操作技能进行训练，教会他们完成任务的基本步骤。此部分对《计算机应用基础》教材的技能点做了必要的扩展。

（6）考证辅导：提供全国计算机等级考试、全国计算机信息高新技术考试的同步辅导，对典型题型进行分析，并提供模拟试题。

在实训教材开发中，认真遵循职教规律，分类训练知识、技能、态度，科学组织整合教学能力。例如，以实训案例为线索，对每一个上机操作实例都提出了明确的实训目标，并给出了具体的操作步骤，使学生在学习时更有针对性，有利于增强其学习兴趣，提高其学习效率，做到“目标先行，任务明确”“知识服务技能”“技能支撑行动”“评估检验成效”。

5.2.4 内容呈现考虑职教特点、力求标准规范

内容呈现上，遵循职业教育规律。在教材开发中秉承职业教育的理念：一是按照职业教育特点组织呈现方案，做到学习目标先行、有效激发学习兴趣和动机；二是根据教育传播规律，采取多样化合理的传播形式，注重提高信息接收效率，提高阅读过程的成就感和愉悦感；三是名词术语按照国家标准（或行业标准），对接国际标准。

5.2.5 资源配置力求丰富多样，关注学习者的差异

教材开发时，依托出版社开发的信息系统，实现教材数字化、学习数字化、配套资源数字化。主要教学资源包括：教学 PPT、实验素材与案例、地方考试辅导材料（根据需要配置）等。

《计算机应用基础》和《计算机应用基础实训指导》教材的目录结构如图 5－6 所示。

(a)《计算机应用基础》教材目录

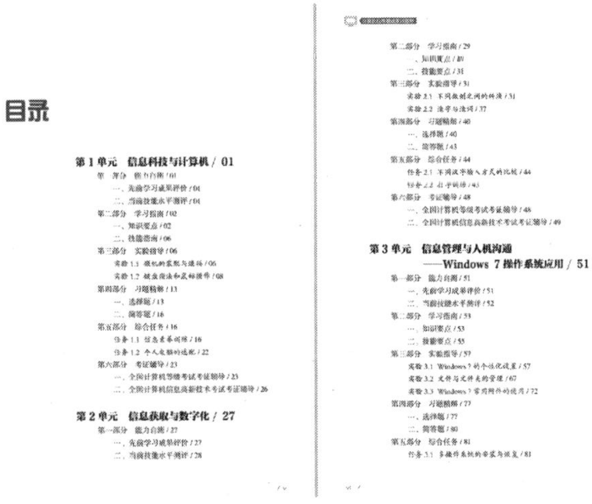

(b)《计算机应用基础实训指导》教材目录（节选）

图 5 - 6　《计算机应用基础》和《计算机应用基础实训指导》教材目录

5.2.6 教材开发中的感想和体会

1. 尽量使用真实的案例，对“四新”内容开发量化管理

真实的例子具有强大的说服力和示范性，对思维的启迪作用远胜于虚设的例子，能够很好地激发学生的操作动机和成功欲望。但在计算机教材开发中，我们习惯于使用非真实案例，其根本原因在于开发者的职场经验不足和科学精神的缺失，以及想当然不求甚解的态度。在该次教材开发的实验中，课题组要求每章导入案例和工作任务必须真实。

例如，在信息技术发展趋势介绍中，就采用了北斗卫星定位系统的真实案例，而在表格排版中，使用公司出库单的真实例子等（如图 5-7 所示）。收集真实案例是非常费时费事的，我们提出了量化的指标，即每节都要有个真实的案例。同时，我们对“四新”的内容开发也采取量化的管理办法，在开发文件中对此明确做出要求，让每个开发者事先收集，再由主编开会讨论，如果有人表示他所编写的章节没有“四新”，我们就采取“头脑风暴”的技术方法，帮他一起想。

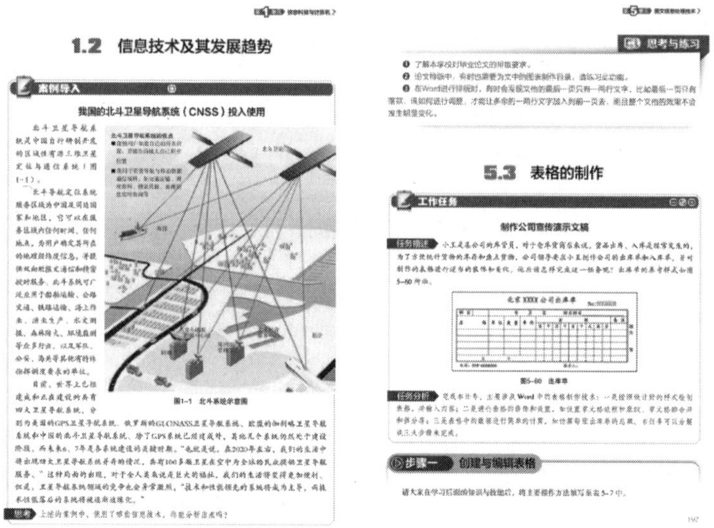

图 5-7 真实的案例

真实的案例来自企业调研，来自企业规范的技能要求和操作步骤。在计算机应用操作中，有很多富有技巧性的操作因为存在潜在的风险和不确定性，在企业实际应用中往往不被采用（例如，最典型的就是“自动标号”功能，在出版社排版时就不用，因为它的使用会带来文档内容的不确定性）。而以往的计算机教材则热衷于介绍那些作者认为高超的操作技能，只有通过真实的案例、规范的操作才能还原真正的技能需求，为开发好计算机教材打下良好的基础。

2. 对《计算机应用基础》教材的现状认识

20多年来，高职学校非计算机专业的“计算机应用基础”课程教材建设上取得了很大成绩，主要表现为：一是数量众多，解决了教材的有无问题；二是面向应用，改变了单纯按照知识体系组织教材的做法；三是形式多样，便于不同学校选用。但是存在的问题也不容忽视，主要有：一是教材跟不上技术和时代发展的需要；二是课程未能体现计算思维、信息化观念、信息素养、终身学习和核心能力培养等现代信息文化和职业教育改革发展新理念；三是该课程至今还无课程标准；四是精品教材不多，自编自用教材泛滥；五是资源配套方式落后；六是教材不能为新的课程考核模式提供支持。具体而言，可分述如下：

(1) 教材目标落后。多数高职教材对于计算机应用基础课程的理解是普及计算机基本操作，这样的定位在10年前是合适的。随着我国社会信息化程度的提高和高中阶段信息技术课程的普遍开设，高职院校的计算机应用基础课程，甚至在课程目标上还落后于普通高中的“有效使用信息技术能力”，亟待改革。

(2) 教材内容落后。多数高职教材对于计算机应用基础课程内容的选择仍以“Intel＋ Windows”为课程核心，内容不外乎“计算机常识＋Windows操作＋Internet应用＋Office套件”的课程组合模式。许多学校的内容框架上还在沿用2000版的高职高专计算机应用基础教学大纲模式，只是做软件版本上的升级。课程内容在难度上与高中阶段课程没有拉开层次，体现不出大学课程的特点。如今的信息技术发展十分迅速，但大多数的教材对IT领域的新观念、新知识、新技能、新工艺、新产品鲜有涉及。

(3) 教材组织落后。多数高职教材对于计算机应用基础课程内容的选择仍以“软件说明书”的方式组织教学内容，分别介绍Windows的界面操作、Office各套件的使用，教材篇幅较大，滥用屏幕拷贝图，导致有效传达的信息内容并不多，增加学生负担。

(4) 考核手段落后。多数高职教材对于计算机应用基础课程的考核形式仍以全国计算机等级考试一级作为评价考核手段，这在10年前是可以的，而现今全国计算机等级考试一级的有关要求已落后于高等学校对学生计算机专业能力和操作技能的要求，需要另订课程考核评价标准。

通过考察国外以及我国台湾地区的计算机公共基础课程，我们发现课程的内容早已超越单纯的计算机基础操作，内容呈现模块化的特征十分突出，渗透科学与人文精神、培养思维成为一种趋势。因此，通过课题研究，厘清高职计算机应用基础课程的课程价值、功能定位、开发理念、开发目标，并编制适应新形势需要的课程标准，显得十分紧迫而必要。

3. 该次教材开发的创新与突破

(1) 开发理念体现学历性、人文性、技术性、服务性、衔接性。一是学历性。按照高等学校专科层次，对学生计算机能力的要求进行教材内容改革。二是人文性。根据社会信息化的趋势，突出对学生信息素养的培养，引导学生高效、负责任地使用信息技术，融核心能力培养于其中。三是技术性和服务性。将掌握以计算机为代表的现代信息科技作为目标，为学生未来的专业学习提供支持。四是衔接性。注重与有关职业标准的衔接。

（2）支持分类指导，关注不同生源群体，凸显大学课程的特点，实现全体学生知识技能达标。该教材按照达到高等学校专科层次对学生计算机能力的要求来选择和组织内容，并明显区别于高中阶段课程。在每个单元学习开始之前设置“能力自测”模块，对学生个体高中阶段的计算机课程学习的成效进行评估，以便进行分类教学，最后实现全部学生的知识和技能达标。

（3）渗透“信息处理观念”，深化“核心能力”，引导学生用“计算思维”思考问题。例如，根据“计算机基础教育的指导思想是着力改善大学生信息素养和应用能力培养”的要求，该教材着眼于从信息的获取、加工、处理、存储、表达、展示、发布、加密、评价等方面组织训练内容。

4. 探索计算机公共课教材的体系结构

通过系统研究，我们发现：对现有高职计算机公共基础课体系系统研究，做好归纳和提升，以专业大类的组合为基础，总结出具有典型意义的高等职业教育计算机公共基础课体系结构（如图 5－8 所示）和开设方案十分重要，这样的做法能统筹兼顾计算机专业与其他专业学生的计算机公共课教学，使得各专业计算机基础课程具有相同的结构和功能，又有不同专业背景，从而降低课程开发成本，减少教材的重复开发，并且可以提供集约、高效数字资源支持平台和学习资源。

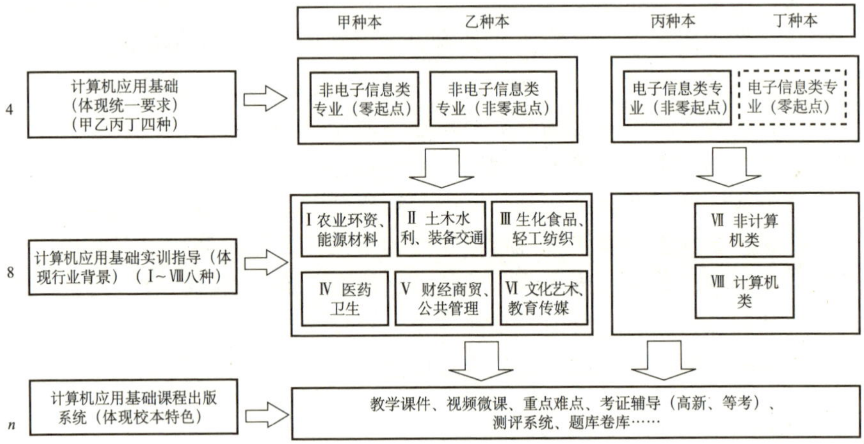

图 5－8　高等职业教育计算机公共基础课体系结构

5. 下一步要解决的问题

通过研究，我们为高职计算机公共基础课程改革提出以下意见建议：

（1）应进一步系统阐明长期困扰高职计算机公共基础课程教学领域的功能定位与人才培养模式改革之间的关系。在高职学生生源文化水平、学习特点和学习能力发生变化，“互联网＋”和创新创业发展良好等形势下，对高职计算机公共基础课程改革应当遵循的路线和方向进行前瞻性研究。

（2）应明确回答高职计算机公共基础课改革中遇到的问题，提出技术解决方案。例如：高职计算机公共基础课的文化学历层次如何鲜明地加以体现，亦即该课程和高中信息技术课程、中职计算机应用课程相比，“高在哪里”？从“计算机”变成“信息技术”的合理性在哪里？如何以信息处理能力为主线，来组织合成内容？课程如何体现减少和弥合信息鸿沟的观念？如何提高教师参与课程变革的积极性？如何区分计算机应用技能测评与计算机公共基础课程的课程目标，二者为什么要脱钩？如何从理论上加以阐明？

5.3 专业技能课程教材开发案例（一）——职业院校“双证书”教材的开发

5.3.1 “双证书”课题实验教材开发概述

1. 关于“双证书”制度

实行“双证书”制度，是党中央、国务院适应社会主义市场经济要求，推动职业教育、职业培训改革的重要举措。

早在 1993 年，中共中央《关于建立社会主义市场经济体制若干问题的决定》就提出：“要制定各种职业的资格标准和录用标准，实行学历文凭和职业资格两种证书制度。”从那时起，“双证书”制度历经了制度确立、探索试点、积极推进三个发展阶段。2014 年，《国务院关于加快发展现代职业教育的决定》（国发〔2014〕19 号）指出：“服务经济社会发展和人的全面发展，推动专业设置与产业需求对接，课程内容与职业标准对接，教学过程与生产过程对接，毕业证书与职业资格证书对接，职业教育与终身学习对接。重点提高青年就业能力。”“推进人才培养模式创新。……积极推进学历证书和职业资格证书

‘双证书’制度。”

在职业院校推进“双证书”制度的主要法律依据是《中华人民共和国劳动法》《中华人民共和国教育法》《中华人民共和国职业教育法》。广义的“双证书”制度，是指在全社会实行学历文凭和职业资格证书并重的制度。狭义的理解是指职业院校的学生通过参加“双证书”课程的学习、考核，同时获取职业资格证书和学历文凭证书的制度。

“双证书”制度是中国职业教育的特色。这既是由职业教育的本质属性决定的，也是当前我国人力资源开发和管理体制的反映。“双证书”制度反映了教育行政部门专业教学的要求，也体现了人力资源和社会保障主管部门对用人标准的要求。实行“双证书”教育，有利于职业院校遵循职业教育规律，办出职业教育特色；有利于推进职业教育教学改革，提高人才培养质量；有利于促进学生就业，增强毕业生在人才市场上的竞争力。

2. 主要工作

近年来，国家有关部门为促进就业和提高劳动者素质，对职业院校实施“双证书”制度做出了许多政策安排。“双证书”制度在广大职业学校得到有效推行，学历证书、职业资格证书成为毕业生就业找工作的“敲门砖”和“通行证”。但是，我们也发现，在职业院校学历认证和职业资格认证还没有从根本上实现贯通，普遍存在着各行其道、“两张皮”现象，缺乏打通两者的桥梁和纽带。其中，融合“双证书”的课程与教材建设滞后是关键原因。

为了探索解决这个长期困扰中国职业教育界的难题，我们在“双证书”课程资源建设开发方面做了积极研究和有益尝试，提出了：“双证书”课程是指实现国家职业标准和专业教学标准对接，职业技能鉴定与专业课程学习考核对接的课程，它是使学生在不延长学习时间的情况下，同时获得学历证书和职业资格证书的学校正规课程。加强对“双证书”课程教材开发的研究，对于探索从课程层面做到“双证结合”，引导学校用好现有职业技能鉴定政策，推动学生职业技能和就业竞争力提升，具有十分重要的意义。开发职业技能鉴定与学校课程考试两考合一的“双证书”教材，可以形成“双证书”政策落地的基础性教学资源，解决推行“双证书”制度、实施“两考合一”的“最后一公里”问题（如图 5－9 所示）。

笔者指导的“职业院校‘双证书’教材开发技术规范研究”课题于 2013 年开题研究，2017 年结题。教育科学出版社、外语教学与研究出版社、高等教育出版社、语文出版社、中国人民大学出版社、电子工业出版社、北京出版社共 7 家出版社参加了 32 个中职专业、5 个高职专业“双证书”教材开发，形成了一大批“双证书”课题实验教材，其中共有 13 个专业的 60 余本教材通过教育部“十二五”国家规划教材评审。通过实践，该子课题提出了较为完备的“双证书”

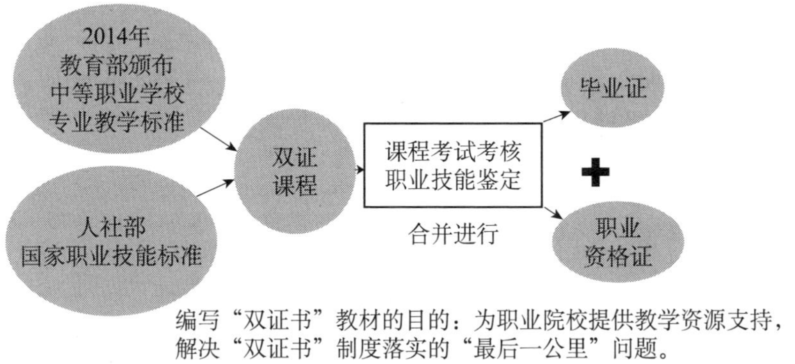

图 5－9　“双证书”教材内涵图

教材开发流程和技术规范，提出了“双证书”教材推广实施的配套措施。

5.3.2　“双证书”教材的目标决策

与单本教材的开发不同，“双证书”教材是一个体系，是整个职业教育专业教材的一个子集合，这个子集合中的教材要覆盖专业教学标准中列举的“职业资格证书”的确定要求。简单地说，就是假定在学生取得学历证书的前提下，还要取得什么职业资格证，是一个证还是多个证，是什么等级的证书，这就涉及专业的培养目标问题，也是我们设计“双证书”课程的基本目标。我们解决这个问题的思路是先梳理政策依据，再得出研究结论和操作建议。

1. 对现有政策的梳理

（1）职业资格名称问题。2002 年，《关于积极做好职业学校职业技能鉴定工作有关问题的通知》（劳社厅发〔2002〕14 号）在总结归纳前期经验的基础上，编制了《职业学校专业与职业技能鉴定职业对应目录（试行）》，并提出：“职业学校毕业生申请职业技能鉴定的职业范围，应按照《中华人民共和国职业分类大典》或《职业学校专业与职业技能鉴定职业对应目录（试行）》中的名称确定。”2010 年，教育部颁布了新版的中等职业学校专业目录。2011 年以来，教育部门又以新版专业目录为依据制定了第一批 95 个专业教学标准。这些专业教学标准体现了“五个对接”的精神，即专业与产业、企业、岗位对接，专业课程内容与职业标准对接，教学过程与生产过程对接，学历证书与职业资格证书对接，职业教育与终身学习对接，努力构建与产业结构、职业岗位对接的专业体系。教育部部颁专业教学标准中明确规定了本专业对应的“职业范围”，每个专业都有若干专业方向，每个方向都对应 1～2 个职业。

（2）职业资格等级问题。以中级技能为培养目标的职业学校毕业生，可以申报中级及以下等级的职业技能鉴定；以高级技能为培养目标的高级技工（职业）学校，可以申报高级及以下等级的职业技能鉴定。

（3）无直接对应职业的专业的取证问题。职业学校开设专业与国家职业标准不对应时，可选择相近职业，申报初级职业技能鉴定。

2. 提出解决方案

通过梳理，我们提出了“以专业教学标准（专业目录）为依据，细化‘双证书’培养目标”的总体原则，具体表述如下。

一是关于获取什么职业的证书问题。结合学校专业开设的实际情况，我们提出：

（1）学校依据专业教学标准（或专业目录）中规定的专业和职业对应情况，确定直接对应的取证职业资格的方向和名称；没有对应职业的，选择相近职业。

（2）每个专业一般选取1～3个职业资格证书，并据此对各专业人才培养目标进行细化。选取职业资格证书的原则是：根据“职业范围”中的描述，每个专业可选取1个首选职业资格证书、1个次选职业资格证书，专业（技能）方向特别多的专业，可酌情再选1个备选职业资格证书。

（3）本专业暂无专业教学标准的，或须对部颁标准进行部分调整修改的，学校可参照其格式制定本校使用的专业教学标准。参照第一条专业与职业的对应关系确定取证职业。

二是取什么等级证书的问题。中职可以申请五级、四级职业资格证书，高职可以申请五级、四级、三级职业资格证书。各学校可根据此原则，结合本校实际情况决定取证的等级。

5.3.3 “双证书”教材的内容选择

关于如何确定“双证书”课程的范围，我们通过研究提出“以国家职业技能标准为依据，确定‘双证书’课程；结合职场工作实际，开发‘双证书’综合实训课程”。

1. 以国家职业技能标准为依据，确定“双证书”教材开发方案

分析教育部的专业教学标准，可以看出，课程分为公共基础课程和专业技能课程两大类。专业技能课程又分为专业核心课程和专业方向课程。专业核心课程都在10门以内，总学时为300～500学时；专业方向课程体现出较为明显的职业资格倾向，每个方向的课程一般在5门左右。

通过对上述两类课程的学习，学生达到专业毕业是没有问题的，也就是说可以拿到学历证书。但是能否拿到职业资格证书呢？或者说人社部能否认可呢？从理论上讲，职业资格证书对应的课程体系，属于标准本位课程，而不是

知识本位课程。从本质上说，就要看这些课程是否覆盖了职业标准的要求。

所以，首先得出一个结论，“双证书”课程主要在专业技能课中设置。我们在课题中提出了“根据确定首选、次选、备选职业资格证书的要求，在教育部部颁专业教学标准确定的专业技能课范围内（含专业核心课、专业方向课、专业选修课），合理设置‘双证书’课程。根据对人才培养规格和职业标准解读分析的结果，可将专业技能课中与职业标准密切相关、内容基本重合或覆盖的课程设计为‘双证书’课程。每个专业一般选取 5 门‘双证书’课程”。如图 5－10 所示。

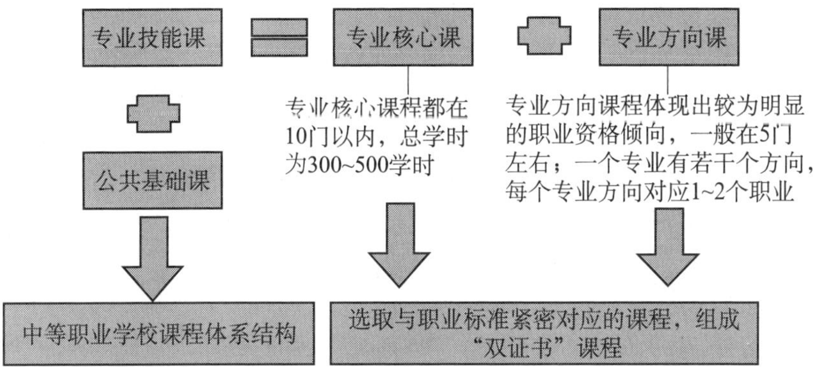

图 5－10　确定“双证书”课程的技术方法

提出 5 门课程，是根据学校学生考证的常用职业工种的最低培训学时统计分析得出的。我们对 50 个常用的职业以及加工制造、交通运输、信息技术、财经商贸、旅游服务、公共管理与服务共 6 个专业大类的所有专业对应的职业资格证书五级、四级的最低培训学时进行了统计，其平均数分别为：343、296 学时，按照每门专业技能课程平均 70 学时计算，可折算为 4.9、4.3 门课程，统计分析的结果表明 5 门课程的设计方案能将大部分专业对应的职业标准内容覆盖。需要指出的是：个别职业的五级、四级培训只有 90 学时，学时少必然导致该证书对应课程少，技能方向单一。我们认为，在学生阶段还是宽口径，应该多掌握一些知识和操作技能，以拓宽就业能力，所以可适当学习其他次选证书和备选证书所要求的专业技能课程；对于培训学时较多的情况（例如最多的五级、四级培训为 500 学时），可以采取适当增加每门课程课时数的办法在 5 门以内课程解决（专业标准中每门课程最大学时为 180，最少为 32）。

另外，2007 年以来开展的人力资源和社会保障部部级课题“技能人才职业导向式培训模式标准的研究”，选取了福建和中央电大进行了“双证书”研究。有关试点经验也表明，对于中职“双证书”课程，完全可以在 5 门以内加以解决。95％的专业实际试点时，就是采用了 5 门课程对 1～2 个职业标准的基本要求和工作进行了覆盖。

2. 结合职场工作实际，做好“双证书”综合实训教材开发

专业教学标准中为每一个专业的课程体系都设置了综合实训课程。综合实训课在操作技能形成上的作用，是使学生在不同课程中学到的知识、技能得以整合，形成综合职业能力。

5门“双证书”课程确保了理论知识上与职业标准的接轨，并能进行基本技能的训练。但是整个中职学制为3年，为了使学生在不同课程中学到的知识、技能得以整合，形成综合职业能力，有必要在专业教学实施方案中结合职业技能鉴定实操要求，设置“职业技能综合实训课程”1门，即专业教学标准中规定的“综合实训”（根据五级和四级职业标准分别设计）。该课程内容应包括职业技能标准所涉及的全部“职业功能”，并结合企业实际执行的生产（服务）过程进行训练。通过这门课程，可以引入企业生产领域中的新技术、新知识、新产品、新工艺，弥补国家职业标准不能实时更新的缺陷。同时该课程内容还应包含对考证前理论、实训、应试技能的综合辅导。

3. 教材内容选择的原则要求——双覆盖、对四新、不遗漏

“双证书”教材的内容选择是一项专业性很强的工作，它需要从一个专业的课程体系中挑选出紧密相关的若干门课程，并对5门“双证书”课程和综合实训课程的内容进行规定，使其内容做到“双覆盖、对四新、不遗漏”，即要实现专业教学标准和职业标准的“双覆盖”并对接“四新”，不能遗漏两个标准规定的知识、技能、态度点：

（1）包含教育部专业教学标准中的“主要教学内容和要求”。

（2）涵盖职业标准基本要求、工作要求（包括职业功能和工作内容）。

课题组通过实践研究，提出了教材内容选择的原则要求：对于中职层次的首选和次选职业资格证书，“双证书”课程应全部覆盖四级和五级职业技能标准的要求。对于备选职业资格证书，“双证书”课程应全部覆盖五级职业技能标准的要求。也就是说，5门“双证书”课程确保了理论知识上与职业标准要求接轨，综合实训课程确保了技能要求上与职业标准要求接轨。如果5门“双证书”课程未覆盖所有的基本要求和工作要求，可以在综合实训课中将所缺少的部分补充完整。

“双证书”课程教材需要组织课程开发专家、职业技能鉴定专家、本专业教学专家、企业专家进行开发。教材开发采取专业负责人制，每个专业首先由一名资深专家对教材目标、内容选择、内容组织进行总体把关，然后指导各册主编分头编写，最后再由本专业教学专家、职业技能鉴定专家、企业专家、课程开发专家组成的编审委员会共同审定。

例如，对于专业，通过组织专业论证，课题组确定了如表5-5所示的

“双证书”教材体系。其确定的首选职业资格证书、备选职业资格证书，为下一步进行教材开发奠定了基础。在上述教材开发的总蓝图指导下，即可进行每一门教材的编写开发。

表 5 - 5　　汽车制造与检修专业“双证书”教材体系

中职专业名称及其代码	对应职业资格证书及等级			“双证书”教材和综合实训教材	
	首选证书及等级	次选证书及等级	备选证书及等级		
3. 汽车制造与检修（051700）	汽车修理工（五级、四级）	汽车（拖拉机）装配工（五级、四级）	无	“双证书”教材(5 门)	汽车构造与拆装（上）
					汽车构造与拆装（下）
					汽车拆装实训
					汽车电控系统检修
					汽车制造工艺
				综合实训教材(1 门)	汽车制造与检修综合实训

5.3.4　“双证书”教材的内容组织

“双证书”课程的性质是以职业活动为导向的课程，课程目标是使学生掌握专业教学标准和职业技能标准所规定的知识、技能，养成相应的职业素质、价值观和态度。因此“双证书”教材开发时，课题组推荐采用工作过程导向的编写模式。（注：国际职业教育界早已达成共识，一个职业主要活动由 10～20 个典型工作任务组成。这是这个职业区别于其他职业的特征。如果把这些典型工作任务掌握了，那么就能顺利从事这个职业的工作，如图 5 - 11所示）。

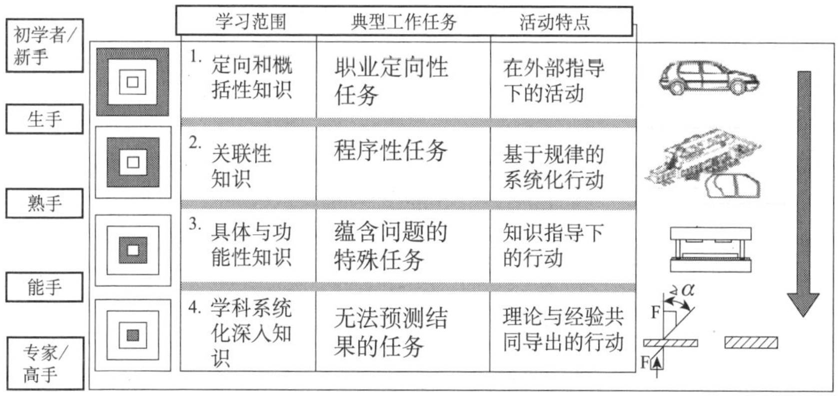

图 5 - 11　典型工作任务的设计原则

在教材内容组织上，还要做到符合职业能力形成的心理顺序，符合职业岗位工作的逻辑顺序，符合职业资格发展的顺序，符合职业素质提升的顺序。

为了做好编写工作，课题组组织开发人员讨论确定了编写模式（如图5－12所示）。

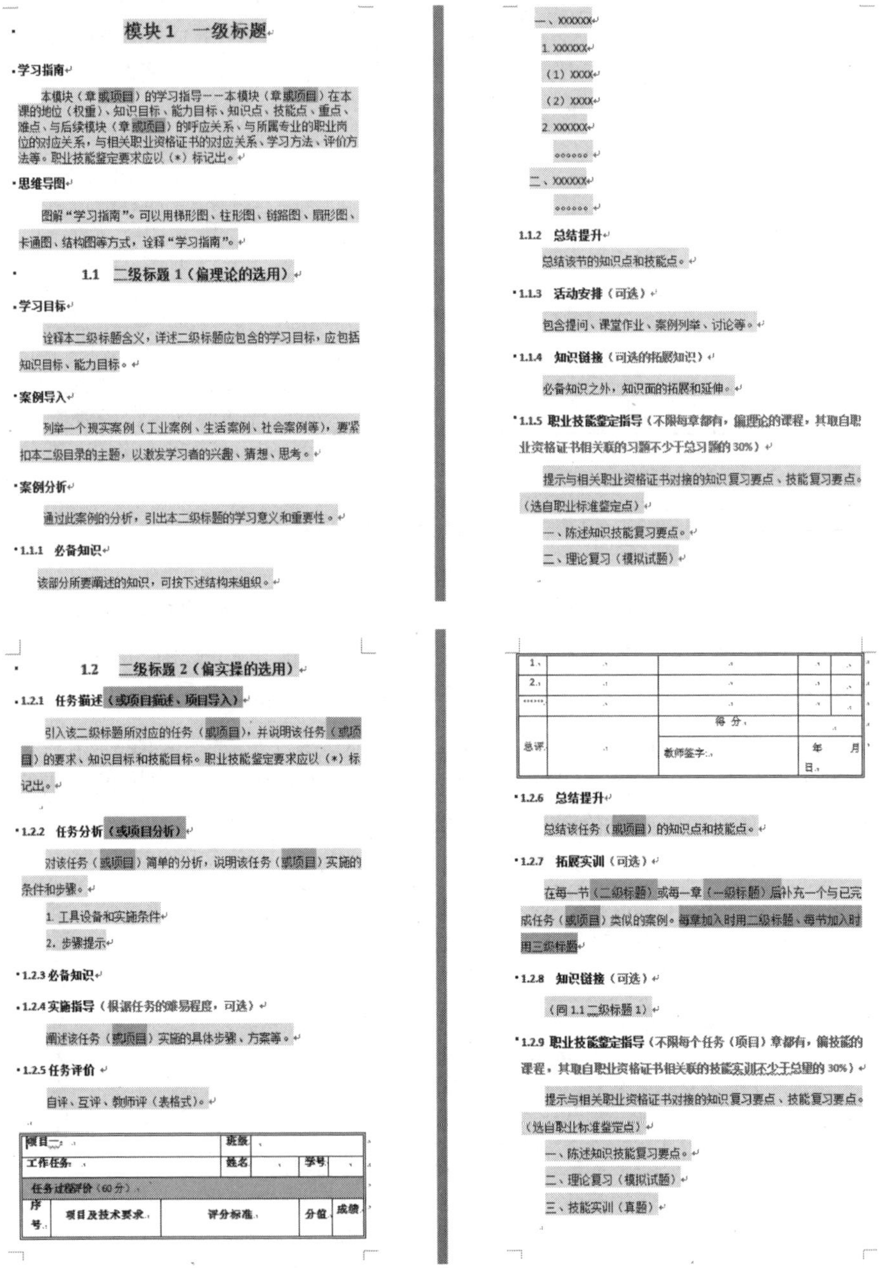

模块1 一级标题

学习指南

本模块（章或项目）的学习指导——本模块（章或项目）在本课的地位（权重）、知识目标、能力目标、知识点、技能点、重点、难点、与后续模块（章或项目）的呼应关系、与所属专业的职业岗位的对应关系，与相关职业资格证书的对应关系、学习方法、评价方法等。职业技能鉴定要求应以（*）标记出。

思维导图

图解“学习指南”。可以用梯形图、柱形图、链路图、扇形图、卡通图、结构图等方式，诠释“学习指南”。

1.1 二级标题1（偏理论的选用）

学习目标

诠释本二级标题含义，详述二级标题应包含的学习目标，应包括知识目标、能力目标。

案例导入

列举一个现实案例（工业案例、生活案例、社会案例等），要紧扣本二级目录的主题，以激发学习者的兴趣、猜想、思考。

案例分析

通过此案例的分析，引出本二级标题的学习意义和重要性。

1.1.1 必备知识

该部分所要阐述的知识，可按下述结构来组织。

一、xxxxxx

1. xxxxxx

（1）xxxx

（2）xxxx

2. xxxxxx

。。。。。。

二、xxxxxx

。。。。。。

1.1.2 总结提升

总结该节的知识点和技能点。

1.1.3 活动安排（可选）

包含提问、课堂作业、案例列举、讨论等。

1.1.4 知识链接（可选的拓展知识）

必备知识之外，知识面的拓展和延伸。

1.1.5 职业技能鉴定指导（不限每章都有，偏理论的课程，其取自职业资格证书相关联的习题不少于总习题的30%）

提示与相关职业资格证书对接的知识复习要点、技能复习要点。（选自职业标准鉴定点）

一、陈述知识技能复习要点。

二、理论复习（模拟试题）

1.2 二级标题2（偏实操的选用）

1.2.1 任务描述（或项目描述、项目导入）

引入该二级标题所对应的任务（或项目），并说明该任务（或项目）的要求、知识目标和技能目标。职业技能鉴定要求应以（*）标记出。

1.2.2 任务分析（或项目分析）

对该任务（或项目）简单的分析，说明该任务（或项目）实施的条件和步骤。

1. 工具设备和实施条件

2. 步骤提示

1.2.3 必备知识

1.2.4 实施指导（根据任务的难易程度，可选）

阐述该任务（或项目）实施的具体步骤、方案等。

1.2.5 任务评价

自评、互评、教师评（表格式）。

项目二：		班级			
工作任务：		姓名		学号	
任务过程评价（60分）					
序号	项目及技术要求	评分标准		分值	成绩
1.					
2.					
……					
		得分：			
总评		教师签字：		年 月 日	

1.2.6 总结提升

总结该任务（或项目）的知识点和技能点。

1.2.7 拓展实训（可选）

在每一节（二级标题）或每一章（一级标题）后补充一个与已完成任务（或项目）类似的案例。每章加入时用二级标题、每节加入时用三级标题

1.2.8 知识链接（可选）

（同1.1二级标题1）

1.2.9 职业技能鉴定指导（不限每个任务（项目）章都有，偏技能的课程，其取自职业资格证书相关联的技能实训不少于总量的30%）

提示与相关职业资格证书对接的知识复习要点、技能复习要点。（选自职业标准鉴定点）

一、陈述知识技能复习要点。

二、理论复习（模拟试题）

三、技能实训（真题）

图5－12 “双证书”教材的编写模式

为了做好教材的应用实施，课题组建议教材开发者开发课程标准，以弥补教学文件上的缺位，并结合本门课程给出教学建议（推荐采用工学结合、理实一体的教学模式），对教学条件、评价建议、教科书使用建议、课程资源的利用与开发等进行说明。课题组提供了“双证书”课程标准的编写模板。

5.3.5　“双证书”教材的内容呈现和资源配置

在内容呈现上，“双证书”教材的开发同样要符合职校学生的认知特点和教育传播规律，做到图文并茂，科学准确，这里不再赘述。

在资源配置上，考虑到“双证书”教学过程的复杂性，“双证书”教材应提供基于专业教学标准的“双证书”课程实施规范、“‘双证书’课程”和“综合实训课程”课程标准、职业技能鉴定理论和操作模拟题库卷库资源、职业技能鉴定考核模拟系统以及必要的视频资源和教学仪器设备等。

例如，课题组开发的“汽车制造与检修”专业“双证书”课题教材通过了教育部、人社部的评审，如图5-13所示。

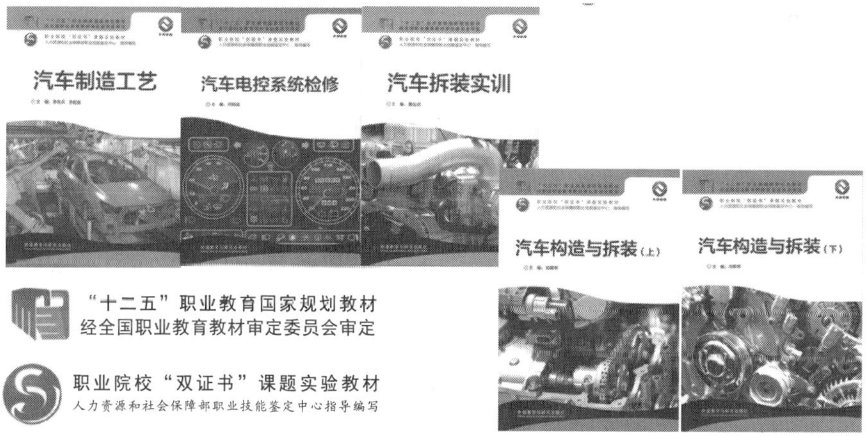

图5-13　“汽车制造与检修”专业“双证书”课题教材

评价“双证书”教材是否名副其实，是看是否符合专业教学标准和国家职业标准的要求。有关“双证书”教材开发的技术规范和评价指标体系，分为思想性、职业性、科学性、达标性、适应性、规范性六项。课题组专门制定了针对“双证书”教材的评价体系，用于对“双证书”教材的最后验收。

5.3.6　基于“双证书”的综合实训教材开发

综合实训是职业教育实训教学的重要环节，它起着承接课内实训、巩固所学的基本知识技能的作用，又为学生毕业前的顶岗实习奠定基础。基于“双证书”的综合实训课程教材的开发应以职业能力为核心，以职业活动为重点，遵循成人教育的基本原理和考试学的基本原理，对接职业技能鉴定要求，对实训的目标要求、任务设置、方法步骤、重点难点、评价标准给予准确的把握。综合实训任务的安排应遵循阶段式、模块式的设计，注重指导反馈，避免评价环节的缺失。

本节以“双证书”综合实训教材为例来研究综合实训课程教材的开发。

1. 综合实训教材的功能界定

在“双证书”课程体系中，综合实训课程具有以下四大功能。课程的目的是提升学生技能水平，使学生形成综合职业能力，初步适应岗位工作要求。

（1）复习梳理、拾遗补阙。复习梳理专业教学标准和有关职业技能标准规定的应知应会。对职业技能鉴定中，要求掌握但在5门“双证书”课程中难以（不便）安排的有关知识、技能进行拾遗补阙。

（2）安全、环保与职业规范教育。了解安全规范、环保要求，培养职业道德、职业精神。

（3）技能训练。根据职业标准中规定的职业功能的要求，指导学生进行技能实训。

（4）备考辅导。根据标准参照性考试的特点，辅导学生参加鉴定备考。

2. 综合实训教材目标确定原则

根据相关专业的教学标准、职业技能标准以及各专业“双证书”教材（一般为5门）来编写“双证书”综合实训教材。各专业的综合实训课程与本专业的5门“双证书”课程配套，共同构成双证对接的课程体系。5门“双证书”课程确保了理论知识上与职业标准的接轨，并进行课内实训。为了使学生在不同“双证书”课程中学到的知识、技能得以整合，形成综合职业能力，有必要结合职业技能鉴定实操要求，设置1门“职业技能综合实训课程”（即专业教学标准中规定的“综合实训”，内容应覆盖五级和四级职业标准要求）。该综合实训课程对应的教材即为综合实训教材。

3. 综合实训教材的内容选择

各专业的综合实训课程内容应包括：

（1）与本专业有关的职业技能标准所涉及的五级（指备选职业）、四级（指首选、次选、备选职业）全部“职业功能”所对应的操作技能方面的程序和步骤。

（2）职业技能鉴定中，要求掌握但在5门“双证书”课程中难以（不便）安排的有关知识、技能。

（3）为做好职业技能鉴定考前辅导，综合实训课程须包括一定数量的理论考试模拟题和实操考试真题。

4. 综合实训教材的内容组织

（1）应知应会部分。对有关职业所需要的知识体系、能力结构给予总结提示。对需要重点讲解的难点、重点，对职业技能鉴定中要求掌握但在5门“双证书”课程中难以（不便）安排的有关知识、技能给予介绍。采取整体分级罗列和局部重点介绍的方式描述。

（2）职业规范与职业精神部分。介绍与本专（职）业有关的安全规范、环保要求、职业道德、职业精神。采取案例导入的模式编写。

（3）技能实训部分。采取工作过程导向的课程内容组织方式，根据职业标准中涉及的职业功能，设计典型工作任务，并根据典型工作任务组织教材内容。对职业标准中未涉及，但专业教学标准中涉及的内容亦采取工作过程导向的课程内容组织方式，结合企业实际执行的生产（服务）过程编写教材。

综合实训按顺序编号，每个证书对应的综合实训项目一般不超过8个，全书一般不超过30个综合实训项目。每个项目均设计：实训目的，对应职业功能、规范和标准，实训器材（含仪器和材料介绍），任务分析，实施步骤，实施评价，注意事项等栏目。

（4）职业技能鉴定指导部分。一是提供有关工种的职业技能鉴定理论考试模拟题3套，并附分析讲解。二是提供有关工种的职业技能鉴定实际操作题10道，并附操作提示。此部分涉及模拟试题按照职业技能鉴定的理论题和实操题的命题技术规则执行。

根据上述原则，我们设计了综合实训教材的编写体例：

前言
第一部分　应知应会
（按职业罗列，兼顾专业需求）
1.1　知识架构
1.2　技能要求
第二部分　安全、环保与职业规范
2.1　职业道德与职业规范
2.2　职业素质与职业精神
2.3　环保与安全
第三部分　综合实训
3.1　训练项目一　××××
实训目的：
对应职业功能：
实训规范：
实训器材：（仪器和材料）

任务分析：

实训步骤：

实施评价：

注意事项：

…………

第四部分　职业技能鉴定指导

（请参考命题规则）

4.1　理论考核模拟题

提供有关工种的职业技能鉴定理论考试模拟题3套，并附分析讲解。

4.2　实操考核真题

提供有关工种的职业技能鉴定实际操作题10道，并附操作提示。

附录

1. 试卷结构

2. 参考答案

注：每本书不超过30万字。

5.3.7　“双证书”教材开发的体会与感想

1. 对“双证书”教材功能的再认识

“双证书”教材既是课堂教学用书，又是鉴定考试辅导教材，具有教学用书和考试用书两种特征，如图5-14所示。

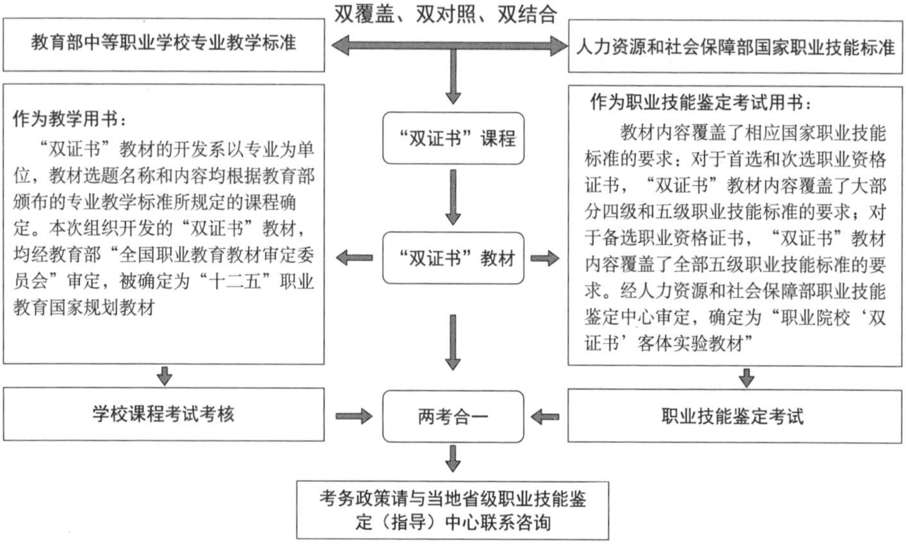

图5-14　“双证书”教材的功能图

（1）作为教学用书，“双证书”教材的开发系以专业为单位，教材选题名称和内容根据教育部部颁专业教学标准所规定的课程和“主要教学要求”确定。本次组织开发的“双证书”教材，均获得“十二五”职业教育国家规划教材立项，并经教育部“全国职业教育教材审定委员会”评审，被确定为中等职业教育专业技能课国家规划教材。

（2）作为考试用书，教材内容覆盖了相应职业技能标准的要求：对于首选和次选职业资格证书，“双证书”教材内容覆盖了全部四级和五级职业技能标准的要求；对于备选职业资格证书，“双证书”教材内容覆盖了全部五级职业技能标准的要求。本课题组开发的部分“双证书”教材已列入人力资源和社会保障部职业技能鉴定中心的《职业院校“双证书”课题实验教材目录》。

2. 建立“双证书”教材规范化开发

“双证书”教材开发的内容多、关注点多、技术路线复杂，必须开发专门的技术规范体系。“技术规范”是标准文件的一种形式，是规定产品、过程或服务应满足技术要求的文件。它可以是一项标准（即技术标准）、一项标准的一部分或一项标准的独立部分。其强制性弱于标准。例如，《中等职业学校“双证书”课程教材开发技术规范》分为七条，对中等职业学校“双证书”课程教材开发技术规范做了规定，其要点如下：

（1）以专业教学标准为依据，细化“双证书”培养目标。

（2）以国家职业技能标准为依据，确定“双证书”课程。

（3）根据双证结合的理念，编制“双证书”课程实施规范。

（4）结合职场工作实际，开发“双证书”综合实训课程。

（5）积极改革教学模式，制定“双证书”课程标准。

（6）根据职业逻辑和职教特点，组织编写“双证书”教材。

（7）做好试题开发组织和考务服务，为“两考合一”做好技术保障。

“双证书”教材规范化开发的主要步骤如图5-15所示。

（1）聘请专家对专业教学标准进行分析和研判；

（2）聘请职业标准的制定专家梳理有关职业标准；

（3）提出基于“双证书”课程的国规技能课程选题方案；

（4）分专业组建教材编写组；

（5）开发相关课程教学标准；

（6）开展“双证书”教材开发技术规范作者培训；

（7）落实分工，编写教材；

（8）配套开发“双证书”教学实施规范和相应的数字化教学资源；

（9）送教育部门审定。

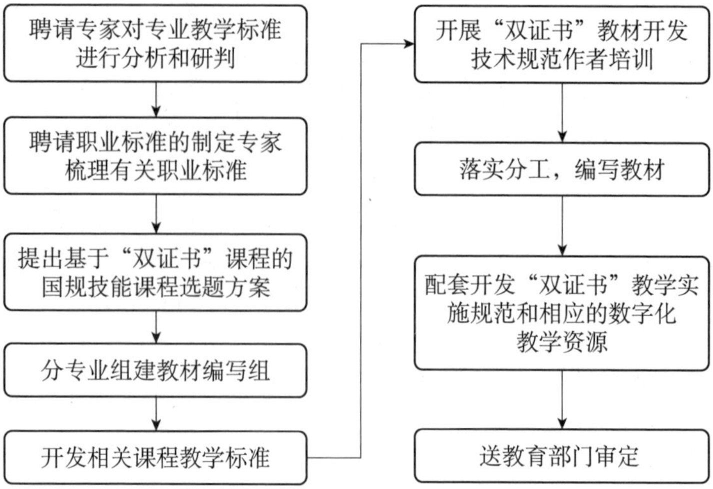

图 5－15 “双证书”教材开发流程

3.“双证书”教材开发的标准文档

课题组在调查研究、归纳有关经验做法的基础上，提出了以下课程开发的文档模板。可供职业院校在实施“双证书”课程教学时使用。

(1)《职业学校“双证书”课程实施规范》编制模板。

“专业教学标准”下的教学文件，是根据专业教学标准的基本要求，结合本校实施“双证书”教学的实际情况制定的。主要内容包括：从业范围和职业资格证书简介、“双证书”课程简介、综合实训课程简介、职业技能鉴定成绩计算办法、学业成绩计算办法、职业资格证书申请程序、专业教学条件准备、综合实训课程考试考场准备等。

(2)《“双证书”课程标准》编制模板和《综合实训课程标准》编制模板：对“双证书”课程、综合实训课程的课程性质、课程目标、内容目标、实施建议进行规定，是重要的教学指导文件。

4. 抓好作者培训答疑十分重要

“双证书”教材开发是一项系统工程，为了使教材开发做到有条不紊，齐头并进，效率最优，培训工作必不可少。主要是对作者进行培训，以便统一思想，树立共同目标愿景，克服困难，自觉树立质量意识。课题组在实践中，重点抓了以下内容的培训：

(1) 专业教学标准制定的目的意义和作用分析；

(2) 职业技能标准的制定规程和解读分析方法；

(3) 职业技能标准课程化转化的主要技术；

(4) 课程标准的内涵和编写；

（5）典型工作任务的构建。

5. 考务服务工作要适应课程改革的需要

《关于积极做好职业学校职业技能鉴定工作有关问题的通知》（劳社厅发〔2002〕14号）指出，“对参加技能操作鉴定的职业学校，应按照国家职业技能鉴定考务管理的有关规定以及工作要求，组织毕业生参加实际操作要求的考核。凡建立国家题库的职业，应从国家题库抽取试题；尚未建立国家题库的职业，由省级劳动保障部门组织专家统一命题并组织考核”。

根据这一要求，“双证书”课程可由地方鉴定主管部门人员参与命题、组卷，并按程序进行确认或备案。上述政策依据是我们课题研究的基本出发点，据此课题组提出，由各省完善多元评价考试服务方案，总结各地职业技能鉴定机构多年来在院校认证实践中的经验做法，采取过程质量监控和终结性评价相结合的方法，进行“双证书”课程认证。

在考试题库资源开发上，课题组提出，“各职业技能鉴定机构可积极探索符合职业院校特点、对接国家职业标准、课程考试与技能鉴定两考合一的职业院校学生评价题库资源开发使用模式。‘双证书’和综合实训课程的考试命题工作可由各省中心根据部中心组织开发的‘双证书’教材，组织职业院校教师、行业企业专家共同参与，对于符合国家题库技术要求的试题，可推荐收录到国家题库中”。上述设想在中心命题处支持下，课题组组织吉林省长春市开展了试点验证工作，并取得成效。

在考核服务上，课题组提出：“职业学校根据学生实际情况，自主选择参加五级或四级职业技能鉴定，分别采用包含了五级或四级理论知识要求的五门“双证书”课程考试试卷，并安排相应包含等级操作技能的综合实训课程考试。”

课题组提出，在今后的进一步研究中，要积极探索两考合一、合格发证的办法。从梳理和总结各地现有实践经验来看，各鉴定中心采取的基本思路是“课程认定、过程监控、试题备案、两考合一、合格发证”。

5.4 专业技能课程教材开发案例（二）——技工院校“一体化”教材的开发

5.4.1 “一体化”教材开发课题研究

为了加快培养高素质技能人才，促进实现更高质量就业，服务经济社会发展，2010年以来，人力资源和社会保障部相继印发了《关于大力推进技工院校改革发展的意见》（人社部发〔2010〕57号）、《关于推进技工院校改革创新的若干意见》（人社部发〔2014〕96号）。其中，关于"一体化"课程的改革一以贯之。文件指出，要遵循技能人才培养规律，组织开发国家技能人才培养标准和一体化课程规范，构建国家技能人才培养标准体系框架。认真总结"一体化"课程教学改革试点经验，在全国进一步推广"一体化"课程教学，不断创新技能人才培养模式，切实提高技能人才培养质量。

与"一体化"课程配套的"一体化"教材是培养技能人才的重要载体，其以职业标准为依据、以典型工作任务为载体的显著特点，使之在职业技能教材开发领域中独树一帜。为了做好"一体化"教材开发的规律总结，课题组设立了"技工院校'一体化'教材开发技术规范研究"子课题，由广州市职业技能教研室主持研究。该子课题提交了课题报告，提出了"工学一体教材开发标准化步骤""工学结合一体化课程工作页教材编写指南"，提出了引导文编写模板，并对此类教材如何进行质量评价提出了初步设想。

5.4.2 "一体化"教材开发的目标决策——典型工作任务

根据人社部颁发的《一体化课程开发技术规程（试行）》，"一体化"课程是按照经济社会发展需要和技能人才培养规律，根据国家职业标准，以综合职业能力为培养目标，通过典型工作任务分析，构建课程体系，并以具体工作任务为学习载体，按照工作过程和学习者自主学习要求设计和安排教学活动的课程。"一体化"课程体现理论教学和实践教学融通合一、专业学习和工作实践学做合一、能力培养和工作岗位对接合一的特征。

1. 分析专业指导性教学计划和"一体化"课程

"一体化"教材就是根据"一体化"课程组织编写的职业教育专业课教材，其教材目标需要根据"国家职业标准"的等级要求、"综合职业能力"（综合职业能力的特点是完成整体化的工作任务，贯穿于技能人才培养全过程）来做出决策。因此"一体化"教材的目标决策是根据人才培养目标确定体系教材目标、单元教材目标、学习情境或学习活动的目标的过程，是典型的分层次目标结构。

"一体化"课程开发时，需先解读（或开发）专业指导性教学计划表（见表5-6）和与其相关的一系列"一体化"课程标准（见表5-7）。

表 5-6　动漫设计与制作专业指导性教学计划表

序号	职业技能等级	"一体化"课程名称	基准学时	学期学时分配					
				1	2	3	4	5	6
1	中级	动画绘制	160	80	80				
2		插画绘制	120		40	80			
3		场景绘制	80		80				
4		角色绘制	160			80	80		
5		剧本编写	40		40				
6		初级后期制作	160			80	80		
总学时			720	80	240	240	160		
7	高级	场景设计与制作	160	80	80				
8		角色设计与制作	240		80	80	80		
9		后期特效制作	160			80	80		
10		原画设计	120			120			
11		分镜头设计	80				80		
总学时			760	80	160	280	240		
12	预备技师	场景设计与制作	160	80	80				
13		角色设计与制作	240		80	80	80		
14		后期特效制作	160			80	80		
15		原画设计	120			120			
16		分镜头设计	80				80		
17		项目开发	500					200	300
总学时			1 260	80	160	280	240	200	300

表 5-7　"一体化"课程标准（以"分镜头设计""一体化"课程为例）

"一体化"课程名称	分镜头设计	基准学时	80
典型工作任务描述			
动画制作前期，在具备文字剧本、角色造型、场景造型的条件下，分镜师在规定的时间内针对剧情，使用准确的镜头语言（画面、机位、节奏、剪辑、镜头运动）将文字剧本转化为图像，从而为原画设计提供明确的具象指引，因此需要进行分镜头设计工作 分镜师从导演处接受分镜头设计任务，解读剧本，明确剧情发展、空间、时间、角色的状态，经过草图、修改、细化、清稿的流程，设计并绘制出符合情节需要的连贯镜头，预设每个镜头的时间，提交导演审核			

<table>
<tr><th colspan="3">工作内容分析</th></tr>
<tr>
<td>工作对象：
1. 从导演处接受分镜头设计任务，解读剧本，明确剧情发展、空间、时间、角色的状态，明确时间及绘制质量要求
2. 按照剧情需要运用镜头语言，把剧本转换为文字分镜头脚本，经过草图、修改、细化、清稿的流程，设计并绘制出符合质量要求的连贯镜头，预设每个镜头的时间
3. 完成绘制草图后，提交导演审核，按照反馈意见进行修改，修改后再提交导演审核，通过后进行细化与清稿
4. 提交导演审核</td>
<td>工具：铅笔、毛笔、画笔、马克笔、直尺、橡皮、彩色铅笔、水、削笔刀

材料：纸、颜料

设备及资料：电脑、数位板、绘图软件、平面软件、摄影表、原画稿、照片墙

工作方法：借鉴法

劳动组织方式：导演分配任务，分镜师独立完成</td>
<td>工作要求：
1. 能够按时按计划完成任务
2. 能够按照剧情需要运用镜头语言
3. 能够根据剧本撰写文字分镜头脚本
4. 能够根据文字分镜头脚本，经过草图、修改、细化、清稿的流程，设计并绘制出符合质量要求的连贯镜头
5. 能够预设每个镜头的时间
6. 能够按照导演给出的反馈意见对草图进行修改
7. 能够细化，清理草图
8. 能够在规定时间内定稿，提交导演</td>
</tr>
<tr><th colspan="3">课程目标</th></tr>
<tr><td colspan="3">在完成本课程过程中，学生应当能够：
1. 要求分镜师按时按计划按阶段完成任务
2. 理解剧本，明确剧情发展、空间、时间、角色的状态，运用专业术语与专业符号将文字剧本按要素与格式转变为文字分镜头脚本。预设每个镜头的时间
3. 在具有一定的审美能力、绘画能力、画面控制能力，能快速表达人物特征与动态的基础上，按照剧情需要运用镜头语言绘制分镜头；能够经过草图、修改、细化、清稿的流程，设计并绘制出符合情节需要的连贯镜头；预设每个镜头的时间
4. 能够对绘制的分镜头进行修改，根据剧情需要运用适合的镜头剪辑手法，控制镜头节奏，最终绘制出符合剧本要求的连贯镜头
5. 能够将分镜头脚本提交、展示并分析评价，为原画设计提供明确的具象指引</td></tr>
<tr><th colspan="3">学习内容</th></tr>
<tr><td colspan="3">1. 视听语言分析赏析
2. 文字分镜头的要素与格式
3. 时间控制
4. 透视规律
5. 画面结构，视觉要素
6. 不同镜头景别所表达的意义
7. 不同镜头角度的画面效果
8. 运动镜头的功能
9. 分镜头绘制的要素与格式</td></tr>
</table>

10. 镜头节奏表达的效果
11. 镜头连贯性法则
12. 镜头剪辑手法

参考性学习任务

序号	名称	学时
1	绘制广告分镜头	24
2	绘制动画片分镜头	36

教学实施建议

1. 教学条件
(1) 教学设备：
工作台、投影机、电脑、直尺、打孔机、绘制软件、数位板
(2) 学习资料：
《动画分镜头设计》、参考演示视频、视听语言赏析素材、图片、自编学材
(3) 校企合作：
与多家知名动画公司合作，进行师资交流，引入或模拟公司制作项目
(4) 教师安排：
师生比例不小于 1∶30，教师具备完成本课程的实际工作经验及一体化教学经验
2. 教学方法组织形式
全班学生独立完成任务

教学考核

情景描述：

某动画公司制作动画片《拯救绿色王国》，其中一段剧本内容是：绿国王子与巫师决斗，巫师化身为老鹰逃走，绿国王子紧追不舍，飞奔到骏马前跨身而上，骑马追巫师，化身为老鹰的巫师眼见要被王子追上，口中喷出火焰阻止王子

考核要求：

根据上述任务描述，将文字剧本转换为文字分镜头脚本，并绘制动画分镜头脚本，要求如下：

1. 分镜头不少于 20 个
2. 文字分镜头脚本须符合剧情发展需要，符合文字分镜头脚本的要素与格式
3. 动画分镜头画面完整，角色造型动态表达准确。合理布局画面，使用准确的镜头语言（机位、节奏、剪辑、镜头运动）

参考资料：

《拯救绿色王国》剧本、角色造型、场景设定、合作企业的相关素材

教材开发要以就业为导向，遵循技能人才成长和职业发展规律，充分体现职业特征，满足学生职业生涯发展需要。一般而言，一个典型工作任务对应一本“一体化”教材，每本教材所有学习任务的目标和内容总和应涵盖本课程的学习目标和内容。

2. 编写引导文

在对课程整体情况全面了解后，可以着手编写引导文，以引导和激发学生学习的兴趣并提示学习方法；同时给予教师一定的教学方法、教学资源准备方面的指导。引导文分学生引导文和教师引导文两种，一般安排在教材前言部分。

(1) 学生引导文范例如下：

致同学——如何使用

——以汽车运用与维修专业某课程学习为例

亲爱的同学们：

你好！

欢迎你就读汽车运用与维修专业！

在我国，汽车技术、产品日新月异，汽车行业迅速发展，汽车车辆快速普及，汽车维修技术人员已成为技能型紧缺人才。作为未来的汽车维修技术能手，你将如何迎接这一挑战？在此，我希望我们的新课程工作页能够为你的职业成长提供帮助，为你即将开始的职业生涯打下扎实的基础。

与你过去使用的课本相比，你手里的工作页教材是一套全新的教学材料，它能帮助你了解未来的工作，学习如何完成汽车维修中最重要的典型工作任务，按照职业成长规律，促进你的综合职业能力发展，使你快速成为令人羡慕的汽车维修技术能手！

为了让你的学习更有效，希望你能够做到以下几点：

（一）主动学习

要知道，你是学习的主人。工作能力是靠你自己亲自实践获得的，而不仅仅是依靠教师在课堂上讲授。教师只能为你的学习提供帮助。比如说，教师可以给你解释汽车发生的故障，向你讲授汽车维修的技术，教你使用汽车维修的工具，为你提供维修手册，对你进行学习方法的指导。但在学习中，这些都是外因，你的主动学习才是内因，外因只能通过内因起作用。职业成长需要主动学习，需要你自己的积极参与和实践。只有在行动中主动和全面学习，才能获得职业能力。因此，实现有效学习的关键在于你自己。

（二）用好工作页

要了解学习任务的每一个学习目标，利用这些目标指导自己的学习并评价学习效果；要明确学习内容的结构，在引导问题的帮助下，尽量独立地去学习并完成整个学习任务，包括填写工作页的内容；你可以在教师和同学的帮助下，通过查阅维修手册等资料，学习重要的工作过程知识；你应当积极参与小组讨论，去尝试解决复杂和综合性的问题，进行工作质量的自检和小组互检，并注意规范操作和安全要求，在多种技术实践活动中形成你自己的技术思维方式。

（三）把握好学习过程、学习内容和学习资源

学习过程包括学习准备、计划与实施和评价反馈。你要特别注重理论与实践紧密结合，教师引导、同学交流、学习中的观察、动手操作和评价反思都是专业技术学习的重要环节。

本课程的学习内容以丰田 5A 发动机电器为主线，学习过程中还可结合长安汽车发动机电器的内容。你要学会使用这两种维修手册以及依据维修手册进行规范操作。

学习资源可参阅高等教育出版社出版的《汽车电气设备与维修》《汽车维修教程 第二级 汽车电气设备维修》，要经常阅览汽车发动机电器的维修网页，学习最新的技术和实际维修的技术通报，拓展你的学习范围。

你在职业院校的核心任务是在学习中学会工作，这要通过在工作中的学会学习来实现，学会工作是我对你的期待。同时，也希望把你的学习感受告诉我们，以便更好地为你服务。

预祝你学习取得成功，早日实现汽车维修技术能手之梦！

（2）教师引导文范例如下：

致教师——如何教学

——以汽车运用与维修专业某课程为例

各位老师：

你们好！

感谢您选择《中等职业学校汽车运用与维修专业新课程教学用书》工作页系列教材。这是一套强调学生学习的主动性和有效性的新教材，它的特点是在学习与工作一体化的情境下，引领学生完成一个职业的典型工作任务，经历完整学习与工作过程，在培养专业能力的同时，促进关键能力和综合素质的提高，从而发展学生的综合职业能力。

关于本书我们有以下的一些建议，期望能对您的教学有所帮助：

（一）教师作用与有效教学

新课程的实施有以下要求：（1）在教学组织与实施方面，需要您去组建教学团队，构建和改善教学环境，这样才能实现工作过程系统化的教学；（2）在指导学生的学习时，请您尽量改善学生的学习环境，为学生提供更多的学习资源，充分调动学生学习的主动性，让学生在小组合作与交流的氛围里，尽可能通过亲自实践来学习，并加强学习过程的质量控制，使学习更为有效。

（二）学习目标与学业评价

学习目标反映学生完成学习任务后预期达到的能力水平，含专业能力与

关键能力，既包含针对本学习任务的过程和结果的质量要求，也有对今后完成类似工作任务的要求。每个学习目标都要落实到具体的学习活动中，对学生的学业评价要在学习过程时体现，如工作页的填写情况和过程的质量控制等。评价与反馈可以通过学生的自评、小组同学的互评及您的检查与评价来实现。

（三）学习内容与活动设计

新课程学习内容是一体化的学习任务。在教学时，要建立任务完成与知识学习之间的内在联系，将完成工作任务的整个过程分解为一系列可以让学生独立学习和工作的相对完整的教学活动，这些活动需要依据实际教学情况来设计。在实施时，要充分相信学生并发挥学生的作用，与他们共同进行活动过程的质量控制。

（四）教学方法与组织形式

新课程倡导行动导向的教学，在学习引导问题的帮助下，学生进行主动的思考和学习。请您根据学习任务所需的工作要求，组建学生学习小组。学生在合作中共同学习完成工作任务。分组时请注意兼顾学生的学习能力、性格、态度等个体差异，并以自愿为原则。

（五）学习资源与教学环境

新课程为学生提供了主要的学习材料——工作页。此外，还建议准备适量公开出版的其他汽车运用与维修专业教材、常见典型车型的维修手册、企业通用的培训教材和汽车的使用说明书及多媒体课件和互联网络等学习资源。

建议配备理论实践一体化学习的工作站、整车维修车间和设备保管室（包括全套工具、试验设备、仪器仪表等）等教学环境。建议您加强对教学环境的管理，如工作规程的要求、工作安全与健康保护相应的预防措施、经济地使用各种工作材料、合理处置废弃物、养成环保意识等。

（六）可能的问题与教学建议

新课程的目标是促进学生的综合职业能力发展，它所设计的学习任务是针对某一职业的典型工作任务的综合性任务，与企业生产中经常出现的实际工作任务，特别是那些重复性的任务并不完全吻合。在企业实践环节中，可以适度加强这一方面的训练，特别是企业常见的基础性任务。

新课程强调培养学生自主学习的能力。随着学习的深入，工作页提供的学习资料将逐步减少，而让学生主动学习与实践的机会将逐步增多，学习拓展的范围也会适当增大。请您能引导学生适应这种要求的变化，并控制可能出现的学习效果两极分化的现象。

新课程的学习方式是针对理想状态设计的，它强调学生的自主学习。考虑到学校实际和教师、学生的具体情况，学生如果开始不太适应，建议您采取逐步过渡的办法，灵活应用。

选择学习车型时，新课程比较强调新的技术。您可以根据当地的常见车型，按照学校的实际条件做适当调整，并通过企业实践环节做适当的补充，从而提高教学的针对性。

教学组织实施时，新课程的教学单元需要相对完整的连续教学时间（如4课时），特别是整车实训时学生需在规定时间内的分组学习。希望您能适应由此带来的较高教学强度。由于分组学习，课堂教学管理的难度可能增大，请您与学校的教学管理部门做好沟通。

技工院校的核心任务是让学生学会工作，这要通过您的努力来实现，创新性的建构教学是我们对您的期待。同时，也希望把您的教学感受告诉我们，以便更好地为您服务。

预祝您的教学更为有效！

5.4.3　“一体化”教材开发的内容组织——学习任务

“一体化”教材是为了满足“一体化”课程教学需要而进行开发研究的，源于职业典型工作任务，实现校企合作双制、工学结合一体人才培养模式，服务于企业用人需求，满足学习者职业生涯发展需求。“一体化”教材在内容选择方面，按照工作过程的顺序和学生自主学习的要求进行教材教学设计并安排教学活动，实现理论教学与实践教学融通合一、能力培养与工作岗位对接合一、实习实训与顶岗工作学做合一。

教材内容组织要符合国家职业标准等级要求，形成以中级工、高级工为主的人才培养课程层次。

1. 学习任务的解读分析

学习任务的确定与序化是“一体化”教材内容组织的主要形式。学习任务设计者应按照企业工作要求，完整地完成学习任务工作实践，并根据工作实践情况描述学习任务情境，再根据学习任务情境和课程总目标制定本任务的教材目标。

可利用“鱼骨图”（如图5-16所示），分析学习任务各工作环节所涉及的知识点和技能点。

然后以课程为单位，把“鱼骨图”分析结果列在“学习任务内容序化表”（见表5-8）中，按照知识和技能的渐进要求调整和确定各学习任务的内容，保证各学习内容为学习目标服务。

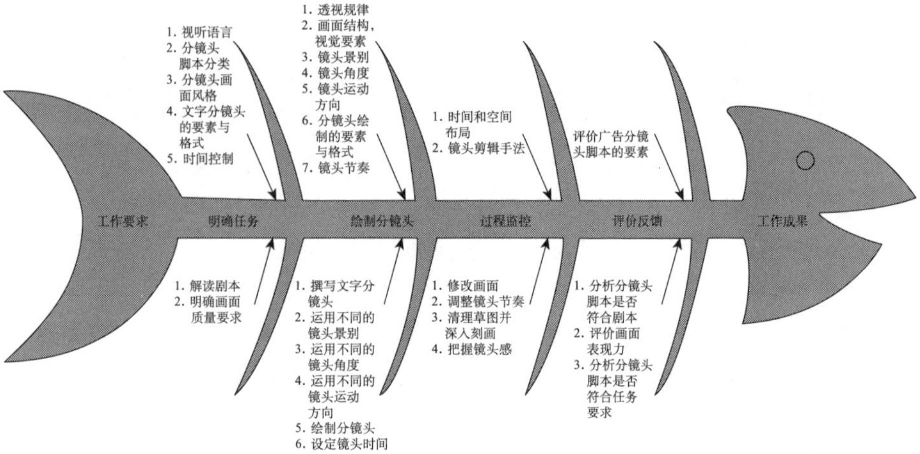

图 5-16 “绘制广告分镜头”的鱼骨图

本例是一种特殊情况，仅有两个任务，如果任务较多，排序时一般要经过专家讨论。

表 5-8 “分镜头设计”学习任务内容序化表

一体化课程名称：分镜头设计 学时：80

序号	学习任务名称	学时	学习目标	知识点	技能点
1	绘制广告分镜头设计	24	1. 能够有效收集信息，理解剧本，明确剧情发展、空间、时间、角色的状态。在懂得一定的视听语言的基础上，运用专业术语与专业符号将文字剧本按要素与格式转变为文字分镜头脚本。预设每个镜头的时间 2. 在具有一定的审美能力、画面控制能力的基础上，根据文字分镜头脚本，运用镜头语言绘制分镜头，能合理编排画面结构与视觉要素，设计并绘制出符合情节需要、符合分镜头绘制要素与格式的连贯镜头，设定每个镜头的时间 3. 能够对绘制的分镜头进行修改，深入刻画，编	1. 视听语言 2. 分镜头脚本分类 3. 分镜头画面风格 4. 文字分镜头的要素与格式 5. 时间控制 6. 透视规律 7. 画面结构，视觉要素 8. 镜头景别 9. 镜头角度 10. 镜头运动方向 11. 分镜头绘制的要素与格式 12. 镜头节奏 13. 时间和空间布局 14. 镜头剪辑手法 15. 评价广告分镜头脚本的要素	1. 解读剧本 2. 明确画面质量要求 3. 撰写文字分镜头 4. 运用不同的镜头景别 5. 运用不同的镜头角度 6. 运用不同的镜头运动方向 7. 绘制分镜头 8. 设定镜头时间 9. 修改画面 10. 调整镜头节奏 11. 清理草图并深入刻画 12. 把握镜头感 13. 分析分镜头脚本是否符合剧本 14. 评价画面表现力

续前表

序号	学习任务名称	学时	学习目标	知识点	技能点
1	绘制广告分镜头设计	24	排时间与空间的布局，运用适合的镜头剪辑手法，控制镜头节奏，最终绘制出符合剧本要求的连贯镜头 4. 能够将分镜头脚本提交并展示，分析评价，为广告拍摄设计提供明确的具象指引		15. 分析分镜头脚本是否符合任务要求
2	制作动画片分镜头	56	1. 能够有效收集信息，理解剧本，明确剧情发展、空间、时间、角色的状态。在懂得与分析视听语言的基础上，运用专业术语与专业符号将文字剧本按要素与格式转变为文字分镜头脚本。预设每个镜头的时间 2. 在理解视听语言，理解画面结构元素所表达的意义，理解运动镜头功能，能快速表达人物动态的基础上，根据文字分镜头脚本，运用适合故事情节的镜头语言，设计并绘制出符合情节需要、符合分镜头绘制的要素与格式的连贯镜头，设定每个镜头的时间 3. 能够对绘制的分镜头进行修改，深入刻画，渲染气氛，运用适合的镜头剪辑手法，控制并优化镜头节奏，检查镜头的连贯性，最终绘制出符合剧本要求的连贯镜头 4. 能够将分镜头脚本提交并展示，分析评价，为原画设计提供明确的具象指引	1. 画面结构要素所表现的意义 2. 角色造型动态表达 3. 镜头景别所表达的意义 4. 不同镜头角度的画面效果 5. 运动镜头的功能 6. 蒙太奇 7. 镜头节奏所表达的效果 8. 表演轴线 9. 镜头连贯性法则 10. 评价动画片分镜头的要素	1. 赏析视听语言 2. 控制分镜头的时间与节奏 3. 快速表达角色动态 4. 运用画面结构性元素布局画面 5. 运用镜头语言 6. 运用镜头剪辑手法 7. 运用镜头语言 8. 设定镜头时间 9. 检查镜头连贯性 10. 把握镜头感

如果教材开发人员认为，某一项典型工作任务没有（或基本没有）需要学习的新知识或者新技能，那么该典型工作任务就可能存在不具有教学价值的问题，此时应向课程开发人员反馈。

如果某项典型工作任务都是理论学习的知识内容，也需要慎重评估，如果开发成教材就可能存在“为任务而任务”的情况，建议向课程开发人员反馈，暂不往下开发教材。

如果某项典型工作任务的教学资源和需求只有企业才具备，或受特定型号的设备制约，则应考虑采取校企合作的教材开发方式。

教学活动建议是本着体现以学生为主体，针对学生学习方法的培养、思维方式的训练提出的，如表 5－9 所示。开发“一体化”教材前，要认真研读专业指导性教学计划表、系列“一体化”课程标准，弄清每个课程所涵盖的参考性学习任务及教学活动建议（即学习任务的策划表）。“一体化”教材的结构与其完全同构。

通过对学习任务的解读分析，教材开发人员应能准确把握各活动环节的安排以及需要的学习资源、评价的要点。这些活动环节将串联成一个相对独立的工作过程。一个典型工作任务往往可以分解为一个或几个学习任务，学习任务之间可能是并列关系、递进关系。对学习任务策划表的详细分析，是动笔编写教材的一项基础工作。但在很多情况下，学习任务策划表往往被认为是学校的知识产权，学校不愿对外提供，这是此类教材开发编写中遇到的最常见的问题。因此，教材开发人员最好能就此获得学校的授权。有些教材开发人员在出版单位的怂恿下，可能会开发出没有经过教学检验和企业实践的学习任务，这将使此类教材的教学适应性下降、质量大打折扣。

2. 工作页的编写

接下来是编写“一体化”教材的工作页。工作页相当于一般教材中“章”的地位。一本“一体化”教材就是由若干工作页串联而成，并且采取活页形式装订。

工作页（也称为作业单或任务单）是现代企业培训中常用的学习媒体，主要内容是专业信息和作业。工作页是现代职业教育中学生的主要学习材料，是帮助学生实现有效学习的重要工具，其核心任务是帮助学生学会如何工作。

工作页呈现源于典型工作任务的学习任务，通过体系化的引导问题，指导学生在完整的工作过程中进行理论实践一体化的学习，在培养专业能力的同时，获得工作过程知识，促进关键能力和综合素质的提高。

工作页由首页和正文两部分构成。

表 5-9　学习任务的策划

学习任务一：绘制广告分镜头

教学环节	学生学习活动	教师活动	学习内容	资源	评价点	时间及地点
活动一：明确任务	1. 视听语言赏析 2. 查阅分镜头绘制相关专业知识 3. 理解文字分镜头脚本的要素与格式 4. 解读剧本，将剧本转变为文字分镜头脚本	1. 指导学生进行视听语言赏析 2. 布置分镜头绘制任务 3. 指导学生进行相关资料查阅，讲解 4. 演示将文字剧本转变为文字分镜头脚本	1. 视听语言 2. 分镜头脚本的分类 3. 分镜头画面风格 4. 文字分镜头的要素与格式 5. 解读剧本 6. 时间控制 7. 画面质量要求 8. 撰写文字分镜头	1. 互联网 2.《动画分镜头设计》 3. 视听语言赏析素材 4. 分镜头脚本范例	1. 收集信息 2. 解读剧本 3. 文字分镜头格式与要素的掌握和理解	4 课时 课室
活动二：绘制分镜头	绘制广告分镜头	1. 指导学生进行分镜头设计 2. 讲解分镜头绘制的要素与格式 3. 讲解镜头语言 4. 讲解画面结构元素 5. 引导学生运用画面结构元素 6. 引导学生运用镜头语言	1. 时间控制 2. 透视规律 3. 画面结构，视觉要素 4. 镜头景别 5. 镜头角度 6. 镜头运动方向 7. 分镜头绘制的要素与格式	1. 互联网 2.《动画分镜头设计》 3. 视听语言赏析素材 4. 分镜头脚本范例	1. 绘制的分镜头脚本是否符合分镜头脚本的要素与格式 2. 运用恰当的镜头语言 3. 有效编排画面结构元素	10 课时 课室

续前表

教学环节	学生学习活动	教师活动	学习内容	资源	评价点	时间及地点
活动三：过程监控	1. 编排完善时间与空间布局，调整镜头节奏 2. 修改草图，深入刻画 3. 运用镜头剪辑手法	1. 指导学生进行画面修改 2. 帮助学生把握镜头感	1. 时间和空间的布局 2. 镜头剪辑的手法 3. 调整镜头节奏 4. 把握镜头感	1. 互联网 2.《动画分镜头设计》 3. 视听语言赏析素材 4. 分镜头脚本范例	1. 画面效果 2. 镜头节奏的把握	6 课时 课室
活动四：评价反馈	1. 提交分镜头脚本并展示 2. 互评 3. 评价总结	1. 讲解评价规则与评价表 2. 组织互评 3. 总体评价	评价广告分镜头脚本的要素	1. 互联网 2.《动画分镜头设计》 3. 视听语言赏析素材 4. 分镜头脚本范例	1. 评价画面表现力 2. 分析分镜头脚本是否符合任务要求	4 课时 课室

（1）首页。

首页一般包括：学习任务（即标题）、工作情境描述（可选，一般放在正文部分）、学习目标、建议课时、学习地点（教材公开出版后可省略此项，或做概要说明）、学习准备（放入正文的情况多）和内容结构等栏目，主要功能是展示学习目标、提示学习要点，具体说明如下：

1）学习任务：源于生产实际的典型工作任务，具备学习价值。

2）学习目标：完成学习任务后，预期学生应当能够达到的行为程度，包括所希望行为的条件、行为的结果和行为实现的技术标准。工作页中表达的学习目标是教学活动所追求的、学生在完成学习任务以后应实现的最终行为，它是预期的学习效果。在工作页内容的设计中，要具体反映目标落实的情况，即每一个学习目标在工作页的内文中都需配套有实现目标的途径与教学相应采取的措施，使得目标有效。有一些属于反映学习领域课程整体特征的目标，在个别工作页中可能不具有突出的体现就不需要在学习目标中单列出来，但设计每个工作页时遵循这些整体的要求仍非常重要。

3）建议课时：建议完成学习任务的教学学时数。

4）内容结构：一般用图表示学习与工作内容的要点，列举主要内容及反映内容之间相互的关系。当工作页中的操作成分较多时，建议采用流程图的表达方式，反映完成任务的主要操作步骤及步骤之间的相互关系。一个学习领域课程中的若干课业，可以用内容结构图表达其相互之间的关系。

（2）正文。

工作页正文由学习任务描述、学习准备、计划与实施和评价反馈四个核心栏目组成，并由引导问题贯穿全文（也可将这些引导问题在学习准备栏目之后全部列出，提示学习的目标），同时还设置一些小栏目，如学习拓展、小词典和小提示等，具体说明如下：

1）学习任务描述：简要描述学习任务。

2）学习准备：明确工作任务，获取完成工作任务所需的概括性信息，包括理论知识、通用或专用工具、安全要求和注意事项等，均是为“计划与实施”做准备。

3）引导问题：提出学习问题，引导学生有目标地在学习资源中查找到所需的专业知识，思考并解决专业问题。

4）计划与实施：学习制订工作计划，实施并进行质量控制，在行动中学习与完成任务联系紧密的工作过程知识（包括必要的学科性知识）和技能。

5）评价反馈：对学习过程和结果的质量进行评价和总结，包含专业能力和关键能力，讨论今后完成类似工作任务时的注意事项与改善意见。

6）学习拓展：针对学习内容进一步学习与工作相关的内容。

7）小词典：简要解释专业名词或技术术语。

8）小提示：针对工作安全与质量问题的提示，包括学生在工作过程中应注意的操作规范、维修技巧、注意事项，以及需要提醒客户的要点和注意事项等。

图 5-17 是一本"一体化"教材的内文栏目展示。

学习任务　起动机不工作的拆检

工作情境描述：

何先生在起动发动机时，拧动车钥匙，起动声音不明显，有时起动声音断断续续，有时甚至听不到起动声音，感觉起动机动力下降。在起动机不转动时，其电磁开关有吸动的"嗒、嗒"声。汽车送往维修店后，经维修技师检查判断为起动系统故障。作为汽车维修人员，现需根据维修手册相关要求在一天时间内完成对起动系统的检查与零部件的更换，完成后交付班组长验收。

学习目标：

通过对此学习任务的学习，学生应当能够：

1. 通过情景模拟，对照起动系统向组员介绍起动系统的基车构造、部件功能及其基本工作原理。

2. 正确选择并使用工量具与仪器，对零部件进行测量，判断零部件的工作状态。

3. 根据维修手册要求，在规定时间内，对起动系统进行拆卸、检修、装配，并完成拆装步骤的记录。

4. 向组员叙述起动系统拆装安全操作规程，并在作业过程中自我检查任务执行情况，做好过程记录。

5. 通过情景模拟，正确回收零部件，填写竣工单，并向班组汇报维修情况。

建议课时：40 课时。

学习地点：汽车整车检测与维修学习工作站。

学习准备：

常用量具：汽车维修作业常用的拆装工具。

常用仪器：万用表、千分尺、塞尺、游标卡尺等。

专用工具：诊断仪。

油料、材料：机油、润滑脂、清洗液、发动机修理包等。

设备：车辆、发动机。

资料：维修手册、维修工单、安全操作规程。

工作过程与学习活动：

1. 工作任务分析与获取信息。

2. 起动机不工作故障维修方案的制定。

3. 起动机不工作故障基本检查。

4. 起动机的拆检。

5. 维修质量评定。

学习活动：起动机不工作故障维修方案的制定

学习目标：

1. 能查阅维修手册，列举起动系统的基本检查方法，并进行操作。

2. 能描述汽车起动系统检查所使用工量具及仪器的名称、种类、用途及其使用方法，并正确使用。

3. 能在教师指导下，完成起动机不工作故障维修方案的制定。

建议课时：5 课时。

学习要求：

发生起动机不工作故障后，为确认是否起动系统零部件损坏造成的故障，防止不必要的起动系统拆解工作，对起动系统造成伤害，需对车辆起动系统进行基本检查，判断故障产生的部位。回答以下问题并完成起动系统维修方案的制定。

引导问题 1：

作为维修人员，在遇到起动机不工作故障时，你将通过怎样的检查步骤确定故障的部分呢？请设计检查步骤，并实施。

步骤 1：____________________________________

步骤 2：____________________________________

步骤 3：____________________________________

…………

步骤 10：___________________________________

引导问题 2：

根据下图和相关资料，说明起动系统的故障检查流程，并在图框中绘制故障树。(资料图略)

故障树

小词典：故障树分析法。

故障树分析（FTA）技术是美国贝尔电报公司的电话实验室于 1962 年开发的，它采用逻辑的方法，形象地进行危险的分析工作，特点是直观、明了、思路清晰、逻辑性强，可以做定性分析，也可以做定量分析，体现了以系统工程方法研究安全问题的系统性、准确性和预测性，它是安全系统工程的主要分析方法之一。一般来讲，安全系统工程的发展也是以故障树分析为主要标志的。

小提示：故障树分析中的常用符号。

…………

图 5-17　“一体化”教材工作页栏目展示

此外，一些出版单位还引进过德国职业教育教材的“学习领域”课程的编写方法，其主要栏目设置为：导向、信息、计划、实施、检验、展示，如图 5-18所示。

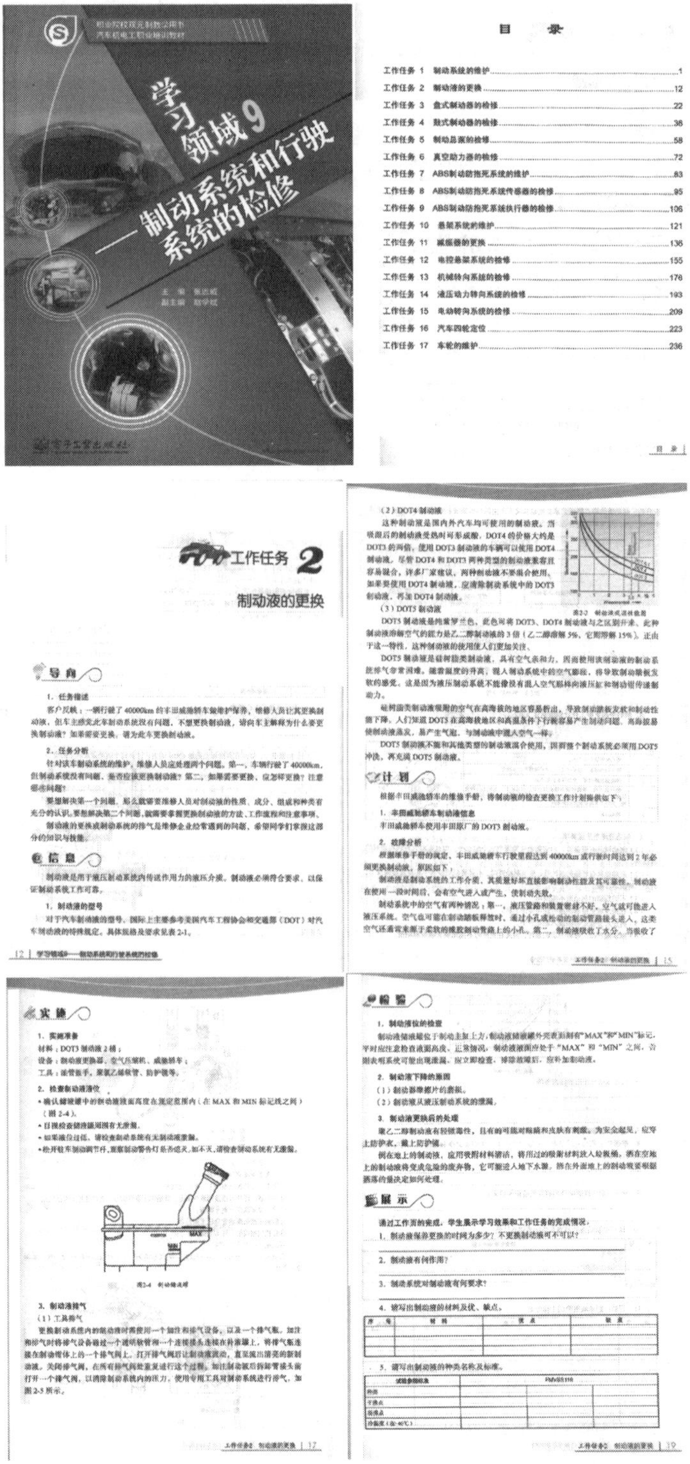

图 5-18 “学习领域”教材的栏目设置

类似的教材编写模式还有将全书分设为若干“学习情境”（相当于“章”），每个“学习情境”有若干学习单元组成，并将每个单元的栏目设置为学习目标、任务载体、学习内容、知识链接、相关技能、知识和能力拓展、课后思考的。但这种辨析模式容易“换汤不换药”，并产生“为任务而任务”“为情境而情境”的弊病，如图 5－19 所示。

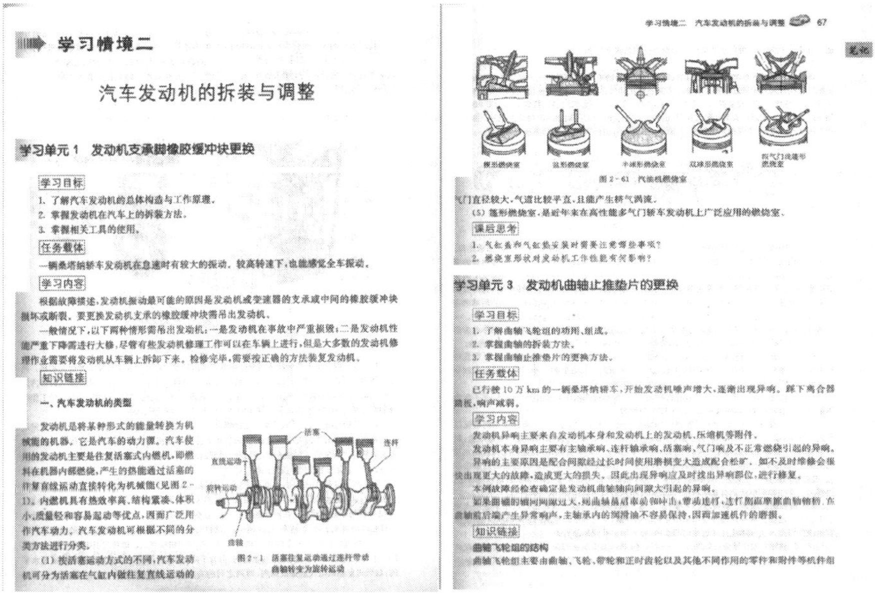
学习情境二

汽车发动机的拆装与调整

学习单元 1　发动机支承脚橡胶缓冲块更换

学习目标

1. 了解汽车发动机的总体构造与工作原理。
2. 掌握发动机在汽车上的拆装方法。
3. 掌握相关工具的使用。

任务载体

一辆桑塔纳轿车发动机在怠速时有较大的振动，较高转速下，也能感觉全车振动。

学习内容

根据故障描述，发动机振动最可能的原因是发动机或变速器的支承或中间的橡胶缓冲块损坏或断裂。要更换发动机支承的橡胶缓冲块需吊出发动机。

一般情况下，以下两种情形需吊出发动机：一是发动机在事故中严重损毁；二是发动机性能严重下降需进行大修，尽管有些发动机修理工作可以在车辆上进行，但是大多数的发动机修理作业需要将发动机从车辆上拆卸下来。检修完毕，需要按正确的方法装复发动机。

知识链接

一、汽车发动机的类型

发动机是将某种形式的能量转换为机械能的机器。它是汽车的动力源。汽车使用的发动机主要是往复活塞式内燃机，即燃料在机器内部燃烧，产生的热能通过活塞的往复直线运动直接转化为机械能（见图 2－1）。内燃机具有热效率高、结构紧凑、体积小、质量轻和容易起动等优点，因而广泛用作汽车动力。汽车发动机可根据不同的分类方法进行分类。

（1）按活塞运动方式的不同，汽车发动机可分为活塞在气缸内做往复直线运动的

图 2－1　活塞往复运动通过连杆带动曲轴转变为旋转运动

学习情境二　汽车发动机的拆装与调整　67

笔记

图 2－61　汽油机燃烧室

气门直径较大，气道比较平直，且能产生挤气涡流。

（5）篷形燃烧室，是近年来在高性能多气门轿车发动机上广泛应用的燃烧室。

课后思考

1. 气缸盖和气缸垫安装时需要注意哪些事项？
2. 燃烧室形状对发动机工作性能有何影响？

学习单元 3　发动机曲轴止推垫片的更换

学习目标

1. 了解曲轴飞轮组的功用、组成。
2. 掌握曲轴的拆装方法。
3. 掌握曲轴止推垫片的更换方法。

任务载体

已行驶 10 万 km 的一辆桑塔纳轿车，开始发动机噪声增大，逐渐出现异响。踩下离合器踏板，响声减弱。

学习内容

发动机异响主要来自发动机本身和发动机上的发动机、压缩机等附件。

发动机本身异响主要有主轴承响、连杆轴承响、活塞响、气门响及不正常燃烧引起的异响。

异响的主要原因是配合间隙经过长时间使用磨损变大造成配合松旷，如不及时维修会很快出现更大的故障，造成更大的损失。因此出现异响应及时找出异响部位，进行修复。

本例故障经检查确定是发动机曲轴轴向间隙大引起的异响。

如果曲轴的轴向间隙过大，则曲轴易对串动冲击，带动连杆、连杆前后摩擦曲轴前后，在曲轴前后端产生异常响声，主轴承内的润滑油不容易保持，因而加速机件的磨损。

知识链接

曲轴飞轮组的结构

曲轴飞轮组主要由曲轴、飞轮、带轮和正时齿轮以及其他不同作用的零件和附件等机件组

图 5－19　理实“一体化”教材学习情境的栏目设置

5.4.4　“一体化”教材开发的内容呈现和资源配套

1. 教材呈现形式

“一体化”教材的属性决定了采用活页式的呈现形式是其最大的特点。教材内文中应较多地使用图片。同时，教材中的“引导问题”后可以适当留出较多的空白位置，以便学生随时书写。

图 5－20 展示了一套“一体化”教材的基本形态，包括活页教材夹（容纳整本教材）、便携式活页夹（可供夹一个学习任务使用）。

但活页形式的教材，出版社在装帧设计、成本控制上存在困难，学生保存也有困难，所以后期有些出版单位放弃了这种做法，采用固定的装订形式。

2. 资源配套

“一体化”教材的教学资源配套要求较高，首先需依据“一体化”课程方

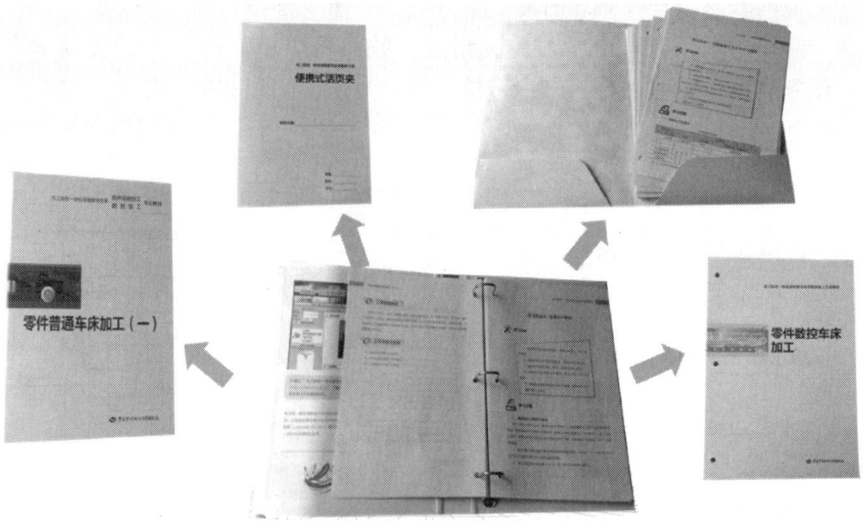

图 5－20 “一体化”教材展示

案做好师资队伍建设、学材建设、学习环境建设等。其中，学材指用于直接帮助学生学习的学习材料，包括专业资料库、作业指导书、工具书及企业技术资料（如设备使用手册、设备维修手册）等。

5.4.5 “一体化”教材开发的体会与感想

1. 对“一体化”课程的认识

“一体化”课程是一项开创性的改革。研究表明，工学结合一体化课程教学改革显著促进了技工院校学生综合职业能力的发展，其中工作页教材建设显得非常重要，它对推动工学结合一体化课程教学改革将发挥积极作用。

从技工院校工作的角度出发，“一体化”教材开发是一项开拓性改革性的工作。在“一体化”教材内容组织上，应包括：行业分析与需求分析，确定专业领域；工作观察与工作分析，确定典型工作任务；教育教学分析，转化“一体化”课程；典型工作任务，分析描述“一体化”课程；学习任务设计，开发学材（工作页）；学习工作站建设，“一体化”教师培养，做好课程实施准备；“一体化”课程实施与评价；教学管理模式与评价体系改革；课程体系优化与持续改进。

“一体化”教材对应设计开发一个或若干个学习任务，因此，教材的内容组织实施，事实上也是学习任务的组织实施。为了做好学习任务的教学实施，必须在“一体化”教材描述的基础上编制每一个学习任务的设计方案，作为指导教学的大纲，内容包括工作情境描述、学习任务描述、与其他学习任务的关系、学生基础学习目标、学习内容教学条件、教学组织形式、教学流程与活动、评价内容与标准等。

职业教育要为人的职业成长提供服务，学生在学校的学习过程就是学生职业成长由初学者到具备工作能力的过程，在职业学校就要开始学习如何工作与工作的方法要求。职业教育课程应该反映职业属性的特征，按照人的职业成长规律，在尽量真实的工作情境中，为学生用技术思维的方式整体化解决综合性的专业问题，培养综合职业能力提供实践空间。

2. 对“一体化”课程开发与教材建设的反思

在“一体化”课程教材开发实践中，我们感到：教材开发难度大、教学组织成本高、教师能力要求高。

（1）教材开发难度大。开发工学结合一体化课程的教材需要开发者跨界的知识结构、行业企业职业的各种新变化、课程开发的实践专家访谈会、工作任务的实践性能力、学习任务的教学能力、教育教学的研究能力等。

（2）教学组织成本高。表现为课程资源需求大、组织难度大，甚至一个“一体化”课程分为几个学期开设，难以协调安排。由于都是真实性、开放性的教学任务则通常没有标准答案，也无法预测学生生源的方案编写情况。如在教学资源的准备过程中，设备设施材料的准备需非常全面周到，以免出现学生方案编写可行，却因缺乏某些条件而无法实施的情况，但是这会增加教学成本。

（3）教师能力要求高。真实性、开放性的问题对教师的职业素养与职业能力提出了很高要求。“一体化”课程教学实施效果虽好，但代价很大，远不如传统学科教学的集约性高，往往一位教师无法全程担当一门“一体化”课程。又如教学任务的真实性、教学过程的开放性、教学结果的不唯一性，需要教师在教学过程中对学生职业能力与职业素养的表现非常敏感，这对教师能力提出了挑战。

有关建议如下：

一是将工学结合一体化课改提高至发展战略高度，加快完善工学结合一体化课改配套政策。要加大校企合作、办学经费、师资队伍等方面的政策扶持，提高各级主管部门、技工院校对工学结合一体化课程教学改革的重视程度与推动力度，塑造职业教育品牌。

二是加快教材资源保障建设。坚持“以学生为中心”，关注学生职业生涯发展，将职场真实情境中的职业能力要求和国家职业资格要求作为职业院校人才培养标准。加强具有工学结合一体化课程特征的技能人才课程教材资源、教学规律的研究，同时要加快技工院校校本层面的教学规范、校内外配套软硬资源等系统建设，不断提高技工院校培养技能人才的能力。

三是举办专题培训提升师资能力，提高专业化水平。要加强技工院校师资标准研究，明晰师资专业化发展路径及发展能力要求。在积极扩大技工院校“一体化”师资队伍数量的同时，注重提高师资队伍建设质量，全面优化教师的专业化成长路径，提升师资的职业素养与综合职业能力水平。对于“一体化”教材的开发，需要组织针对教材开发者的专门培训，否则难以保证质量。

四是要加强与职业资格证书的对接。虽然人社部的文件规定，“开展一体化课程教学的院校，其一体化专业课程的毕业生学习成绩合格，视同职业技能鉴定合格，直接取得相应职业和等级的职业资格证书。技工院校要及时将一体化专业班级学生信息、教学计划安排、课程设置、过程化考核计划等材料报职业技能鉴定机构备案，职业技能鉴定机构要积极做好技术指导和技能鉴定服务，对实施一体化教学的专业进行课程认证和过程化考核”，但截至本课题结题，全国没有一个省出台衔接政策，原因在于“一体化”教材的工作页编写模式容易导致对理论学习的忽视，鉴定机构据此推定学生没有经过相关的理论知识学习。但实际上，对于技工院校来说，“一体化”课程不是全部，也不能将全部课程都“一体化”。难怪有学者提出，职业院校缺乏实践、技工院校缺乏理论，所以都不能采取课程认证的方式发证，都须重新考试鉴定。看来，这方面的问题仍要继续推动解决。

3. 工作页教材编写的若干体会

（1）关于工作页的内容设计。

典型工作任务的基本要求，要能体现工作过程的各项要素，并反映这些要素之间的相互联系；要具有结构完整的工作过程；要让学生能够借此获得工作过程知识，而不仅仅是操作技能。

典型工作任务/学习领域课程要承担一个职业的一项独立的功能，在整个职业中具有重要的意义和作用，反映该职业典型的工作形式；典型工作任务/学习领域课程与学习情境/课业，学习情境/课业之间要有联系和很强的关联性，要具备完整工作的系统性。

（2）要正确区分工作页中的学习准备、计划与实施。

学习准备：反映的是明确任务，获取信息，包括理论知识、通用或专用工具的准备、安全要求的注意事项等，是为计划与实施所做的最必需的准备，达成的目标是知道计划是干什么内容，但还不具有足够做计划的知识或技能的准备，相对来说，是指完成任务的外围或概括性的知识和设备条件。在学习准备文字结束时，用引导文的方式将计划与实施过程中需要学习的重要知识或技能列举出来，以便引起学习者的注意。

计划与实施：在引导性学习问题的帮助下，师生在行动过程中首先学习与任务最紧密的工作过程的知识，其次是学科性的知识和完成任务的技能知识，此时呈现的是完成任务时所需要的具体知识技能的内容。

当任务需要的科学知识成分较多时，学习准备的知识内容相对较多；当任务需要的技术知识成分较多时，学习准备的知识内容相对较少，而计划与实施中的工作过程的知识较多。

（3）要正确区分工作页与相关学习材料。

工作页就是主教材，是学生学习典型职业任务的主要载体。通过完成职业工作任务进行实践与理论知识的学习，既要学习技能，又要学习工作过程的知识和联系紧密的学科性知识（理论知识），同时还要学习工作的方法，达到工作的要求。

相关学习材料可算作教辅，其中实验指导手册的学习是安排在理论学习之后，验证理论的正确与否并培养学生的动手操作能力。另外，体现企业的任务操作程序的培训教材主要是从企业工作任务的角度，明确操作的规范步骤要求或操作工艺和技术标准，反映行业企业的职业工作要求。

第 6 章 典型职业培训教材开发的实践研究

本部分对 2008—2015 年来笔者主持开发的一些典型职业培训类教材（如通用能力培训教材、技能培训教材）的具体案例进行了分析总结，对职业培训教材开发的典型模式和主要规律进行了提炼。

6.1 职业培训教材开发概述

职业培训制度既是我国职业教育制度的一部分，也是我国劳动生产制度的一部分。在我国，职业培训制度是围绕着劳动生产制度而建立的，与职业分类、职业标准、职业技能鉴定制度密切相关，其本身已经成为劳动制度的一个重要组成部分。21 世纪，科学技术和信息技术飞速发展，从业流动人口进一步增加，世界各国都面临着就业和失业的巨大压力，职业培训是解决这一问题的重要手段，具有极为重要的地位和作用。职业培训教材开发是推动职业培训工作的一个重要基础。

2010 年，国务院发布了《关于加强职业培训促进就业的意见》，提出“大规模开展就业技能培训、岗位技能提升培训和创业培训，切实提高职业培训的针对性和有效性”的要求。做好职业培训的基础工作之一就是要从技能人才需求的实际出发，以就业为导向，开发符合岗位需要的课程体系，着力提高劳动者的实际技能，还要从提高毕业生就业能力出发，紧紧围绕着提升岗位胜任能力和职业生涯发展能力，研发针对性和应用性更强的培训内容和方法，开发一批毕业生适用的培训教材。考虑到职业培训教材的特殊性，总课题组将其单列为一类教材，并设置了“职业培训教材开发技术规范研究”的子课题，委托中国劳动社会保障出版社张伟同志主持研究，该子课题提交了研究报告。

研究职业技能培训教材出版，离不开对职业培训的研究。职业培训教材是根据培训需求来确定的，是为了完成培训任务而形成的培训教材。根据职业培训的类型来开发职业培训教材，职业培训的类型主要有职业准备培训和职业继续培训。其中职业准备培训主要有技工培训、职业资格证书取证培训、行业职业培训、劳动预备制度培训、创业培训；职业继续培训包括企业内职业培训（往往和企业内教育联系紧密、相互融通），劳动保障部门、社会力量培训机构举办的针对下岗、失业、转岗人员的各种职业培训和农村的初中等实用技术培训、农民中等职业技术教育，主要形式有在职培训、转业和转岗培训、再就业培训。因此，在研究职业培训教材开发时要充分结合职业培训的类型来研发适合成人学习培训特点的教材。

职业培训教材是根据职业培训目标、完成职业培训任务的需要而组织起来的教材。例如创业培训教材、职业核心能力培训教材、专项职业能力培训教材、职业资格培训教材、现代班组长岗位培训等。培训教材具有学时少、单元课程数量少、目标明确、突出技能、突出企业需求的特点。培训教材的建设需要经历需求分析、目标确定、内容组织、呈现优化等环节。

6.1.1　职业培训教材的功能定位

职业培训的目的是使企业员工或劳动者的知识、技能、态度，甚至行为发生定向性改变，从而确保他们能够按照预计的标准完成或胜任有关工作。从企业和员工（劳动者）双重的角度来看，培训教材的功能就是要进行人力资源开发和储备，使组织发展与个人发展统一。

职业培训教材的主要功能是增加知识、增强技能、树立正确的态度，促使个体行为发生正向的变化，从而提高企业绩效、增加员工收入，如图 6－1 所示。

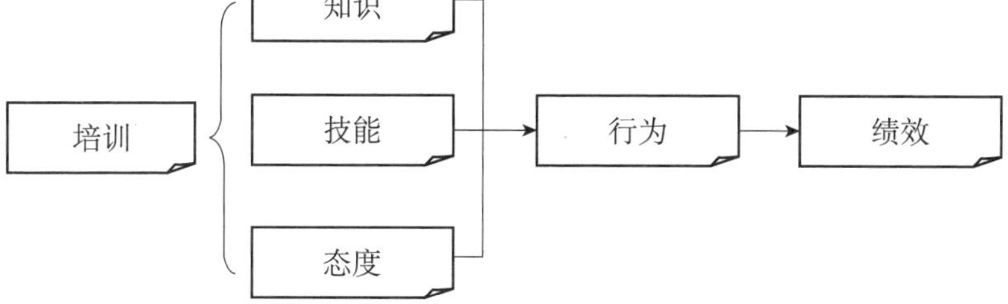

图 6－1　职业培训教材的功能

从劳动者角度来看，职业培训教材是劳动者终身学习、职业生涯发展、职业技能提升的工具，也是开展职业技能培训、加强技能劳动者职业能力建设的手段。研究教材问题，离不开就业和培训这个大背景，如果看不清当前就业的形势和职业培训面临的任务，单纯就教材论教材，就很难把握职业培训教材开发的方向。

6.1.2 职业培训教材的需求分析

需求分析是职业培训教材开发不同于职业教育开发的最主要特点，因为职业教育教材的需求是“大同小异”，主要是弄清国家有关教学文件和职业标准的规定，再辅以企业需求的变化即可基本界定；而职业培训教材的需求特点是“大异小同”，主要弄清企业（雇主）需求、用人方的人力资源特点和企业文化等，而通用性的内容占比往往比较小，相同名称的培训教材题目，因为培训实施主体的不同，教材内容差别往往很大。所以需求分析就非常重要了。

1. 需求分析概要

培训教材需求分析是指通过对企业及其员工的目标、技能、知识等方面进行系统的鉴别与分析，寻找员工现有状况与企业要求之间的差距，以确定培训目标、培训内容的一系列活动过程。需求分析的主要目的是区分哪些是真正的培训需求，哪些是假想的培训需求；哪些是普遍需求，哪些是个别需求；哪些是短期需求，哪些是长期需求；哪些是当前需求，哪些是未来需求。只有进行需求分析后才有可能确定培训目标。所以，我们将通过各种途径运用各种方法收集信息，并进行分析论证，明确培训目标、培训对象与培训内容，确保职业培训既有较强的针对性，又有一定的时效性。需求分析是组织职业培训教材的首要和必经环节，在培训教材开发的全过程中具有重要作用。

2. 需求分析的主要步骤

（1）用人方需求分析。用人方需求分析主要是指通过对企业（用人单位）或人力资源市场对完成某一项任务所需的知识、技能状况同现有状况的差距分析，来确定组织的培训需求及培训内容的过程。用人方需求分析的内容如下：

1）用人方的人力资源需求分析：从人力资源的角度分析组织人员，在能力水平上必须满足组织运行与发展的需要，主要依据组织的长远和近期目标对人力资源的种类、数量和质量的需求状况做出判断，并确定培训的目标；

2）用人方的效率分析：包括生产效率、产品的质量和数量、成本状况、机器的使用和维修等，用人方可以对这些因素加以分析，制定出相应的效率标准，若现实与要求存在差距，不能达到效率标准要求，就要考虑使用培训的手段加以解决；

3）用人方文化的分析：用人方文化是组织的管理哲学及价值体系的反映，只有用人方的文化与员工个人的价值理念相融合，员工才会自觉不自觉地做出符合组织要求的行为选择，积极主动地为实现用人方目标做出贡献，若两者有偏差，就需要通过培训将组织共同的价值观不断地向个人价值观渗透和内化，从观念上指导员工的工作行为，逐渐使员工接受和认同组织共同的价值观念。

（2）培训学员需求分析。培训学员需求分析是以学员的培训需求分析为对象，主要分析培训学员现有状况与应有状况之间的差距。培训学员需求分析包括以下几个方面：

1）就业情况分析。考察培训学员的就业状况，包括找工作的难易程度、工作转换的次数、薪酬状况、所从事职业的供求比例等。

2）绩效分析。一般通过绩效评估的方式进行。通过绩效分析，可以发现员工绩效水平状况。

3）专业知识、业务能力分析。即对培训学员所从事工作的任务、所需要的知识与技能，同本人现有专业知识、业务能力进行分析比较，找出存在的差距，以此为依据来决定是否需要参加培训及培训的内容。

3. 需求分析的方法

职业培训需求分析的方法主要有：必要性分析法、任务分析法、工作绩效分析法。

（1）必要性分析法。即通过收集、分析信息或资料，以确定是否通过职业培训来解决组织存在问题的方法。有时生产或工作过程中经常产生错误，出现质量问题，其原因是不能通过培训来解决的，而需要稍加改动操作流程或改变工作规程。常用的方法有分层分析法、观察法和访谈法。分层分析法是指把收集记录的原始数据按照不同的目的加以分类整理，以便分析问题原因的一种方法。分层是指依据一定属性划分的类或组。分层的目的是将不同性质的数据和错综复杂的影响因素分析清楚，找到问题症结所在，对症下药，解决问题。将数据分层时，必须做到把性质相同、在同一条件下收集的数据归纳在一起。分层的依据多种多样，如依据设备、操作者、操作方法、工序、材料、检验方法、工作时间、班组、产品缺陷部位、使用条件等进行分层。

(2) 任务分析法。任务分析用于确定从事新工作的员工的培训需求。主要通过对职业技能标准、职务说明书、工作规范等文件的分析，描述该岗位的责任、任务和活动，进一步明确完成工作任务所必需的知识、能力，最后确定培训的内容。在进行任务分析时，可以参考职业能力分析方法。

(3) 工作绩效分析法（如图 6-2 所示）。工作绩效分析法是指在明确实际工作结果与期望工作目标差距的基础上，进一步确定可以通过培训来纠正其差距的项目。

首先，评价员工组织的绩效水平。

其次，明确实际工作结果与期望工作目标的差距。

最后，对产生差距的原因进行具体分析。由此确定是通过培训还是通过其他方法来解决问题。

分析出现工作绩效问题的原因时，可以利用岗位研究方法。

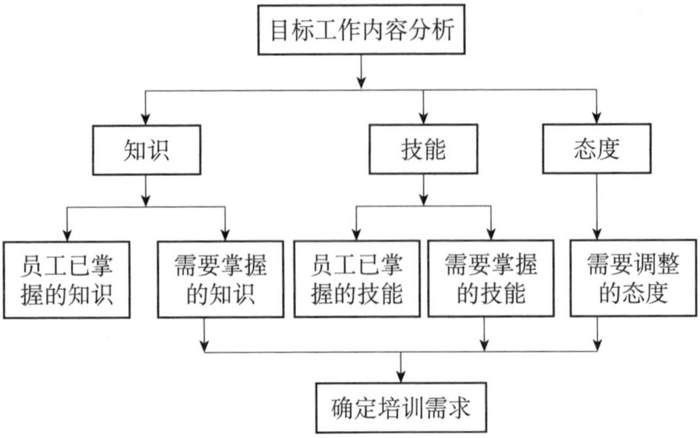

图 6-2 工作绩效分析法

6.1.3 职业培训教材的目标决策

培训教材的目标一般可以确定为掌握某项职业能力、具备某种职业资格、养成某种职业素质，甚至具体到某种产品的生产、某种机器设备的操作使用。一般而言，用少量几门单元课程即可实现培训教材的目标。

一旦明确了培训需求，就要确立培训目标，为培训提供明确的方向和框架。目标要详细说明完成培训后受训者应该掌握何种知识、应该掌握什么新技能、应该能够做什么。培训目标应是具体的、可测量的、可操作的，培训目标越具体，就越可能设计出正确的培训方案。培训目标为培训者和受训者提供了共同努力的方向，也为评价培训计划是否成功提供了基准。培训目标的内容主要包括基本目标和具体目标两个方面。

1. 基本目标

基本目标就是简要说明培训后应达到的能力水平、资格等级、素质要求等。

2. 具体目标

具体目标是指培训后受训者的学习结果。主要包括知识与技能、态度、素质等方面的具体要求和应该达到的效果。对学习效果的描述要尽可能具体和详细，学习达到的能力目标可以采用各种职业能力分析方法加以科学分析并准确表述。

6.1.4 职业培训教材的内容选择

职业培训教材应根据培训目标的不同选定不同的培训内容。虽然培训具体内容不同，但总而言之，主要包括以下几个方面：

（1）知识。即经过培训后应掌握何种知识。

（2）技能。即经培训后应掌握何种操作技能、管理技能。

（3）资格。即培训后应该达到什么样的职业资格（或技能等级）的要求（如该项为主要培训目的，则应以职业资格或职业技能等级的要求为选择内容的主要依据）。

（4）企业（雇主）需求。企业组织的培训往往还要求达到传达某种企业文化、价值观或行为习惯，如价值观的培训、客户服务培训、团队精神培训等。

（5）职业生涯发展需求。例如个人技能等级的提升、岗位升迁、转岗转行的需求。目前，大企业往往会根据企业发展现状和企业战略的需要，并结合员工自身条件，协助员工规划自身职业生涯，获得更高业绩。

职业培训教材的内容选择要遵循最小代价原理：对于企业而言，什么内容是企业最需要的，与提高产品质量、提高服务水平关联最为明显，就培训什么；对于员工而言，什么对能力提升和薪酬或职业生涯规划最有用，就培训什么。反之，如果一项培训内容对企业（或劳动者）的经济效益提升无明显作用，则此内容可以不选。所以说，职业培训教材的内容选择应该是企业需求导向的，或是雇主需求或劳动者需求导向的，而不是什么学科导向的，也不是职业活动导向的。

不同类型的培训教材的内容选择，都是对上述5个方面的综合考虑，考虑的核心问题在于谁是提供培训的主体，教材的价值决策会因此而呈现出多大的不同。在无法进行教材内容选择的时候，可以采用“头脑风暴法”来决定培训内容，或到企业采取人力资源管理中“工作分析”的技术方法来确定教材的内容。

6.1.5 职业培训教材的内容组织

在完成职业培训教材内容的选择之后，可以按照以下原则和方式来进行教材内容的组织。

1. 通用管理能力培训教材

通用管理能力培训教材包括职业道德培训教材、企业文化培训教材、核心能力培训教材、岗位管理技能培训教材、创业培训教材、创新能力培训教材等。此类培训教材内容组织上首先要遵循的是情感态度形成的心理顺序（顺从、认同、内化）和合理的训练程序。

态度不是先天就有的，而是社会性学习的结果。即在家庭、社会和学校等不同情境的作用下，通过他人的社会示范、指示或忠告，将社会的要求内化为学生自己的态度，并会在一定条件下产生迁移和改变。

20世纪60年代，美国学者班杜拉提出了著名的社会学习理论，认为个体的态度形成是通过观察和模仿进行的。观察是指个体以旁观者的身份观察他人的行为表现，以形成个人的态度和行为方式；模仿则是以被模仿者为榜样，仿照别人的态度和行为举止，使自己的态度和行为方式与被模仿者相同。态度的形成和改变一般认为要经过顺从、认同和内化3个阶段。

（1）顺从。顺从是表面接受他人的意见或观点，在外显行为方面与他人一致，而在认识与情感上与他人不一致。在这种情况下，个人的态度受外部奖励与惩罚的影响。这种态度是由外在压力形成的，如外在情景发生变化，态度也会随之变化。

（2）认同。认同是在思想、情感和态度上主动接受他人的影响，比顺从深入一层。因此，认同不受外在压力的影响，而是主动接受他人或集体的影响。

（3）内化。内化是指在思想观念上与他人的思想观点一致，将自己所认同的思想和自己原有的观点、信念融为一体，构成一个完整的价值体系。由于在内化过程中解决了各种价值的矛盾和冲突，当个人按自己内化的价值行动时，会感到愉快和满意；而当出现了与自己的价值标准相反的行动时，会感到内疚、不愉快。这时，稳定的态度（品德）便形成了。

例如，《学会做事》培训教材中推荐的奎苏姆博士提出的新的四步循环教学法（如图 6-3 所示）。

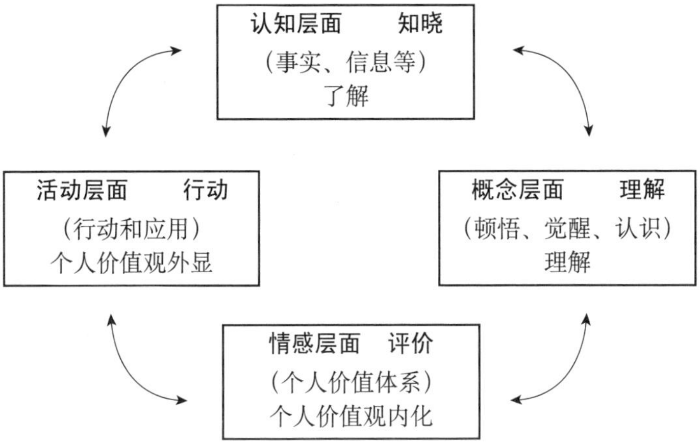

图 6-3　四步循环教学法

第一步：认知层面——知晓。巧妙引入话题、激发兴趣，通过案例提出问题，引发思考。

第二步：概念层面——理解。晓之以理，建构价值观冲突的情境，让培训者身临其境去体验。

第三步：情感层面——评价。动之以情，确保价值概念得到情感体验，关键教学策略是体验反思。

第四步：活动层面——行动。导之以性，将道德观念转化为道德行为，教学策略是体验行动，让受训者走入社会、走入职场体验价值观。

2. 技能培训教材

技能培训教材主要包括职业资格培训教材、岗位技能培训教材两类。

（1）职业资格培训教材。应根据职业资格要求（或技能等级要求）来组织教材，主要包括分等级的技能要求和各项职业功能。对于每项职业功能，具体分析工作内容，再围绕每项工作内容，按照操作技能、相关知识、工作态度三方面来组织教材内容。

（2）岗位技能培训教材。主要根据职业岗位工作的要求组织教材内容。将培训内容划分为若干个岗位，对每个岗位，按照操作技能、相关知识、工作态度三方面来组织教材内容。然后再采取以下两种排序方法：

一是根据工作过程组织教材内容。将培训内容划分为若干工作任务（工作任务是职业活动中结构完整的工作过程，包括计划、实施、结果检查和评价各步骤），依照每个任务本身的工作顺序和逻辑关系，分别描述每个操作步骤所涉及的操作技能、相关知识、工作态度，在此基础上进行教材内容的组织。此种情况下，可参照“一体化”教材开发的具体步骤。

二是根据技能模块组织教材内容。将培训内容划分为若干工作任务，再将工作任务进行模块化处理，将每个模块划分为技能单元，分别组织每个技能单元的内容。此种情况下，可以参照CBE-DACUM的课程开发技术方法。

在某些情况下，调阅企业岗位说明书有助于我们对教材内容做出快速选择。开发岗位技能培训教材，企业（雇主）的需求总是排在第一位。

无论采用哪种内容组织模式，在教材内容组织时要做到：符合职业能力形成的心理顺序、符合职业岗位的工作逻辑、符合职业素质的发展顺序、符合职业资格的发展顺序。

6.1.6　职业培训教材的内容呈现和资源建设

职业培训教材的内容呈现，要以培训内容属性为主要考虑因素，以操作性、经验性的知识技能为主，强调对口、实用和速效；培训过程与生产过程同步，在现实生产过程中由具有丰富经验、高超操作技能和一定指导能力的现场人员进行各种培训活动。根据职业岗位对劳动者提出的要求进行培养和训练，职业培训教材的内容呈现要符合职业和职教特点，通过对企业及其员工的目标、技能、知识等方面进行系统的鉴别与分析，寻找员工现有状况与企业要求之间的差距。

6.2　职业培训教材开发案例（一）——核心能力培训类教材开发的实践

6.2.1　核心能力培训教材的开发实践

1. 背景介绍

对于职业能力分类而言，德国职业教育界将个人职业能力划分为关键能力（在我国，更多称为“核心能力”）和专业能力。我国学者倾向于将职业能力分为核心能力、通用能力、职业特定能力。核心能力是指超越具体职业的那种非专业能力或跨专业能力，由德国教育家梅尔腾斯提出，后被各国广泛使用。2008 年第四次 APEC 教育部长会议发表的联合声明中指出，职业技术教育之所以变得越来越重要，是“因为劳动者必须不断适应新技术变革，而且一生中将多次更换职业”。正因为核心能力具有普遍的适应性和广泛的可迁移性，其影响辐射到整个行业通用能力和职业特定能力领域。核心能力对人的职业发展、人生成功的影响极其深远。开发和培育后备劳动者、在职劳动者的核心能力，能为他们提供最广泛的从业能力和职业生涯发展的基础。在国家人力资源开发中，核心能力的确立和开发具有重大战略意义。

职业核心能力是通用性最强的技能，是人们在职业生涯甚至日常生活中必需的，并能体现在具体职业活动中的最基本技能。尽管各国都在进行核心能力的研究，但在核心能力的内涵、种类、范围、影响等一系列基础性问题上还没有统一的意见。

对于核心能力的分析与分解，还有许多不同模型。根据我国实际情况和职业技能开发的需要，结合国际先进经验，人力资源和社会保障部提出了我国职业核心能力的标准，包括与人交流、数字应用、信息处理、外语应用、解决问题、自我提高、与人合作和创新技能等，如图 6－4 所示，可以细化为两类：社会能力（包括交际能力、合作能力、自我提高能力、外语应用能力）和方法能力（解决问题能力、创新能力、信息处理能力、演算能力）。职业核心能力的教材体系和内容如表 6－1 所示。

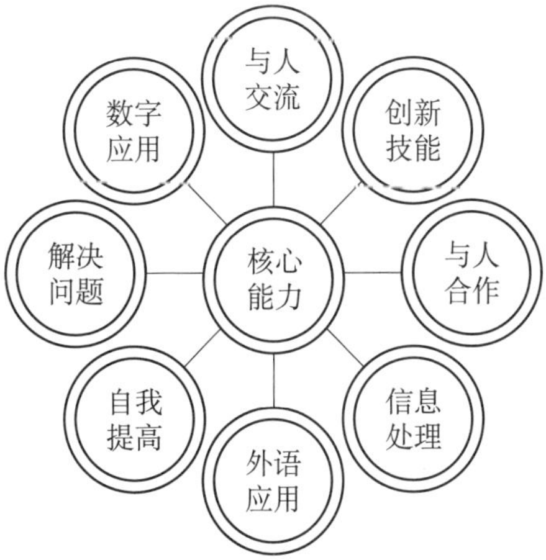

图 6－4　职业核心能力

表 6-1 职业核心能力教材体系介绍

教材模块名称	培训对象	培训目标	教材内容
自我提高	普通中高职院校学生、企事业单位员工	在工作活动中，能根据工作岗位和个人发展的需要，确定学习目标和计划，灵活运用各种有效的学习方法，并善于调整学习目标和计划，不断提高自我综合素质的能力	分初级、中级、高级三部分；每级按职业活动要素分为“制订学习目标和计划”“实施学习计划”“反馈与评估学习效果”三单元
信息处理		根据职业活动的需要，运用各种方式和技术，收集、开发和展示信息资源的能力	分初级、中级、高级三部分；每级按职业活动要素分为“收集选择信息”“处理开发信息”“展示应用信息”三单元
数字应用		根据实际工作任务的需要，通过对数字的采集与解读、计算及分析，并在计算结果的基础上发现问题并做出一定评价与结论的能力	分初级、中级、高级三部分；每级按职业活动要素分为“解读数字信息”“数字运算”“运算结果的展示和运用”三单元
与人交流		指在与人交往活动中，通过交谈讨论、当众讲演、阅读以及书面表达等方式，来表达观点、获取和分享信息资源的能力	分初级、中级、高级三部分；每级按职业活动要素分为“交谈讨论、演讲”“阅读”“书面表达”三单元
与人合作		根据工作活动的需要，协商合作目标，相互配合工作，并调整合作方式，不断改善合作关系的能力	分初级、中级、高级三部分；每级按职业活动要素分为“掌握计划”“执行任务”“检查效果”“制订计划”“完成任务”“改善效果”“调整计划”“控制局面”“达到目标”单元
解决问题		能够准确地把握事物出现问题的关键，利用有效资源，提出解决问题的意见或方案，并付诸实施，进行调整和改进，使问题得到解决的能力	分初级、中级、高级三部分；每级按职业活动要素分为“提出解决问题的意见和方案”“实施解决问题的方案”“调整或改进解决问题的方案”三单元

2. 需求分析

随着科技、经济、社会竞争的日益激烈，传统的仅仅培养掌握单一专业技能人才的教育目标，已经远远不能适应社会的发展和时代的要求，立足职业人才的全面发展，加强职业核心能力的培养，已经成为知识经济社会的现实要求和发展趋势。职业核心能力是人们职业生涯中除岗位专业能力之外的基本能力，它适用于各种职业，并能适应岗位的不断变换，是伴随人终身的关键能力、基础能力和可持续发展能力。在当今社会，职业核心能力的培养具有重要的现实意义。

21世纪信息社会的到来，使世界经济发生了巨大的变化，人们的职业生存和生活方式也在不断改变。当今社会，社会产业结构不断变化，职业岗位变动日益增加，知识技术周期逐渐缩短，对终身学习要求明显增强，过去只学一个专业、拿到一张文凭就可吃一辈子老本的生存方式早已不能适应当今社会的要求，“学会学习”成为人的第一能力，成为一个人竞争制胜的法宝，终身学习将成为人们自由生存和发展的前提条件，因此，在职业教育人才的培养和人力资源开发中，职业人才的规格内涵、职业教育的目标正在发生根本性的变化。

3. 目标定位

对普通中高职院校学生、企事业单位员工进行培训，训练和培养职业核心能力，使其达到规定的等级水平。

4. 内容组织

核心能力的教材内容组织方式如下：教材每个单元开头设有“能力培训测评标准”栏目，并做简要介绍，每节以一个或几个能力点作为基本的教学单位，并采用OTRAE五步训练法（即“目标—任务—准备—行动—评估”）来编写，每单元的末尾附有单元综合练习。其中，OTRAE训练法是根据行动导向教学法的理念，参照国内外企业培训的模式设计的，介绍如下：

第一步：目标（object)。依据核心能力的标准将该节训练的活动内容和技能要求做具体的解释和说明，呈现该节特定的学习目标，使培训者明确学习内容，确认自己学习行动的目的。

第二步：任务（task），是对该能力点在实际工作任务中典型状态的描述和意义呈现。通过列举该活动案例，分析能力，表现形态，让学习者形成基本认知，并通过该能力运用的意义阐述，形成学习者的学习动力。

第三步：准备（repare)，是对理解与掌握该能力点“应知”内容的列举和说明。知识是形成能力的基础，掌握必需的基本知识以及能力形成的基本方法、程序，是提高能力训练效益的重要前提。

第四步：行动（action)，是以行动导向教学法组织训练的主体部分和重点环节。立足工作活动过程，采用任务驱动、角色扮演、案例分析等教学方法训练能力点。它是示范性和写实性的，是能力培训的落脚点。

第五步：评估（evaluate)，是对本届教学过程中教师如何评价教学效果和学习者如何自我评价学习收获的一个指引。通过教师、同学、本人的监控，及时了解学习的成果，获得反馈。

该教材在每个单元能力点的分解练习之后设计了“综合训练”环节，目的是在能力点的分解动作训练之后进行系统集成，针对整个活动的完成，形成完整的能力。

5. 内容呈现

核心能力培训教材的内容体现颇有特色，学习目标先行、版面划分清晰、栏目标题突出、留白较多，便于培训学员做笔记，如图 6 - 5 所示。

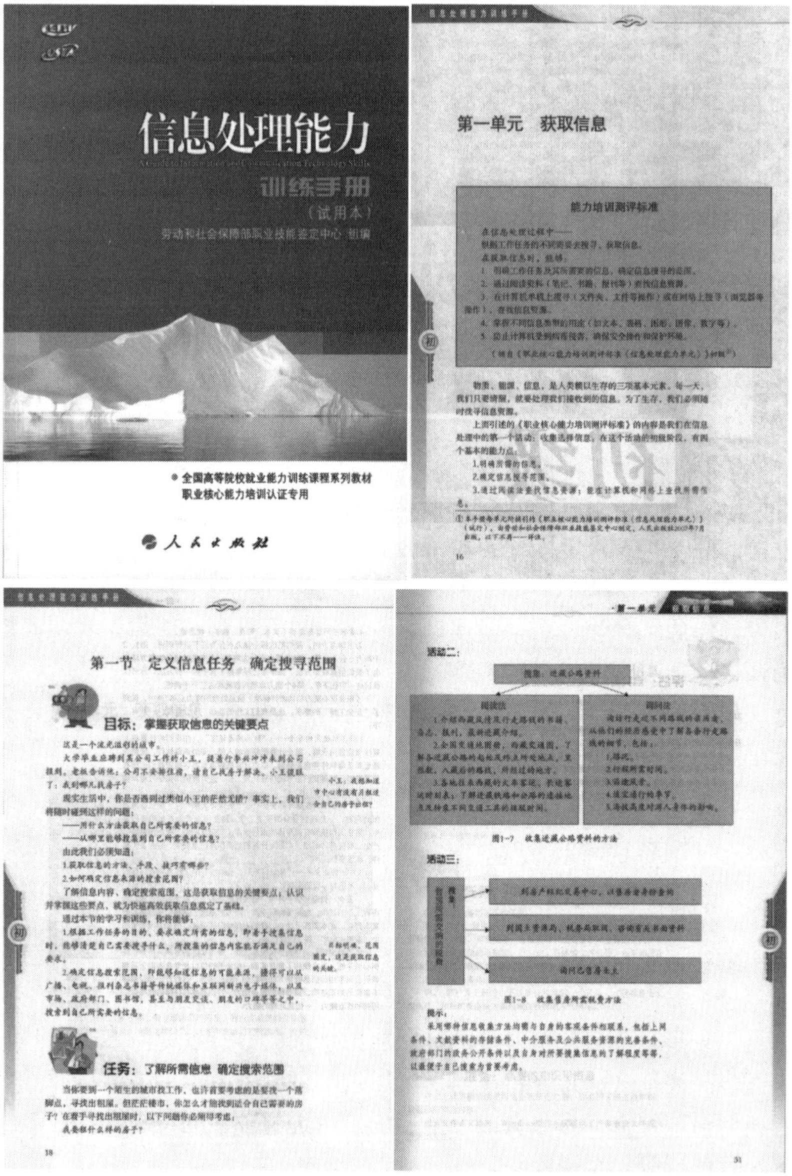

图 6 - 5 核心能力教材测评手册内文版式设计

经过多年的发展，核心能力培训教材专门建设了项目网站及配套资源，从网站上可以下载课程设计和教学课件库、训练项目（活动）库、教学案例库、训练素材库，还开发了部分教材的配套课程标准，如图 6-6 所示。

图 6-6　核心能力培训教材的网站及配套资源

6.2.2　创业培训教材的开发实践

创业培训是培育劳动者创业精神、提高劳动者创业能力、实现个人发展和自身创造价值的重要途径，是激发劳动者创造力、推动大众创业万众创新的重要手段。人力资源和社会保障部自 20 世纪 90 年代末开始引进国际劳工组织“创办和改善你的企业”(start and improve your businesss，SIYB) 培训课程及技术，并不断改进 SIYB 教材。该套教材分为 GYB（产生你的企业想法）、SYB（创办你的企业）、IYB（改善你的企业）、EYB（扩大你的企业）四个模块，参见图 6-7。

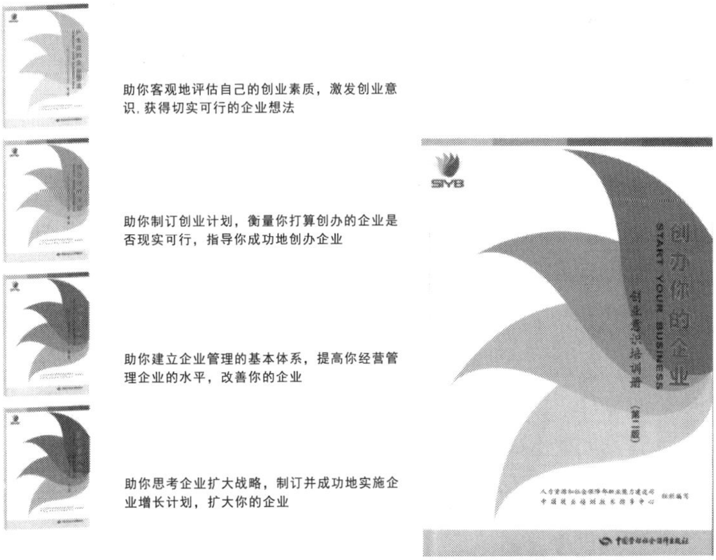

图 6-7　SIYB 创业培训体系和《创办你的企业》教材封面

下面以 SIYB 教材体系中的《创办你的企业》为例介绍创业培训教材的开发理念和思路。该教材是国际劳工组织开发的“创办和改善你的企业”系列培训教材中的一本。

1. 教材目标

创业培训的目的主要包括培养创业意识、正确认识企业在社会中的作用和自我雇佣的益处、提供创办和经营小企业所需的知识技能、提高就业能力四个方面。

SYB 教材的目标就是让参加培训的人掌握创办企业的各个步骤，以及完成自己开办企业的各项可行性调查研究，帮助他们创建有生存能力的微小型企业。

2. 内容选择

创业培训教材的内容主要应包括企业家精神和素质培养、创办企业和经营管理能力训练。根据教材的目标，经过讨论，结合国内参加创业培训的主要人群分布(具有明确创业意愿和创业培训需求、勇于投身创业实践的城乡各类劳动者，以高校毕业生、科技人员、留学回国人员、返乡农民工、退役军人、失业人员和转岗职工等群体为重点)，教材开发者将教材内容分为创业意识和创业计划两个部分，这些内容经过了认真的调研，是创业者在创业过程中必须面对和思考的。

3. 内容组织

在教材内容上，按照创业者必须面对和思考的问题和这些问题之间的自然逻辑串联顺序进行组织。《创办你的企业》教材由以下三个独立分册构成：

(1)《创业意识培训手册》，包括两个步骤，主要回答两个问题：一是评价你是否适合创业；二是如何建立一个好的企业构思。主要用来衡量受训者是否合适创业，并衡量自己的创业想法是否可行。

(2)《创业计划培训手册》，包括以下几个步骤：评估你的市场、选择企业的人员组织、选择企业的法律形态、了解企业的法律环境和责任、预测你的起动资金、制订你的利润计划、判断你的企业能否生存、开办你的企业。按照上述步骤，企业可以逐步从“构思”到“落地”。

(3)《创业计划书》。用于在学习结束后编制自己的创业计划书，可作为模板使用。

可见，在内容组织上，知识与实践紧密结合，精心设计练习。这样的安排，使读者既能及时地检验自己所学过的知识，又能达到学以致用、立竿见影的目的。从练习的设计可以看得出来，全书从头至尾都在贯彻成人学习的“重复原则和相关性原则”。

每本教材的正文，设置了“记住”“创业小贴士”“创业故事”“练习”“小结”等栏目。

4. 内容呈现

《创办你的企业》教材内容呈现的特点主要表现在：合理配置图文、版式活泼大方、符合教育传播规律（见图6－8）。

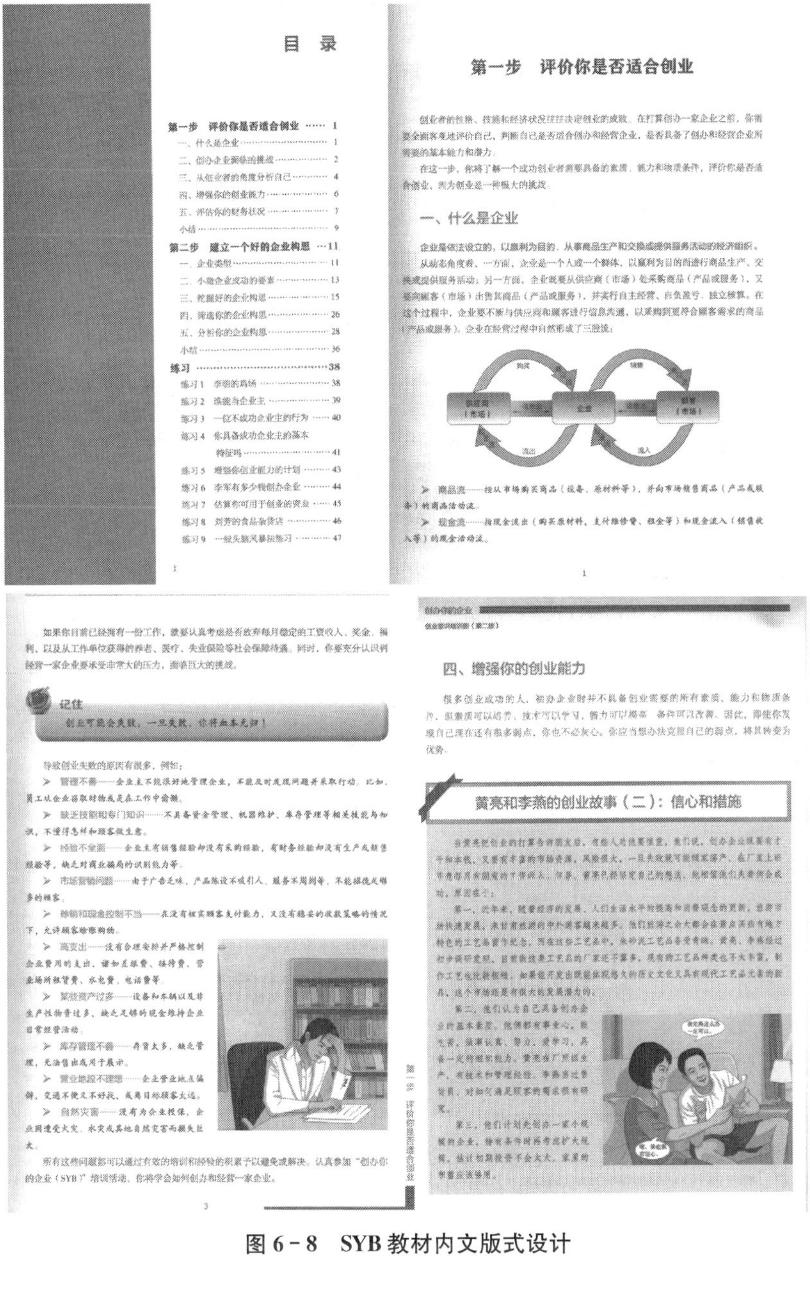

图6－8　SYB教材内文版式设计

书中插图的内容十分严谨，完全是经过精心设计的，其目的是用来注解相关知识，使读者更直观地理解知识点。插图不仅丰富了内容，而且使枯燥的管理学知识变得生动有趣。书中除了插图之外，还有大量的表格和文字框。这些文字框起到了强调重点和画龙点睛的作用，使读者读起来很轻松。不像有些教材密密麻麻全是文字，使人很难找出知识点和学习重点。

5. 教学资源重配置

该套教材配套开发了游戏模块，强化了教学效果（见图 6-9）。该套教材为学员提供了在培训教室中经营企业的“实践”经验。通过合理创设职业能力形成和发展的情境，让学员做出各种经营决策并面对这些决策带来的后果，而这些决策正是学员们在今后实际经营中必须做出的。因此，游戏模块是在模拟一个真实的企业经营环境。

图 6-9　SIYB 教材配套的游戏包和教师手册

从教学实践来看，SIYB 游戏的优点如下：

一是多用性：SIYB 游戏可以作为一种培训工具单独使用，也可以作为一次培训项目中的一种工具使用，通过做游戏来强化在课堂教学中介绍的各种企业经营概念。

二是灵活性：SIYB 游戏可以用来培训各种水平的潜在和现有的小企业家，也同样适用于培训那些对企业了解不多的人。

三是适用性：教师可以在培训中利用游戏模块来突出想要强调的某一具体学习要点。

四是模块化：SIYB 游戏采用循序渐进的模块化教学方式。各游戏模块包含的学习要点是在前一个模块的基础上累积起来的，因此，可以轻松地从企业管理概念的入门阶段过渡到高级阶段。

五是独特性：每次做游戏都会产生一些新的感受。

六是时间安排灵活：可以利用两个小时，也可以用一天的时间。

七是寓教于乐：游戏中模拟现实生活的各种事件，使游戏参与者在做游戏的乐趣中学到许多知识。

6.3　职业培训教材开发案例（二）——通用能力培训类教材开发的实践

6.3.1　通用管理能力培训教材的开发实践

关于行业通用能力分析的模型，国内有关机构和学者做了许多尝试，举例说明如下：

第一，企业管理人员的通用能力。

目前，我国企业管理领域已经有了众多的国家职业标准，如企业营销师、会计师、统计师、人力资源管理师、企业信息管理师、电子商务师等。各类的企业管理人员，按照级别划分，可以分为一般（基层）管理人员、中级管理人员、高级管理人员；按照职业（岗位）划分，可以分为营销、财务、物流、信息、情报、生产、行政、服务等各种管理人员。这些不同级别、不同岗位的企业管理人员，除了职业特殊能力以外，同样具有能力要求上的一致性，即所有企业管理人员都应具备的通用能力。原劳动和社会保障部（现人力资源和社会保障部）职业技能鉴定中心组织专家参照国外先进标准，制定了我国第一个企业适用的“通用管理能力标准”。该标准包括从业人员在工作过程中所涉及的具有普遍适用性的管理技能、管理方法和管理工具，并以模块化方式，组成了通用管理能力标准和培训课程等一整套标准化培训技术资源，面向社会提供全面的管理技能、管理素质培训和相应的考核认证。

“通用管理能力标准”把企业通用管理能力归纳为自我发展管理、团队建设管理、资源使用管理、运营绩效管理四个模块，划分为基础级和综合级两个层次，并开发了配套教材。“通用管理能力标准”是不同职业群体中体现出来的，具有共性的管理技能和管理知识要求，超越了某个具体职业（市场营销管理者、人力资源管理者）的特定知识和技能，一切管理者应当共同具备的、最重要的、最基本的能力和才干。

为了便于分析比较，现将通用管理能力培训的课程体系列于表 6－2 中。

表 6－2　　企业通用管理能力模块

模块名称	基础级课程	能力证书名称	综合级课程	能力证书名称
自我发展管理	时间与规划 融入组织 工作沟通 走出困境	通用管理能力 认证等级证书 （基础级） 个人与团队 管理证书	自我管理 工作关系 商业意识	通用管理能力 认证等级证书 （综合级） 自我发展管理证书
团队建设管理	团队学习 团队激励 实现目标 团队腾飞		员工发展 绩效管理 团队建设和领导	通用管理能力 认证等级证书 （综合级） 团队建设管理证书
资源使用管理	财务表现 工作环境 招募并留住伙伴 资源配置	通用管理能力 认证等级证书 （基础级） 资源与运营 管理证书	招聘与选拔 信息管理 财务管理	通用管理能力 认证等级证书 （综合级） 资源使用管理证书
运营绩效管理	项目推进 客户与质量 促使变革进行 解决问题和决策		项目管理 变革管理 质量与运营	通用管理能力 认证等级证书 （综合级） 运营绩效管理证书

第二，护理人员的通用能力。

教育部办公厅和卫生部办公厅 2003 年 12 月联合颁布的《三年制高等职业教育护理专业领域技能型紧缺人才培养指导方案》，对护士职业的岗位能力进行了战略分析，明确提出护士应具备的一般能力（通用能力）为沟通交流的能力、健康评估的能力、进行健康教育和卫生保健指导的能力、一定的英语应用能力和较熟练的计算机基本操作能力；护士职业的特定能力为掌握规范的护理基本操作技术，对护理对象实施整体护理的能力，对常见病、多发病病情和用药反应的观察能力，对急危重症病人进行应急处理和配合抢救的能力，具备社区护理、老年护理等专业方向的护理能力。

第三，公务员的通用能力。

原人事部（现人力资源和社会保障部）印发的《国家公务员通用能力标准框架（试行）》要求中提及的九项通用能力包括：政治鉴别能力；依法行政能力；公共服务能力；调查研究能力；学习能力；沟通协调能力；创新能力；应对突发事件能力；心理调适能力。

从上述不同行业通用能力分析的例子可以看出，通用能力和核心能力总是存在不同程度的内容重合，所以，也有学者提出，目前关于职业能力的三个层次分类过于繁杂，无论从理论研究还是从实际应用过程来看，都不太适用和不可取。因而提出了改进意见，建议把职业能力分为通用能力和特定能力两个层次①。

下面以“通用管理能力认证指定培训教材”（见图6－10）为例进行介绍。

图6－10　通用管理能力认证指定培训教材

1. 教材目标设定

教材开发应指向在较短的学习时间内掌握各种通用管理的知识和技能，达到相关的行业（企业）认证评价的要求。“通用管理能力认证指定培训教材”的目标指向打造应用型职业经理人，增强其职场竞争能力。

2. 教材内容选择

教材内容的选取，以对职业活动中若干跨行业共同能力的描述为基础进行取舍；教材内容的组织则呈现出跨学科的特点，往往是理论知识和操作技能并重。“通用管理能力认证指定培训教材”在内容选取上，融合了西方管理的先

① 安鸿章．工作岗位研究．北京：中国传媒大学出版社，2005.

进理念，经众多著名跨国公司的管理实践得以改进与补充，为国外大量一流公司企业内训所采用。同时教材内容选取上征求了国内数十位管理学家与一线企业管理人员的意见，进行了本土化改造。

3. 教材内容组织

“通用管理能力认证指定培训教材”按照认证考试的要求，在内容组织上将教学内容分为基础级和综合级。“通用管理能力认证指定培训教材”分为《个人与团队管理》（上、下册）、《资源与运营管理》（上、下册），同时为了适应不同学习对象的需要，还配套开发了《自我发展与团队管理》（包含自我发展管理、团队建设管理两个模块）和《企业运营与发展》（包含资源使用管理、运营绩效管理两个模块）两册简明版，供电大系统学生学习使用。

每一册教材内容上的栏目组织形式见图 6－11（a）～（c）。

（1）学习目标：列于每章的最前面，指明该章的知识、技能需要掌握的程度。

（2）正文：按照学习目标介绍有关理论、方法、技能、技巧。

（3）名人名言：用以引发读者思考与共鸣，帮助其明确学习目标，激发学习动机，加深对教材内容的理解和记忆。

（4）案例：给出与内容相关的背景材料，引导学员进行讨论，然后解决案例中提出的问题，给出指导建议并总结。

（5）训练与练习：亦包括指导与总结两部分。紧密结合课文上下文的知识点，让学生通过思考，然后操作，解决实际问题，进一步掌握知识和技能。

（6）本章小结：对章节内容进行回顾，强调重点、难点等，这是针对成人学习特点进行设计的。

（7）思考与练习：学完章节内容后，验证自己对问题的理解程度，找出没有理解的知识和没有掌握的技能。

（8）补充资料：对书中讲到的知识理论等做必要的补充。

（9）单元测试（包括大作业）：按照单元进行自我测试，可以帮助培训者判断学习效果。

《企业运营与发展》的组织模式略有不同，如图 6－11（d）所示。

“通用管理能力认证指定培训教材”的内容组织模式适应了成人培训经常采用的互动式、情景式、案例式和训练式教学方法。教材和配套的光盘中提供大量的应用指导和学习行动训练，强调学习过程就是不断尝试的过程，倡导在不断尝试中理解和提升。学习和行动训练的目的是使学习者在实际工作中熟练应用这些管理理论和概念。

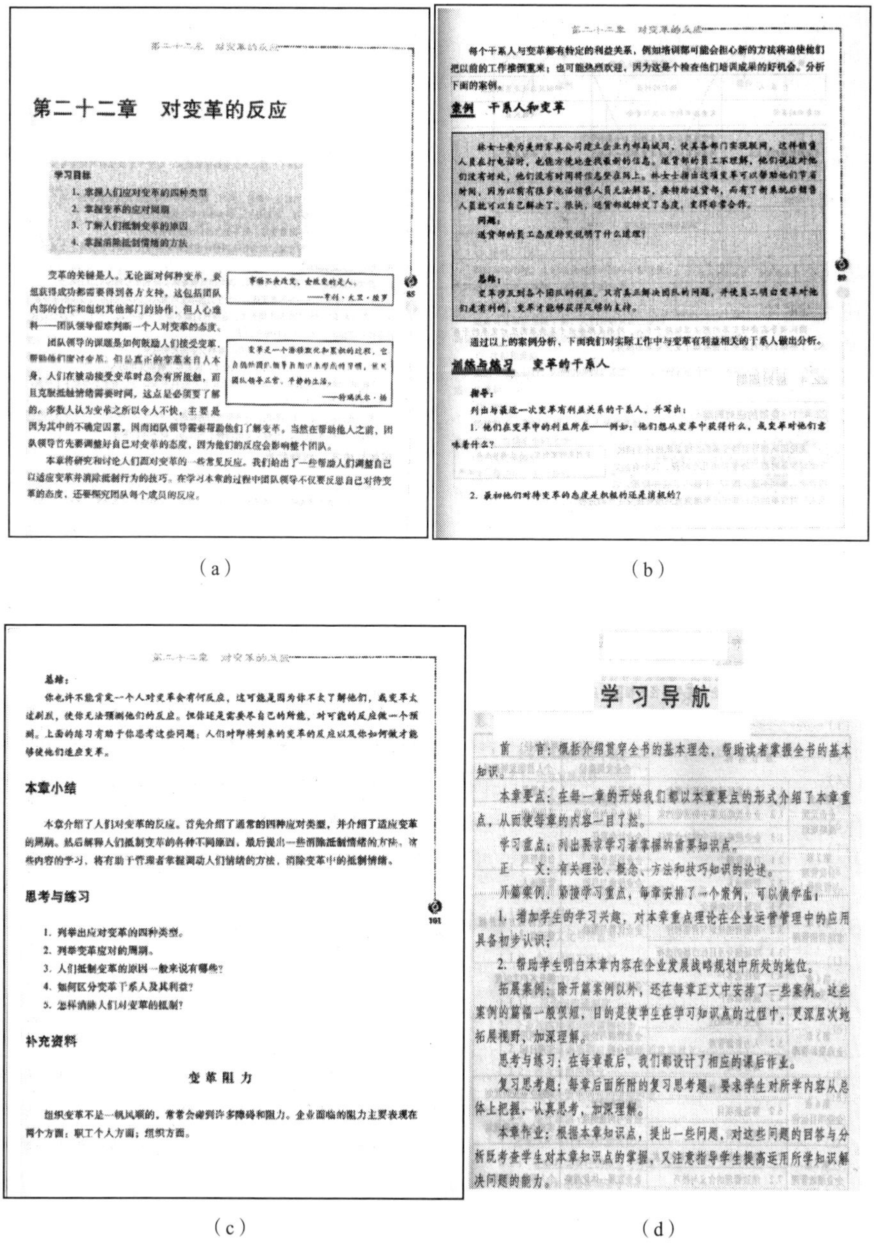

图 6-11　“通用管理能力认证指定培训教材”的内容组织

6.3.2 班组长培训教材的开发实践

图 6-12 《现代班组长岗位培训教程》封面

企业班组建设和班组长岗位能力提升培训，是增强企业竞争力和执行力的重要途径，具有基础性和关键性作用。下面以《现代班组长岗位培训教程》（见图 6-12）为例介绍职业培训教材的开发理念和思路。该教材是课题组根据中国职协组织相关培训专家编写的《企业班组长岗位培训标准》研究开发的。

1. 教材目标

开发班组长岗位培训教材的目的是紧扣现代企业发展的主题班组长能力，使其适应现代企业发展需要，并成为企业现代化建设的中坚力量。

2. 内容选择

全书分为九个单元，分别是走进现代企业认识现代班组、班长的角色定位和认知、班长职业素养与岗位胜任能力、班组管理基础建设、班组实物管理、班组现场管理、班组效能管理、班组压力与情绪管理、班组创新管理。根据现代企业的变化和发展情况，针对班组长能力建设以及国家推行现代职业教育体系建设和劳动者终身培训体系构建目标的要求，我们在教材内容和设计上，与以往的培训教材有所不同，补充了一些适应我国经济方式转型、现代化发展的内容，增加了走进现代企业认识现代班组、班组效能管理、班组压力与情绪管理等单元。在其他单元中，教材强化了员工素质教育、精细化管理和文化建设等内容。同时教材尽可能吸收新的内容和实践中的典型做法，紧紧把握国家经济技术发展战略和现代企业发展趋势，凸显班组管理的人本思想和现代管理发展趋势。

3. 内容组织

该教材的内容组织，从班组长的实际岗位出发，经组织专家讨论，结合制造型、服务型企业常见的班组形式，根据企业员工培训需要编写，注重揭示不同员工和班组长的思想认识和管理技能差距，通过展示差距激发学习动机。每个单元栏目设置为：引导语、学习目标、学习方法、若干章节，最后是思考与能力练习、拓展阅读。每节由案例导入、案例分析与启示、能力训练与指导（偏重操作技能）、学习要点链接（偏重理论学习）等栏目组成。

4. 内容呈现

教材的内容呈现如图 6－13 所示。

图 6－13 《现代班组长岗位培训教程》内文设计

6.4 职业培训教材开发案例（三）——技能培训教材开发的实践

职业技能培训教材包括职业资格培训教材、岗位技能培训教材。其中，职业资格培训教材可以分为按等级分册教材和各等级全一册教材两种形式；岗位技能培训教材可以分为参照职业标准开发的教材和无职业标准按照岗位需求开发的培训教材。2010年以来，课题组成员对上述各类教材开发都有涉猎。根据课题组的教材研发与探索实践，下面我们来介绍几种职业技能培训教材实例。

6.4.1 职业资格培训教材的开发实践

1. 按等级分册教材

下面以原计算机操作员职业资格教材为例介绍按等级分册的职业资格教材的开发情况。

(1) 教材目标决策。

教材严格按照《国家职业标准·计算机操作员》要求研究开发，共分初级、中级、高级三个等级，包括《计算机操作员（基础知识）》《计算机操作员（初级）》《计算机操作员（中级）》《计算机操作员（高级）》4本（见图6-14），由中国就业培训技术指导中心按照标准、教材、题库相衔接的原则组织编写，是国家职业技能鉴定用书。

图6-14 《计算机操作员》国家职业资格培训教程

(2) 教材内容选择。

国家职业标准的内容（如图6-15所示）就是职业资格教材的内容选择范围，编写内容必须完全重合，不得遗漏。《计算机操作员（基础知识）》内容涵盖《标准》的“基本要求”，是各级别计算机操作员均需掌握的基础知识；其他各级别教程的章对应于《标准》的“职业功能”，节对应于《标准》的“工作内容”，节中阐述的内容对应于《标准》的“技能要求”和“相关知识”。

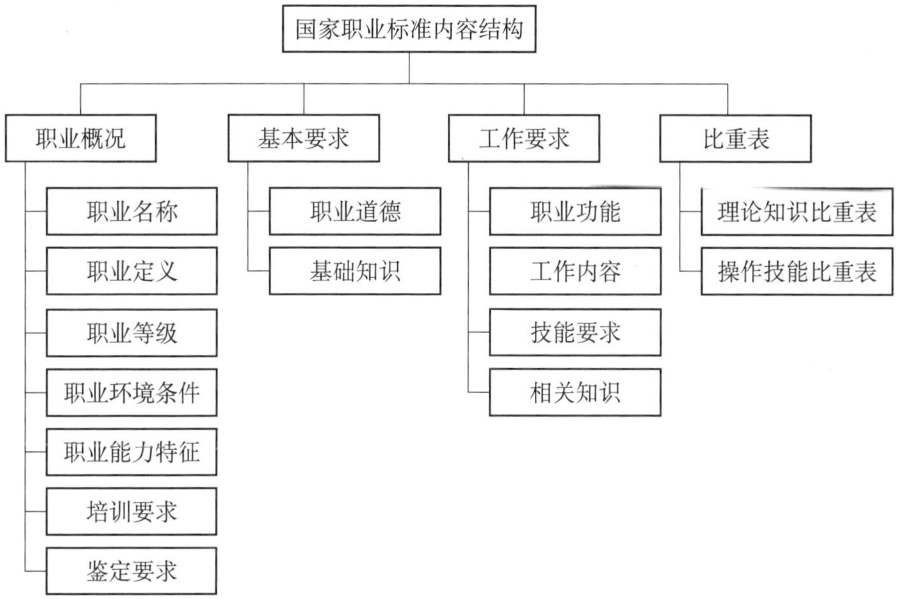

图6-15 国家职业标准内容结构

例如，按照国家职业标准，《计算机操作员》的基础知识要求如下：

一、职业道德

1.1 职业道德基本知识

1.2 职业守则

(1) 遵守法律、法规和有关规定。

(2) 爱岗敬业，忠于职守，自觉履行各项职责。

(3) 严格执行工作程序、工作规范、工艺文件和安全操作规程。

(4) 工作认真负责，严于律己。

(5) 谦虚谨慎，团结协作，主动配合。

(6) 爱护设备及软件、工具、仪器仪表。

(7) 刻苦学习，钻研业务，努力提高科学文化素质。

(8) 诚实守信、办事公道。

(9) 服务群众、奉献社会。

(10) 着装整洁，保持工作环境清洁有序，文明生产。

二、基础知识

2.1 计算机专业英语知识

(1) 计算机专业英语的特点。

(2) 词汇分析与词汇量。

(3) 阅读能力的提高。

(4) 计算机专业英语阅读材料。

2.2 计算机基本原理

(1) 计算机的概念、类型及应用领域。

(2) 计算机中数据的表示。

(3) 计算机中数据的运算。

2.3 计算机软件基础知识

(1) 计算机软件的层次结构。

(2) 操作系统基础知识。

(3) 应用软件基础知识。

2.4 计算机硬件基础知识

(1) 计算机组成原理。

(2) 计算机体系结构。

(3) 计算机组成部件及其功能。

(4) 微型计算机。

(5) 计算机硬件系统支撑体系。

2.5 计算机应用基础知识

(1) 计算机应用类型。

(2) 系统选型与配置。

(3) 系统性能评价。

(4) 安全性与可靠性技术。

2.6 多媒体基础知识

(1) 多媒体信息处理。

(2) 多媒体基本应用。

2.7 信息化基础知识

(1) 信息与信息化。

(2) 信息处理技术。

(3) 信息系统。

2.8 文字处理基础知识

(1) 汉字信息处理基础知识。

（2）文字输入技术。

（3）常用排版物的格式规范。

（4）排版工艺基础知识。

（5）文字信息处理工艺与质量管理。

2.9 相关法律、法规知识

（1）《中华人民共和国知识产权法》相关知识。

（2）《中华人民共和国劳动法》相关知识。

（3）《中华人民共和国计算机信息网络国际联网管理暂行规定实施办法》相关知识。

（4）《计算机软件保护条例》相关知识。

（5）共享软件、免费软件、用户许可证等相关知识。

（6）有关信息安全的法律、法规知识。

（7）商业秘密与个人信息保护等相关知识。

对于计算机操作员而言，初级、中级、高级的技能要求依次递进，高级别涵盖低级别的要求，例如计算机操作员（初级）的职业标准如表6-3所示。

表6-3 《计算机操作员（初级）》编写提纲

职业功能	工作内容	技能要求	相关知识
一、计算机安装、连接、调试	（一）主机设备连接	1. 能连接主机、显示器、键盘和鼠标 2. 能连接电源线、网线和电话线 3. 能连接电源插座与插头 4. 能插拔USB设备	1. 设备连接要求 2. 硬件设备类型 3. 接口种类与特点
	（二）主机设备开机与关机	1. 能进行冷启动和热启动 2. 能进行用户切换、注销、待机、休眠和关机操作	1. 计算机开、关机操作流程 2. 计算机开、关机注意事项
	（三）操作系统进入	1. 能进入操作系统使用界面 2. 能进行主机硬件设备安装与配置	1. 操作系统登录规定 2. 硬件设备安装与配置规范
	（四）设备基本应用	1. 能设置系统日期、时间 2. 能进行存储设备格式化操作	1. 系统日期、时间设置流程 2. 存储设备格式化方式及操作要点
	（五）应用程序基本操作	1. 能安装和卸载应用软件，并进行安装设置 2. 能设置应用软件快捷方式	1. 在操作系统中安装和卸载应用软件的规定 2. 快捷方式设置注意事项

续前表

职业功能	工作内容	技能要求	相关知识
二、文件管理	(一) 文件基本操作	1. 能新建、打开文件 2. 能进行文件的改名、复制、删除、移动等操作 3. 能压缩、解压缩文件	1. 文件基本操作种类 2. 文件属性
	(二) 文件夹基本操作	1. 能创建、进入文件夹，并进行文件分类存储 2. 能进行文件夹的改名、复制、删除、移动等操作	1. 文件夹基本操作种类 2. 文件夹属性
三、文字录入	(一) 英文基本录入	能在 10 分钟内，以每分钟不低于 80 个英文字符的速度，使用计算机键盘输入指定的英文文稿，错误率不高于 6‰	1. 英文输入特点与要求 2. 英文输入指法
	(二) 中文基本录入	能在 10 分钟内，以每分钟不低于 45 个汉字的速度，使用计算机键盘输入指定的中文文稿，错误率不高于 6‰	1. 汉字输入法种类 2. 汉字输入指法
	(三) 常用标点符号录入	1. 能输入常用英文标点符号 2. 能输入常用中文标点符号	1. 标点符号种类 2. 标点符号输入注意事项
	(四) 中英文混合录入	能在 10 分钟内，以每分钟不低于 45 个汉字或 80 个英文字符的速度，使用计算机键盘输入指定的中英文文稿，错误率不高于 6‰	中英文混合输入注意事项
四、通用文档处理	(一) 文档内容基本编辑	1. 能输入、修改、复制、移动文档内容 2. 能保存文档 3. 能使用联机帮助学习通用文档制作，并解决制作过程中出现的问题	1. 文档基本操作特点 2. 文档保存操作的种类
	(二) 界面基本设置	1. 能设置界面视图、工具栏和显示属性 2. 能设置与修改文档属性和显示窗口属性	1. 界面属性 2. 文档属性

续前表

职业功能	工作内容	技能要求	相关知识
四、通用文档处理	（三）文档基本格式化处理	1. 能设置字体、段落 2. 能设置页面、页眉、页脚	1. 字体、段落设置操作注意事项 2. 页眉、页脚设置操作注意事项
	（四）文档输出处理	1. 能打印输出文档 2. 能发送输出文档	1. 文档打印操作流程 2. 文档发送操作规定
	（五）表格基本处理	1. 能进行表格的绘制、插入、删除和格式处理 2. 能合并、拆分、调整单元格和表格	1. 表格插入、删除和格式处理注意事项 2. 单元格合并、拆分、调整操作规定 3. 表格合并、拆分、调整和绘制操作规定
	（六）对象基本处理	1. 能进行分页、分栏处理 2. 能插入图片和文本框	1. 分页、分栏操作规定 2. 图片和文本框插入操作规定
五、电子表格处理	（一）数据输入与编辑处理	1. 能在工作表中插入、删除行、列，能输入、填充、更新、复制、移动和删除数据 2. 能新建、命名、移动、复制、粘贴、删除、保存工作簿、工作表和工作区 3. 能使用联机帮助学习电子表格制作，并解决制作过程中出现的问题	1. 工作簿、工作表和工作区的基本操作要点 2. 数据的基本处理特点
	（二）表格操作界面设置	1. 能设置页面 2. 能设置视图和显示比例	1. 页面设置内容 2. 视图设置特点
	（三）表格基本属性处理	1. 能设置工作表、行、列、单元格的背景、标签、行高、列宽等属性 2. 能设置工作表、行、列、单元格的格式属性	1. 工作表格式基本属性 2. 单元格格式设置要求
	（四）表格输出处理	1. 能打印输出工作簿、工作表和选定工作区 2. 能发送输出工作簿、工作表和选定工作区	1. 表格打印要求 2. 表格发送规定

续前表

职业功能	工作内容	技能要求	相关知识
五、电子表格处理	(五) 基本计算处理	1. 能利用公式进行行间与列间计算 2. 能调用函数进行简单计算	1. 表格行、列运算知识 2. 函数类型及操作特点
	(六) 基本统计分析	1. 能进行二维求和与三维求和操作 2. 能对数据进行不加选项排序和筛选	1. 合并计算知识及方法 2. 不加选项排序和筛选的操作要求
六、演示文稿处理	(一) 创建、打开、编辑、保存演示文稿	1. 能创建、打开、编辑、保存演示文稿 2. 能选择设计模板	1. 设计模板的使用特点 2. 演示文稿基本操作特点
	(二) 幻灯片创建、制作、打开、复制、移动和删除	1. 能进行幻灯片的新建、保存等基本操作 2. 能选择幻灯片版式	1. 幻灯片基本操作要求 2. 幻灯片版式的种类与特点
	(三) 幻灯片文字制作及格式化	1. 能在幻灯片中输入文字并设计内容版式 2. 能设置文字字体、字号和字形等	1. 内容版式要求 2. 文字设置要求
	(四) 幻灯片放映	1. 能进行幻灯片放映 2. 能在幻灯片放映中进行控制	1. 幻灯片放映的类型 2. 幻灯片放映的操作要求
	(五) 页面设置与视图设置	1. 能设置幻灯片等的页面属性 2. 能设置视图 3. 能使用联机帮助学习演示文稿制作，并解决制作过程中出现的问题	1. 幻灯片属性内容 2. 视图设置特点
	(六) 幻灯片动画设置	1. 能设置幻灯片的切换速度、声音和效果 2. 能设置幻灯片的动画方案	1. 幻灯片切换操作要点 2. 幻灯片动画方案设置注意事项

续前表

职业功能	工作内容	技能要求	相关知识
七、网络登录与信息浏览	（一）网络登录	1. 能登录局域网 2. 能登录因特网	1. 登录途径 2. 登录操作要求
	（二）浏览网页	1. 能打开浏览器并输入网址 2. 能浏览网页 3. 能收发电子邮件 4. 能使用搜索工具 5. 能使用即时通信工具 6. 能管理收藏夹	1. 浏览器使用特点 2. 网页属性 3. 常用网页浏览工具的种类
八、多媒体信息处理	（一）图形图像的简单输入	1. 能创建图形图像文件 2. 能保存图形图像文件 3. 能使用数码相机、扫描仪输入图片 4. 能截取屏幕图像	1. 图形图像文件创建要求 2. 图形图像文件保存操作要点
	（二）图形图像的基本编辑处理	1. 能打开图形图像文件 2. 能编辑、修改图形图像文件	1. 图形图像文件的打开方式种类 2. 图形图像文件编辑注意事项

教材在内容上体现“以职业活动为导向，以职业技能为核心”的指导思想，突出职业资格培训特色；结构上针对各职业活动领域，按照职业功能模块分级别编写。教材按照职业功能要求分为若干章，每章按照工作要求设置节，章首可展示学习目标。每节的内容按照技能要求来组织，并将相关知识要求跟随其后。实践中也有先介绍知识再展示技能的。

图 6－16　《育婴员》封面

2. 各等级全一册教材

国家职业资格培训教程《育婴员》（见图 6－16）属于基础知识和各级合一编写的教材。一册教材就包含了育婴员基础知识、五级、四级、三级的所有学习内容。教材是严格按照《育婴员国家职业技能标准（2010 年修订）》编写，在内容上紧贴标准，力求体现“以职业活动为导向，以职业技能为核心”的指导思想，突出职业培训特色。在结构上，针对育婴职业活动的领域，按照模块化方式，分为三级、四级、五级三个等级。

3. 职业资格教材开发体会

职业资格教材的内容组织，还应贯彻以下原则：

（1）模块化原则。

1）将基础知识划分模块。例如，笔者在组织编写计算机职业资格教程时，将基础知识的内容划分为软件、硬件、网络、信息系统、多媒体等领域。

2）写作专家按照专家委员会给定的国家职业标准（草稿）的职业功能模块（相当于写作大纲的“章”）进行编写。承担模块写作任务的专家提出对本模块的工作内容、技能要求及相关知识的安排（即“节、单元”），这就是每个模块的三级写作大纲。

3）为了保证教材的技术水平，不同的模块由不同领域的专家编写，每个专家只编写自己专业领域内的模块。

4）统稿专家负责对每个职业资格教程全套教材的格式、体例、字数、篇幅等进行统一，对技术内容进行初步审查。

5）写作专家提出的模块三级写作大纲在正式写作前要交统稿专家审查。统稿专家负责确定该教材全书的三级写作大纲，考虑全书的技能和知识的系统性、完整性。写作专家要考虑技能的系统性、完整性。

（2）难度广度综合递增原则。

职业资格培训教材分为初级、中级、高级三级。编写工作按照难度广度综合原则进行编写，编写专家和统稿专家要严格执行。每个模块的难度分为 A、B、C 三档，广度也分为 A、B、C 三档。

1）广度主要针对工作内容而言。具体要求如下：

对于初级教程的每个模块，广度为 A、B、C，原则上至少包含 2 项工作内容。

对于中级教程的对应模块，广度为 B、C，在 A 的基础上再增加 2 项工作内容。

对于高级教程的对应模块，广度为 C，在 B 的基础上增加 2 项工作内容。

高一级别的模块应包含前一级别模块中的工作内容，但其内容所占篇幅不能超过本级的 1/10。即 $A/B\leqslant 1/10$，$(A+B)/C\leqslant 1/10$ 。

工作内容是指完成职业功能所应做的工作，可以按照种类划分，也可以按照程序划分，一般描述时，采用动宾结构词组。

2）难度主要针对工作内容的工艺要求、工具设备使用、工序质量要求、时间要求等。对于计算机类职业，主要反映在操作方式、软件工具、操作复杂程度等方面。原则上，同一个职业功能同一工作内容的相对应模块在初、中、高三级教程中应表现出明显的难度梯度：

对于初级教程的每个模块，难度为A。

对于中级教程的对应模块，初级教程中已有的部分，难度必须为B，新增的部分，难度可为A或B。

对于高级教程的对应模块，中级教程中已有的部分，难度可以提升为B、C，新增的部分，难度可为A、B、C。

统稿专家应负责平衡不同级别对应模块的难度和广度，并确保反映该职业功能的核心模块的总字数占到60％以上。

（3）章节设置和字数安排。

1）章节应全面覆盖职业功能模块，原则上按职业功能模块设章。

2）教程大纲中应合理安排各章字数，体现职业特色的核心功能模块总字数应达到全书的60％以上。

《计算机操作员》职业资格教材编写的参考模板如下：

第1章 ××××××××××××××××

（本章的主要知识点、重点、难点）

1.1 ××××××××××××××××××

1.1.1××××××××××××××××

一、学习目标

××××××××××××××

二、相关知识

××××××××××××××

三、工作程序或操作步骤

××××××××××××××

四、注意事项

××××××××××××××

1.1 ×××××××××××××××

×××××××××××××××

1.2 ××××××××××××××××

×××××××××××××××

…………

本章小结

本章习题

6.4.2 专项职业能力培训教材的开发实践

1. 关于专项职业能力

专项职业能力又称单项职业能力，是能就业的最小技能单元，是在生产一线和具体工位上完成任务最低需要掌握的独立可评价的职业能力。劳动保障部（现人力资源和社会保障部）从2005年开始，在全国11个省市区开展了专项职业技能的考核试点工作，最初旨在为农村劳动力就业转移和城镇下岗失业人员再就业提供职业能力评价的依据，解决上述人员所掌握的职业技能比较单一，短期内难以取得国家职业资格证书，通过人力资源市场实现就业还存较大困难等实际问题。经过几年的实践，专项职业能力逐渐涉及劳动密集型行业和现代服务业、高新技术产业等领域。

描述一个专项职业能力，一般应按照“运用……工具设备或材料，在……场所、环境或条件下进行……制作或提供……服务的能力”的格式来说明，例如“服装缝纫——利用服装缝纫设备和服装材料，将各款服装裁片缝合成服装的能力”。

专项职业能力的名称一般用“具体产品或服务的名称＋动词”来进行表述，如“拉面制作”“社区绿化”等。专项职业能力的名称不能与工种或职业名称雷同。因此，专项职业能力名称后不能有“工”“员”“师”等表示工种或职业名称的词。

2. 专项职业能力培训教材开发

（1）教材目标设置：具有一定文化水平的学员经过规定学时的学习，通过专项职业能力考核，获得相应证书，具有该领域独立就业能力为教材开发的目标。例如，根据《手机游戏策划设计专项职业能力考核规范》，该教材的目标设计为：“编写游戏设计文档，并协调美术、程序等其他部门完成手机游戏的整体制作的能力。”

（2）教材内容选择：根据专项职业能力的考核规范选取教材内容。例如，根据《手机游戏策划设计专项职业能力考核规范》，该教材的主要内容如表6－4所示。

表 6-4　《手机游戏策划设计专项职业能力考核规范》摘要

工作任务	操作规范	相关知识	考核比重
（一）编写文本文档	1. 能进行格式分段 2. 能在文档中插入图片、表格等其他元素	1. 计算机操作系统中软件的安装，文件的创建、存储、管理的方法 2. 文字处理软件中文章编辑、表格编辑、流程表制作的方法 3. 文档逻辑结构	10%
（二）编写表格	1. 能建立基础表格文件 2. 能使用表格编辑工具中的统计、公式计算、筛选等功能完成游戏中的数值平衡	表格处理软件中表格生成、输入、统计、分析的方法	10%
（三）编写流程图	1. 能建立并编辑流程图 2. 能编写游戏逻辑关系图	流程图制作软件中绘图、制定图表的方法	10%
（四）编写演示文稿	1. 能建立演示文件 2. 能编写游戏内容动态演示文稿	演示文稿制作软件中的编排，动画演示的方法	10%
（五）编写设计方案	1. 能编写游戏核心玩法设计方案 2. 能编写游戏系统设计方案 3. 能编写游戏风格设计方案 4. 能编写游戏剧本 5. 能编写游戏规则方案	1. 应用文写作规范 2. 文学、音乐、电影、服装等艺术表现形式的特点 3. 游戏平衡性设计方法	25%
（六）编写执行方案	1. 能编写游戏数值执行方案 2. 能编写游戏中角色、场景、道具等执行文档 3. 能编写游戏人工智能（AI）执行方案 4. 能编写游戏界面的执行方案 5. 能编写关卡设计执行方案	1. 数值设计方法 2. 游戏人工智能（AI）设计相关技巧 3. 计算机图像软件操作方法 4. 界面功能设计方法 5. 游戏关卡设计方法	25%
（七）编写移植文档	能编写具体机型的移植方案	主流手机游戏终端平台的开发规范	10%

（3）教材内容组织：可以按照“工作任务—操作规范—相关知识”的主线来组织专项能力教材的内容，在组织内容时，应根据考核比重的要求来分配章节文字，做到教材文字篇幅和考核比例大致相符。

1）工作任务：完成该单项职业能力范围内的全部工作必须经过的主要步骤或程序，需按先后顺序列出。一般情况下，每个单项职业能力下应列出 3 项以上的工作任务。

2）操作规范：每一个操作步骤应该达到的要求、标准或阶段性的具体工作成果。

3）相关知识：完成相应的工作步骤必须掌握的知识，包括工具设备的知识，安全、卫生、环境保护等方面的知识及有关注意事项。按照“干什么，学什么”的原则，列出跟每一个具体操作步骤直接相关的知识点。

4）考核比重：根据每项具体工作或阶段性成果的重要性及技术复杂程度确定其在考核中应占的比重，用百分比（%）表示。

（4）教学策略设计：专项职业能力的培训教材设计可采用“任务导向”的教学策略。

6.4.3 新兴职业岗位技能培训教材的开发实践

在某些情况下，一些技能在劳动力市场中一直存在，但尚未成为国家职业分类大典中的职业，这类新兴职业岗位技能的培训教材开发要遵循需求导向、分层次规范开发的原则，技术方法可比照职业标准制定的规程（参看《关于印发国家职业技能标准编制技术规程的通知》（人社厅发〔2012〕72号）。

1. 目标决策

新兴职业岗位技能培训教材目标趋向多元化，不再单一地局限于专项能力的培训目标。如何确定此类教材的培训目标，需要开发者更多的思考。设计教材目标时，应综合考虑以下几项：

（1）相关的国家职业技能标准要求。

（2）行业协会培训要求。

（3）企业培训的要求。

（4）教材开发主持者的诉求。

（5）通过问卷调查等方式得到学习者的技能学习需求。

2. 内容选择

根据上述（1）～（5）项的能力要求，选择教材内容。

3. 内容组织

在完成教材内容的选择之后，可以按照以下方式来进行教材内容的组织：

（1）按照职业功能组织教材内容。

（2）按照职业岗位组织教材内容。

(3) 按照工作过程组织教材内容。

(4) 按照技能模块组织教材内容。

无论采用哪种内容组织模式，在组织教材内容时要做到：符合职业能力形成的心理顺序、符合职业岗位的工作逻辑、符合职业素质的发展顺序、符合职业资格的发展顺序。

4. 开发案例与体会

下文以《三维动画制作初步》教材为例介绍职业技能培训教材的开发过程(见图 6-17)。

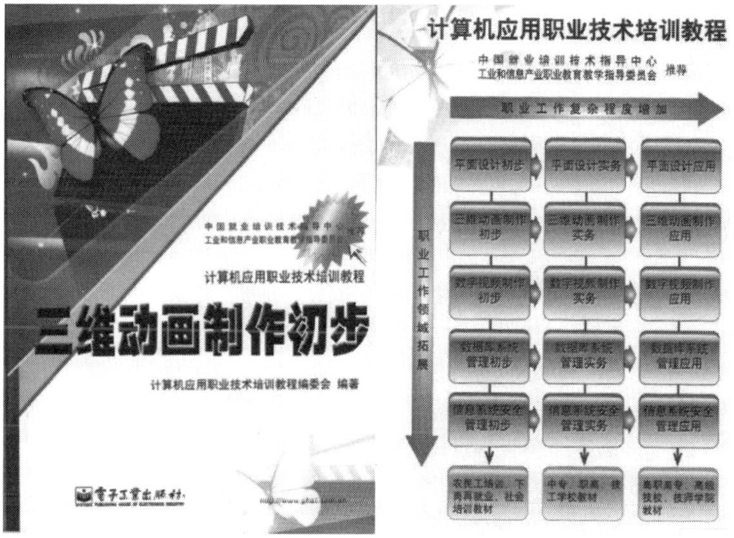

图 6-17　“计算机应用职业技术培训教程”的体系设计

该套职业技能培训教材由中国就业培训技术指导中心、工业和信息产业职业教育教学指导委员会推荐，包括平面设计、三维动画制作、数字视频制作、数据库系统管理、信息系统安全管理五个技能模块，每个模块分为初步、实务、应用 3 个技能档次。

(1) 教材目标设置：由于上述几个技能模块尚无国家职业技能标准，教材目标根据行业企业培训的要求、就业技能的要求、参加培训人员的诉求来综合确定。为此，专家组经过调研后，确定的目标如表 6-5 所示。

表 6-5　《三维动画制作初步》目标设计

技能档次	教材名称	目标概述
初步 (初级技能)	三维动画制作初步	达到初级技能水平，适用于农民工培训、下岗再就业培训、社会培训

续前表

技能档次	教材名称	目标概述
实务 （中级技能）	三维动画制作实务	达到中级技能水平，适用于中等专业学校、职业高中、技工院校教学培训
应用 （高级技能）	三维动画制作应用	达到高级技能水平，适用于高职高专、高级技工学校、技师学院培训

（2）教材内容选择：采用功能分析法，根据职业功能分析的结果，编制了各技能档次的教材内容清单，如表 6－6、表 6－7、表 6－8 所示。

表 6－6　《三维动画制作初步》编写提纲

技能模块	任务要求	技能要求	相关知识
一、计算机安装、连接、调试	（一）主机设备的连接	1. 能够为主机连接显示器、键盘和鼠标 2. 能够连接电源线、网线和电话线	1. 设备连接方法 2. 硬件设备类型
	（二）主机设备开机与关机	1. 能够进行冷启动和热启动 2. 能够进行用户切换、注销、待机、休眠和关机操作	1. 微型计算机开机操作方法 2. 微型计算机关机操作方法
二、系统配置与管理	（一）设备基本应用	1. 能够设置系统日期、时间 2. 能够进行格式化操作	1. 系统设置方法 2. 格式化方法
	（二）应用程序基本操作	1. 能够安装和卸载应用软件，并进行安装设置 2. 能够设置应用软件快捷方式	1. 操作系统安装要求 2. 快捷方式设置方法
	（三）三维动画制作软件的调用与配置	1. 能够调用菜单栏与工具栏 2. 能够选择并使用工具 3. 能够操作视图 4. 能够操作命令面板	1. 菜单栏与工具栏的调用方法 2. 工具的种类 3. 操作视图的概念 4. 命令面板的概念
三、三维角色建模	（一）基础建模	1. 能够创建点、线 2. 能够创建二维图形 3. 能够进行几何体建模 4. 能够进行修改器建模 5. 能够进行布尔运算建模	1. 基础建模种类 2. 主要的基础建模方法

续前表

技能模块	任务要求	技能要求	相关知识
三、三维角色建模	(二) 三维几何体建模	1. 能够创建方体、球体和柱体等简单几何体 2. 能够创建环体、锥体、管状体及不规则几何体等复杂几何体 3. 能够绘制复杂线和不规则图形	1. 标准几何体的种类 2. 标准几何体创建方法 3. 扩展几何体的种类 4. 扩展几何体的创建方法
	(三) 线扫描渲染与文件格式	1. 能够使用内嵌的线扫描工具进行渲染 2. 能够使用各种文件格式	1. 内嵌的线扫描工具渲染方法 2. 主要的文体格式
四、三维材质分析和效果表现	(一) 基本材质制作	1. 能够准备源照片 2. 能够制作材质 3. 能够对材质进行明暗处理 4. 能够设置材质的通用属性	1. 材质的编辑过程 2. 材质类型
	(二) 贴图制作	1. 能够制作二维贴图 2. 能够制作噪波、细胞、凹痕等简单三维贴图	1. 基本贴图类型 2. 二维贴图类型 3. 三维贴图类型
五、三维物体运动的实现和控制	(一) 路径动画制作	1. 能够选择物体 2. 能够画出运动轨迹 3. 能够设置运动参数 4. 能够将运动参数传递给物体	1. 运动轨迹的画法 2. 运动参数设置方法 3. 运动参数的传递方法
	(二) 关键帧动画编辑	1. 能够创建帧 2. 能够设置关键帧信息 3. 能够编辑关键帧	1. 帧创建方法 2. 关键帧设置、编辑方法
	(三) 运动制作	1. 能够移动与旋转对象 2. 能够进行动画表面约束 3. 能够进行动画设置	1. 对象运动要求 2. 对象运动方法 3. 动画设置方法

表 6-7　《三维动画制作实务》编写提纲

技能模块	任务要求	技能要求	相关知识
一、计算机安装、连接、调试	(一) 电源系统连接	1. 能够正确连接使用电源插座与插头 2. 能够正确连接 UPS 不间断电源	1. 电源使用知识 2. 连接电源方法
	(二) 外部设备的连接与应用	1. 能够连接使用扫描仪、手写笔、摄像头、数码相机等输入设备 2. 能够连接使用打印机、绘图仪、音响系统、投影仪等输出设备和 USB 存储器	1. 输入设备使用方法 2. 输出设备使用方法
二、系统配置与管理	(一) 设备综合应用	1. 能够进行磁盘分区操作 2. 能够进行磁盘复制与整理操作	1. 磁盘属性 2. 磁盘基本操作方法
	(二) 应用程序综合操作	1. 能够安装、调试电子邮件程序 2. 能够安装、调试浏览器程序	1. 电子邮件基本操作方法 2. 浏览器基本操作方法
	(三) 三维动画软件安装	1. 能够安装常用二维动画软件 2. 能够安装常用三维动画软件	1. 常用二维动画软件种类 2. 常用三维动画软件种类
三、三维角色建模	(一) 网格建模	1. 能够进行角色网格建模 2. 能够进行网格原始三角形建模	1. 网格模型的表面属性 2. 网格次级对象编辑知识
	(二) 复合建模	1. 能够进行文字图形复合建模 2. 能够制作倒角效果	1. 复合建模基本概念 2. 复合建模方法
	(三) 放样建模	1. 能够进行剖面建模 2. 能够进行表面建模 3. 能够进行物体与关联图形建模	1. 放样建模基本概念 2. 剖面建模的方法 3. 表面建模方法 4. 关联建模方法
	(四) NURBS 建模	1. 能够编辑 NURBS 曲线 2. 能够编辑 NURBS 曲面	1. NURBS 曲线编辑内容和方法 2. NURBS 曲面编辑内容和方法

续前表

技能模块	任务要求	技能要求	相关知识
三、三维角色建模	（五）多边形建模	1. 能够使用选择工具进行顶点、边、边界和多边形等编辑操作 2. 能够使用球体进行角色头部建模	1. 多边形建模常用功能命令 2. 点的属性 3. 多边形属性 4. 复合建模创建工具 5. 文字模型制作方法
四、三维材质分析和效果表现	（一）创建灯光效果	1. 能够创建标准光 2. 能够创建反射类灯光 3. 能够创建折射类灯光 4. 能够创建半透明灯光 5. 能够创建高光 6. 能够创建灯光阴影 7. 能够制作平面镜、薄壁折射、光线跟踪等贴图的效果并设置参数 8. 能够进行贴图置换	1. 各类灯光设置方法 2. 贴图效果设置参数 3. 贴图置换方法
	（二）摄影机效果处理	1. 能够创建与编辑目标摄影机 2. 能够创建与编辑自由摄影机	1. 摄影机基本知识 2. 摄影机种类
	（三）材质属性设置	1. 能够设置材质的高光属性 2. 能够进行贴图坐标设置	1. 材质的通用属性 2. 材质的高光属性、光线跟踪属性
五、三维物体运动的实现和控制	（一）角色行走动画制作	1. 能够确定角色的重量转移特点 2. 能够制作基本行走动画	1. 角色行走特点 2. 角色行走实现方法
	（二）粒子制作	1. 能够使用标准粒子体制作工具创建基本粒子系统 2. 能够制作标准粒子体 3. 能够对粒子视图进行基本粒子编辑 4. 能够进行粒子体制作 5. 能够创建粒子系统轨道	1. 粒子体基本种类 2. 粒子体制作工具种类 3. 粒子体制作程序 4. 常用的粒子系统 5. 粒子视图基本属性 6. 粒子视图 7. 粒子流基本概念 8. 粒子动画技法及其各种效果

续前表

技能模块	任务要求	技能要求	相关知识
五、三维物体运动的实现和控制	（三）骨骼系统制作	1. 能够创建骨骼 2. 能够将其他对象转变为骨骼	1. 骨骼创建方法 2. 骨骼转变方法
	（四）蒙皮系统制作	1. 能够进行骨骼与模型对位 2. 能够添加蒙皮设置 3. 能够调节骨骼权重 4. 能够设置肌肉膨胀系数 5. 能够进行蒙皮的设置与绑定	1. 蒙皮设置方法 2. 肌肉膨胀系统设置方法 3. 蒙皮的绑定方法
六、三维后期处理及渲染合成	（一）组合素材	1. 能够输入拟处理的素材 2. 能够组合素材	1. 素材输入方法 2. 素材的组合方法
	（二）素材的草稿渲染合成	1. 能够设置草稿合成 2. 能够进行线性草稿合成	1. 草稿合成方法 2. 线性草稿合成方法

表 6-8　《三维动画制作应用》编写提纲

技能模块	任务要求	技能要求	相关知识
一、计算机安装、连接、调试	（一）多媒体设备连接与应用	1. 能够安装使用机内板卡型多媒体设备 2. 能够连接使用外部独立型多媒体设备	1. 多媒体设备知识 2. 多媒体设备使用方法
	（二）网络设备的连接与应用	1. 能够安装、配置网络终端连接设备 2. 能够连接、使用交换机、路由器	1. 网络终端设备属性 2. 交换机、路由器使用方法
二、系统配置与管理	（一）设备管理	1. 能够使用对象管理器进行权限设置 2. 能够检查和修复磁盘	1. 权限设置方法 2. 磁盘检查和修复方法
	（二）应用程序管理	1. 能够调用系统配置程序编辑和修改系统配置文件 2. 能够调用注册表编辑器修改注册表	1. 系统配置文件属性 2. 注册表知识
	（三）三维动画软件设置	1. 能够配置三维动画软件系统参数 2. 能够配置三维动画软件工作界面	1. 常用三维动画软件基本配置方法 2. 三维动画软件工作界面要求

续前表

技能模块	任务要求	技能要求	相关知识
三、三维角色建模	（一）低多边形建模	1. 能够创建低多边形模型 2. 能够设置低多边形模型属性	1. 低多边形模型种类 2. 低多边形模型属性
	（二）生物写实建模	1. 能够创建生物写实模型 2. 能够进行生物模型细部写实修饰与处理 3. 能够设置生物写实模型属性	1. 生物写实模型 2. 生物模型细部修饰
	（三）道具建模	1. 能够制作道具的粗略模型 2. 能够制作道具的精致模型	1. 道具建模要求 2. 道具建模方法
四、三维材质分析和效果表现	（一）纹理效果制作	1. 能够创建二维纹理 2. 能够创建三维纹理	1. 二维纹理的特点 2. 三维纹理的特点
	（二）特效灯光	1. 能够创建与使用灯光特效 2. 能够创建与使用组合灯光	1. 灯光特效种类 2. 灯光特效的设置办法
五、三维物体运动的实现和控制	（一）毛发制作	1. 能够生成毛发 2. 能够修饰毛发效果 3. 能够创建毛发造型 4. 能够进行毛发的动画处理	1. 毛发的制作方法 2. 毛发的效果修饰方法 3. 毛发动画制作方法
	（二）动力学系统物体制作	1. 创建刚性、柔性运动体 2. 创建变形运动物体	1. 动力学系统物体种类 2. 动力动画技法及其各种效果
六、三维后期处理及渲染合成	（一）环境设置与控制	1. 能够设置环境控制基本参数 2. 能够实现环境控制效果 3. 能够创建景深特效 4. 能够为场景添加背景颜色与贴图 5. 能够进行渲染输出设置 6. 能够综合设置环境因素	1. 场景背景颜色、贴图设置方法 2. 景深特效创建方法 3. 环境要求与控制方法 4. 渲染输出类型 5. 渲染输出设置参数 6. 环境综合因素

续前表

技能模块	任务要求	技能要求	相关知识
六、三维后期处理及渲染合成	（二）环境渲染	1. 能够在素材中添加环境效果 2. 能够进行视频合成队列制作 3. 能够渲染合成静态图像 4. 能够运用雾、光、燃烧等效果对环境进行渲染 5. 能够对动态的环境进行渲染	1. 环境渲染要求与方法 2. 静态图像合成方法 3. 队列制作方法 4. 环境渲染类型 5. 环境渲染参数

（3）教材内容组织：按照技能模块组织教材内容，在各“工作任务”开始前，先明确学习目标，然后介绍理论知识，再按照操作步骤介绍操作技能。不同教材之间的难度衔接得当，体现职业工作复杂程度增加的特点，如图 6－18 所示。

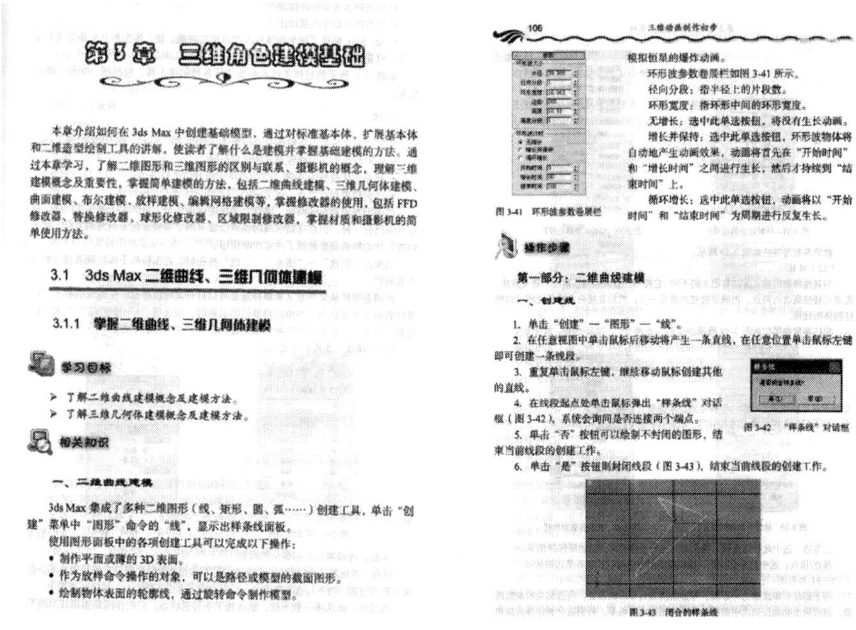
第3章 三维角色建模基础

本章介绍如何在 3ds Max 中创建基础模型，通过对标准基本体、扩展基本体和二维造型绘制工具的讲解，使读者了解什么是建模并掌握基础建模的方法。通过本章学习，了解二维图形和三维图形的区别与联系、摄影机的概念，理解三维建模概念及重要性，掌握简单建模的方法，包括二维曲线建模、三维几何体建模、曲面建模、布尔建模、放样建模、编辑网格建模等，掌握修改器的使用，包括 FFD 修改器、替换修改器、球形化修改器、区域限制修改器，掌握材质和摄影机的简单使用方法。

3.1 3ds Max 二维曲线、三维几何体建模

3.1.1 掌握二维曲线、三维几何体建模

学习目标

> 了解二维曲线建模概念及建模方法。
> 了解三维几何体建模概念及建模方法。

相关知识

一、二维曲线建模

3ds Max 集成了多种二维图形（线、矩形、圆、弧……）创建工具，单击“创建”菜单中“图形”命令的“线”，显示出样条线面板。

使用图形面板中的各项创建工具可以完成以下操作：

- 制作平面或薄的 3D 表面。
- 作为放样命令操作的对象，可以是路径或模型的截面图形。
- 绘制物体表面的轮廓线，通过旋转命令制作模型。

106 三维动画制作初步

模拟恒星的爆炸动画。

环形波参数卷展栏如图 3-41 所示。

径向分段：指半径上的片段数。

环形宽度：指环形中间的环形宽度。

无增长：选中此单选按钮，将没有生长动画。

增长并保持：选中此单选按钮，环形波物体将自动地产生动画效果，动画将首先在“开始时间”和“增长时间”之间进行生长，然后才持续到“结束时间”上。

循环增长：选中此单选按钮，动画将以“开始时间”和“结束时间”为周期进行反复生长。

图 3-41 环形波参数卷展栏

操作步骤

第一部分：二维曲线建模

一、创建线

1. 单击“创建”—“图形”—“线”。
2. 在任意视图中单击鼠标后移动将产生一条直线，在任意位置单击鼠标左键即可创建一条线段。
3. 重复单击鼠标左键，继续移动鼠标创建其他的直线。
4. 在线段起点处单击鼠标弹出“样条线”对话框（图 3-42），系统会询问是否连接两个端点。
5. 单击“否”按钮可以绘制不封闭的图形，结束当前线段的创建工作。
6. 单击“是”按钮则封闭线段（图 3-43），结束当前线段的创建工作。

图 3-42 “样条线”对话框

图 3-43 闭合的样条线

图 6－18 三维动画技能培训教材的内文版式设计

（4）其他特点：本套教材的作者队伍由信息产业技术专家、行业协会代表、中高职院校专业教师、技工院校专业教师共同组成。由职业培训、课程开发专家把关，确保教材质量。

6.4.4　行业企业技能培训教材的开发实践

家庭服务业的发展一直是我国政府和社会关注的问题。家庭服务业的发展可以缓解我国城市双职工家庭的家务劳动压力，同时又可以为低端劳动力广开就业渠道，因此被认为是一件“扩大内需”“增加就业”“两全其美”的大好事。尤其是中国老龄化程度越来越高，“空巢”家庭越来越多，今后的家庭服务业发展，将呈现出专业化和企业化的趋势。在此情况下，中国家庭服务业协会组织专家编写了一套现代家庭服务业职业培训系列教材，共家庭养老、母婴护理、家庭服务、家庭保洁四个模块 13 册。下文以家庭养老护理教材的开发为例进行介绍。

1. 目标决策

教材的目标是为行业培养操作性技能人才，根据行业组织的特点，教材综合考虑了家政企业的需求、雇主的需求、员工的需求，内容没有完全按照《养老护理员》的职业标准开发，而是将有关的职业标准抽取出来进行整合，又增加企业的需求、员工的需求，体现出一种多元考虑、综合化岗位能力思想。

2. 内容选择

家庭养老护理教材，分为三个模块，分别是《家庭养老护理——职场指南》《家庭养老护理——职业技能》《家庭养老护理——职业知识》，见图 6－19。

全书主要包括如下内容：

第一，家庭养老护理员从业应掌握的职场基本指南，如养老护理行业的基本介绍，从业的职业操守、礼仪规范、职业心态，从业应掌握的法律知识、安全知识。

第二，家庭养老护理员从业应掌握的职业相关知识，如健康基础知识、老年人护理相关知识。

第三，家庭养老护理员从业应掌握的职业相关技能，如老年人的特征及护理措施、老年人的日常起居护理、老年人的营养护理、障碍老年人的家庭护理、疾病老年人的家庭护理、老年人经络保健、家庭用药管理与老年人急救常识等相关技能。

教材以实用为导向，全面覆盖了家庭养老护理服务涉及的职场基本指南、相关职业知识及职业技能，提出了“正常老人、障碍老人、老年病人”

图 6-19 《家庭养老护理》教材体系

的老人三大健康态分类的概念，并以此归纳总结了不同健康态老人的护理要点。

3. 内容组织

本套教材突出了职业培训的特点，强化了技能培养和实践训练。在编写上采用了“职业技能—职业知识—职场指南”的三段式结构，职业知识围绕技能要求，按需选用，并把职业道德、行业规章、职业礼仪纳入职业指南之中，将做人做事培训内容有机融合。特别值得提出的是，这套教材的编写是在深入分析岗位的基础上，既依据了国家职业标准，又充分体现了家政服务业的发展特点。

4. 内容呈现和资源配套

教材内容呈现的主要特点：尽量不出现英文，多用图和漫画，以图说理，适合家庭服务行业从业人员的文化层次。

教材的内文版式设计如图 6-20 所示。

目　录

单元一　认识职业 …… 1
必备知识 …… 1
1.1　养老服务业 …… 1
一、养老服务业的需求背景 …… 1
二、养老服务业的概念与发展 …… 5
三、养老服务业发展的三道门槛及对策 …… 8
1.2　养老模式 …… 10
一、主要养老模式 …… 11
二、其他养老模式 …… 13
三、新型居家养老模式 …… 15
思考练习 …… 16
单元二　职业操守 …… 19
能力标准 …… 17
2.1　尊老敬老，以人为本 …… 17
一、文明礼貌 …… 19
二、助人为乐 …… 20
2.2　服务第一，爱岗敬业 …… 21
一、自信自重 …… 21
二、诚信可靠 …… 21
三、耐心倾听 …… 21
四、一视同仁 …… 22
五、服务意识 …… 22
六、精益求精 …… 23
七、学习知识 …… 23
2.3　遵章守法，自律奉献 …… 23
思考练习 …… 24

单元三　礼仪规范 …… 27
能力标准 …… 25
3.1　基本规范 …… 25
一、整洁文明的仪表 …… 25
二、大方得体的着装 …… 26
3.2　语言规范 …… 28
一、日常表达用语 …… 28
二、日常体态语言 …… 30
三、语言的综合使用 …… 30
3.3　姿势规范 …… 31
一、站立姿势 …… 31
二、走路姿势 …… 31
三、入座姿势 …… 31
3.4　基本工作礼仪 …… 32
一、手持物品的礼仪 …… 32
二、递接物品的礼仪 …… 32
三、见面礼仪 …… 33
四、其他基本工作礼仪 …… 33
思考练习 …… 34
单元四　职业心理 …… 37
能力标准 …… 35
必备知识 …… 35
4.1　服务意识 …… 35
一、服务意识的内涵 …… 35
二、服务意识 …… 36
4.2　职业心态 …… 36
一、树立正确的职业心态 …… 37
二、如何理解积极、自尊的职业心态 …… 38
4.3　人际关系 …… 39
一、如何有效地度过磨合期 …… 39
二、养老护理员人际交往的原则 …… 41
思考练习 …… 43
单元五　职场法律 …… 45
必备知识 …… 45
5.1　公民基本权利义务的相关知识 …… 46

单元三

礼 仪 规 范

能力标准

1. 做到整洁文明、着装得体。
2. 掌握工作中的语言规范。
3. 掌握工作中的姿势规范。
4. 掌握工作中的基本工作礼仪。

礼仪是指人们在社会交往活动中共同遵循的、最简单、最起码的道德行为规范。它属于社会公德的范畴。礼仪是一个人文化修养、精神面貌的外在表现。一个人在社会生活中要与他人接触，其礼仪的表现将会使他人产生很强的知觉反应，能给人留下深刻的印象。良好的礼仪修养能强化人与人之间的沟通，建立良好的人际关系，反之不但会损害自己的形象，而且会影响人际关系。本单元主要介绍养老护理员应具备的礼仪。

3.1　基 本 规 范

养老护理员的服务对象大部分年岁已高，经历了人生种种坎坷，具有丰富的社会经验和阅历。他们见多识广，一般都有良好的审美观，所以养老护理员必须以整洁文明的仪表、得体大方的着装，使自己的形象符合现代职业的要求。

一、整洁文明的仪表

1. 卫生方面

（1）头发。经常梳洗头发，保持整齐光洁。发型要朴实大方。不使用浓烈气味的发乳。不留披肩发。长发的养老护理员工作时应把头发梳成发辫。

如：叉开两腿、跷二郎腿、抖动腿、摇腿或裙子掀起露出大腿，都是些不文雅的坐姿。

图 3.3　走路姿势　　图 3.4　入座姿势

3.4　基本工作礼仪

一、手持物品的礼仪

在工作之中，养老护理员经常帮助他人手持某种物品。养老护理员在持物服务时，对于稳妥、自然、到位、卫生等四方面的问题，应给予高度关注。

二、递接物品的礼仪

在工作中，递送或接取物品，都是老年护理员必须认真练好的基本功。递送物品时，应注意的礼仪有：双手为宜、递于手中、主动上前、方便接拿和尖刃内向。总之，接取物品时，应注意的主要之处是：应当目视对方，而不要只顾注视物品。一定要用双手或右手，绝不应单用左手。必要之时，应起身而立，并主动走近对方。当对方递过物品时，再以手前去接取，而切勿急不可待地直接从对方手中抢取物品。

32

图 6－20　现代家庭服务业职业培训系列教材内文版式

中国家庭服务业协会根据这套教材组织开发了培训大纲和 PPT 教学资源。

6.4.5 民办职业学校培训教材的开发

“新职场·新技能·新课程”系列教材的开发主持者是课题组成员，开发组织者是国内著名的民办职业培训机构——新华教育集团，教材的使用者是新华教育集团旗下的40余所职业培训学校。系列教材的开发以中国职业技术教育学会“行业参与职业院校课程改革的研究与实践”课题研究为依托，选择开发了职业素质、环境艺术、广告传媒、动漫设计、数码影视、网络工程、网站建设、电子商务共8套完整的职业课程体系（如图6-21所示）。下面以《网络工程专业应用职业技术培训教程》为例介绍教材开发的有关情况。

图6-21 “新职场·新技能·新课程”系列教材实例

1. 目标决策

本教材由职业教育培训机构组织开发，用于学校为期 1 年的职业技术培训。民办学校的生源特点决定了教材最大的目标是有效调动学生积极性，确保学生上课不睡觉。因此教材开发者“自讨苦吃”、打破常规，摒弃了职业教材开发上长期存在的重理论、轻实践，重学科系统、轻职业能力，重策划包装、轻内涵质量的弊端。

2. 内容选择

教材内容的选择上，主要考虑企业需求和学生需要，以工作岗位能力和职场适应能力为目标。

3. 内容组织

教材体系设计上，《网络工程专业应用职业技术培训教程》有两条线索：一条是“讲—练—做”，由《专业与技能》《职业实训一》《职业实训二》《职场指南》四个分册组成；另一条是“职业场景”，以主人公二毛的职业生涯发展和职业技能成长为线索，通过全场景表述手段，将原本深奥、枯燥的专业理论，以生动有趣的场景和人际沟通形式，直观流畅、浅显易懂地表现出来。教材从行业企业需求出发，把工作岗位能力融入教学目标，以工作中的实际案例作为教学内容，把问题引入、案例教学、项目整合结合进教学设计，并采用了做中学、参与式的教学方法。

(1)《专业与技能》。该教材综合介绍网络工程专业所需要的专业能力、职业知识、职业技能。该教材从网络工程与系统集成、行业信息系统建设的特点、弱电、网络设备、网络软件等几方面出发，浅显易懂地介绍了弱电、设备、软件三者集成的相互关系及行业特点和规范，对于将要进入这个领域的学员，不仅给予理论上的指导，同时还给出网络技术实施的常用工具管理软件。

(2)《职业实训一》。这是以“网络工程实战进阶”为主题的职业实训教材。教材分为九章，从市场需求出发，以常见的家庭网、宿舍网、机房网络、校园网、网吧网络、办公网络、酒店网络、智能小区、娱乐场所网络等典型并常用的网络为范例，以特有的场景表述的手法详细介绍了客户沟通、结构设计、设备选型、实施方案、成本核算、施工组织、项目验收等项目实施的全部环节，使得学习者在充满趣味的乐学中得到知识的提升。

(3)《职业实训二》。这是以“网络工程综合攻略”为主题的职业实训教材。该教材分为六个部分，不仅从娱乐场所网络架构、超市网络架构、企业网络设计进行实训指导，还引入了具有较高技术难度的医院网络、政府网络与银行网络，并延续了该系列丛书的场景描述风格，把这些难度较高、专业很深的技术术语通过故事描述方式，浅显易懂地表述出来。同时，该书还介绍了不同类型的网络情况所对应使用的专业设备，并辅之五组与专业对应的项目案例，使得学习者通过逐步、规范的模拟项目承接七个标准过程，掌握对应的实用技术。

(4)《职场指南》。教材针对“职业实训”教材中所给出的家庭网、宿舍网等九个单元项目和企业网络、医院网络、政府网络与银行网络等六个大型综合项目进行全方位的设计和工程实施指导。从技术角度看，内容涉及目前国内较为先进的网络技术和设备，特别是弱电技术。对于每个案例，该教材在应用的层面上都给予了较为详细的指导和技术说明，包括所有案例的实施指导方案。值得指出的是，该教材通过对实训团队的分组、分工、责任等方面的严格要求，突出表现项目实施的完整和规范性。其最大特色是作者拥有丰富的工程实施经验，针对行业和岗位需求进行编写，主要的项目都来自实际案例，对于提高学生对项目实施的认识和理解，以及把握项目实施过程和规范作业有较强的指导作用。

4. 内容呈现

(1) 标题设计：该教材的标题设计具有很强的文学性，引人入胜，能激发学生的学习欲望。

(2) 全场景：全场景式的内容呈现是该教材的一大特色，一般的职业培训教材涉及理论知识、操作技能、工作任务，但是一般很少涉及职场任务和心理活动。教材对角色和场景进行设计，通过主人公二毛的职业实践，以全场景表述手段，独具匠心地对网络工程进行全面、深入的详细剖析。这样的做法一下就抓住了学生的兴趣点，有利于学习者迅速进入角色，同时能充分体验和感受到实际网络工程实施的整个过程，从而提高其团队合作和综合实施的能力。

5. 资源配套

随书配套光盘中提供了大量的素材和书中案例的源文件，以方便读者学习使用。

教材的整体呈现效果如图 6-22 所示。

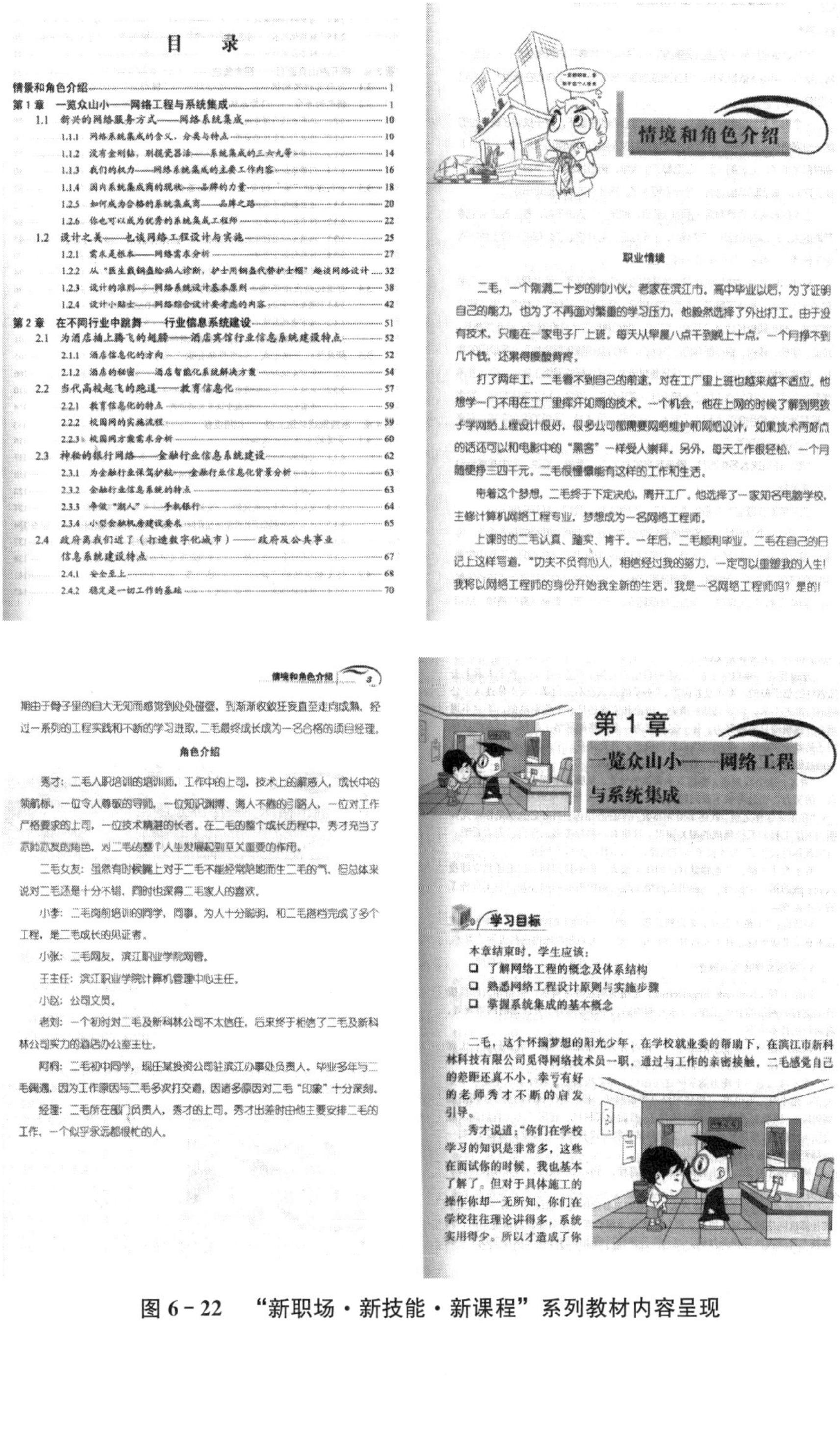

目　录

情景和角色介绍……1
第 1 章　一览众山小——网络工程与系统集成……1
1.1　新兴的网络服务方式——网络系统集成……10
1.1.1　网络系统集成的含义，分类与特点……10
1.1.2　没有金刚钻，别揽瓷器活——系统集成的三六九等……14
1.1.3　我们的权力——网络系统集成的主要工作内容……16
1.1.4　国内系统集成商的现状——品牌的力量……18
1.2.5　如何成为合格的系统集成商——品牌之路……20
1.2.6　你也可以成为优秀的系统集成工程师……22
1.2　设计之美——也谈网络工程设计与实施……25
1.2.1　需求是根本——网络需求分析……27
1.2.2　从“医生戴钢盔给病人诊断，护士用钢盔代替护士帽”趣谈网络设计……32
1.2.3　设计的准则——网络系统设计基本原则……38
1.2.4　设计小贴士——网络综合设计要考虑的内容……42
第 2 章　在不同行业中跳舞——行业信息系统建设……51
2.1　为酒店插上腾飞的翅膀——酒店宾馆行业信息系统建设特点……52
2.1.1　酒店信息化的方向……52
2.1.2　酒店的秘密——酒店智能化系统解决方案……54
2.2　当代高校起飞的跑道——教育信息化……57
2.2.1　教育信息化的特点……59
2.2.2　校园网的实施流程……59
2.2.3　校园网方案需求分析……60
2.3　神秘的银行网络——金融行业信息系统建设……62
2.3.1　为金融行业保驾护航——金融行业信息化背景分析……63
2.3.2　金融行业信息系统的特点……63
2.3.3　争做“潮人”——手机银行……64
2.3.4　小型金融机房建设要求……65
2.4　政府离我们近了（打造数字化城市）——政府及公共事业信息系统建设特点……67
2.4.1　安全至上……68
2.4.2　稳定是一切工作的基础……70

情境和角色介绍

职业情境

二毛，一个刚满二十岁的帅小伙，老家在滨江市。高中毕业以后，为了证明自己的能力，也为了不再面对繁重的学习压力，他毅然选择了外出打工。由于没有技术，只能在一家电子厂上班，每天从早晨八点干到晚上十点，一个月挣不到几个钱，还累得腰酸背疼。

打了两年工，二毛看不到自己的前途，对在工厂里上班也越来越不适应。他想学一门不用在工厂里挥汗如雨的技术。一个机会，他在上网的时候了解到男孩子学网络工程设计很好，很多公司都需要网络维护和网络设计，如果技术再好点的话还可以和电影中的“黑客”一样受人崇拜。另外，每天工作很轻松，一个月随便挣三四千元。二毛很憧憬能有这样的工作和生活。

带着这个梦想，二毛终于下定决心，离开工厂。他选择了一家知名电脑学校，主修计算机网络工程专业，梦想成为一名网络工程师。

上课时的二毛认真、踏实、肯干。一年后，二毛顺利毕业。二毛在自己的日记上这样写道：“功夫不负有心人，相信经过我的努力，一定可以重塑我的人生！我将以网络工程师的身份开始我全新的生活。我是一名网络工程师吗？是的！

情境和角色介绍　3

期由于骨子里的自大无知而感觉到处处碰壁，到渐渐收敛狂妄直至走向成熟，经过一系列的工程实践和不断的学习进取，二毛最终成长成为一名合格的项目经理。

角色介绍

秀才：二毛入职培训的培训师，工作中的上司，技术上的解惑人，成长中的领航标。一位令人尊敬的导师，一位知识渊博、诲人不倦的引路人，一位对工作严格要求的上司，一位技术精湛的长者。在二毛的整个成长历程中，秀才充当了亦师亦友的角色，对二毛的整个人生发展起到至关重要的作用。

二毛女友：虽然有时候嘴上对于二毛不能经常陪她而生二毛的气，但总体来说对二毛还是十分不错，同时也深得二毛家人的喜欢。

小李：二毛岗前培训的同学，同事。为人十分聪明，和二毛搭档完成了多个工程，是二毛成长的见证者。

小张：二毛网友，滨江职业学院网管。

王主任：滨江职业学院计算机管理中心主任。

小赵：公司文员。

老刘：一个初时对二毛及新科林公司不太信任，后来终于相信了二毛及新科林公司实力的酒店办公室主任。

阿桐：二毛初中同学，现任某投资公司驻滨江办事处负责人。毕业多年与二毛偶遇，因为工作原因与二毛多次打交道，因诸多原因对二毛“印象”十分深刻。

经理：二毛所在部门负责人，秀才的上司。秀才出差时由他主要安排二毛的工作，一个似乎永远都很忙的人。

第 1 章

一览众山小——网络工程与系统集成

学习目标

本章结束时，学生应该：

- 了解网络工程的概念及体系结构
- 熟悉网络工程设计原则与实施步骤
- 掌握系统集成的基本概念

二毛，这个怀揣梦想的阳光少年，在学校就业委的帮助下，在滨江市新科林科技有限公司觅得网络技术员一职，通过与工作的亲密接触，二毛感觉自己的差距还真不小，幸亏有好的老师秀才不断的启发引导。

秀才说道：“你们在学校学习的知识是非常多，这些在面试你的时候，我也基本了解了。但对于具体施工的操作你却一无所知，你们在学校往往理论讲得多，系统实用得少。所以才造成了你

图 6 - 22　“新职场·新技能·新课程”系列教材内容呈现

6. 特点评价

“新职场·新技能·新课程”系列丛书根据有关课题研究成果和院校长期教学和管理经验，提出了以企业需求为导向的全场景趣味教学，包括真实市场需求、完全场景模拟、针对分析设计、实战训练过程。学生学习的主线围绕“需求—设计—制作—交付”企业基本工作流程；教材的特点是能让学生喜欢读、读得懂、用得上；实训教学模式的特点是人人有活干、人人活不同；主导的教学思想是真实的企业项目驱动、完全的工作过程导向。

该套教材与企业需求、教学环节紧密结合，教学不再是单向的课堂讲授，而成为双向互动的促进式课堂。主要表现如下：

一是教材以场景模式贯穿始终，可以充分让读者在学习中培养兴趣、在兴趣中学到知识、在收获中体验成就。

二是全仿真企业实际运营状况，通过再现工作中的全部环节，使读者全面掌握企业工作流程。

三是多项目分组实训，每组分工完成一个独立的实训项目，在培养工作规范和工作技能的同时充分培养团队合作精神。

四是每个实训项目结束后都有交付和答辩环节，对实训效果检验的同时进一步提高学员的表达能力和综合素质。

五是作为教材的配套部分，该丛书具有成体系的教学指导资料（包括职场指南、教学 PPT、教学视频指导资料、企业项目案例等）来开展课堂教学和课后辅导，教学管理部门也要有对应的管理条款来组织各种学制的教学环节并进行考核等。这也就是通常所谓的“立体化”教学产品。

第 7 章 职业技能教材评价的指标体系研究

教材质量评价体系的研究一直是一个难题，重点在于指标体系的设计。在笔者的指导下，国家开放大学、科学出版社等单位制定了《职业技能教学用书评价指标体系》征求意见稿，在有关评审活动中加以试用，并根据试用情况对指标体系进行了修改，提出了类型不同的职业技能教材可以采用“相同的评价指标体系、不同的评价权重”。

7.1 教材评价概述

7.1.1 教材评价

教材评价是教学评价的组成部分。教材评价是以教育评价理论为指导，以教材目标为依据，根据教材质量评价指标体系，运用可操作的技术手段，通过系统地采集教材的有关信息和反馈意见，对教材的质量及其使用效果进行考察，进而对教材价值做出判断的活动。

根据教材的评价范围、评价目的、评价主体、评价方法和内容的不同可以对教材评价进行分类。

1. 按评价范围划分

按照教材评价范围划分，教材评价可分为宏观评价、中观评价和微观评价。

(1) 教材的宏观评价：教材的宏观评价是以所有的教材为评价对象，进行全方位、全领域及宏观决策方面的评价，如对教材的教学目标、教学内容、教材质量、教材决策等的评价。它是总体的、全局的、战略性的、宏观的、高层次的评价。

(2) 教材的中观评价：教材的中观评价是以整套或某个专业领域的教材作为评价对象，对教材整体策划、教材编写、印制质量等各方面做出的评价。

(3) 教材的微观评价：教材的微观评价是以某一本或几本相同或类似的教材作为评价的对象，对教材的功能、内容、编校质量、设计、印制质量等各个方面进行整体的评价，用来判断、鉴定教材质量的优劣。

2. 按评价目的划分

按照教材评价目的的不同，教材评价可分为形成性评价和总结性评价。

(1) 形成性评价：形成性评价是在教材编制过程中的评价，用以检查和判断教材的编写质量，并通过反馈信息，及时发现问题，肯定成绩、纠正缺点和不足，保证编写者按照课程教学目标和要求，编写出合格的高质量教材。形成性评价是一种过程评价，对管理者来说，是一种为了实现反馈调节功能的评价。

(2) 总结性评价：总结性评价是指在教材编制完成后，对已经出版、使用的教材做出全面的价值判断。总结性评价的实质是对最终结果做出评价，而不关心教材的编写过程。

3. 按评价方法划分

按照教材评价方法的不同，教材评价可分为定量评价和定性评价。

(1) 定量评价：定量评价是指运用数学统计法分析处理信息，取得数量化结果的评价。它把被评对象分解为多个因素并将其量化，利用数学模型，通过统计分析或模糊数学方法得出数量化的评价结果。

(2) 定性评价：定性评价是指不通过定量计算的方法，而是采用定性描述、解释的方法做出的价值判断。但定性评价必须有评价的标准和依据，并在取得有关资料的基础上做出科学的判断。

4. 按评价主体划分

按照教材评价的主体划分，教材评价可分为自我评价和他人评价。

(1) 自我评价：自我评价是指评价者根据一定的标准，对自己编写的教材的各方面进行的评判。

（2）他人评价：他人评价是指被评价者以外的组织或个人按照一定的标准对被评价者的教材进行评价。这种评价包括各级教育行政部门领导的鉴定评价、专家和同行的专业性评价、使用教材的教师和学生的效果评价。这种评价较为严格、慎重，也比较客观，可信度较大，但组织上较为繁杂，耗费的人力、物力和时间也较多。

5. 按评价内容划分

按照教材评价内容的多少，教材评价可分为单项评价和综合评价。

（1）单项评价是对教材的某个方面或某个要素进行的评价，如对编校质量或印刷装订质量的评价等。

（2）综合评价是对教材质量的各个方面进行全面、完整的评价鉴定，不仅包括教材的内在质量，也包括外观质量。

从以上分析我们可以得出，课题组研究的教材评价是教材的微观评价，是以定性与定量方法相结合，以他人评价为主的总结性、综合性评价。它是实现教材的宏观评价或中观评价的基础。

7.1.2　评价活动的要素

评价活动有三个要素：一是评价的主体；二是作为评价对象的客体；三是所使用的评价工具——评价指标体系。评价工具是联系评价主体与客体的桥梁。评价指标体系既要反映评价客体的本质属性，又要体现评价主体对客体的价值需要。教育评价的主体一般分为社会与个人两大类。不同的评价主体对教育的价值需要有所不同，在教材评价中也一样。代表国家和社会的教育行政部门对教材的价值需要与作为个人的教师、学生对教材的价值需要有所不同，如前者更多地强调教材要满足经济社会发展、产业结构调整以及科技进步的需要，而后者往往看重个人的今后发展、终身学习的需要，看重教材是否可读性强、方便教学等。一个完整的评价指标体系包括四个要素：评价指标、评价标准、指标权重和量表。

1. 评价指标

从评价学的观点来看，评价指标是一种具体的、可测量的、行为化的评价准则，是根据可测或可观察的要求而确定的评价内容。评价指标是评价对象本质属性与特征的具体反映，是对评价的各个维度的界定。

2. 评价标准

评价标准是对被评对象各个评价维度的定性或定量的要求，是被评事物属性的质的分界点，或事物质变过程中量的规定性，是衡量评价客体价值的准则。与每个评价指标相应的评价标准的集合，构成评价主体对评价客体的要求。

在评价指标体系中，评价指标与评价标准是两个不同的概念。前者是由对被评对象的固有属性和内在结构的分析得来的，在一定时期内是相对稳定的；后者是由评价主体的需要产生的，与评价指标比较更具有多样性和易变性。当然，评价指标与评价标准都是人们在一定时期认识的产物，都不是一成不变的。

3. 指标权重

指标权重是各个评价指标在评价指标体系中相对重要的一种尺度，揭示了与其相对应的因素、对指标体系影响上的差异，权重具有较强的导向功能。确定权重时，要注意整体性（各指标在系统中的价值、对系统的贡献）、客观性（各指标在系统中的实际地位）和可变性。

4. 量表

量表是对客体进行评价的尺度，是测量与评价据以进行的标准物。一个量表一般由多项测量（评价）内容综合而成。每一项内容针对测量（评价）对象的某一特征，并将其划分不同的等级程度，通过统计方法得出一系列有关测量（评价）对象特征的数量化信息。教材质量的评价指标体系产生于对教材的功能及本质属性的分析基础上，通过对这些指标的评定来反映教材质量的本质。

7.2 教材质量评价指标体系

7.2.1 教材质量评价指标体系设计的原则

教材是培养技术技能人才的重要载体，长期以来，有关部门对职业教育专业建设中的教材作用和地位认识不足，放任自流，以市场化模式为主要建设机制，造成了教材建设水平和专业发展水平不匹配、各类教材之间缺乏有效衔接、教材体系不能支撑专业人才培养目标的弊端。从职业培训的角度来看，教材是规范培训管理的重要抓手。教材使用情况是职业培训开展状况的“晴雨表”，通过教材入手，规范培训管理，简便易行、富有成效。

人力资源和社会保障部在《关于印发 2011—2015 年全国职业培训教材建设规划的通知》（人社部函〔2011〕322 号）中指出：坚持“服务中心、健全制度、统筹指导、整体推进”，促进“教材研究、教材开发、教材使用、教材检查和评价反馈”五环联动，进一步扩大教材规模，强化教材质量，增强教材的针对性、适用性、先进性、实践性和科学性，完善教材研究机制及实验和评价反馈机制，推进教材使用管理制度建设，加强教材宣传推广，全面提高教材建设工作水平，为职业培训事业发展提供坚实的教材保障。

2012 年，教育部发布了《关于“十二五”职业教育教材建设的若干意见》，并明确提出，建立教材质量抽查制度，并向职业院校发布抽查结果，禁止不合格的教材进入课堂，要把教材选用纳入职业院校评估、示范校遴选、重点专业建设和教学质量评估等考核指标体系。

根据职业教育的专业教学评估要求，教材建设要完善教材的评审、评价、选用机制，要严把教材质量关，要选用高质量的精品教材和新版教材，要采取措施支持和出版有特色的教材。因为并不是所有的学校都有能力进行教材建设，要做好教材的选用，特别要强调教材的评审、评价、选用机制，要使用高质量的教材。

目前，教材评价标准的缺失，客观上导致选用秩序乱等问题。教材质量问题，表面上看是“出版商无良，校长教师无德”，加之自由裁量权过大，追求经济效益就成了大家首要的选择，但客观上存在着教材好坏无明确评价标准的窘境，从而无法对教师进行约束，所以，应开发“评价指标体系”，对教材的质量做科学判断。“评价指标体系”可用于对教材出版投用前的终结评价，也可作为评奖、评优的参考技术标准。可以推荐给人社部、教育部有关教材管理部门使用，用于诸如“国家规划教材”“创新示范教材”的评审等。课题组通过研究，认为：“评价指标体系”应力求突出科学性和可行性，把握职业技能教材开发的底线要求。

7.2.2 教材质量评价指标体系设计的实践探索

建立科学的职业教育教材内容质量评价体系，对提高教材质量，彰显职教特色，丰富呈现形式，规范选用制度，杜绝市场乱象，促进教材建设、管理、服务改革创新具有长远的现实意义。教材质量评价指标体系是评价的核心和基础，制定开发出既科学合理又适用客观的教材质量评价指标体系，可为今后提升教材质量、科学实施管理、规范教材服务，打下一个坚实基础，进而为提高教学质量提供基础保障。

近年来，有关职业院校在各自的教学实践中对基于工学结合的高职教材质量评价指标体系做了探索，值得总结和借鉴。例如，天津职业大学制定的工学结合特色教材验收标准就将评价指标分为7个方面：教材与课程实施、教材编写体例、教材内容的实用性、教材内容的先进性、教材内容的系统性、多元媒体辅助教材、编写风格与特色。

在近年来历次中高职教材评审的实践中，也都对教材质量评价指标体系开发设计进行了探索。例如，在教育部门组织的“十二五”职业教育规划教材的评审中，将评价指标体系划分为否决指标和评审指标。否决指标包括：内容存在思想性、导向性或科学性等问题；没体现职教特色和教改成果；同一作者一稿多版；申报选题零散，教材编写出版基础差；存在知识产权争议；申报材料造假；其他不符合要求的情况。评审指标按两级设计，一级指标主要包括编写理念、教学内容、教材结构、呈现形式、编写队伍和加分；二级指标是对一级指标内涵的细化，通过指标要素或观测点来考察和评价教材的总体水平。

课题组认为设计开发教材质量评价指标体系的前提：一是评价机制；二是专业教学标准。多元评价机制的思想决定着评价指标体系的结构，专业教学标准决定着评价指标体系的内容。在这两方面的前提下，按照课程性质、教学内容、教学方法与手段、呈现方式、编写团队、合作单位、特色与服务等指标，根据职业教育的特点，设计二级指标、主要观测点和评审标准。

另外，要按照专业进行教材评价。不同的专业，专业特点决定着教材的风格特征以及体例或呈现形式不同，即使同一专业，不同的编写团队因设计思路、课程体系及教学内容设计不同，也会有很大差别。进行教材评价，如果单独按一门课程为单元评价，一方面，文、理、工科因专业性质的特点，很难在同一评价体系下进行合理的比较评价；另一方面，纵使一门课程的教材编得再好，也反映不了整个专业教材的面貌。院校在择优选择教材时，不可能脱开课程体系单独按课程甲一本、乙一本、丙一本……这样拼凑选取，肯定会考虑特色、风格、内容、体系等要素，按专业成套选取。所以，唯有综合评价一个专业的全套教材（至少是某一专业核心课程教材），才会对教材建设、管理、服务有实际意义。

7.2.3 教材质量评价指标体系要素介绍

1. 内容质量

笔者指导有关课题组对教材内容质量从思想性、职业性、科学性、达标性、适应性、规范性六个方面进行考虑，参考教育部中等职业教育改革创新示范教材遴选指标（如表7-1所示）、天津职业大学工学结合特色教材验收标准（如表7-2所示），并结合教材评审的实践进行设计。

表7-1　　教育部中等职业教育改革创新示范教材遴选指标

一级指标	权重	二级指标	指标要素
编写理念	20	以就业为导向，以学生为主体，着眼于学生职业生涯发展，注重职业素养的培养，有利于课程教学改革	反映产业升级、技术进步和职业岗位变化的要求
			注重诚实守信、爱岗敬业、沟通合作等素质和能力的培养以及市场、质量、安全和环保意识等的养成
			注重自主学习、合作学习和个性化教学
			注重做中学、做中教，教学做合一，理论实践一体化
教学内容	30	按照岗位需求、课程目标选择教学内容，体现"四新"、必需和够用，对接职业标准，易学易懂	涵盖典型工作任务，实践问题、理论知识、操作技能以及学习评价与社会生活、实际生产相关联，反映新知识、新技术、新工艺和新方法
			以实践问题解决为纽带实现理论、实践，知识、技能，以及与情感态度的有机整合
			有机嵌入职业标准、行业标准或企业标准
教材结构	30	反映工作逻辑，载体选择适当，内容编排合理，适合中职学生认知	按照职业领域工作过程的逻辑确定教学单元
			以项目、主题、任务、活动、案例等为载体组织教学单元，体现模块化、系列化
			内容排列由简到繁，由易到难，梯度明晰，序化适当
呈现形式	10	新颖多样，喜闻乐见，交互性强，内容表现科学规范	图、文、声、像并茂，配合得当，形象生动，趣味性强，直观鲜明，立体化呈现
			名称、名词、术语符合国家有关标准，清晰美观
编写队伍	10	人员构成合理，行业企业深度参与	主编（第一作者）具有较丰富的教学经验和生产实践经验
			编写团队有行业、企业工程的技术人员或技术能手、能工巧匠参与
加分	10	以上教材结构、教学内容、呈现形式指标中，确有鲜明特色，改革创新力度大	

表 7-2 天津职业大学工学结合特色教材验收标准

验收项目	验收标准	验收结果
教材与课程实施	教材及其相关教辅资料齐全，如教师参考用书、学生作业册等；实践环境较齐备，相应课程已经实施一轮	5
教材编写体例	教材编写体例应与传统的学科课程教材有明显的区别，符合行动导向课程教材的基本要求，如有学习目标、工作任务或工程案例、实践活动、问题探究、工作和学习测评等，体现工作任务描述、工作任务知识负载均匀化、理论与实践的整合	15
教材内容的实用性	用工作任务引领专业知识；用典型产品或服务引领工作任务，即“任务驱动，项目引领”之工学结合特色鲜明。特别是，教材适合“在工作中学习”的过程中引导学生一步一步完成工作，同时将理论知识融入到工作中的问题阐述中。教材内容以工作（或项目）任务和过程问题为核心，相关专业知识和技能围绕解决问题、完成任务交织综合起来，随着任务和过程问题的复杂化，逐步提高学习专业知识和技能的深度和广度要求，掌握完成工作任务的过程规律和方法	20
教材内容的先进性	根据技术领域和职业岗位（群）的任职要求，依据典型工作任务并参照相应职业资格标准选取教学内容，根据工作过程和学生的认知规律安排教学内容的顺序，以工作任务为中心组织技术理论知识和技术实践知识，按照从实践到理论的顺序组织每一个知识点，学与做融为一体，实现实践技能与理论知识的整合。充分反映职业岗位的技术发展要求，将新技术、新工艺、新理论、新方法、新规范和新标准及时纳入，使学生在校学习知识、能力培养与生产一线技术工作和管理工作的要求相适应，充分体现时代特征	15
教材内容的系统性	教材内容的结构序化，要追求工作过程的完整性，而不是学科结构的完整性。不仅要考虑工作（或项目）过程在学习现场较好地达到对教学环境和教学条件的要求，也必须考虑适应高职学生的智能特点和知识、技能基础。学习情境排序要从简到繁、先易后难，知识学习优先是职业经验性知识，最终是基于经验的专业化系统化知识	20
多元媒体辅助教材	有必要的文字教材、视听媒体教材、多媒体课件、网络信息学习资源等多元辅助教材，以满足学生在个人经验基础上建构系统的学科专业知识	5

续前表

验收项目	验收标准	验收结果
编写风格与特色	工学结合特色教材的前提是学习领域课程或项目课程的教材。从专业人才培养方案要求出发，立足专业人才培养目标，充分体现“工学结合”思想，体现与工作（或项目）过程紧密结合的学习模式。教材文字准确流畅，符合规范化要求；插图正确，文图配合恰当，按国家最新颁布的标准和规范编写，内容和体系上有新突破	20

注：验收结果填写 A、B、C、D。

最终课题组经专家论证，设计出职业技能教学用书质量评价指标体系（内容质量维度）（见表 7－3）。

表 7－3　职业技能教学用书质量评价指标体系（内容质量维度）征求意见稿

一级指标	权重	要求	二级指标
思想性	15	坚持以邓小平理论、“三个代表”重要思想、科学发展观、习近平新时代中国特色社会主义思想为指导，符合党和国家的方针政策；政治导向鲜明，旗帜鲜明地运用马克思主义的立场、观点、方法，体现马克思主义中国化的最新成果。反映产业文化、职业道德和职业精神风貌要求	1. 思想观点正确，符合辩证唯物主义，无政治性和政策性错误（8）
			2. 注重诚实守信、爱岗敬业、沟通合作等职业道德、素质和核心能力培养以及市场、质量、安全和环保意识等的养成（7）
职业性	20	体现“三个对接”、突出“双证书”特点、强调“四新”要求，有利于学生综合职业能力的培养。紧密联系职业活动和企业需求的实际，取材合理，具有一定的前瞻性	1. 教材的开发源于对企业现状、岗位的人才需求、规格分析基础之上（4）
			2. 教材涵盖典型工作任务、实践问题、理论知识、操作技能（4）
			3. 教材内容与社会生活、实际生产相关联，反映新知识、新技术、新工艺和新方法（4）
			4. 教材内容涵盖有关国家职业技能标准的工作要求相应等级的操作要求和相关知识（4）
			5. 编写团队有行业、企业工程的技术人员或技术能手、能工巧匠参与（4）

续前表

一级指标	权重	要求	二级指标
科学性	15	内容科学，概念阐述正确，科学事实和现象描述准确，资料翔实准确；无科学性、技术性错误	1. 能正确阐述本专业设计的科学理论和概念，注意理论联系实际，以案例阐述理论，对实践具有指导作用（5）
			2. 教材能反映有关学科特有的思维方法（5）
			3. 教材能反映有关学科国内外先进成果（5）
达标性	15	符合职业技能标准和教学大纲（专业教学标准）要求；符合本门课程在教学中的定位和作用，有效关注和解决课程间的衔接。完成了教材设计目标或选题论证材料中承诺的有关内容	1. 符合职业技能标准和教学大纲（专业教学标准）要求（5）
			2. 符合本门课程在教学中的定位和作用，有效关注和解决课程间的衔接（5）
			3. 完成了教材设计目标或选题论证材料中承诺的有关内容（5）
适应性	20	符合职业教育的特点和规律，符合职业院校相应层次学生的身心和学习特点。教材体系设计采取适当的职业逻辑，不片面追求知识的学科性、系统性。内容选取深浅适度，阐述循序渐进，富有启发性，便于学生学习，适应先进的教学方法和手段的运用；体现教学内容弹性化、教学要求层次化、教材结构模块化，有利于灵活教学，因材施教	1. 教材内容取材合适，深度适宜，分量恰当（3）
			2. 以实践问题解决为纽带，实现理论、实践，知识、技能，以及与情感态度的有机整合（3）
			3. 反映工作逻辑，载体选择适当，内容编排合理，适合职业院校学生认知（4）
			4. 以项目、主题、任务、活动、案例等为载体组织教学单元，体现模块化、系列化（4）
			5. 内容排列由简到繁，由易到难，梯度明晰，序化适当（3）
			6. 适应先进的教学方法和手段的运用；教材结构模块化，有利于灵活教学，因材施教（3）

续前表

一级指标	权重	要求	二级指标
规范性	15	教材质量符合国家新闻出版法律法规规定的合格以上要求。文字准确、流畅、规范；图形、符号、计量单位符合国家标准，图文并茂，通俗易懂，配合适当	1. 差错率低于万分之一（5）
			2. 前言、绪言、正文、习题、思考题、实践题、索引、参考文献等要素齐全、目录准确（2）
			3. 文字规范、简练，符合语法规则，语言流畅、通俗易懂，叙述生动，图文配合恰当，图表清晰、准确（3）
			4. 标点、符号、公式、数据、计量单位标准规范（5）

改革教材评价机制和评价体系，将直接促进教学改革创新，直接促进教材建设、管理、服务水平的进一步提升。通过理念、制度、方法创新，有计划、有步骤地解决和改善高职教材存在的诸多问题，是职业院校战线师生呼唤已久的理性诉求，也是教材编写者、出版者、服务者追求的目标。因此，我们应在系统论和方法论的科学指导下，调动各方面的积极因素，改革教材评价机制和评价体系，推进教材建设、管理、服务工作上质量、上水平，为提高教学质量和高等职业教育的科学发展奠定基础。

2. 出版质量

出版质量从编校质量和印刷质量两方面进行考察，分别参考《图书质量管理规定》、《印刷产品质量评价和分等导则》（CY/T 2—1999)。课题组提出了职业技能教学用书评价指标体系（出版质量维度），如表 7 - 4 所示。

表 7 - 4　职业技能教学用书评价指标体系（出版质量维度）征求意见稿

一级指标	权重	要求	二级指标
编校质量	70	编校质量达到《图书质量保障体系》要求，加工、设计、绘画、校对等工序均合格	1. 加工水平：无政治性、科学性、知识性错误，正确反映内容，目录正文一致，参考文献著录准确（20）
			2. 各类符号：标点、符号、公式、数据、计量单位标准规范（10）
			3. 封面设计：封面、扉页、封底能恰当反映该书内容，构思合理、格调健康、风格鲜明、文字准确、色彩和谐（10）
			4. 版式设计：规范、统一字号字形，序号的使用合理，符合阅读习惯和阅读心理（10）
			5. 绘画设计：绘画清晰、准确、美观，图文合理、缩尺恰当（10）
			6. 校对水平：差错率低于万分之一（10）

续前表

一级指标	权重	要求	二级指标
印刷质量	30	印刷质量达到国家规定的要求	1. 开本尺寸：版芯正直，订口、切口、天头、地脚等规格符合要求，翻套正确，纸质厚薄适中，价格合理（5）
			2. 大压墨色：墨色符合印样，全书均匀一致，压力一致，图版网点清楚，层次分明（5）
			3. 彩色套印：翻套准确、色版墨色均匀，图版网点清晰光洁，层次丰富（5）
印刷质量	30	印刷质量达到国家规定的要求	4. 照片插图：印品压力均匀，墨色均匀，图版网点清晰光洁，层次丰富（5）
		装订质量达到国家规定的要求	1. 书页装订：无缺页、白页、脏页，无颠倒、顶头、倒头，装订平整（5）
			2. 压膜裁切：压膜坚实、裁切尺寸符合工艺要求，不歪不斜，上下刀口一致，不皱不裂（5）

在实际应用中，主要是考虑内容质量，对于文化课教材和职业素质教材，指标体系中的思想性权重占比较大；对于专业平台教材和数学、物理、计算机等教材，科学性占比较大；对于“双证书”教材、“一体化”教材，职业性的权重占比较大。每次评价前，可以找出部分大家有公论的标杆教材进行试验评价，调整各评价指标体系至合理值，再投入大规模评价使用。例如，“双证书”的内容质量评价体系就是采用这种方法确定的各项指标的权重。

7.3 教材质量评价规则研究

7.3.1 以指标体系为依据建立教材质量评价规则

我们通过指标体系研制，并结合实际评价试用，确定了教材质量的评价规则。

1. 评价原则

教材质量评价规则按照内容质量占75%、出版质量占25%的权重来确定。

2. 评价规则体系

根据职业教育特点，可以构建以下几类教材评价规则体系。

(1) 公共基础课程教材评价规则体系。

1) 文化素质课教材质量评价体系；

2) 职业素质类教材质量评价体系。

(2) 专业课程教材评价规则体系。

1) 专业平台课程（通用技术课程）评价体系；

2) 专业核心课程评价体系；

3)“双证书”课程评价体系；

4)“一体化”课程评价体系。

课题组对于上述两大类六小类的课程教材，在内容质量上采取相同的评价指标、不同的评价权重的办法（即内容质量部分根据教材类别而有所不同）来构建不同的评价规则体系。

(3) 上述评价指标体系用于合格性评价（即投入使用前的评价）。

指标体系的建立是教材评价的重要依据，教材是教育评价的一部分。本课题研究的评价指标体系以“双证书”教材的开发研究为例，主要根据“双证书”教材内容是否覆盖了职业标准、课程标准，以及相应的岗位技能点来确定教材评价指标体系。

7.3.2 建立以全程监管为导向的教材评价制度

通过调查研究，我们对职业教育教材评审、评价、选用等管理工作有了新的认识。我们围绕教材评价体系构建这个核心问题，提出教材开发、管理与评价信息化的解决方案。

根据有关规定，在教材管理上主要监管的内容有如下几项：

(1) 教材选用和征订的制度、办法；

(2) 近三年选用教材情况，各类教材选用的比例，特别是近三年出版的新教材的选用比例；

(3) 自编教材的规划、措施及选用、获奖情况；

(4) 教材建设的规划、政策、措施、效果；

(5) 有关教材评审、评价和选用制度。

7.3.3 信息化条件下的教材评价模式设计

通过信息化手段加强对高职专业建设中的教材使用环节的监管，是专业管理信息化系统的一项重要功能。

例如，采取信息化手段对高职专业建设中的教材使用环节进行监管，能有效促进高职教材编写的科学化与规范化，促进教材质量的提升，突出教材的职教特色，从而推动专业建设水平的提高，更好地为培养技术技能型人才服务。管理信息系统采用预警机制和事后监督为主的评价模式。

（1）教材客体评价，是对现选用教材的综合情况进行评价，主要考察教材的思想性、科学性、教学适应性、职业性，以及呈现形式。由专业系统提供评价需求，调用评价模块，给出评价结果后返回。

（2）选用行为评价，是对教材选用行为的规范性进行考察，主要内容包括：是否选用国家规划教材；是否选用行业企业特色教材；是否选用近三年内的新版教材；是否从国家规定的目录内选用教材。

可由专业管理的信息系统提供评价需求，调用评价模块，给出评价结果后返回，并可纠正院校填写中的不实数据。

根据《教育部关于“十二五”职业教育教材建设的若干意见》（教职成〔2012〕9号）的规定，贯彻落实“两级审定、三级建设”的原则，即高等职业教育教材建设应当坚持实行国家和省（区、市）两级规划、两级审定，国家、省、校三级建设原则。国家负责规划并组织开发公共基础课程及大类专业基础课程教材，量大面广、规范要求高、对产业振兴发展起重要支撑作用的重点专业核心课程教材；地方和行业根据区域经济和行业发展实际需要，制定省级规划并组织开发具有地方特点和行业特色的教材；职业院校根据实际需要开发反映自身专业特色的补充教材。

因此，在选用行为评价上，按照以下原则进行：

1）公共基础课程选用非“高职国规教材”的比例不应高于10%；

2）大类专业基础课程（又称为专业平台课程、通用技术课程）选用非“高职国规教材”的比例不应高于20%；

3）专业技能课选用非“高职国规教材”的比例不应高于30%。

（3）教材评价的结论由教材客体评价、选用行为评价的结论综合而成（如图7-1所示），权重分别为70%、30%。评价结果采取指针式显示，同时设置数据的预警功能。

7.3.4 评价模块的设计

（1）评价模块由评价规则体系、评价指标体系构成。

（2）采取分角色的评价界面，实现专家评价、市场化评价同时在线进行。

（3）评价模块内可预置国规教材、各省级规划教材的有关信息。

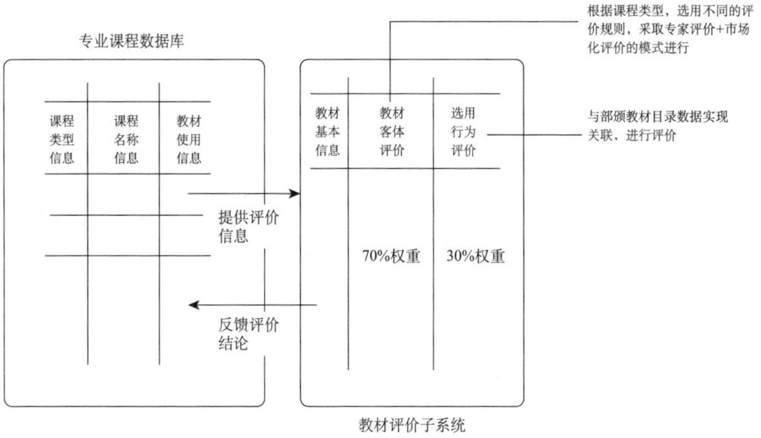
专业课程数据库
课程类型信息
课程名称信息
教材使用信息
提供评价信息
反馈评价结论
根据课程类型，选用不同的评价规则，采取专家评价+市场化评价的模式进行
教材基本信息
教材客体评价
选用行为评价
与部颁教材目录数据实现关联，进行评价
70%权重
30%权重
教材评价子系统

图 7－1　教材评价

第 8 章
职业技能教材的数字化研究

❖ 8.1　数字教材的政策和产业环境

8.1.1　政策环境

现代数字技术为创新职业技能教材的内容呈现方式提供了技术支持，近年来，各出版社对职业技能教材数字出版模式的探索方兴未艾，如何开发数字化的职业技能教材已经成为当前的一个热点问题。国家有关部门高度重视，并出台了鼓励政策：

一是国务院印发《关于推进文化创意和设计服务与相关产业融合发展的若干意见》，就加快推进文化创意和设计服务与实体经济深度融合做出明确部署。2013 年，中央财政下拨年度文化产业发展专项资金 48 亿元，比 2012 年增加 41.18%，重点支持新媒体、网络应用、数字设计、数字出版化、动漫游戏等文化和科技融合领域。

二是为了顺应全球教育信息化发展的潮流，促进信息技术与职业教育教学的深度融合，贯彻全国职业教育工作会议精神，落实教育部《教育信息化十年发展规划（2011—2020 年）》关于“加强教育信息化标准规范制定和应用推广”的要求，规范职业院校数字校园的实施，推动职业教育信息化良性发展，特制定《职业院校数字校园建设规范》。而职业院校数字校园的建设离不开现代数字技术，数字资源的建设要根据专业特色、校企合作特色，遵循兼顾社会服务、优先引入、慎重自建、边建边用、建用结合、开放共享的原则。

三是《教育部关于“十二五”职业教育教材建设的若干意见》(教职成〔2012〕9号)指出:“创新教材呈现形式,推进教材建设立体化。注重运用现代信息技术创新教材呈现形式,使教材更加生活化、情景化、动态化、形象化。积极开发补充性、更新性和延伸性教辅资料,开发网络课程、虚拟仿真实训平台、工作过程模拟软件、通用主题素材库以及名师名课音像制品等多种形式的数字化教学资源,建立动态、共享的课程教材资源库。”

四是《人力资源和社会保障部关于印发2011—2015年全国职业培训教材建设规划的通知》(人社部函〔2011〕322号)提出:“加大与教材相配套的立体化教学资源的开发,发展以数字化内容、数字化生产和网络化传播为主要特征的数字化教材,形成多种形式的数字化教学资源。”

职业院校数字教材的建设实施应秉承信息技术与教育教学深度融合的理念,注重学生信息化职业能力的全面提升,增强教师信息化教学能力与素养,促进职业院校改革与发展目标的实现。

8.1.2 产业环境

国家对信息产业的支持政策给数字出版以及教育信息化带来巨大机会,然而互联网的快速发展则对传统出版业形成巨大压力。过去一年里,数字出版的产业环境也发生了很大的变化。

2013年,《华盛顿邮报》被亚马逊创始人贝索斯收购;《新闻周刊》停止纸质版发行;世界第一大出版集团培生集团出售了其金字招牌企鹅出版社。在终端领域,诺基亚被微软收购;摩托罗拉被联想收购;柯达关闭了所有的胶卷市场……工业化时代的纸媒体与模拟技术正在被信息时代的数字技术所全面取代。与此同时,亚马逊书店、苹果、谷歌等国际互联网巨头则进一步加紧对内容产业的渗透,逐步打造起数字终端加内容、上下游通吃的产业生态链。2013年谷歌广告收入已经超过美国报纸和杂志的广告收入之和,传媒业进入“倒整合”时代,互联网和传统媒体的位置正在发生互换,传统的大众传媒生态环境正在被迅速发展的互联网媒介生态所重构。除了国际三大巨头,国内互联网巨头也以更加强势的姿态介入内容产业:新浪将读书频道分拆出去,整合微博读书、微漫画成立了北京新浪阅读信息技术有限公司。腾讯挖角盛大文学,收编起点中文网团队,启动创世中文网,并整合旗下读书频道、QQ读书、QQ书城等推出腾讯文学。百度推出原创文学网站多酷文学网,将8成的收入给予作者,并快速垫付稿酬。阿里巴巴尝试数字商品与内容结合销售,创立融合营销新模式。

由于数字教材比传统教材具有更大的开放性,除了互联网巨头,其他小型互联网公司、传统教育公司、名人自媒体也不断进入这一领域参与竞争，给传统出版业带来更大的竞争压力。受既有思维框架束缚，传统出版单位的创意创新能力则明显不足，一些拥有良好品牌的出版单位，对于自身品牌在数字教材出版领域里的延伸性应用开发做得远远不够。

8.1.3 研究关注点

发挥信息技术和数字资源在构建网络化、数字化、个性化、终身化的现代教育体系中的作用，为"互联网+"工业4.0下培养具有工匠精神的高技能人才，推动职业院校和技工院校教学改革和信息化建设有重要意义。为了提出职业技能教材数字出版技术规范和实施模式，探索整合提供纸质教材、在线学习、职业实训三位一体的数字化出版模式，根据总课题组的安排，委托高等教育出版社、外语教学与研究出版社等单位进行了"职业技能教材数字出版技术规范与实施模式研究"子课题的研究。

根据研究框架，在数字出版化教材研究方面，我们主要是从理清职业技能教材数字出版的现状（包括现有的技术规范、企业内部标准、有关行业部门的标准、运营模式等）、探索职业技能教材数字出版化的可行模式、阐明职业技能教材数字出版技术规范体系三方面进行研究。课题组采用试验验证的方法，根据我们的设计思路，开发了《职业生涯规划》《就业与创业指导》《创新创业教育》的复合化教材，现将课题开发过程中有关思考、感受和实践经验加以总结。

8.2 数字出版和教育信息化趋势梳理

8.2.1 数字出版的趋势——知识服务

1\. 知识服务是大数据时代的产物

大数据、云计算、物联网、移动互联等一系列新兴技术的广泛应用，使全球数据量呈现前所未有的爆炸性增长。广泛、可用和海量的数据，让我们真正进入大数据时代。麦肯锡全球研究所（McKinsey's Global Institute）将大数据定义为大小超出常规的数据库工具获取、存储、管理和分析能力的数据集，这个定义得到普遍的认同。具体来讲，大数据具有“4V”特征——数据量大（volume）、多样性（variety）、价值密度低（value）、速度快（velocity）。知识经济时代的到来引发了信息与知识大爆炸，面对庞杂无序的信息与知识，人们以往那种希望准确获取和利用信息资源的需求，已经悄然转变为需要一种个性化、专业化、定制化的产品或服务，由此又衍生出一种新的服务方式——知识服务。知识服务正好契合网络发展的新特征，那就是从以数据为中心转向以知识为中心，从以离线稀疏社交网络行为转向在线密集社交网络行为，从大规模数据挖掘转向大数据深度分析。

知识服务，这一原本在图书情报领域研究的课题，正日益成为出版数字化创新转型的热门词。然而，对于“知识服务”究竟是什么，数字出版如何围绕知识服务进行全新的产业布局，业界一直没有提出明确的概念和说法。一般而言，知识服务是围绕目标用户的知识需求，在各种显性和隐性知识资源中有针对性地提炼知识，通过提供信息、知识产品和解决方案，解决用户问题的高级阶段的信息服务过程。其特点在于：一是以用户为中心；二是面向知识内容，即利用灵活的组织体系，把各类信息对象有机地组织起来，揭示信息内容，分析知识关联，寻求匹配知识；三是提供个性化服务。因此，国外的一些学者认为，知识服务关注的是用户所需的服务而不是信息本身，目的是将用户从海量的相关信息中解放出来，使其能够直接获取所需服务。

数字出版不是简单地将出版物数字化，或堆砌一堆数字化的资源。出版业本质上就是一种知识服务，编辑从事的是知识加工、整理、增值和传承工作，出版是作者与读者之间的一种信息传递与交流。当人们逐渐不再满足于简单地获取某篇文章、某本图书、某张光盘等，而是希望出版企业能够为其量身打造并提供某种知识产品或服务的时候，作为具备丰富知识资源以及技术优势的出版企业，能否实现从观念到模式上的突破，在一定程度上决定了数字出版的未来能走多远。当下，业内许多人意识中的数字出版，还停留在“利用数字技术进行内容编辑加工，通过网络手段传播的一种新型出版方式，其特征是：内容生产、管理过程、产品形态数字化、传播方式网络化”。从这个角度理解数字出版，实际上是对出版本质的片面误读，是把“出版”当作“传播”来看，因为没有契合事物的本质属性，这种观点在新的发展中难以为继，在此观念下的一些服务模式也只能看作昙花一现的“数字出版 1.0”，而以知识服务为特征的新一代数字出版，才是“数字出版 2.0”的可持续发展模式。因此，可以说，知识服务为数字出版的持续发展提供了模式，它就是我们苦苦追求的破解“出版是否会被数字化取代”“纸介质图书消失，出版社还干什么”等一系列哲学难题的答案。知识服务是出版社在未来数字时代的一种业务模式，它从本质上重新定义了“出版”和“数字出版”，做到了“纸媒”和“数媒”的共荣共生共发展。

2. 知识服务是下一代数字出版的解决方案

原国家新闻出版广电总局副局长邬书林指出，未来出版产业经营模式将从“超市”模式向“餐馆”模式转型。“对于消费者来讲，超市将油盐酱醋及食材等集中在一起，虽能为前期采购带来一定便利，但消费者仍须事先想好菜品，且熟知菜谱，才能制作一桌丰盛的宴席；而餐馆对消费者的价值则在于，它不仅无须动手，更能让顾客根据喜好，选择个性化的菜品搭配。”当前，出版社的数字出版产品和服务，还停留在“超市”服务阶段，需要学习者、研究者与决策者事先想好检索方向与目标，并具备一定的信息素养，否则很难得到切实有效的知识。近年来，欧美一些大型出版机构开始不断强化某一行业领域知识服务的专业化优势，并加大相关知识服务产品与平台的研发力度，例如全球商务和专业智能信息提供商“汤森路透”（Thomson Reuters）打造的专业化金融决策服务平台；全球最大的医学科技出版商“爱思唯尔”推出的“Clinical Key”医学诊疗平台等。这些行业针对性极强的知识产品紧密围绕用户决策需求，将传统专业出版资源与数字技术融为一体，在探索知识服务的模式中取得了宝贵经验。反观我国出版行业，上游的出版商与下游的文献集成传播商“各自为政”，前者虽掌握某一学科或行业领域的优质内容，但缺乏数字化核心技术以及对用户需求的及时把握，无法形成规模化的知识服务；后者虽拥有国际领先的知识传播技术和平台，但缺少强大的内容支撑，因而无法形成知识服务的有效商业模式。目前，在科技出版、教育出版、外语出版、医学出版、期刊出版、大众出版、少儿出版等领域均已有数字出版的平台和内容资源，但是普遍存在的问题是共享性差、信息泛滥、知识贫乏。以科技出版和教育出版为例，知识服务正好为这些领域数字出版继续发展提供了解决范式。

3. 教育领域的知识服务——教育出版的数字化

（1）教育出版数字化的发展。

数字化使教育产业、出版产业都发生了巨大的变化：一是教育教学、内容产业与信息技术的融合发展已经超越了媒介升级的阶段，大规模在线公开课程（MOOC）、开放教育资源（OER）、数字课程定制与在线自助出版、富媒体电子书等新生事物正改变着知识的产生、传播、管理和应用方式；二是个人学习者的认知模式和行为方式发生了根本变化，基于信息技术的终身学习态度和习惯将成为人们生存发展的基本素质；三是教育要素和教学环境正在被不断发展的信息技术所重构，导致各级各类教育的人才培养模式发生深刻变革；四是在“大数据”时代，硬件设施、网络条件和内容资源不再是稀缺品，而运用信息技术改变课程设计、创新教学策略、激发学习兴趣、诊断认知水平、改进教学效果等正在成为教育信息化、现代化的关键，也是教育出版数字化的发展方向。

未来教育出版机构的知识服务，要以客户需求为导向，实现从标准化向个性化转型。在过去很长一段时间里，编辑们一直在现有资源里面选择优秀作品提供给读者，这是一种单向的内容生产和供给过程。因此，不能仅仅局限在根据统一的教学大纲（标准）大规模生产标准化教材或是一个单一的产品和一种单一的服务，而应该是积极探索数字化、网络化环境下的教学应用和课程建设服务，把学习、测评、能力培养联系起来，兼顾标准化和个性化，做到"国本"＋"校本"的出版服务，提出教学、科研、教师发展的综合解决方案。教育领域的知识服务，将从简单的占有数字资源、单纯的教学资源库建设向学习教学过程支持转变。

提供个性化教育服务，一是指为教师教学提供他们最需要的内容，帮助他们掌握数字环境下教学和科研活动所需的技术能力，并为教师们的业务交流提供方便的平台。总之，足够的内容资源、易于掌握的技术和一个便于分享交流的平台是教学活动中的核心诉求。二是为学生提供适合的学习材料，帮助他们发现学习进程中出现的问题并提供解决办法。对于学生，个性化的学习解决方案是核心诉求。要做到个性化服务，就要求传统教育出版商具备整合多方面资源的能力，为客户提供个性化定制服务。记录学生学习行为并通过大数据的分析方法来评价学习的成效，是关键技术。

因此，教育出版商需要转换角色，从出版商转换成知识服务商，从内容提供商转型为教育服务商，围绕个性化教学需求，为师生提供个性化教学解决方案。例如，中国教育出版传媒集团就提出了由出版商向服务商转型的三个阶段策略。第一个阶段是通过数字出版提供课程出版加科研服务。课程出版包括个性化教材教案、教师培训、资源分享及咨询服务等。这里所说的个性化教材，实际上是在纸质教材内容基础上加上教师为学生选择的适量的数字内容。出版商为教师的课堂教学提供文字、音视频内容，同时为教师的交流提供便捷的网络平台。第二个阶段是以在线方式为教与学两方面提供一站式服务。个性化教育服务的核心资源是便于教师检索和组织教学内容的资源库，它必须便于教师对相关教学内容进行搜索和加工，便于教师轻松定制自己课程的数字内容，将自己课程特定的材料与多种其他资源相结合。从学生的角度来说，贯穿个性化教育服务的核心是一站式学习平台上的测评体系。通过在测评体系中测试与检验所提供的反馈报告，学生能较准确地获知自己对相关知识掌握的程度以及存在的问题，然后通过与之关联的学习平台获得针对性的学习解决方案；经过一个阶段的学习后再次测试，发现新的问题，获得新的个性化学习解决方案，从而不断进步。第三个阶段是在教育类的出版社设立数字学习机构，搭建信息化平台，形成数字学习与出版的合力是发展的主流方向。

目前，大多数出版社处于第二个阶段。例如，人民教育出版社于 2010 年 6 月正式上线运营的在线学习平台“人教学习网”，就具有一站式服务的性质。该网站面向教师、学生、家长用户，提供了丰富的教育教学资源，拓展了个性化和互动式的学习体验，为提高学习效率提供了极大的方便。

又如，外研社的全新数字学习平台 Flearning，就以外语数字资源超市、线上教学一体化为服务理念，为高校学生提供一站式外语学习方案和资源，为英语教师提供互动双向网络教学平台。数字学习平台提倡多模态学习理念，以个性化学习方案为线索，为学生提供学习测试、考试题库（托福、托业、四六级）、多媒体课件、共享教材、阅读训练、谚语学习、写作范文库、小语种等多种学习资源，包含大量电子书刊、音频、视频资源，并有多种英语闯关游戏使语言学习不再枯燥乏味；数字学习平台为教师提供了在线教学、数字教材编辑、单词变考卷、在线考试、线上录音、设计问卷、电脑阅卷等强大的功能，使数字化教学考试更为轻松方便，为教师省去出纸质考卷和批改考卷的劳烦，并为教师追踪学生学习过程和进步程度提供了快速和全面的数据资料和统计功能。

再如，外研社的 Unipus 平台，其源于创新教育理念，基于先进信息技术，是以外语教育为特色，集学习、教学、测评、科研、合作交流于一体的线上“共同校园”（Universal Campus）。Unipus 体现教育技术智能化、交互化、自主化和移动化的发展趋势，创建学习者、教学者、研究者、管理者、教育资源与服务提供者等多方参与的教育生态，依据科学能力测评体系，汇聚国内外优势资源，优化在线互动教学环境，提升个体学习体验与效果，同时为高校创新教学模式、开展课题研究、推进跨校合作提供支持保障。

而高教社目前已经成功跨越第二阶段，进入第三阶段。作为全国最大的单体出版社，高教社在产品数字化方面处于领先地位。

教育部、财政部在“十二五”期间启动实施了“高等学校本科教学质量与教学改革工程”支持建设的高等教育课程资源共享平台——“爱课程”，高教社独立拥有或与相关内容提供者共同拥有“爱课程”网站内相关内容的版权和/或其他相关知识产权。该平台面向高校师生和社会大众，提供优质的教育资源共享、个性化教学资源服务，集中展示“在线开放课程”“视频公开课”“资源共享课”“学校云”等，并对课程资源进行运行、更新、维护和管理。

此外，高教社建设了“智慧职教”，旨在打造职业教育数字教学资源共享平台和在线教学服务平台；与网易携手推出“中国大学 MOOC”，承接教育部国家精品开放课程任务，向大众提供中国知名高校的 MOOC 课程。上述平台在其发展过程中持续升级，逐步从在线课程发展到为全国高等学校定制在线开放课程专属云服务，其中，“智慧职教”已实现了在线课程出版服务。

课程出版是一种立足于在线课程，比在线课程更为规范、合理的新模式，它融合了教学内容、课程教学设计，能够保护知识版权，同时方便共享与定制。相关院校可以通过有偿调用或者基于个性化的改造使其转化成适用于本校教学的专属在线课程。

高教社已启动 ICC 平台（http：//icc. hep. com. cn/），并联合高校建设在线课程 430 门，逐步实现在线课程的陆续出版。目前，ICC 平台已累计出版在线课程 121 门。所有已出版的在线课程都拥有独有版权号，出版信息（见图 8－1）与纸质出版物大体相同。此外，每一门课程都拥有专门的出版证书（见图 8－2）。

图 8－1　ICC 平台在线课程出版版权信息

下一步，教材的数字出版将在知识提供和知识服务的基础上，构建社区服务平台，让具有相同兴趣爱好的读者之间、读者与知识单元之间、读者与专家之间互动起来，实现人与知识之间的互动，平台构建更多的互动内容，能够进行远程科学探讨，教学等方面引导知识自生成、自组织的实现。

（2）教育出版数字化的展望。

一是数字出版从“宏观建设”走向“产品开发”。在前期发展过程中，比较集中于对基础内容的数字化加工转换、构建数字出版发行平台的建设中，轻视适合数字出版的产品开发。而数字出版的核心是必须加强数字出版产品的开

图 8－2　高教社在线课程出版证书

发，交互与体验功能成为最重要的设计理念，从而提升产品的功能性和客户的体验性。

二是从移动互联网的深度开发拓宽数字出版领域。移动化是未来互联网的发展趋势，基于移动互联的数字出版也将成为重要的发展模式。伴随着移动互联网的普及，基于移动网络的应用会越来越普及，移动平台与载体形式也将呈现多元化，移动终端的大面积覆盖为移动阅读带来更大的便利。

三是云计算、数字出版技术与应用快速发展。跨平台阅读技术、结构化版式技术、数字版权保护技术、内容结构加工技术、云出版服务技术等数字出版关键技术的快速发展，为数字出版提供了支持和保障。

8.2.2　教育信息化与资源库共建共享

教育信息化使得各类数字化教学资源的共建共享成为可能。2010 年教育部颁布《职业教育专业教学资源库建设指南》，资源库项目正式启动实施，2014 年《关于印发〈构建利用信息化手段扩大优质教育资源覆盖面有效机制的实施方案〉的通知》（教技〔2014〕6 号）对教育信息化做出明确要求，国家大力倡导资源库共建。根据上述要求，相关信息化教育服务商、职业院校不断进行探索，开发建设有利于教师、企业、学生、社会学习者使用的专业教学资源库。以高职为例，教学资源库建设的主要目的是构建应对产业人才培养需求的资源开发与管理系统，以学习者为中心，满足学习者多样化的需求。教学资源库内容丰富，资源表现形式多样，整合了行业企业生产一线优质资源，具有持续更新机制，并确保每年更新比例不低于 10%。资源库平台要具备学习过程管理功能，学习者能够依托平台实现相互交流。

1. 教学资源库的功能

教学资源库定位于“能学、辅教”。“能学”指凡有学习意愿并具备基本学习条件的职业院校学生、教师和社会学习者，均能够通过自主使用资源库实现不同起点的系统化、个性化学习，并实现一定的学习目标。“辅教”指教师可以针对不同的教授对象和教学要求，利用资源库灵活组织教学内容、辅助教学实施，实现教学目标；学生可以在课堂教学以外，通过使用资源库巩固所学和拓展学习。例如，领航未来（北京）科技有限公司根据职业教育的特点，将教学资源库立足职教教学实际需求，在资源库应用于职教日常教学方面做了积极的探索，该公司开发的教学资源库的功能如图 8-3 所示。

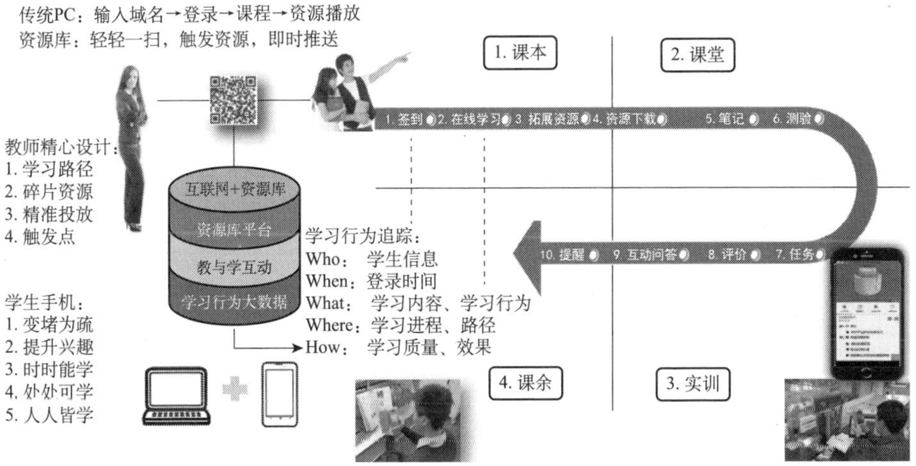

图 8-3　某教学资源库的功能设计

通过电脑、智能手机等快捷高清终端设备为教师、学生用户精准有效地投放个性化课程与碎片化资源，并迅速建立时时处处、主动推送、即时反馈沟通的学习方式，从而构建资源库应用的“自传播”模式，相较此前资源库应用，易用性方面得到改善，提升了学习质量和教学效果，使得资源库建设真正能够进入“能学”“辅教”的可持续发展“新常态”。

2. 教学资源库的结构设计

教学资源库遵循“一体化设计、结构化课程、颗粒化资源”的建构逻辑，强化应用功能和共享机制设计。资源布局与职业教育专业教学资源库运行平台（以下简称运行平台）功能的“一体化设计”是资源库建设的前提，应以满足用户使用需求为目标，根据专业领域特点，对知识结构、资源属性和运行平台功能等进行整体设计。系统规范、涵盖本专业全部专业核心课的“结构化课程”体系是资源库建设的重点，要以行业企业需求为导向，以教学与课程改革为基础，以本专业教学标准为指导，突出职业教育特色，融入创新创业教育，强化网络“教”与“学”的特点，一般应由若干标准化课程和个性化课程组成。标准化课程应结构清晰、逻辑紧密、体系完整，建设质量能够代表国内先进水平；个性化课程是对标准化课程的延伸、拓展或补充。单体结构完整的“颗粒化资源”是资源库建设的基础，库内资源要在保障科学性和有效性的前提下尽可能设计成较小的学习单元，便于检索、学习和组课。

教学资源库系统为教学管理者提供多样化教学资源，主要由学习管理系统、资源管理系统、社会服务门户等组成，具体的架构如图 8－4 所示。

3. 教学资源库的资源结构

经过多年的建设，教学资源库的资源体系已经相当完善，主要包括以下几点：

（1）基本资源。一般指涵盖专业教学标准（或专业教学基本要求）规定内容、覆盖专业所有基本知识点和岗位基本技能点，颗粒化程度较高、表现形式适当，能够支撑标准化课程的资源。

（2）拓展资源。一般指基本资源之外针对产业发展需要和用户的个性化需求开发建设的资源。拓展资源应反映行业发展的趋势特色、前沿技术、最新成果及国际潮流，并能够保持先进性。

教学资源库内的资源应力求丰富多样，在数量和类型上超出标准化课程调用的资源范围，实现资源冗余，以方便教师自主搭建课程和学生拓展学习。

4. 教学资源库的资源层次与分类

教学资源库内资源应包含素材、积件、模块和课程等不同层次。素材是最基础的、颗粒化的资源个体；积件以知识点、技能点为单位，由多个内在关联的素材组合形成；模块以典型工作任务、重点技能训练项目或学习单元等为单位，是包含多个知识点、技能点的积件组合；课程由多个工作任务、技能训练项目、学习单元组合形成，包含完整的教学内容和教学活动，以及教学设计、教学实施、教学过程记录、教学评价等环节，支持线上教学和线上线下混合教学。

（1）资源类型。资源类型一般包括文本类素材、图形（图像）类素材、音频类素材、视频类素材、动画类素材和虚拟仿真类素材等。应控制文本类和图形（图像）类资源占总资源的比重，充分发挥信息技术优势改造传统教学，提高视频类、动画类、虚拟仿真类资源所占比重。视频类素材主要用以阐述或演

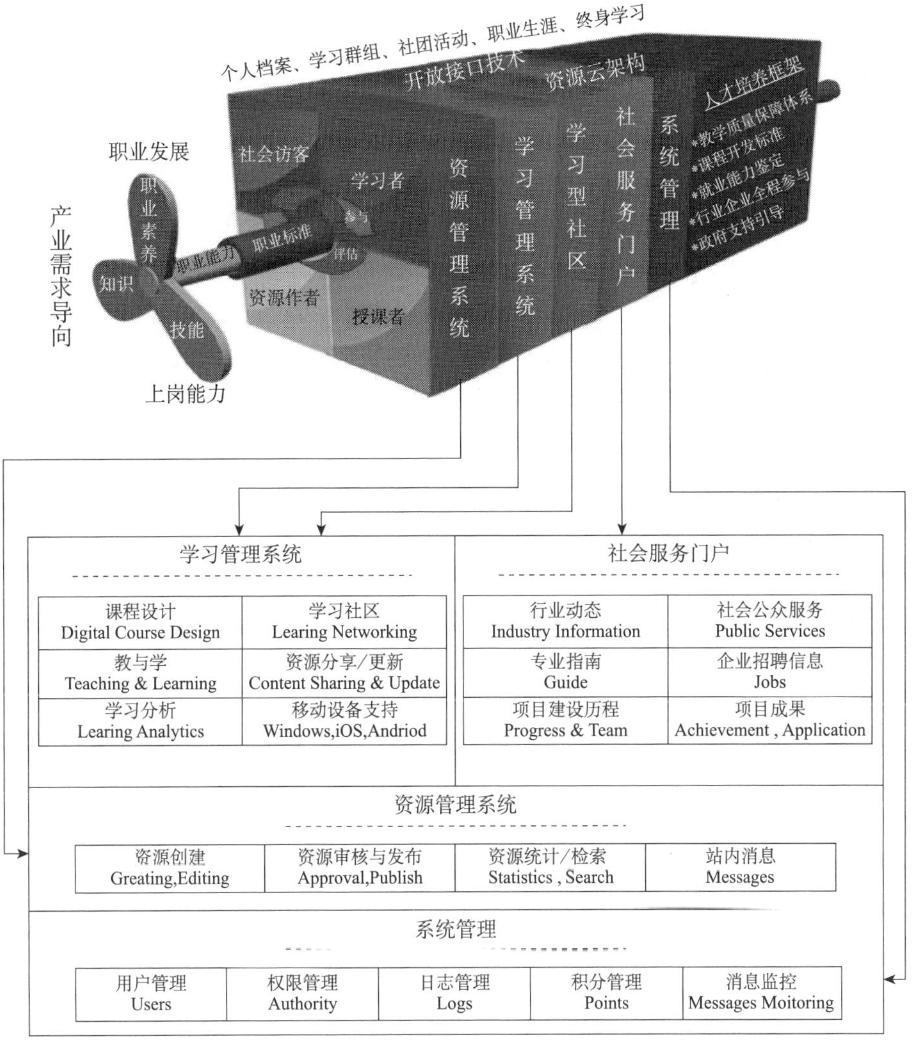

图 8-4　教学资源库的系统架构

示某一知识点或技能点，可以短小的“微课程”为主要形式，属易用易得适用实用的学习资源；动画类素材侧重通过变换的视角、直观的画面、形象的阐述，将逻辑思维与形象思维融为一体，抽象概念具体化、微观概念可视化，使教学活动更加符合普通学习者的思维习惯；虚拟仿真类素材主要用以替代危险性高或难以安排的现场实习、展示现实教学中难以理解的复杂结构和复杂运动等，提高实际教学效果。

（2）资源属性。按照资源的内容和性质，科学全面标注资源属性，方便资源的检索和智能重组。资源的形式规格遵循行业通行的网络教育技术标准，鼓励按中国标准关联标识符（ISLI）国家标准（2018年6月1日起全面应用）对资源进行标识。

（3）主要内容。资源库内容包括但不限于：专业介绍、就业与岗位、人才培养方案、教学环境、网络课程、培训项目、测评系统等，如下所列：

1）职业标准、技术标准、业务流程、作业规范、教学文件等。

2）企业生产工具、生产对象、生产场景、校内教学条件等。

3）企业生产过程、学生实习实训、课堂教学等。

4）工作原理、工作过程、内部结构等。

5）虚拟企业、虚拟场景、虚拟设备以及虚拟实验实训实习项目等。

6）企业案例、企业专家、双师资源、行业企业产品及文化展示、就业创业平台、企业网站链接等。

7）数字化教材、教学课件等。

8）习题库、试题库等。

9）与专业、课程、知识点、技能点相关的导学、助学系统。

例如，领航未来（北京）科技有限公司与杭州职业技术学院等院校合作建设的“数字校园学习平台”即“微知库”作为教育部国家职教专业教学资源库运行平台，专注职业教育，打造职教数字资源学习云平台及大数据追踪行为库，旨在使学习者乐学、授课者乐教、行业企业共享众筹、社会访客畅游其中。“微知库”联合各职业院校积极探索开发基于AR/VR等新兴技术的“O2O复合教材”。

8.2.3 传统教材的数字化转型发展

1. 职业技能教材数字化的几个关注点

传统教材向数字教材的转型发展，也是传统出版的数字出版转型，建立互联网思维是重中之重。转型不是转场，转型不是转移，而是一场革新，要认清数字教材与传统教材是两种经济发展模式下的产物，它们从内容生产方式到管理运营模式、传播发行方式、商业盈利模式完全不同。进行职业技能教材开发时，要注意做到以下几个结合：一是把职业教材几个主体（出版者、编写者、学习者）的需求结合好；二是把教材内容与技术结合好，充分考虑技术的实现能力，通过技术实现内容的灵活、多样性的展现，提高教学质量；三是要有前瞻性的考虑，考虑资源建设上的复用能力、通用能力，不要为“数字化”而“数字化”。

推动职业技能教材数字出版的规范化，探索可行的标准化实施模式，对于推动数字资源共享、降低开发成本、提高开发质量具有重要意义。一定要弄清传统教材与数字教材之间的关系。传统教材这么多年都沿袭下来了，肯定有不少优势。应坚持传统教材的优势，把传统教材作为数字教材的立足之本。数字化的目的是促进纸质教材的销售。一方面，要对传统教材继承并创新，职业技能教材开发绝不是对纸质教材“中规中矩”的技术转换；另一方面，创新要有度，不能过分。

要弄清职业技能教材数字出版规范的立足点（生长点）。数字出版的生长点就是传统教材的技术困难点、技术提高点、技术创新点。数字出版要做到：把读图和读文结合起来，把动态和静态结合起来，把个性化和规范化结合起来。

要将纸质教材与数字教材线上、线下结合，做到“纸数结合”。传统纸质教材立足于解决基本概念、基本问题；数字化教材立足于解决难点、加强重点、突出亮点。新型的数字教材要达到老师教：省力、省心（如虎添翼，得心应手）；学生学：有规范、个性化（如鱼得水，更加进入角色）。

2. 数字教材的功能

数字教材除了具备一般的职业教育教材的所有功能外，还应具备基本的学习辅助功能、学习分析功能，并能以统一技术标准对接各类教学资源库平台，从而具备一定的教学辅助功能，如图 8-5 所示。

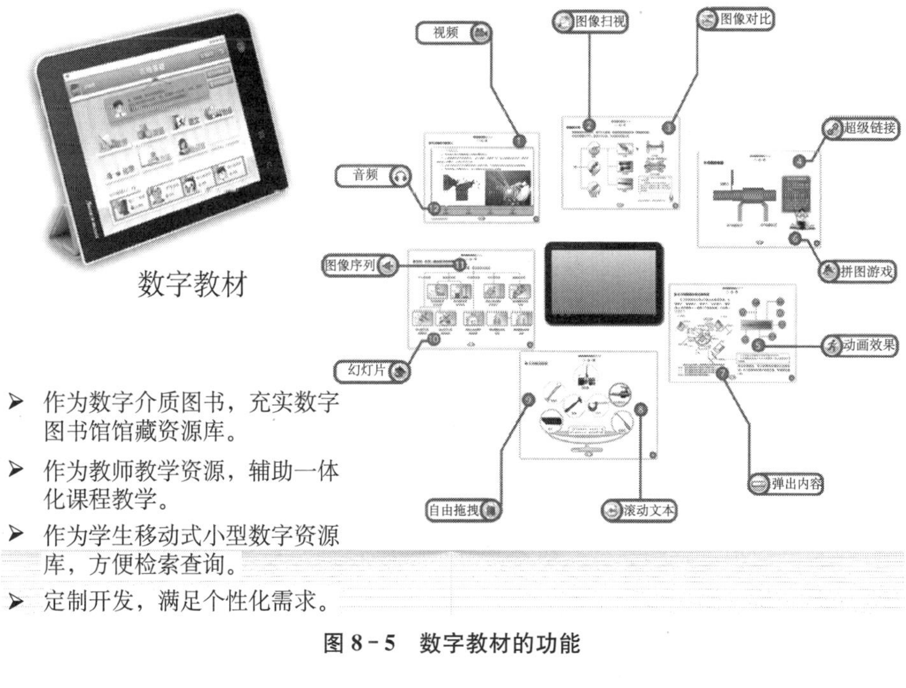

图 8-5 数字教材的功能

（1）学习辅助功能：一是支持学习者自主学习，对课程、教师、资源等进行收藏、评价、评论、分享及课程等相关信息推送与接收等，将学习心得、学习成果分享到常用社交工具。二是能够根据学习者的特点及学习需要，支持多种学习形式，如自主学习、合作学习以及移动学习等。学习者在学习过程中，能够随时在线记录学习笔记，开展小组讨论，共同完成小组作业，完成投票、问卷、考试等任务。三是能够将学习者的课程内容浏览、讨论交流、答疑、自测、笔记等集成于一个学习界面。能够提供对学习者学习过程节点的记录，便于学习者快速定位到学习过程节点，继续学习。四是支持答疑互动。学习者可以在线提问，教师和其他学习者可以回复交流，系统支持自动检索类似的问题及给提问者提供回复。五是支持自测和在线考试。运行平台能够分别针对学习模块、课程随机抽取题目供自测或考试用，并给出参考答案。对于系统完成课程学习并通过考核的学习者，能够记录学习者成绩（五级制或百分制）。

（2）学习分析功能："学习分析"（learning analytics）指大范围收集学生的学习数据并加以分析，从而评价学生的学习进度，预测其未来的学习表现，并查找潜在问题。数据来源包括学生的显性行为，如完成作业和测试的情况，也包括隐性表现，如网络社交行为、课外活动、论坛上的发帖，以及其他不作为学业表现直接评估的活动。学习分析旨在让教师能够根据不同学生的需求和能力，利用数据挖掘、人工智能等先进技术，增进对教学和学习的深层次理解，为每位学生提供个性化教学。该领域的研究引起了教育技术领域专家的广泛关注，学习分析技术将发展成为改变教育、促进教育发展的主流应用。

作为最简单的功能实现，数字教材应能够支持以下两类数据分析：一是资源应用分析。能够支持资源数量统计、访问统计、引用统计、下载统计、用户上传统计等功能；能够根据资源的浏览量、引用量、下载量、回复量、访问区域分布、集中访问时段等信息分析资源质量和应用情况；能够多方式反馈分析结果；能够生成相应的分析报告。二是教学行为分析。能够从学校、专业、课程、模块等不同角度统计和分析学习人数、学习进度、学习轨迹以及学习成效等情况；能够多方式即时反馈分析结果；能够生成相应的分析报告。

（3）教学辅助功能：以下的教学功能本身不是数字教材所单独应该具备的，但可以在其他平台性信息系统的支持下达成。一是支持灵活搭建学习资源。用户能够根据资源名称、资源类型、资源属性、课程属性等不同检索项目从资源库中检索资源，自由搭建积件、模块或课程等各级学习资源。用户也可以根据需要，对已搭建学习资源的内容进行修改、调整或重组。二是支持同一课程的多班同轨教学，支持不同教师并行开课和各自管理教学班。自行搭建的课程可以按学年或学期重复开课，无须用户重复搭建。三是支持在线报名选课和开课信息发布，支持学习者通过运行平台报名选课、学习，以及选课之前的试学习。四是支持在线教学活动管理。教师用户能够根据教学需要，添加、删除学习者，进行班级、小组分配等；添加主讲教师、辅导教师、助教等协助维护课程。运行平台能够向教师用户提供学习者整体和个体学习统计分析，并具备打印功能。五是支持在线教学活动部署与实施。教师用户可以根据教学需要在运行平台组织讨论、发布通知、分组教学、开展小组活动、辅导与答疑、布置作业、发起投票、发布问卷、发布考试等。支持多种评价方式，支持作业及考试的自动批改、人工批改、人工评阅、学习者互相点评等。六是支持资源推送、消息推送、学习进度推送、学习报告发布等。运行平台可根据学习者学习行为智能推送学习资源、推送课程学习消息、提供学习进度提示。教师（运行平台）可根据学习评价规则和学习者学习进度，定期向学习者发送课程学习报告和学习成绩。

3. 数字教材的特点

传统的职业技能教材与数字教材相比较，两者具有明显的特点：一是传统的职业技能教材不能采集学习者学习行为，不能进行个性化学习。而数字教材可采集学习者学习行为，可被监测、评价，可开发以学习者为中心的个性化教材。二是传统的职业技能教材开发周期长，运营成本高，教材的开发、编写、出版、发行环境、运营模式已然形成，不易打破。三是传统的职业技能教材价格高、厚重，不方便携带。而数字教材制作成本低，开发周期短。四是传统的职业技能教材内容滞后，形式单一，学生不易消化。而数字教材容量大，形式多，内容更新快，不受纸质教材篇幅限制。五是传统的职业技能教材老师教学时容易照本宣科，现场教学教条化，离开教材、教辅不知道教什么、怎么上课。而数字教材内容呈现生动、活泼、趣味性强，内容不限于某本书，可以进行扩展学习，并结合视频、音频、动画等，配合学习与理解，还便于携带。

4. 职业技能教材数字化的几种模式

本研究涉及数字出版和教育信息化两个互相关联的领域，这二者有着相同的技术基础，但产品形态上有所不同。从数字出版的概念出发，可衍生出“全数字教材”“纸数结合教材”两种模式。从教育信息化的角度出发，可以衍生出“数字教学资源库”等概念。其实，这三种模式有着本质的区别。

（1）全数字教材。作为一种概念模型，可以进行探索，但是由于其偏离出版的主要功能——“传承”，只注重提高当下的“传播”（这其实是出版的辅助功能），很难想象这种产品能摆脱技术瓶颈而历经数年甚至十几年，所以注定将是短命的“昙花一现”。

（2）数字教学资源库等教育信息化产品。从表面上看，虽然它和“电子图书”等全数字出版物很像，但因其涉及的内容未经编辑加工和系统整理，不能被检索，更重要的是，大部分的这类产品没有获得有关的出版许可证（如书号、电子出版号），版权保护等存在漏洞，使得其开发者共享意愿降低，传承和传播都受到限制，可以说不是严格意义上的出版品。

（3）纸数结合教材。纸数结合教材（亦称“复合教材”，O2O 教材）经过严格的出版把关，内容是确定的，在采取一定的管理措施后，可以避免数字信息被篡改的情况，做到每一个字的文字内容、每一个字节的数字内容，都经过审定，这对教材一类的出版物，显得十分重要。“纸数结合教材”采取“纸数结合、实体发行、多方共赢”模式，具有“资源整合、持续更新、自我完善”“线上线下、行为追踪、个性定制”的特征，既突出了出版的主要功能——传承，也把出版辅助功能——传播发挥得淋漓尽致，还兼顾了“教学资源库”的某些功能，可以建立“学生、教师、管理者、出版者、作者”的互动社群，提供良好的“编者、作者、读者”反馈、更新机制和学习行为追踪功能，本身就自带版权保护机制。

5. 数字教材相关利益方共赢模式研究

近年来，数字出版中有一个话题经久不衰，那就是对盈利模式的探讨。虽然专家学者和出版从业人员对此进行了多方位的研究和诠释，但仍没有一种为业界认可和接受的结论。通过梳理可以发现，数字出版的主要盈利模式有以下几种：

（1）电子书模式。电子书可以在线部分阅读，付费阅读或下载。内容提供商将内容提供给技术服务商，技术服务商兼有发行服务上的职能，销售收入双方分成，内容提供商也可以自己加工电子书，在自己的平台上销售。

（2）数据库模式。基于图书期刊的海量信息，能进行文献的全文检索、知识元搜索，能提供标题和内容提要的免费阅读、付费下载服务，使用自有的内容和买断的内容，或者与内容提供商分成。

（3）E-learning 模式。出版社用自有技术、内容做在线教育、培训平台，根据专业课程内容进行内容数字化，为客户提供付费的在线学习、下载服务。

（4）手机阅读模式。内容提供商与电信运营商合作分成。

目前，学界普遍的看法是我国数字出版教材的盈利模式仍在探索过程之中。如表 8-1 所示，课题研究讨论了数字教材相关利益方共赢模式，即出版社、作者、数字资源提供者、数字平台运营者、强势经销商之间常规业务合作模式。

表 8-1 数字出版的常规业务模式

发起方＼承接方	出版社（P）	作者（A）	数字资源提供者（D）	数字平台运营者（T）	强势经销商（S）
出版社（P）	—	P→A：获得单独或各种组合形式的专有出版权，支付稿酬和其他报酬，提供作者购书优惠	P→D：提出制作要求，支付资源制作费，获得完全使用权	P→T：暂无	P→S：提出包销要求，提供额外优惠折扣和其他配套措施
作者（A）	A→P：授予单独或各种组合形式的著作权专有出版权，获得稿酬和其他报酬，享有优惠购书折扣	—	A→D：提出制作要求，支付资源制作费，获得著作权或获得完全使用权	A→T：暂无	A→S：协助经销商促销，或者协助其获得额外优惠折扣
数字资源提供者（D）	D→P：支付线下内容使用费，获得线下内容使用权，在授权范围内开展商业活动	D→A：支付线下内容使用费，获得线下内容使用权，在授权范围内开展商业活动	—	D→T：暂无	D→S：暂无商业模式
数字平台运营者（T）	T→P：暂无	T→A：暂无	T→D：暂无	—	T→S：暂无
强势经销商（S）	S→P：承诺销售包销数，按约定付款，索取额外优惠折扣	S→A：向作者支付讲课费并提供其他条件，以求得作者协助其推广教材	S→D：暂无商业模式	S→D：暂无商业模式	—

6. 数字教材监管问题的初步设想

网络内容因其内容多变，审查定稿后存在被非授权修改的情况，这成为数字出版监管的一大难题，课题组经研究得出以下建议，供参考：

（1）教材出版单位在出版教材时，如含有附属或配套的教学资源，可附赠于书后，或通过互联网提供。教材送审时，附属或配套的各类数字教学资源应当同时全部完整地送审。

（2）需要在互联网上存储、传播附属或配套数字教学资源时，应紧密围绕教学需要，本着促进学生掌握知识和技能的原则，采取恰当的形式，在必要的范围内进行。数字教学资源必须确保内容质量和出版质量，其内容形式和技术方法必须遵循国家、行业教育信息化有关技术标准。国家教材行政管理部门鼓励行业部门研制与教材附属或配套的数字教学资源的技术标准。

（3）上网传播的内容，只能通过出版单位本身直接控制运营的网站或授权的具有互联网出版资质的第三方正式出版单位网站进行。出版单位必须保障相关网站运行的安全，并为教师提供及时、必要的免费访问服务。附属或配套的教学资源应至少在网站上提供服务 10 年。如教材修订，服务期限自修订版正式出版之日重新计算。

（4）附属或配套的教学资源可与教材合并定价但不得另行收费。

（5）附属或配套的教学资源经审查或备案定稿后，不得做任何形式和内容上的改动或更新，如确需改动或更新，应当重新立项、送审、备案、出版。

8.3 教材数字化的形态与技术规范标准

8.3.1 数字教材发展的历史梳理

进入 21 世纪，传统的传播媒介发生了新的变革，为深入推进一体化课程教学改革工作，引导教学模式的变革，我们引入移动互联和数字技术，推出了在移动终端上使用的一体化数字教育。一体化数字教材服务于一体化课程教学改革，具有三大特色：

一是紧扣一体化课程规范和教材，提高工作效率，针对已出版的教材对应开发配套数字教材，梳理教材中学习任务所包含的知识点和技能点，分析所承载的综合职业能力，并做适当补充拓展，形成数字教材的内容脉络。一方面，作为小型移动资源库，便于学生在自主学习过程中快速查询；另一方面，作为配套参考书，便于教师在一体化教学组织实施过程中有针对性地对学生进行指导。

二是充分利用计算机多媒体技术，激发学生学习兴趣。技术的发展无限放飞着人们的想象和追求，数字教材作为计算机多媒体技术与传统教学内容结合的产物，图片、声音、视频、动画、仿真、游戏等多种数字元素在教学内容中应用，使得静态变动态、单一变丰富、抽象变形象，有助于调动学生自主学习的积极性。此外，大存储时代下的数字教材，通过链接可将海量的、离散的知识技能有机串联、无限扩展；与移动终端触屏操作相结合的数字教材，应用丰富的人机交互设计，能够创设生动、直观、形象的学习氛围，变单向被动接受知识为双向主动探究学习，充分激发学生学习兴趣。

三是数字教材的应用使得教材开发的私人定制和绿色出版成为可能。数字教材强调内容生产数字化、管理过程数字化、产品形态数字化和传播渠道网络化。可以做到随时修改、定制开发、同步更新，能够为试点院校提供高效的个性化数字教材出版服务，共享绿色出版的成果，进一步满足学校个性化教学的需要。我们相信随着信息技术的发展，以及人们阅读习惯的转变，以手持式移动终端为载体的数字教育，必将引领职业教育向移动智能学习转化。

1. 传统纸质教材

传统纸质教材（也称印刷教材）是指以纸为专用材料印刷而成的教科书。纸质教材所承载的课程教学内容主要包括教学基本内容、实验内容、导学内容及学习参考内容等。按照所承载的课程教学内容和要求的不同纸质教材，总体上可分为合一式和分立式两大类。合一式纸质教材是指将课程教学内容、实验内容和导学内容及学习参考内容等合并成一册的教科书；分立式纸质教材是指将课程教学内容、实验内容、导学内容及学习参考内容等以主教材、实验教材、导学教材及学习参考书等形式分立成多册的教科书。纸质教材不论采用何种形式，各部分内容均应有机衔接、相互配合，避免简单重复。

2. 电子教材

电子教材是现代出版物的种类之一，是以数字代码方式将图、文、声、像等信息编辑加工后，存储在电、光、磁介质的载体上，通过计算机或具有类似功能的设备读取使用的出版物。电子教材主要包括视频教材和音频教材。视频教材的载体形式包括录像磁带、VCD 光盘、DVD 光盘、CD-ROM 光盘、网络下载等；音频教材的载体形式包括录音磁带、CD 光盘、硬盘、网络下载等。

电子教材按照所讲授的教学内容和要求的不同，总体上可分为系统讲授型和专题型两大类。系统讲授型视频教材是指按照课程教学内容的知识体系，较全面、较系统地讲授知识技能的多本系列录像教材。专题型视频教材是指通过对知识点或相对独立的教学内容，如课程学习方法和要求、重点或难点教学内容、案例、实验、学科拓展内容等进行专门的讲授、演示分析或介绍，帮助学生加深理解所学的内容，掌握思路和方法，开阔学科应用与发展方面的眼界等的录像教材。专题型内容教材长短不拘，可单独成片加入系统讲授型视频教材中使用。

电子教材的出版程序包括选题策划、组织素材、软件选择、界面设计、编辑集成、界面设计、质量检测等环节。

3."多媒体一体化教材"模式（现代远程教育）

（1）概念：多媒体一体化教材包括文字教材、录音教材、录像教材、计算机辅助教学软件（CAI 课件）及其他媒体教材。电大的多媒体教材是按照课程的教学设计要求配套编制的，每门课程的多媒体教材配置并不一样，彼此有机组合，在教学功能上互补。学生、教师可以根据需求对多媒体教材进行选择，在自学和辅导中综合使用。

（2）教材形式：文字教材＋录音教材＋录像教材＋计算机辅助教学软件或其他媒体教材。

（3）缺陷：只考虑统一教学组织实施，对教师和学生方面考虑均较少。

（4）主要技术标准：

中央电大会同全国电大教学资源协作会制定的《广播电视大学教学资源技术标准（2008）》（以下简称《标准》）于 2008 年 9 月正式颁布执行（如图 8－6 所示），是中央电大首次以技术标准的形式对全国电大的教学资源建设进行统一规范。《标准》根据《计算机辅助教学软件制作规范（试行）》、《现代远程教育资源建设技术规范（试行）》、《现代远程教育技术规范》（CELTS）、《现代远程教育技术标准体系和 11 项试用标准（简介）v1.0 版》等，结合电大系统的具体情况和多年来的实践经验制定。

《标准》以远程开放教育课程教学资源编制、开发为主要对象，其目的是统一编制、开发课程教学资源的制作要求和相关管理系统的功能要求。同时，用以保证所编制的录像教材能够在中国教育电视台播出，所编制的网上运行的教学资源能够在"电大在线远程教学平台"上顺畅运行。

《标准》涉及的课程教学资源包括文字教材、视听教材、演示文稿（PPT）、网上文本、CAI 课件、流媒体课件和网络课程，并对以上七种教学资源的定义、基本结构、基本组成、编制基本要求、采用工具或技术、各种技术指标、运行环境等做出了明确规定。

远程教育是指学生和教师、学生和教育机构之间主要采用多媒体手段进行系统教学和通信联系的教育形式。相对于传统的面授教育，远程教育有以下几

图 8-6　广播电视大学教学资源技术标准（2008）

个显著特点：整个学习期间，师生永久性分离；教育机构或组织通过学习材料和支持服务两方面对学生的学习施加影响；利用各种技术媒体联系师生并承载学习内容；提供双向通信交流；整个学习期间，学生主要作为个人在学习，可为了教学目的和社交进行必要的会面。通常认为，远程教育已经经历了函授教育、广播电视教育、现代远程教育三代。现代远程教育的基本特征是利用计算机和网络技术，在数字信号环境下进行教学活动。

4.“立体化教材”模式（普通面授教育）

（1）概念：立体化教材是立足现代教育理念和网络技术平台，以传统纸介质教材为基础，以课程为中心，以多媒介、多形态、多用途、多层次的教学资源和多种教学服务为内容的结构性配套教学出版物的集合。其目的就是通过提供多种教学资源，最大限度地满足教师教学需要和学生学习需要，满足教育市场需求，提高教学、学习质量，促进教学改革。

（2）教材形式：纸质教材＋电子教案＋电子图书＋CAI课件＋试题库＋网络课程和资源库。

就内容而言，应考虑主体知识、案例及案例分析、试题库及答案、教案、课件、学习软件、自测（考试）软件及其他内容的提供。

就外在形式而言，可分为主教材、辅教材、配套电子资料（电子资料库）、教学网站，或分为纸质教材、音像制品、电子资料、网络出版物等。

就服务对象而言，应为教师提供教学参考资料，为学生提供学习指导资料。

（3）缺陷：考虑教师较多，考虑学生较少。目前所接触到的立体化教材建设操作中，基本上都过于强调教师需求，忽视学生学习需求。无论教科书如何编，立体化如何做，最终目的是为学生的学习服务。立体化教材建设应围绕“教师教学”和“学生学习”两个中心进行建设。

(4) 主要技术标准：《高等教育出版社立体化教材出版规范》是高等教育出版社与北京师范大学现代教育技术研究所共同研制的，指导立体化教材开发、电子素材属性标注、资源管理、出版业务支持服务的质量控制等，较为宽泛。《高等教育出版社立体化教材出版规范》参照IEEE LOM、CELTS-3学习对象元数据规范、IMS内容包装规范、CELTS-9内容包装规范、ADL SCORM编写的网络教育资源的元数据描述和内容包装部分。

5. 一体化“O2O复合教材”模式（职业教育培训与终身学习）

美国《连线》前主编凯文·凯利在《必然》中提及我们现代人正处在“屏读”时代，电视屏幕 、电脑屏幕、投影屏幕、iPad屏幕、手机屏幕、LED广告屏幕等多个终端“屏幕”充斥着我们的生活。数字时代，IT行业以观众的双眼到数字媒体屏幕之间的距离来区分不同类型数字媒体终端界面。

一体化“O2O复合教材”模式是指利用互联网＋物联网技术与应用手段，通过资源库学习平台将线下内容资源（如纸质教材、课堂板书、实训设备等）与线上数字资源（如资源库数字内容、视频、动画、虚拟化学习系统等）有机结合起来，复合利用多种数字终端构建“10＋2＋1＋0”（基于10英尺界面的投影大屏幕、2英尺界面的个人电脑屏幕、1英尺界面的手机屏幕和0英尺界面的线上线下复合教学）的应用模式，将需要的数字资源即时调用并灵活呈现给职教课堂及实训场景中的授课者、学习者，实现以学习者为中心的实时交互的一体化复合教材模式。

“10英尺界面”是指从观众双眼到投影屏幕或大电视屏幕之间超过10英尺距离，例如电视机、电子白板、投影机投射幕布等，“10英尺界面”的数字资源展现方式属于单向的播放（如播放电影、电视），也常常配合一对多场景下的单向交流展示（如课堂授课）；

“2英尺界面”涵盖个人PC终端，如台式电脑、笔记本，数字资源展现方式属于个性化一对一人机互动，更适合内容的创作；

“1英尺界面”泛指平板、手机等，数字资源展现方式灵活多样（如一对一、多对一群组，P2P，O2O），交互方式多种多样灵活便捷，适合时时处处人人的数字资源体验（内容浏览），多被用于短小内容的即时创作与高频次交互（如手机微信、手机QQ、贴吧App等）；

“0英尺界面”泛指利用AR眼镜、VR头盔等终端突破物理空间局限，立体化呈现学习内容，创设一个置身其中、个性导学、用户体察的教与学全场景。

课前备课：授课者在课前通过 PC 电脑（2 英尺界面）在资源库中进行资源准备、课程建设、编辑组课、教学管理等。

课堂授课：授课者在课上将资源库中的课件通过投影仪大屏幕（10 英尺界面）投放给课堂上的学习者，通过资源库学习平台发布“随堂测验”，接收个体学习者的“即时问答”，实时掌握每个学习者的学习进程，追踪分析学习者个体情况，进行有针对性的教学调整。

互动教学：学习者不再是单向地、被动地接受知识传递与讲授，还可以通过资源库学习平台＋平板、手机（1 英尺界面）获得“课件笔记”资源、接收“学习任务”、完成“随堂测验”，通过“即时问答”在不影响其他同学的基础上与授课者在课堂进行实时互动、反馈。

在一体化“O2O 复合教材”模式下，实行“O2O 复合教学课堂”，授课者与学习者充分交流互动：完成授课者一对多的知识传递、学习者一对一的学习反馈、授课者一对一的定点知识传递，从而实现以学习者为中心的课堂教学，增强学习兴趣，提升教学效率。

动态呈现突破纸质教材静态页面空间，联动数字资源，叠加呈现抽象复杂实操工序。

用户体察“我读书时书读我”学习行为追踪，实时掌握学习进度、精度、掌握度。

为达成职教应用型、技能型人才培养目标，积极探索以学习者为中心的职教人才培养模式，将一个个颗粒化教学资源打造为动态的、可感知学生行为的“学习触点”，学习者可借助设备与教学内容进行交互式学习，提高兴趣，从而提升人才培养质量。

8.3.2　数字出版教材的技术规范体系

1. 数字教材应包含的基本功能

数字教材为“人人皆学、处处能学、时时可学”终身学习奠定基石，改善纸质教材局限性，根据职业教育的特点，以面向未来的知识服务为目标，开发纸数结合的教材内容，打造共建共享共赢的数字教材开发机制。数字教材为学生、教师、教学管理者、作者、出版社、发行商带来的功用如表 8－2所示。

表 8－2　数字教材服务对象与功能

服务对象	数字教材
学生	内容不限于某本书，可以进行扩展学习；互联网模式范围广，受专业、院系、学校限制少，受众基数增加；便于学习与实时互动

续前表

服务对象	数字教材
教师	动态掌握学生的学习行为，但在 PC web 2.0 时代是不可行的，受限于网速带宽、笔记本易带性等；教师可更好地收集素材，依据学生学习行为，组织更合适的教材，创作出更适合的课程和教学材料
教学管理者	通过学习平台对学生的学习行为追踪，快速和清晰地了解学生日常学习情况，调整和选择合适的教学管理制度和方法
作者	可以充分利用互联网资源，了解同专业教学情况；通过对学生学习行为追踪和分析，促进作者编制出更适合职业学校学生的教材
出版社	推出形式创新的教材、精品化教材
发行商（渠道）	创新教材，创新模式，网络化教材便于跨区域推广

2. 数字教材中的资源种类

（1）文本类资源。

文本类资源是指在计算机网络上，以文字为主要表达形式和以文本为主要呈现方式的信息，主要包括教学文件、教学信息、网上教学辅导、作业题、测评内容、参考资料等。文本类资源在计算机网络上主要以网页（htm）、附件文件下载等形式呈现。

（2）图形（图像）类资源。

图形（图像）类资源，是相对于应用程序运行时操纵者所看到的文本内容而言的。图形（图像）的素材量比较大，但又有自己的优势，可以对图形（图像）类素材进行特殊效果处理，如透明字、立体字、渐变字等。图形（图像）类资源既具有很强的艺术性，又具有很强的表现力和感染力。

其中，图像素材主要用于背景、插图、图形交互区以及图形按钮等处，它可以通过下列途径实现：利用图像素材库中的图像、利用扫描仪输入图像、利用绘图软件制作、利用屏幕捕捉的方法获取图像、利用图像合成的方法获取图像、利用图形制作软件生成图像。在多媒体素材库中可以选用专业动画制作软件 3D Studio Max 来制作立体字与模拟物体等，对一些图标、按钮图形等素材，一般采用专门的应用程序（如 Piazzus）来捕捉屏幕获得。

（3）音频类资源。

音频类资源的声音种类包括声音、音乐与效果声。声音指朗读示范音与解说；音乐指背景音乐与主体音乐；效果声用于按键等。音频的制作要有硬件，即音频卡的支持，我们可以选用 Creative 公司的 SB16 声霸卡，音频制作与处理软件选用Creative附送的Wave Studio 2.0，通过以下的途径制作多媒体素材库的音频。声音：首先把普通话录在金属磁带上，然后通过录音卡座将音频信号输入到计算机中，将音频信号数字化后做进一步处理；音乐：选用CD播放机或录音卡座将音频信号输入计算机后进行数字化处理；效果声：选用保存于硬盘或CD-ROM音效库中的内容。

（4）视频类资源。

视频类资源在多媒体素材库中，对视频影像的处理可以采用硬件压缩与软件回放的方法。这种方法是将视频源图像用视频卡进行采集，然后选择相应的压缩标准存储。视频卡可以选用Creative公司的RT300视霸卡，压缩标准采用Intel公司的Indeo Video Interactive。视频压缩与处理软件选用Premiere、Video Studio、Video for Windows等软件。

（5）动画类资源。

动画是对事物运动、变化过程的模拟。动画类素材库中的动画既有二维的，又有三维的。因此，动画制作的种类可分为：二维动画制作和三维动画制作。利用Animator Pro和Director两个软件工具实现。Animator Pro是一种专业动画制作工具，可以生成传统动画、位图动画、胶片动画、变形动画、文字动画与色彩动画等。Director虽然是一种多媒体制作工具，但是由于在Director中制作的产品可以生成动画文件，如MMM、AVI格式等，而且Director本身具有较强的动画制作能力。因此，可以利用Director制作二维动画。三维动画与二维动画相比，除具有二维动画X-Y平面的特性外，还增加了深度维，通过材质处理，产生运动物体的纹理感，在灯光与摄像机的作用下，运动效果非常逼真。多媒体素材库中的三维动画是在3D Studio Max制作的。3D Studio Max制作动画的功能非常强，着色输出的速度比较快，而且最终的动画文件，除具有对运动过程的描述外，还集成了声音要素，增强了动画的表现效果。除此之外，我们也可以直接用程序设计语言来编写动画程序。

（6）课件。

课件是指实现和支持特定课程的计算机辅助教学软件及配套的教学资料。根据课件的应用环境和开发工具的不同，主要分为CAI课件（即计算机辅助教学软件）和流媒体课件（也称IP课件）。

CAI（computer-assisted/aided instruction）课件是为课程（专业）教学设计的、对一个或几个知识点实施相对完整教学的计算机软件。CAI课件可以实现问与答、分步骤演示、灵活查询、仿真教学和模拟练习、模拟考试、模拟实验等功能，具有很好的交互性。按照CAI课件功能定位的不同，可分为导学、助学、案例、测试等类型的课件。

流媒体技术是指在网络上传输音频、视频文件，无须等待音频、视频文件全部下载，可以随时连续传送和播放信息，让浏览者能够边接收边观看的传输技术。流媒体课件是指采用流媒体技术，结合网页制作功能合成的音频、视频与讲稿同步网络传送的网络课件。在广播电视大学的流媒体课件开发中，流媒体课件主要以三分屏的形式呈现，故亦称为三分屏流媒体课件，这类课件通过中国教育数字卫星宽带传输平台的 IP 通道传输，也简称为 IP 课件。

（7）演示文稿（PPT）。

演示文稿（PPT）是指利用 Microsoft PowerPoint 软件编制的，集文字、图形、图像、声音以及视频等多媒体元素于一体的演示性文档。演示文稿（PPT）主要用于开展面授教学、网上教学活动以及制作网络课件。

（8）练习题。

练习题的题型一般有客观性试题和主观性试题。客观性试题包括是非题、单选题、多选题、填空题等；主观性试题包括名词解析、简答、论述、案例分析等。对客观性试题系统能够自动完成学生的答题、反馈得分、反馈答案等；对主观性试题系统能够自动完成学生的答题、反馈答案、反馈答题思路或答题要点等。系统能够自动完成学习者练习的成绩、结果或者评价的反馈，对练习的反馈及时，并可因势利导。可以建立课程的练习题库，题库应包括试题所属的模块、题型、试题正文、标准答案等字段，系统应能让用户浏览从练习题库动态生成的网页，应在相应的模块中建立到练习题的超链接。练习要有重点、数量适当，控制好时量。

（9）试题库。

试题库以专业课程的知识点结构为依据，组织与编写相应的题库。理论模型：应遵循经典测量理论的指导，严格按照课程标准、专业教学标准开发题库管理系统、组织试题。

3. 素材（资源）数字化的技术规范

（1）文字素材。

1）文本素材中，汉字应采用 GB 2312 码编码和存储，英文字母和符号使用 ASCII 编码和存储。

2）页面中的中文字体宜采用常用的宋体、仿宋体、黑体等 Windows 提供的中文字体，英文字体也限于 Windows 提供的字体，不宜使用各种商业字库中的字体（将文字做成图像的情况除外），以免造成显示乱码，字号不宜太小和变化太多。

3）文字颜色与背景颜色要协调，以减少视觉疲劳。

4）标题宜采用黑体字；正文宜采用宋体 14px 字，行距为 1.5 倍（21px）；

说明与注释宜采用仿宋体。

5）若出现“上一页”“下一页”链接，宜将该链接（或图片）置于文字页面的底部，宜采用小字体 13spx，并且该链接在整个课件中的位置相对固定。如页面的数量较多，应加上当前页码和总页数。

6）文字统一用 CSS 样式进行修饰。

7）其他要求参见“网上文本技术标准”。

（2）图形（图像）素材。

1）对所有图片进行优化，宜采用目前通用的格式处理和存储，格式为 GIF 或者 JPG/JPEG。不宜使用整屏图像做页面背景。

2）图像尺寸以能够清晰显示图像细节为宜，不可过大或过小，课件中的图像放大后以尺寸不小于 320×240 为宜。

3）装饰用的图片应简洁、美观，与内容相适应。

4）彩色图像的颜色数不低于 8 位色数，灰度级不低于 128 级，图形可以为单色，扫描图像的分辨率不低于 150dpi。

5）特殊符号的格式为透明底色的 GIF 图像。

6）其他要求参见“网上文本技术标准”。

（3）音视频素材。

1）数字化音频格式宜采用 WAV，MIDI，MP3 或 WMA 等格式，WAV 音频采集质量以不低于 12kbps，8KHz、双声道为宜。

2）原始视频素材宜采用 MPEG-Ⅱ存储，转换成流媒体视频格式宜采用 ASF 或 WMV。

3）视频窗口不宜超过 640×480，应根据需要提供全屏播放按钮。

4）视频宜按多比特率压缩，如 340kbps 和 143kbps、143kbps 和 56kbps。

5）音视频合成时，应保证音频与视频有良好的同步。

6）视频类素材每帧图像颜色数不低于 256 色或灰度级不低于 128 级。

7）模拟视频采样应使用 Y、U、V 分量采样模式，采样基准频率为 13.5MHz，采样格式为 4∶1∶1、4∶2∶2 或 4∶4∶4。

8）数字视频采样应使用 SDI 或 1394 采样模式，采样基准频率为 13.5MHz-CCIR601，采样格式为 4∶1∶1、4∶2∶2 或 4∶4∶4。

9）视频播放应有方便灵活的控制，至少包含“停止、播放、退出”等控制，宜包含“暂停、快进、快退、全屏”等控制；视频播放时间超过三分钟的应提供进度条，并可以通过拖拽控制播放进度。

（4）动画素材。

1）二维动画素材应采用 GIF 动画或 Flash 动画（后缀名为 gif、swf）。三维动画素材应采用 3DX 或 AVI 动画。

2）建议设计“播放（重放）、暂停、停止”按钮，必要的时候要有 Loading（加载）和表示播放进度的可拖曳滑块。

3）在动画中使用的字体尽量用与课程页面统一的字体。

4）动画色彩造型应和谐，帧和帧之间的关联性要强。

5）动画窗口大小应适当。

（5）网络课程。

网络课程必须包含索引项，用于网络教学平台同网络课程接口时实现自动管理和维护，其定义要求如下：

1）索引项文件应位于该网络课程的相对根目录中。

2）所有文件列表，文件名应为 FileList. IDX（大小写区分），其中以相对路径形式，包含所有在此网络课程中的文件名称，每行一个文件。

3）所有视频文件列表，文件名应为 VideoList. IDX（大小写区分），其中以相对路径形式，包含所有在此网络课程用到的视频文件列表，每行一个文件。此索引为所有文件列表的一个子集，即第二项中所有文件列表中必须包含此文的所有内容。

4）所有数据表列表，文件名应为 DataBaseList. IDX（大小写区分），其中列出所有数据表的名称，每行一个数据表。

5）数据库安装脚本，文件名应为 InitDataBase. SQL（大小写区分），其中为一个可执行的 SQL 语言脚本，所有的数据库初始化操作必须仅通过此脚本运行即可完成。

6）导出页面相对链接地址及说明，文件名应为 Link-ExportList. IDX，其中包含本网络课程中可供其他页面直接链接使用的页面相对链接及其说明，每行一个链接，两部分之间用“//”分隔开。

7）导入页面需求说明，文件名应为 LinkllnportList. IDX，其中包含本网络课程希望用到的教学平台功能部分的链接需求列表，每行一个。每行中按照需要功能说明描述本网络课程要用到此链接的页面文件名称，及该链接在文件中的行数，这几项内容间以“/”分隔开，如果一个链接在多个页面中使用，要分开多行写。

8）提供给网管人员的技术说明，文件名应为 Readme. TXT 或 Install. TXT（大小写区分），其中包含三部分：一是此网络课程在安装时的分步骤说明；二是此网络课程在日常维护中需要做的工作；三是在碰到紧急异常情况时，网管可以联系到的课件维护人姓名、单位、座机、手机、E-mail 。

（6）案例库。

编写要求：应有现实的指导和教学意义；案例必须以网上文本的方式提供，统一制作成 HTML 网页；案例所提供的有关媒体素材，应符合媒体素材库的要求。

编写案例时，至少应包含以下几部分内容。事实描述：案例发生的现象描述、原因、经过等，要求内容真实、详尽；相关背景资料：介绍案例发生的大环境资料；分析与评价：由领域专家给出的分析和评价，要切中主题，有实际导向意义；相关应用领域：案例可应用的场合或领域；教学建议：案例在教学中使用的方法、注意事项和建议。

（7）试题库。

1）理论模型：应遵循经典测量理论的指导，严格按照经典测量理论的数学模型开发题库管理系统、组织试题。

2）试题的组织：试题的组织与编写必须以课程的知识点结构为依据，建设题库之前，必须首先确定课程的知识点结构。在按照课程知识点结构组织试题时，还需注意课程知识结构的区别。例如语文、英语等学科，整个学科知识点之间的逻辑性不强，每一个教学单元都包括很多的知识点；而物理、数学等学科则不同，知识点之间具有严密的逻辑性，而且一个知识点往往代表某章或某节的内容，不会被包含在其他章节之中。在组织试题时，尤其是在设计题库管理系统时，要充分考虑并适应这种科学知识点结构的区别。

3）试题的分布结构：试题数量要足够多，在各指标属性区间内均衡分布。核心属性有知识点、难度与认知分类，以这三个属性为核心形成三维立体交叉网络，网络中每个交叉节点上都要有合理的试题量。在保证这个核心结构的基础上，试题在题型和区分度上合理分布，还应注意要处于基本的均衡状态。

4）试题的质量要求：试题内容要科学，无学术性错误；无歧义性，表述简单明确；无关联性，试题之间不能有相互提示，不能相互矛盾；试题参数标注要尽可能符合客观实际。

（8）其他。

1）可提供与课程相关或者欣赏的背景音乐，学习者可选择背景音乐开或关。

2）可提供适当的小游戏。

8.4　职业技能教材数字化的实践探索

当前，对于职业技能数字教材的探索，有两个基本思路：一是纯数字教材；二是纸数结合教材。数字教材选题策划一般来源于纸质教材，为其配套数字化资源。但是，复合出版的理念越来越流行，即一次选题策划后以不同的出版媒介同时出版，包括选择不同出版形式的复合、不同媒介的复合、不同发布渠道的复合等。本节对此进行专门探讨。

8.4.1 纸数结合教材模式之一——MPR 模式

随着世界各大出版机构纷纷转向数字出版，我国出版业也同样面临传统书业未来之路究竟走向何方的问题。党的十八大报告强调：促进文化和科技融合，发展新型文化业态。这为我国新闻出版业的发展指明了方向。MPR 技术正是融合了传统出版与数字出版的优势，形成两者相互融合、互相促进、共同发展的新局面。该技术把读者阅读纸质书的传统习惯与使用电子产品学习的模式进行整合，使读者的阅读更快捷、更方便、更丰富、更有效。

我们平时用的“电子词典”“电子书”“手机阅读”都只是电子产品集成功能的简单整合，而 MPR 技术则是真正将纸质出版物与数字科技相结合的产物。MPR 国家标准的公布以及配套产品的推广有利于规避出版业数字化转型过程中的风险，这也是出版产业成功利用新技术的关键所在。MPR 出版物是用 MPR 码将音视频等数字媒体文件与印刷图文关联，实现同步呈现，满足读者视听需求的一种复合形态出版物。

MPR 技术正是帮助传统出版转型为数字出版的有力工具，它不仅延伸了出版业的形态，丰富了出版产品的形式，用先进的数字技术增加了图书使用的方便性、快捷性，从而更好地满足了读者的需求；同时也利于解决优质基础教育资源稀缺和基础教育资源极度不均衡的问题，提高欠发达地区，尤其是少数民族地区的教育水平，使更多优质的教育资源得到全面的发挥。

1. MPR 出版物概念

多媒体出版物（multimedia print reader，MPR）是一种纸数结合的数字出版形式。2011 年 12 月，国家质检总局、国家标准化管理委员会颁布 MPR 出版物五项国家标准，使多媒体出版物正式成为一个新的出版物种。MPR 技术是由我国自主开发的一套完整的技术支撑体系，这套体系集合了先进的二维条码编码解码技术、微距数码摄像技术、语音压缩播放技术和现代出版印刷技术。

MPR 复合数字出版教材是应用 MPR 关联编码及其技术系统，对图文、音像和视频进行跨内容表现形态的精确链接，对包括纸质和各种电子阅读设备进行载体精确链接，实现出版内容的多媒体复合多元呈现的一种数字出版方式。它能将纸质印刷出版、音像出版、电子出版和网络出版进行技术嫁接整合（如图 8－7 所示），使读者听和看同步进行。MPR 出版物集声音、文字、图像为一体的特点，使它特别适合教育类和少儿类图书市场。

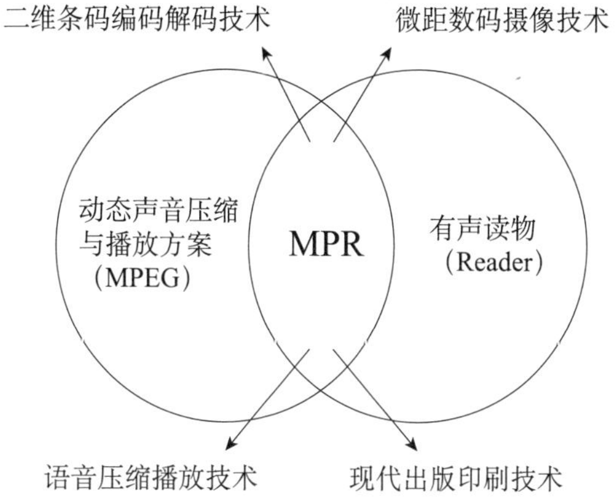

图 8－7　MPR 出版物的技术体系

图 8－8 就是 MPR 出版物的样例。在中宣部、财政部等有关部门的支持下，原国家新闻出版广电总局部署的 MPR 国家标准产业化应用试点工作已经展开，南方出版传媒股份有限公司、陕西出版传媒集团股份有限公司、中原大地传媒股份有限公司成为首批试点单位。除试点单位外，人民教育出版社、语文出版社、人民音乐出版社、商务印书馆、北师大出版社、河北教育出版社等 10 余家主要教材出版单位已经或即将开始出版 MPR 版教材。国内已有 200 多家出版单位开始了 MPR 出版业务，已出版的 MPR 出版物已达千种。

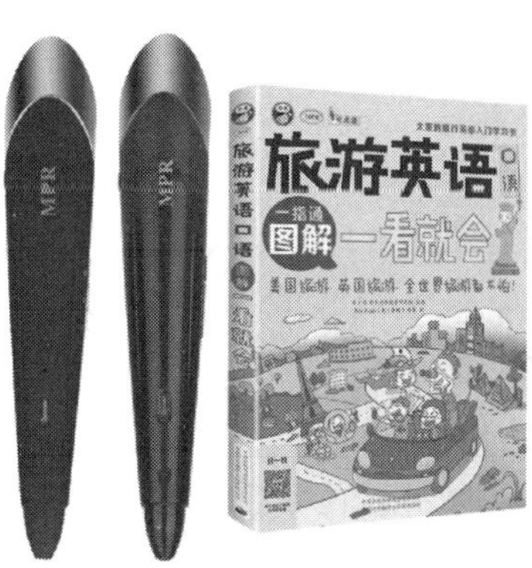

图 8－8　MPR 出版物形式的职业技能教材

2. MPR 出版物的功能

（1）防盗印功能。在出版物上印刷的 MPR 码，不能通过复印、扫描、照相进行有效复制。在不使用母版胶片的情况下进行复制，MPR 码就会失去被阅读器识读的功能，因而 MPR 出版物具有防盗印的功能，这为防止和打击盗版盗印、维护出版者权益创造了迄今为止最为有效的条件。

（2）数字版权保护功能。MPR 版权保护技术可以实现从内容出版到终端阅读“谁的内容谁做主”，有效解决出版商所面临的数字出版的内容管理与版权保护难题，同时又不影响读者的阅读。

3. MPR 出版物教学适应性分析

一是 MPR 教材有助于激发学生兴趣，培养学生的听说能力，强化学生的感知记忆，是职业教育教材可选的内容呈现形式之一。MPR 出版物能够将教学内容形象生动地在教学中展示出来，使学生身临其境，创造轻松愉快的学习氛围，符合职业教育学生的认知特点。

二是 MPR 教材能增大课堂的教学容量，充分利用图、文、声、像等多种通道，压缩教师黑板板书的时间，在有限的教学实践内最大限度地传播知识，提高教学效率。

三是 MPR 出版物能实现教学资源共享和集成。传统的出版物只有文字信息，因此教师必须自己去搜索、制作有关资料、多媒体课件，这不仅花费教师大量的精力和时间，还要求其具备较强的计算机应用能力，而 MPR 教材中自带具有一定技术水准的音频和视频，具备信息共享的基础和条件。

四是 MPR 出版物过分注重音视频效果，如果使用不当，可能导致虽然课堂热闹，但效果不好。过分地使用音视频等多媒体信息，会阻碍师生交流，影响学生理解知识和做课堂笔记，导致教师完全放弃传统板书。

4. MPR 出版物的技术条件

（1）应用的技术成熟稳定。MPR 技术的核心是使用带有定位信息的纸张。MPR 项目是将二维条码编码解码技术、微距数码摄像技术、语音压缩播放技术和现代常规纸质出版物的印刷技术加以整合开发的创新技术。以上技术已经十分成熟，项目的创意在于整合。因此，对于出版社来说，出版 MPR 图书技术并不复杂，新增加的工作集中在出版和印制两个环节。出版过程主要是增加了录音的工作，出版社能够独立完成，不存在技术障碍，如果不设置录音棚也可以外包给相关公司。印制过程对铺码设计、制版和印刷工艺有一定的要求，由于操作流程和工序并不复杂，现有工人经过简单的培训完全可以承担。

（2）成本少量增加。由于 MPR 图书编辑过程中需要加入声音文件的制作和 MPR 码的标识等编辑工作，会增加一定的成本，但对于中小学教材和少儿读物来说，每本书的字数较少，声音文件的制作和编辑的工作量不大。按每种书平均印刷 5 000 册测算，每本书的成本增加不过 0.5 元，如果采用 MPR 形式扩大了销量，增加的成本会因量的扩大而降低。相比书配盘、书配带的出版物生产，出版社减少了磁带、光盘的制作费用，在常规印刷条件下即可实现，综合核算更为经济。

MPR 教材解决了纸介质教材的内容呈现缺陷，实现了多种媒体呈现，改善了信息传递效果，同时又采用相应的硬件设施和技术手段，有效地弥补了数字媒体资源容易被篡改的缺陷，有效地控制了教材信息传播中存在的风险，能够实现对教材内容的全面监管，是一个较好的数字出版解决模式。

8.4.2 纸数结合教材模式之二——二维码模式

如何将二维码数字技术嵌入职业技能教材，为学生学习带来前所未有的方便，使学习变得简单、快乐、高效呢？目前，比较容易实现的将数字技术和纸媒结合的方法有：在教材中嵌入二维码。

1. 二维码教材的基本原理

二维码是大家比较熟知的一种技术。它是特定的几何图形按一定规律在平面（二维方向）上分布的黑白相间的图形，是所有信息数据的一把钥匙。将二维码和教材结合起来，使学习者在阅读的同时可以随时与书中的知识“互动”。用语言难以描述清楚的知识点，比如，支票的填写步骤，原来在书中只能以图片＋文字的方式呈现，现在，可以在旁边通过二维码“嵌入”一段视频，学生拿出手机、iPad 等智能终端，扫描此二维码，就可以看到支票填写方法的完整视频，真实生动，且随时随地可以观看、学习某项专业技能。再如，汽车维修技术、数控加工技术也可以通过在书中“嵌入”视频，使学生更加直观地看到汽车内部的机械结构。

这给学生学习带来了很大的方便，以往只在课堂上播放的音频、视频内容，现在可以随时随地通过印刷在职业技能教材中的热点链接使用智能终端查看。在课堂上没有掌握的知识难点，可以在课下通过观看“嵌入”在书中的微课程继续学习，直至理解掌握。

如图 8－9、图 8－10 所示，结合二维码技术应用时序图和识别原理，二维码教材一方面提供教材的在线浏览和部分章节的在线阅读，另一方面通过网络平台支持的在线观看，学习者使用带有二维码扫描功能的手机就可体验。

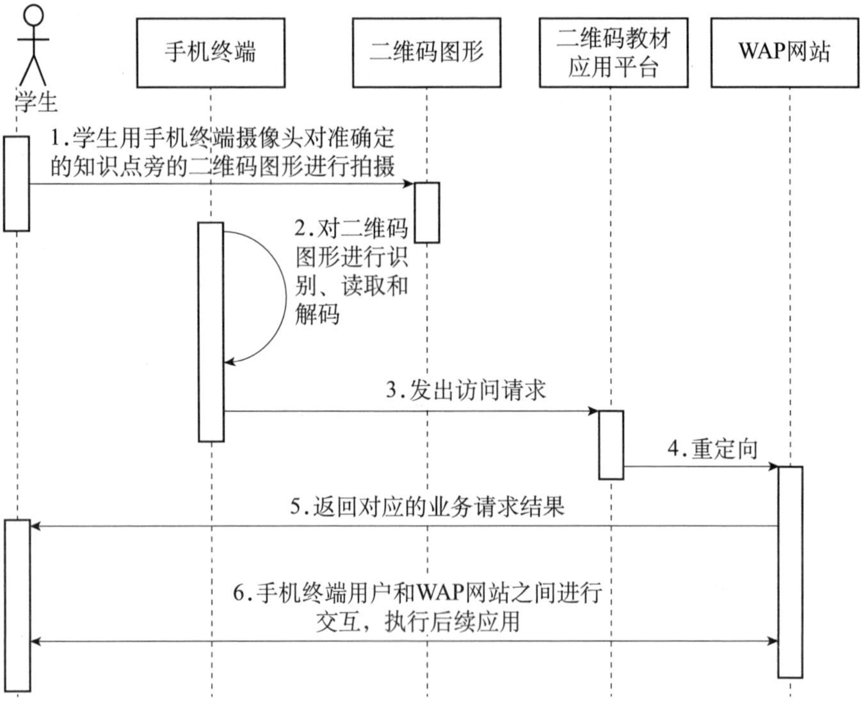

图 8-9　二维码技术应用时序图

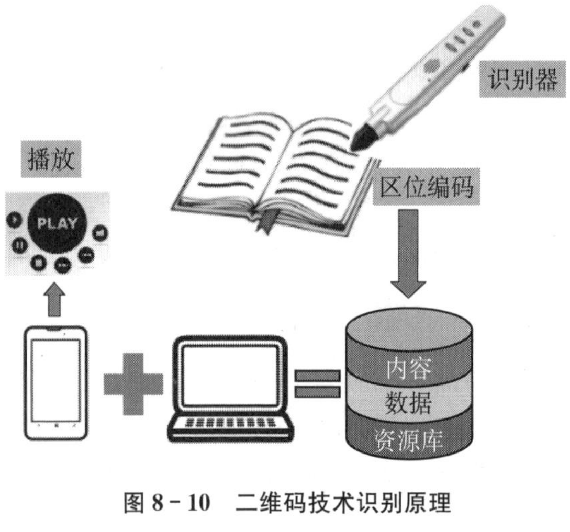

图 8-10　二维码技术识别原理

(1) 学生在教材中找到对应的知识点的二维码，用手机终端摄像头对准二维码图形进行拍摄，二维码中存储的不是实际内容，而是一个索引号。

（2）学生手机终端对拍摄的二维码图形进行识别、读取和解码。

（3）学生手机终端向二维码教材应用平台发出访问请求，即将二维码对应的索引号信息发给二维码教材应用平台。

（4）二维码教材应用平台将索引号信息映射为对应的 URI，并将学生手机终端请求重定向到相应的知识点的 WAP 页面。

（5）知识点 WAP 网站为学生手机终端返回对应的业务请求结果。

（6）学生和知识点 WAP 网站之间进行交互，执行后续应用，如浏览学习知识点的内容、参与讨论区的讨论、进行知识点相关题目的练习、重难点知识的疑问解答及相关知识点资料的下载等。

2. 二维码教材的技术优势

教育心理学研究和实验已经证明，在学习资料附近设置二维码，学习者使用装有摄像头的手机进行扫描，通过链接访问网址并在手机屏幕上显示和教学材料相关的媒体内容，如图片、音频、动画等，与仅提供印刷形式的静态图片、表格等，在学习信息传递、知识保持和建议上，具有显著差距。在这方面主要可以遵循的规律是：多种媒体原则（“文字＋图片”比“单纯文字”效果好）、邻近呈现原则（相应的文字和图片，同时呈现效果会更好；文字和图片距离越近，效果越好，使用移动设备，即时呈现学习材料的相关信息来完成学习任务能加强学习效果）、双通道原则（动画＋解说、动画＋字幕的效果好于纯文字）。

基于前面的多媒体认知理论、即时呈现信息理论等理论支持，在实验过程中根据需要编写实验操作手册，在手册中设计二维条码，学生在课堂上就可以通过智能手机识别不同二维码标识，获取大量的补充学习资源。

通过这种方法，一方面加强学习资源的丰富性，使学习者通过多媒体内容的学习增加学习效果，另一方面用 4G 移动手机扫描二维码条在技术上容易实现。

例如，可由教师事先在实训室精心设计针对某台设备、某道工序、某个操作所对应的某段资源，方便学生进行知识点实践解析、技能点操作特写（包括友好提示、安全规范）等，为实训学生进行个性化呈现、点播与反复播放。通过与资源库联动追踪个体行为，使教师掌握学生实训进程、效果与反馈。

又如，如图 8－11 所示，就是课题组在教材开发实践中采用的二维码形式的教材。

二维码教材，在技术实现成本上较低，但由于数字内容易于被修改，同时存在着数字内容的制作者无法长时间提供技术支持服务的风险，出版方必须加

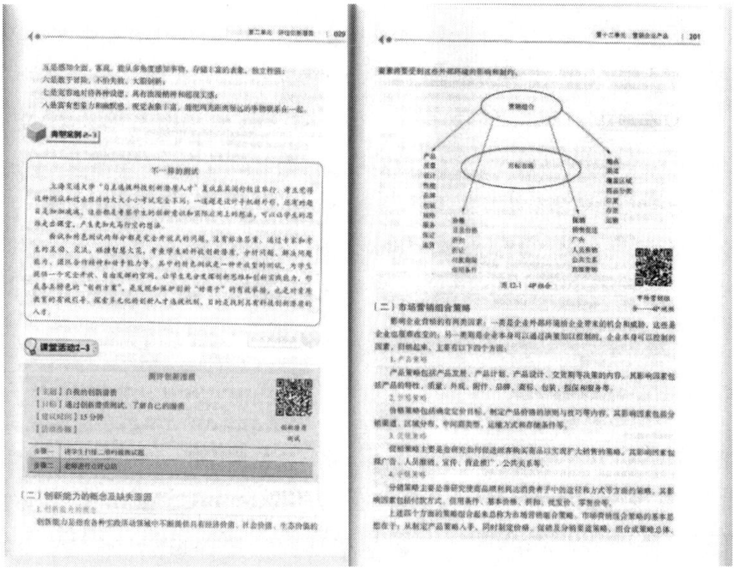

图 8－11　二维码技术的教材应用实例

强监管，最好的方法是仅限在出版社网站上传播，同时规定“凡修改必审定、凡无关不链接、凡链接不收费”，才能有效避免出现上述问题。初中以下学生由于民事行为能力受到限制，因此义务教育教材最好不使用二维码模式。

8.4.3　纸数结合教材模式之三——AR、VR 模式

当前的职业教育中，已经开始融入增强现实技术（augmented reality technique，AR）和虚拟现实技术（virtual reality technique，VR）辅助教学。

AR 把原本在现实世界的一定时间空间范围内很难体验到的实体信息（视觉信息、声音、味道、触觉等），通过科学技术模拟仿真后再叠加到现实世界被人类感官所感知，从而达到超越现实的感官体验。VR 融合了数字图像处理、计算机图形学、多媒体技术、传感器技术等多个信息技术分支，它可以使多媒体教学从二维平面变成三维立体交互，并能构建一个完全虚拟的、逼真的教学环境。

VR 还可以与 AR 相结合，达到亦真亦幻的效果。AR/VR 应用到实训教学中，充当虚拟助手，模拟 3D 虚拟教学场景，并提供一些即时即地即景的帮助、提示、说明、展示，学生借助头盔、3D 眼镜等设备，完全沉浸到教学所需要的环境中去，极大提升学习体验，从而提高兴趣和学习效果。

AR 技术是在虚拟现实基础上发展起来的新技术，是通过计算机系统提供

的信息增加用户对现实世界感知的技术，并将计算机生成的虚拟物体、场景或系统提示信息叠加到真实场景中，从而实现对现实的“增强”。它将计算机生成的虚拟物体或关于真实物体的非几何信息叠加到真实世界的场景之上，实现了对真实世界的增强。同时，由于用于与真实世界的联系并未被切断，交互方式也就显得更加自然。

使用者不仅能够通过虚拟现实系统感受到在客观物理世界中所经历的“身临其境”的逼真性，而且能够突破空间、时间以及其他客观限制，感受到在真实世界中无法亲身经历的体验。这种技术可以应用在很多领域之中。

和纸媒的结合方式一般是以图书中的黑白或彩色图片作为热点，读者运行智能手机上特定的App，借助智能手机上的摄像头扫描识别书页，如果成功与预设热点匹配，则把对应的数字化内容（如三维模型、视频、图片、声音等内容）贴附在平面的图片所在位置。通过智能手机的屏幕，读者会感到虚拟的数字化内容与纸面的内容结合在一起，产生新奇的阅读体验。

职业教育数字化技术的应用，必将为传统纸质教材带来一场全新的革命，能给学生提供新的学习方式，使枯燥的学习变得有趣。这种纸媒呈现形式的更新并不能替代学生实践课程的学习，如想真正提高动手能力，还是要投身到实践教学的课程中去进行实操练习。

8.4.4 纸数结合教材模式之四——复合教材

纸质教材不便于携带、不直观，受限于图文资源展现形式，实操类、抽象型知识技能不便呈现。

“复合教材”作为“纸数结合”教材的最高形式，具有数字教材的所有基本功能和延伸功能，并能和专业教学资源库的资源实现共享。“复合教材”立足于学习者（学生）、行业企业、社会访客的实际需求，通过“O2O（线上线下）复合教材”应用模式（如图8－12所示），将资源库这个专业知识容量巨大的宝库与课本相应章节中关键的重点和难点内容进行链接，弥补纸质教材图文资源呈现方式的不足，提供与纸质教材配套的动态资源呈现（音视频及动漫虚拟化资源），并通过与资源库联动，一方面提供测验、互动等个性化学习方式，从而提高学生学习兴趣，另一方面追踪学习行为，使教师掌握学生学习进程、效果与反馈。

学习用户（学习者、社会访客、行业企业）可以用手机通过扫描二维码观看视频或者精读聚焦于解决重点难点问题的专门图文资源，以此来学习重点难点的演示或说明，从而达到帮助掌握重点难点的目的。

“O2O（线上线下）复合教学”的应用效果模式如图8－13所示。一是激

图 8-12 “O2O（线上线下）复合教材”应用模式

活纸质教材，让教材“动”起来，随时随地下载课本资源查看，实现资源库对教材学习的辅助和拓展。通过事件及任务即时提醒推送功能，为用户自主学习提供便利，将碎片时间利用起来自由学习。二是时时可学、处处能学。三是提升了学习效率，随时随地充电。

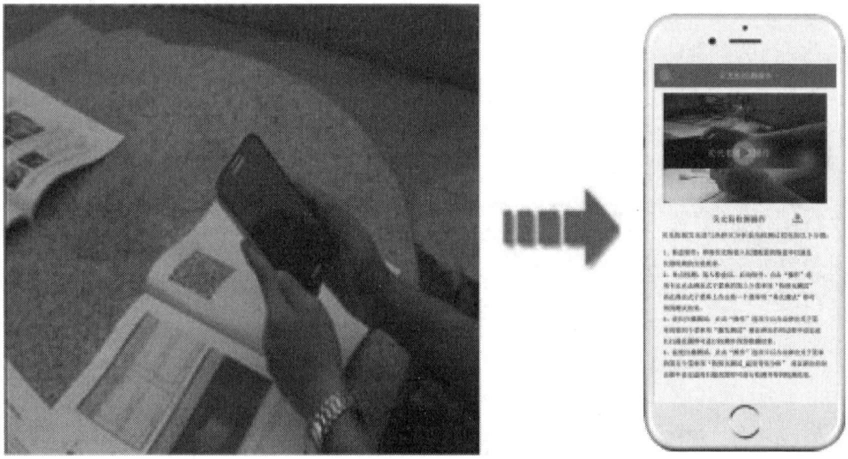

图 8-13 “O2O（线上线下）复合教学”的应用效果模式

教育数字化是一种趋势，而教材呈现形式的变化仅是其进程中重要的一部分，真正的教育数字化必须研究数字化技术能给教育带来哪些革命性变化，然后通过反复测试和改进，建立运用新技术的创新教育模式，实现数字化教育革命。

8.4.5　全数字教材开发案例

全数字教材是一种目前正处于探索阶段的概念化产品。自从普利策奖获奖作者、自然学家爱德华·奥斯本·威尔森于 2014 年 7 月在当时全球最时尚的移动终端 iPad 2 平板电脑上发布了他所著的《爱德华·奥斯本·威尔森的地球上的生命》（*E. O. Wilson's Life on Earth*）一书以来，这一可供免费下载的电子教材就一直被奉为全数字教材领域的经典产品。这部生物学教材在内容上延续了传统纸质教材的体例和写法，其创意主要体现在精致的交互式动画、多指触控图像和自适应的版面上，它与苹果公司引以为傲的灵敏的触摸屏技术和真实的色彩还原技术配合得可谓天衣无缝。这一产品因而成为苹果公司旗下 iBooks 2（阅读软件）和 iBooks Author（开发软件）组合的代言，“为未来的数字化教学编织了一个梦想”。在该书的出版信息上，我们看到了几个不同于传统出版物的参数：出版平台、容量、免费和对于系统及软件的要求，如图 8－14 所示。

中文名	爱德华·奥斯本·威尔森的地球上的生命	出版日期	2014年7月8日
外文名	E. O. Wilson's Life on Earth	页　数	1435页
语　言	英文	出版平台	iPad、Mac /iBooks
类　型	生命科学	主要协作人	Edward O. Wilson
出版社	Wilson Digital, Inc.	协作人	Morgan Ryan、Gael McGill
版　本	1.0	大　小	7.15 GB
		授　权	免费

若要浏览此套电子书，您必须使用装有iBooks 3或更高版本以及iOS 5.1或更高版本的iPad，或者使用装有iBooks 1.0或更高版本以及OS X 10.9或更高版本的Mac。

图 8－14　《爱德华·奥斯本·威尔森的地球上的生命》出版信息

此后，一种能够实现这种全数字化教材开发的 ePub（electronic publication，电子出版）技术很快进入了职业教育教材研究者的视野。ePub 是一种可以“自动重新编排”内容的电子书标准，它可以使电子书的文字等内容根据阅读设备的特点，以最适于阅读的方式显示。事实上，早在 2007 年 9 月，ePub 就已经取代了旧有的开放电子书 OEB（open eBook）标准而成为国际数位出版论坛（IDPF）的正式标准。

就具体操作而言，出版社需要收集用于全数字化教材开发的电子版的文字、图片、视频、动画以及具有互动效果的电子文件等，将其采用 ePub 标准进行排版，最终可以生成两个版本的成品：一是直接安装于移动终端的全数字化教材（ePub 格式）；二是可以分色并进行传统纸质印刷的制版文件（PDF 格式），动态的视频或动画在这种文件上将显示为图片，如图 8－15 所示。

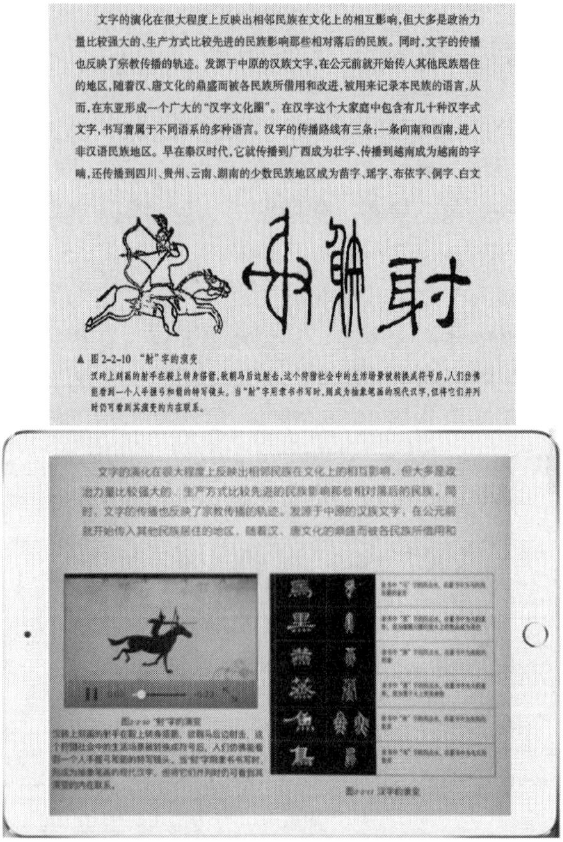

图 8－15　同一内容在纸质书和基于 iPad 制作的 ePub 文件上的显示

显然，无论是对于开发者还是对于使用者来说，用于纸质印刷的制版文件都只是一种副产品：从使用者方面来看，他可以通过全数字化教材获得更加形象、直观的教学视频、演示动画或互动游戏，从而获得更佳的学习体验；而从开发者方面来看，制作能够激发学习者兴趣的视频、动画或设计互动的教学活动环节要比绘制静态的图片更耗费心血。

全数字教材在容量、便携、资源拓展阅读、环境保护等方面较之纸质教材而言的优越性是显而易见的，使用者将全数字教材下载并安装于平板电脑等移动终端后即可阅读，并可同纸质书一样在阅读过程中做标注、添加标签、记录笔记或进行练习答题，甚至能获得即时反馈，因而在全数字教材面世之初才会有“以一台平板电脑取代一个书包”之说。然而，全数字教材与技术之间几乎是天生的共生关系，使得这类教材产品的研发和推广因受到技术水平的极大限制，至今仍停留在概念阶段。一方面是技术自身的瓶颈问题，如容纳全数字教材的移动终端普及无法跟上教材普及的广度和速度、影响教材文件下载速度的带宽等；另一方面还有开发者或使用者本身对于技术掌握程度的水平参差不齐的问题。数字教材的教学设计涉及资源制作、多种媒体结合应用的理论基础，其开发往往需要一个团队的支撑，开发难度和复杂度远大于纸质教材的生产，这一问题在包括职业教育在内的各个教育领域都十分突出。因此，当前呈现的全数字教材往往大多是处于模型阶段的探索性产品，“以一台平板电脑取代一个书包”至少在今天仍然是一个理想。

8.4.6 数字出版教材的平台建设

数字出版平台是出版数字教材的重要技术保障，有关出版社高度重视。根据课题组的调研，高等教育出版社、电子工业出版社、人民邮电出版社、清华大学出版社、外语教学与研究出版社、中国劳动社会保障出版社等大型出版社都在进行职业教育领域的数字出版平台的建设，并且形成初步成果，但是广大中小型教育出版社无自我开发能力和自有技术力量，短期内还无法开发出职业教育的数字出版平台。

1. 基本情况梳理

(1) 高教社：顶层设计、全面推进、重点突破和多元创新并举。高教社 2000 年就开展了“新世纪网络课程建设工程”等在线教育项目的建设，并取得丰硕成果，这些成果对推动我国高等学校数字化教学资源的建设和应用、提高教学质量，发挥了积极作用。2013 年 9 月，高教社发布《加强数字化业务，推动出版转型升级工作要点（2013—2015）》，全面提升在数字技术、信息网络技术条件下开展教育教学资源研发、生产、营销、服务的能力和水平，并将其作为构建数字化产品体系的顶层设计方案。高教社将在线教育纳入高教社的整体出版转型中，避免出现技术、教育、出版相分离的“三张皮”。顶层设计方案重点着眼于体制、机制和业务流程规范建设，传统业务升级转型，数字化新业务多元探索实践等多个方面，以期带动业务全面发展。

高教社在新形态教材、在线教育服务、学术数据库和电子图书等数字产品形态和业务模式清晰成形后，相应的产品研发、技术支持、运营服务业务支持水平也在不断提升。在这种情况下，高教社不断加大产品研发力度，为产品品种规模、品牌效益和销售收入不断扩大打下良好基础，促使整个业务进入良性发展轨道。

高教社重视完善数字业务流程规范和管理制度，高度重视版权保护。高教社在覆盖数字业务各环节的制度建设和流程设计上设定阶段性任务，对流程管理制度进行不断完善，对数字化业务的持续健康发展提供了制度保障。在版权保护方面，高教社根据不同类型业务发展需要，以及开展教学资源再集成和教学服务需要的出版权、传播权等各种权利，完善现有格式出版合同文本 13 种，这些都为在线教育的良性发展提供了保障。

近年来，高教社研发出版大量纸介质教材和数字化资源一体化设计的新形态教材，配套上线教学资源，通过二维码等网络技术以及新颖的版式设计和内容编排，建立纸介质教材和数字化资源的有机联系，形成相互配合、相互支撑的教学资源体系，较大程度地提高了教材的适用性和服务课程能力，获得良好的市场反响。

高教社建设的“智慧职教”网站如图 8 - 16 所示。

图 8 - 16 “智慧职教”网站（http：//www. icve. com. cn/）

（2）外研社：Unipus 数字化教学共同校园。2016 年数字教育出版取得显著突破，在线教育、翻转课堂、MOOCs、SPOCs、数字教材、电子书包、微课等教学教育的服务模式与产品不断涌现，传统教育出版单位转型升级日渐深入。外研社根据自身特色，开发了“Unipus 数字化教学共同校园”，为院校及个人提供多样化的专业语言服务模式与数字化解决方案。它是基于先进信息技术，以外语教育为特色，集学习、教学、测评、科研、合作交流于一体的线上“共同校园”。

Unipus 体现教育技术智能化、交互化、自主化和移动化的发展趋势，创建学习者、教学者、研究者、管理者、教育资源与服务提供者等多方参与的教育生态，是推动多方联动、多维空间的开放校园（universal campus）。Unipus 依据科学能力测评体系，汇聚国内外优势资源，优化在线互动教学环境，提升个体学习体验与效果，是师生创新发展的智慧校园（unique campus）。Unipus 同时为高校创新教学模式、开展课题研究、推进跨校合作提供支持保障，是共建资源、共享成果、共赢未来的共创校园（united campus）。

Unipus 为高校从教者、学习者开拓了无限的空间与想象，正创造着新的“数字化校园生活”；其体现的未来校园的开放性、协作性、交互性、便捷性、超时空性等特质以及价值的“联动”都在预示着教育未来发展的趋向。

（3）机械工业出版社：机械工业出版社推出了机械工人技能教育“数字资源中心”与“网络课堂”，这是国内第一个面向机械工人和制造企业，提供学习提升、培训考核、交互共享服务，跨平台、跨终端的网络教育和数字化出版系统。它是一种学习不离岗、内容丰富权威、工种齐全、使用灵活、学费较低的学习和培训平台。它方便工人机动性、交互式、个性化学习，方便企业培训部门高效、智能化管理，可有效解决机械工人学习难和培训难的问题，彻底解决企业生产与工人学习培训两者冲突的问题，全面提高工人的知识水平、操作技能和创新能力，助力于我国装备制造业的转型升级（见图 8 - 17）。

图 8 - 17 机械工人技能网校（http：//www.cmpjjj.com/）

机械工业出版社技能网校依托现代网络技术、虚拟现实技术等，构建面向装备制造业机械工人的技能教育学习和培训云平台——“网络课堂”。按照机械工人所涉及的工种和每个工种的层级进行划分，开发车工等 30 个左右工种、150 门左右课程，每个课程包括动画、授课视频和操作视频、教学课件、在线自测题库、考卷系统、自动评分系统、在线答疑系统、互动共享空间等内容，为机械工人网上学习、培训、鉴定、考核等提供全方位的数字化解决方案，也为企业培训部门提供管理和运营平台。同时，根据不同企业的特点和需要，可为企业提供个性化的内容定制、课程定制和其他定制服务。

（4）其他出版社：近年来，清华大学出版社推出了数字教学服务平台——智学苑（见图 8－18）。

图 8－18　智学苑（http：//www. izhixue. cn/）

“智学苑”系统包括学习辅助、学习管理、智能教学、高级智能教学等四大业务板块，对教材及其他各类教学资源进行碎片化基础上的适应性整合，利用先进的平台功能帮助高校师生实现个性化教学。

人民邮电出版社上线了人邮学院（如图 8－19 所示），电子工业出版社建设了华信教育资源网（如图 8－20 所示）。

图 8－19　人邮学院（http：//www. rymooc. com/）

图 8-20　华信教育资源网（http://www.hxedu.com.cn/）

中国劳动社会保障出版社也开通了职业教育的数字出版网站，服务于技工院校一体化课程改革。

2. 基本概念界定

数字出版平台（digital publishing platform），利用互联网、云计算技术为数字出版领域提供数字内容管理、在线阅读、在线教育、数字图书馆、电子商务等产品与服务，协调出版单位、渠道商、读者等数字出版产业链的关系，帮助出版单位解决数字出版产业内容、版权和运营核心问题等。

3. 基本功能分析

数字教材均与网络媒体相结合，以便提供立体化服务。一般来说，教师和学生看教辅书都是通过纸质媒介，但学科网将书与网结合，提供立体化服务。职业教育出版机构的教材可以全面实现视频化。请名师将纸面教材内容做成视频内容，教师和学生直接扫描书籍上的二维码，就可以获得生动的视频课程，而不仅仅是纸面上的问题答案。

总而言之，对于职业教育而言，数字出版平台应提供纸质教材、在线学习、职业实训三位一体的数字化出版模式，做到纸质教材与数字教材结合、线上学习与线下学习结合、职业实训与课堂学习结合。数字出版平台可采用“众筹”的方式整合作者、授课者（教师）、资源开发者、行业/企业等各方资源开发的纸质教材及配套数字教材，以学习者为中心通过线上、线下结合的方式为教师、学生、社会学习者提供个性化的知识服务，即时跟踪学习者学习行为，以期将每本教材打造成一个独立的学习社群、密集的知识生态圈，探索资源整合、内容持续更新机制，构建作者、资源开发者、教师、出版社等多方共生、共赢的教材出版模式。

4. 建设思路归纳

数字出版教材的平台建设依托开放接口技术和资源云架构手段，紧密围绕职业院校高技能人才培养目标需求，以国家职业标准所规范的职业能力为衡量标尺，在利用工作过程导向的理念、思路和方法重构课程体系后，建立资源要素之间的关联并有效检索，形成岗位职业能力的职业教学内容与企业典型工作任务的有机衔接。从而建成满足不同用户（学习者、社会访客、授课者、行业企业专家等）个性化需求、提供学习和交流的职业教育数字化教材，为建设数字校园学习服务平台提供有力支持。

数字出版教材平台应不仅面向教师群体，更面向学习者（在校生、在职者、求职者）、授课者（学校教师和企业兼职教师）、企业与行业专家、社会访客等多种用户。因此，平台在改进整体设计思路时从以教师为中心转变为以学习者为中心的个性化教与学管理平台。

数字出版教材平台应按照有利于资源库建构“一体化设计、结构化课程、颗粒化资源”的逻辑，以满足职教各类用户（学生、老师、社会学习者等）使用需求为目标，根据职业教育特点，对平台进行升级、优化，提高平台易用性、扩展平台功能、提升用户体验，进一步扩展平台的应用范围。

数字出版教材平台将打造聚焦职教，贯通职教毕业生与企业的职教专属的就业服务。为职教学生提供企业顶岗实习的机会，提供最新的招聘信息，面试辅导、实习推荐等服务，提升职教学生就业满意度。

5. 典型产品举例——“文泉书局”（清华社数字出版平台）

文泉书局致力于为读者提供高品质的学术著作和教材，采用先进的翻页阅读技术和版权保护技术，用最好的使用和阅读体验来满足读者在网络时代的学习需求。正式对外运行三年来，资源不断丰富，功能日趋完善，已上线13 000多种图书，有十几家大学出版社加盟，访问读者遍及 52 个国家、地区，在国内大学出版社具有广泛的影响力。

文泉书局出版平台的通用基本功能有：分类展示、电子书阅读、资源下载、电子商务、样书管理、公告信息、读者交流、书架及收藏、广告管理、用户与权限 、图书管理、订单管理等，并且支持图书的在线阅读，如图 8－21 所示。

同时，针对职业教育的教材特点，该出版平台还配备了“教师服务平台”“图书馆采选平台”“数字资源阅读平台”“按需印刷服务平台”等功能，如图 8－22 所示。

图 8－21　文泉书局出版平台

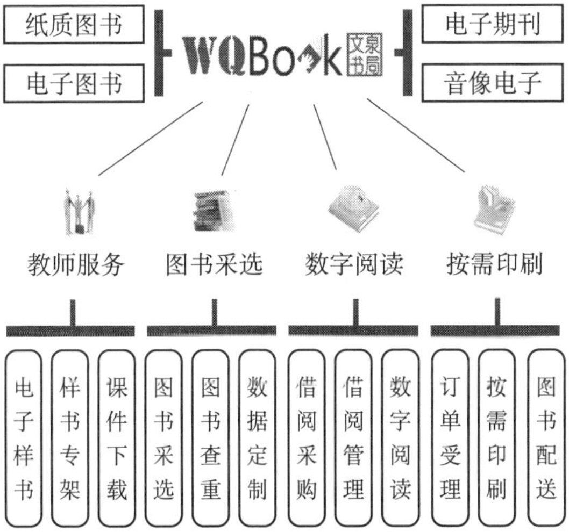

图 8－22　文泉书局出版平台的教材特色功能

(1) 教师服务平台具有电子样书查询、电子样书传送、电子课件下载、选题意向申报、专业教材浏览、样书试读等功能。教师会员能够方便地查询到所需教材，可以浏览样书架、试读样书，还可以获取免费电子样书，电子样书不仅传送安全快捷，而且及时、准确地扩大了图书的宣传，同时为出版社节约了大量纸质样书成本。

经过一段时间的努力，文泉书局已在 700 多所高校建立 900 多个样书专架，为全国 1 700 余所高校、40 000 多名教师会员服务，不仅有效地促进了纸质教材和数字教材的同步销售，还大量节约纸质样书。

(2) 图书馆采选平台具有图书采选、图书查重、数据定制等功能。图书馆可以通过数据比对，在第一时间了解到清华社的新书、下载所需的数据、进行二次采购，有效地促进了馆配图书的销售。

(3) 数字资源阅读平台具有借阅采购、借阅管理、数字阅读等功能。该功能主要针对机构用户，文泉书局正在部分高校图书馆试用数字资源阅读平台，将面向学生和教师，提供数字资源的在线查询和阅读服务。

(4) 按需印刷服务平台具有订单受理、按需印刷、图书配送等功能。文泉书局在实现在线购买数字图书的同时，依托拥有的数字资源，提供按需印刷服务，可以有效满足对断版书及小众学术图书的需求。随着需求的增加，按需印刷将越来越体现出数字资源与实体书的完美结合。

今后，文泉书局的发展方向是：大学社数字资源服务平台、数字教材团体用户销售平台、电子书与纸质书同步销售平台、按需印刷服务平台、自主网络出版服务平台、电子书发行服务平台。

8.5 职业技能数字教材内容组织与呈现的优化设计

数字教材区别于传统出版物的最特别之处是其交互式的阅读手段打破了纸介质出版物的线性排列顺序，正在悄悄地改变人们的阅读环境和阅读方式，形成对传统纸介质出版物的巨大冲击和挑战。然而，由于目前数字出版物对阅读器或计算机的依赖操作不如翻阅纸介质书刊方便，难以满足大多数人随时随地阅读的习惯，再加上数字出版物在内容的组织、页面设计、检索技术等方面存在种种缺陷，使用情况并不理想。尤其是大多数教学类数字出版物的制作依旧停留在纸介质书刊的内容组织层面上，编辑环节严重滞后。我们认为数字教材出版物应当从以下几方面进行组织和呈现。

8.5.1 经验一——采用模块化、模式化的界面设计

与阅读纸介质出版物相比，由于显示屏或显示器存在电磁辐射，人眼阅读屏幕内容更容易感到疲劳；由于数字教材常常集文字、音频、动画、视频于一体，对读者而言，吸引其注意力的因素很多，要想提高数字教材阅读效率，就要对文本内容或素材精心组织和设计。读者如果从起始页点击三四次才能看到

所需的内容，或非得回到“树”形结构的根部才能链接下一内容，势必会影响读者的阅读速度和阅读情绪。许多数字教材的内容提供者以为只要将素材提供给制作者就万事大吉，而大多数制作者对计算机操作技术和程序设计很熟悉，但对特定文本的内在逻辑并不十分清楚，只好按照文本的章节目录和小标题划分模块，如果没有明显的外在标识，通常的做法就是将大量的文本密密麻麻地堆积起来，对文本信息的处理、设计就会过于粗糙。

1. 友好的界面设计的模式

为了使得界面友好，页面设计应包括导航标志、返回标志、图标标志、主题名称、字幕设计、搜索项、计数器等。

数字教材的制作由于有技术人员的参与，文字、音频、图片、图像、动画、视频、音频的数据库设立、链接等已不成问题，但需要设计者、制作者考虑的要素也比较多，尤其是应当从读者的角度进行人性化的设计，这就要求设计者、制作者具有较高的编程水平，在保证各素材数据库无障碍链接和程序顺畅运行的前提下，设置便捷的切换界面按钮或导航栏，便于读者随时调整浏览目的，以实现最大化演示（显示）或跳转的不同需要。读取文件所需的软硬件既要考虑与现有大多数用户的计算机软硬件兼容，实现自动启动应用程序的功能，文字、配音、图片、视频展示同步，能根据屏幕大小自动调整、显示数字教材内容的整体结构，还要考虑少数读者的需求，如为保证数字教材信息的完整、准确传递，除了提高数字教材本身的质量外，有时还需向读者附赠应用程序包，使数字教材在各种软硬件环境中能自动地、无障碍地运行。

如果要选用音乐或配音，除了要符合表现主题外，还要注意音乐或声音的效果——清楚不清楚、好听不好听，避免产生变调或噪声。由于数字教材的信息组织方式是超文本的、非线性的，读者阅读很容易遗漏或重复一些内容，这就需要重视其“书签”“定位”“检索”“笔记”“重点提示”功能。为便于读者选择，除了精心设计页面导航栏外，还应当预先设置可检索的关键词、利用“帮助”工具，为读者提供简单的检索知识、设置热键等。

2. 页面内容的模块化处理

一是为了使所需信息按照便于查找与浏览的方式进行结构化组织，形成有规律的、比较符合读者心理图式的信息组块；二是为了满足人类视觉的整体化规律，从而提高读者的记忆信息量。格式塔心理学的试验表明，人们在感知中认识到的东西往往大于被感知的东西本身，因为人们可以按照自己以往的体会、经验、理解来诠释自己所感知的世界。因此，在数字教材的内容划分上，内容提供者、制作者应当以简明的词语概括出主要的和次要的论点，将内容分类、压缩、提炼、纲目化，按照文本的内在逻辑将其划分成不同的模块。“当前页面”应当留有足够的“空白”供读者去填充，而内容的解释和扩展、相关背景知识或次级内容的提供可以通过设置热键来完成，在数字教材内容的组织上建立高效实用的导航系统：在“起始页”可设计按照类别划分的页面导航栏、目录项；在各页面上，文本内容尽可能相对完整，即一个模块的内容尽量不超过两屏，以满足人们对对象感知的整体性需要。各页面内容的跳转需有便捷的链接，如读者可通过点击滚动条、下拉式菜单、可视化导航地图或其他预设的按钮，通过不超过三次的点击，即能找到所需的不同模块的内容。

8.5.2 经验二——优化图表设计

1. 突出主体内容

心理学的试验结果表明，人类的知觉又具有选择性规律，即在同一时间内人不可能清晰地把握知觉对象的全部，而是有选择地反映一部分，因而在电子出版物的制作中，应当尽力突出主要信息——用特殊的符号，通过变换字体（如用艺术字体、黑体或其他颜色的字体，加大字号，在字下画线或加底纹及加边框等手段，使主要信息处于读者的知觉中心），其他相对来说次要的信息内容可暂缓呈现（例如：可创建一个次级文件，文件名下画线，读者点击可进入这一次级文件界面），也可起到突出主要信息的作用。

2. 适当的表格化设计

简化页面内容常见的手法就是对文本内容进行图表化设计，将繁复的内容表格化，即将纷繁复杂的事物、晦涩难懂的表述认真地加以分析、归纳，从文本中精心提取出关键词，按照不同的主题将其转化成形式多样的表格，如果表格的内容比较复杂，也可创建可折叠的表格（图表中内容的进一步展开可以通过点击下拉式菜单来解决），或在表格中增添隐藏域。其实，计算机的使用已使表格的绘制变得简单多了，Word 中提供了很多的表格类型供选用，适当选择这些表格形式会大大突出表格的主要信息，从而减轻读者的视觉压力，有利于人们的认知和理解。

3. 图形的绘制

数字教材的设计应当根据文本的实际内容采用不同的形式：曲线图通过标题、坐标、走向及文字说明，有利于分析事物的发展趋势；直方图或饼图能展示各成分之间的差异；树形图或鱼骨图表示事物的来龙去脉和各知识点之间的联系，脉络清晰；结构流程图则容易使人注意到结构中各单元之间的逻辑联系；在二维空间或三维空间用一定长度线段代表各种变数的图像模型，表示信息流、电流等关系的图解模型，直观、有效、一目了然……借助恰当的图形在数字教材中再加上动态的模拟展示和仿真、模拟操作、多媒体情景创设等，可以使深奥、抽象的知识直观化、视觉化，减少了试验或实际操作的成本，如基因排序图、化学元素结构图层次鲜明，使人眼无法察觉的微观世界变得清晰可见，机器结构的分块展示及组合过程的动态化处理，弥补了许多人无法亲临现场观察的缺憾。

遗憾的是，由于文本的提供者、编辑等介入不多或介入的时机较晚，因而在数字教材中根据内容本身的需要，并利用基本的形态组合、基本的色彩组合和对比来构图的并不常见。其实，设计表格和图形时可利用的设计要素很多，如不同的形状（圆形、方形、三角形、不规则形等）、不同线段的类型（各种类型的实线、各种类型的虚线和花纹线）、不同的边框（方框、阴影、三维等）、不同的底纹和字体、颜色等，关键在于各要素的合理组合与搭配。如数据柱形图表可以通过不同颜色的“柱”来对比，坐标图中不同数据的走向趋势，除了选用不同类型的线段、不同颜色的线段外，还可借用不同的小符号，如●◆◇○◎等。

8.5.3 经验三——追求媒体传播效益最大化

在图片、音频、视频、动画等要素的选用上，“施兰姆公式”（媒体选择的概率＝媒体所产生的功效/需付出的代价）是不容忽视的。数字教材的设计者应尽可能降低制作的成本和付出的努力，提高媒体所产生的功效，也就是说既要考虑数字教材具体的内容、容量和读者的实际需求、经济承受能力，又要充分发挥数字教材信息容量大、超文本组织等特长，即要做到“低成本、高效能”。这就对数字教材提出了以下两点要求：

一是媒体（图片、音频、动画等）的选用应贴合主题的需要，做到主次分明。如果增加动态的视频资料要注意读者对象，避免在成人读物中出现太简单的东西，例如：为一个熟知的过程制作演示动画。片头片尾的艺术化处理是必要的，但播放的时间不能过长，至少一点击就应该立刻停下来，不能喧宾夺主，影响读者对文本内容及主体的关注和浏览。各媒体的配合应符合读者的认知规律，搭配组合和谐，以利于最大限度地调动读者的多感官协调参与，如图片展示或动画演示，配以适当的背景音乐会起到调节气氛、减轻学习疲劳的作用，但音乐应处于从属地位，音量不宜过大，尽可能地选择一些轻松愉快的曲子，尽量选用与图片的表现主题相关或风格相似的音乐——如果浪漫风格的图片展示以爵士乐为背景，就有可能干扰读者的欣赏心境。

二是考虑数字教材的制作成本和运行成本，在数字教材中，图片、音频、视频、动画的制作成本、占据的存储空间要远远多于文本，也会大大影响数字教材的运行速度，因此，可用可不用的尽量不用。图片的大小比例，既要考虑表现主题的需要，又要考虑图片本身的质量——关键图片的扫描线数应当在300线以上（也不宜太大，以免占据太多的存储空间），否则放大后会发虚或出现“马赛克”，尤其是网络版的数字教材，最好选择与网页兼容的软件工具，以便于数字教材在网络环境中便捷、顺畅地运行。

8.5.4 经验四——强化数字教材的交互性、检索和超链接功能

数字教材应当最能体现自主性、个别化学习的需求，体现以学习者为中心的现代教育理念。主要经验如下。

1. 有助于读者有选择和有重点地浏览查找、阅读相关内容

在设计交互方式时，要尽量选择最有效、最便捷的交互方式。例如，要实现地图的交互，让读者点击区域要比输入地区名字有效得多；利用下拉式菜单，提供预设的备选项，比让读者自己输入检索词显得更人性化一些。尤其是好的网络版的数字教材可以使读者打破地域界限进行协作交流，也可以使读者采取丰富多彩的交互方式，讨论或争论问题，这有助于培养读者自主探究和相互交流的学习能力。此外，利用数字教材的多媒体、超链接特性，通过反比例、反时空等认知失谐策略，更容易激发读者的想象力、创造力，有助于读者实现知识的获得、迁移与应用，有助于培养解决问题的能力，也有助于动作技能、智力技能的形成。

2. 用好超链接和检索功能

数字教材尤其是网络版的数字教材，除了具有足够的信息容量外，还应当具有强大的超链接功能，它能指向一个文件系统中的某个文件、一个站点中的几个网页，抑或全球广域网上的某些专业数据库，为读者提供打开“知识宝库”的钥匙——提供学习方法探索知识的线索和路径，当然，这样要比介绍知识本身更重要。可以说，优秀的数字教材应当把凝固、物化了的知识重新变成动态的、即时的、富有生命力的知识流，使知识得到充分的延伸和拓展。

数字教材投入使用后，制作者还应当及时收集反馈信息，发现不理想的部

分要及时修改、完善，便于读者及时更新、下载。

8.5.5　经验五——高效的结构布局与清新的页面设计

虽然数字教材动态的二维动画或三维动画、多彩的画面、优美的背景音乐、巧妙安排的文字比一般纸介质出版物具有强烈的视觉冲击力，但也比纸介质出版物更需要强化美学设计。数字教材设计包括的要素很多，如音乐、屏幕的底色、文字的颜色、图片的颜色等。特瑞奇勒（Trechler）曾对人的感官通道与学习、记忆的关系进行了研究，结果表明，人类接收信息的渠道以视听为主（11％通过听觉，83％通过视觉）；美籍华人心理学家曾志朗还就中外读者的视听记忆优势做过试验，结果表明，对中国读者而言，视觉媒介比听觉媒介更有利。由于不少汉字本身就具有图形特征，加上字体的不同变化、艺术字的处理、文字排列的图形化处理等，都需要在中文类数字教材的页面设计时充分考虑人们的视觉心理，设计上要努力美观和谐，以下是几项基本原则：

（1）字体字号呈现原则。将重点内容尽可能放置在页面的左上角，或采用改变字体的颜色，加边框，用黑体字或加大字号等手段，使重要内容凸显出来，犹如图片从背景中析出一样。由于人眼阅读屏幕内容很容易感觉疲劳，字号不宜过小（不小于五号字）、字体不宜太花哨，字体的变换也不宜太频繁。正文字的颜色不宜太鲜艳，应以黑色为主，页面的背景不宜太杂，以免与文件中的图像、图片或动画的色彩相近，从而削弱了后者的艺术表现力，还可以根据页面内容的多少、类别适当分栏。

（2）页面设计原则。在页面设计时，行距不宜过密（不小于 1.5 倍行距），应当充分地利用各种视觉元素，如对图片、图形的放置，除了注意利用文本的排列空间、图片图形的表现主题和颜色外，还要根据形状和轮廓特征（如圆形、方形、不规则图形等）、区域特征（面积、周长、长宽比等）、纹理（粗糙度、方向性、对比度、规整性），以及构图要素（如图中人物的朝向、景物的走势）等来合理地安排其位置，并恰当地调整背景色。

总之，要保证数字教材有足够的信息容量，内容划分、设计合理，转换运行便捷高效，页面设计赏心悦目，除了需要总策划人员、文本提供者、编辑、技术人员、美术设计人员及时沟通、共同创造外，还要求他们综合运用相关的美学、心理学、计算机等多学科知识，来提高数字教材的呈现效果。

参考文献

一、著作类

[1] 陈丽，邓肯·西德韦尔．简明远程教程编写指南［M］．廖夏荫，译．北京：中央广播电视大学出版社，2014.

[2] 毕结礼．现代班组长岗位能力培训教程［M］．北京：外语教学与研究出版社，2014.

[3] 教育部职业教育与成人教育司．“面向21世纪职业教育课程改革和教材建设规划”研究与开发项目成果汇编：职业教育教材建设研究分卷［M］．北京：高等教育出版社，2004.

[4] 杨玲．高等教育教材出版研究［M］．北京：首都师范大学出版社，2011.

[5] 刘锦宏．数字出版案例研究［M］．北京：电子工业出版社，2013.

[6] 徐丽芳，刘锦宏，丛挺．数字出版概论［M］．北京：电子工业出版社，2013.

[7] 蔡兵．职业培训［M］．北京：中国劳动社会保障出版社，2008.

[8] 宋玉秋，中国家庭服务业协会．现在家庭服务业职业培训系列教程［M］．北京：中央广播电视大学出版社，2011.

[9] 辞海编撰委员会．辞海：教育学·心理学分册［M］．上海：上海辞书出版社，1987.

[10] 李洪玉，等．学习动力［M］．武汉：湖北教育出版社，2011.

[11] 陈宇．走向世界技能强国［M］．北京：中国长城出版社，2001.

[12] 邓泽民．职业学校学生职业能力形成与教学模式研究［M］．北京：高等教育出版社，2002.

[13] 邓泽民，侯金柱．职业教育教材设计［M］．北京：中国铁道出版社，2006.

[14] 陈英杰．中国高等职业教育发展史研究［M］．郑州：中州古籍出版社，2007.

[15] 张家祥，钱景舫．职业技术教育学［M］．上海：华东师范大学出版社，2004.

[16] 杨进．论职业教育创新与发展［M］．北京：高等教育出版

社，2004.

[17] 石伟平，徐国庆. 职业教育课程开发技术 [M]. 上海：上海教育出版社，2004.

[18] 翟惠根. 职业素质教育论 [M]. 长沙：中南大学出版社，2006.

[19] 侯钧生. 西方社会学理论教程 [M]. 3版. 天津：南开大学出版社，2010.

[20] 弗洛姆. 逃避自由 [M]. 刘林海，译. 北京：国际文化出版公司，1999.

[21] 刘少杰. 后现代西方社会学理论 [M]. 北京：社会科学文献出版社，2002.

[22] 赵志群. 职业教育与培训学习新概念 [M]. 北京：科学出版社，2003.

[23] 拉尔夫·泰勒. 课程与教学基本原理 [M]. 施良方，译. 北京：人民教育出版社，1994.

二、期刊论文类

[24] 王文槿，许远. 业界关注：国际职业教育教材发展的现实借鉴 [N]. 中国教育报，2009-11-20.

[25] 王俊山，等. 高职院校职业素质课程体系构建研究 [J]. 职业技术教育，2010 (20).

[26] 高枫. 台湾职业教育教材建设与发展给我们的启示 [J]. 中国轻工教育，2008 (S1).

[27] 钟伟. 中等职业教育教材开发研究 [D]. 北京：北京化工大学，2015.

[28] 赵居礼，王艳芳. 完善高职教材体系建设的基本思路 [J]. 职业技术教育，2003 (10).

[29] 王琦琦. 国内外电子教材发展及应用情况对比研究 [D]. 石家庄：河北师范大学，2016.

[30] 陈桄，龚朝花，黄荣怀. 电子教材：概念、功能与关键技术问题 [J]. 开放教育研究，2012 (2).

[31] 孙立会，李芒. 日本电子教科书研究的现状及启示 [J]. 课程·教材·教法，2013 (8).

[32] 肖伟芹. 俄罗斯积极推广在线教育资源和电子教材 [J]. 世界教育信息，2014 (17).

[33] 赵伟琼. 基于移动学习的交互式电子教材的设计与开发 [D]. 成都：四川师范大学，2014.

[34] 胡畔，王冬青，等. 数字教材的形态特征与功能模型 [J]. 现代远程教育研究，2014 (2).

[35] 张茹. 基于学习设计的电子课本的设计与应用 [D]. 上海：华东师范大学，2015.

[36] 姜涛. 高职开放型立体化教材资源建设研究 [D]. 石家庄：河北师范大学，2015.

[37] 张景，高晓晨. 我国高校教材数字化出版的困境与出路 [J]. 学报编辑论丛，2012 (00).

[38] 王丹丹，牛晓宏. 高职教材的数字化服务营销方式研究 [J]. 今传媒，2011 (2).

[40] 许远. 迈向数字时代的知识服务展望 [J]. 科技与出版，2015 (12).

[41] 郭虹. MPR 出版物首批成果出炉　规模应用提速. 中国出版传媒商报，2014-12-05.

[42] 许远. 双证结合的职业院校课程结构研究 [J]. 职业技术教育，2006 (16).

[43] 刘晓欢，向丽. 高职教育的“双证”课程及其开发策略 [J]. 职教论坛，2008 (6).

[44] 吴建设，丁继安. 工作任务导向课程标准开发的认识与实践 [J]. 高等职业教育，2010 (2).

[45] 课题组. 职业资格证书与学历证书相互沟通与衔接研究 [J]. 武汉职业技术学院学报，2002 (2).

[46] 解延年. 素质本位职业教育——我国职业教育走向 21 世纪的战略抉择 [J]，天津市教科院学报，1998 (5).

[47] 王敏勤. 由能力本位向素质本位转变——职业教育的变革 [J]. 教育研究，2002 (5).

[48] 许启贤. 职业素质及其构成 [J]. 江西师范大学学报（哲学社会科学版），2001 (4).

[49] 张良. 职业素质本位的高职教育课程建构研究 [D]. 长沙：湖南师范大学，2012.

[50] 吉飞. 高职院校职业素质教育有效途径探讨 [J]. 教育与职业，2009 (8).

[51] 吴光林. 高职院校职业素质教育的理论研究与实践探索 [J]. 中国高教研究，2009 (11).

[52] 时春梅. 高职院校学生职业素质开发研究 [D]. 长春：东北师范大

学，2010.

［53］王俊山，等. 高职院校职业素质课程体系构建研究［J］. 职业技术教育，2010（20）.

［54］李艳洁. “90后”来了［N］. 中国经营报，2012-06-28.

［55］第36次中国互联网络发展状况统计报告［OL］. http：//www.cnnic.net.cn/hlwfzyj/hlwxzbg/hlwtjbg/201507/t20150722_52624.htm.

［56］赵凌云. 浅谈“90后”学生的特点及教育对策［J］. 中国科教创新导刊，2010（11）.

［57］李浩然，刘海燕. 认知风格结构模型的发展［J］. 心理学动态，2000，8（3）.

［58］沃建中，闻莉，周少贤. 认知风格理论研究的进展［J］. 心理与行为研究，2004（4）.

［59］李寿欣，宋广文. 西方认知方式研究概观［J］. 国外社会科学，1999（1）.

［60］王勉. MPR纸质数码有声出版技术创新及发展优势［J］. 科技与出版，2014（4）.

［61］刘红菊. 比特思维下数字出版物设计教学实践［J］. 装饰，2014（8）.

［62］袁付成. 成人教育中成人参与学习的动机探究［J］. 河南教育（中旬），2008（4）.

［63］毕鑫煜. 成人学习动机探究［J］. 才智，2017（11）.

［64］凌玲. 成人学习基本理论——诺尔斯的观点［J］. 成人教育，2017（8）.

［65］林芸，宋艳萍，谢媛媛. 高职学生学习动机激励策略的探讨［J］. 教育与职业，2012（17）.

［66］欧阳建友，李星星. 高职学生职业素养培养现状分析［J］. 当代职业教育，2012（12）.

［67］张颖. 激发和培养学习动机探索职业教育改革新途径［J］. 辽宁高职学报，2012（12）.

［68］万玉环. 激发中职生的学习动机提高中等职业教育教学质量［J］. 河南农业，2010（3）.

［69］来继文. 教学类电子出版物的改进措施［J］. 中国远程教育，2004（19）.

［70］赵学军. 论MPR图书的出版价值和发展前景［J］. 中国出版，2008（7）.

[71] 蔡丽萍，孟梅，陈庆合. 论学习动机理论与能力本位职教教材开发[J]. 教育与职业，2006 (14).

[72] 王咏雪. 浅述当代课程与教学论：新内容体系与教材结构 [J]. 教育现代化，2017 (29).

[73] 王同军. 应用型人才学习风格及其职业教育策略探讨 [J]. 职业教育研究，2014 (9).

[74] 许亚琼. 职业素养概念界定与特征分析 [J]. 职教论坛，2010 (25).

[75] 蒋乃平. 职业素养训练是职业院校素质教育的重要特点 [J]. 中国职业技术教育，2012 (1).

[76] 肖雯西，李同吉，米靖. 中等职业学校学生学习风格特征初探 [J]. 中国职业技术教育，2014 (36).

[77] 徐景贤. 高职教育课程标准制订的探讨 [J]. 唐山职业技术学院学报，2011，9 (1).

图书在版编目（CIP）数据

职业教育专业建设与课程教材开发/许远著．—北京：中国人民大学出版社，2019.6
ISBN 978-7-300-26958-0

Ⅰ.①职… Ⅱ.①许… Ⅲ.①职业教育-课程建设-研究-中国 Ⅳ.①G719.2

中国版本图书馆 CIP 数据核字（2019）第 082598 号

职业教育专业建设与课程教材开发
许远　著
Zhiye Jiaoyu Zhuanye Jianshe yu Kecheng Jiaocai Kaifa

出版发行	中国人民大学出版社		
社　　址	北京中关村大街 31 号	**邮政编码**	100080
电　　话	010－62511242（总编室）		010－62511770（质管部）
	010－82501766（邮购部）		010－62514148（门市部）
	010－62515195（发行公司）		010－62515275（盗版举报）
网　　址	http://www.crup.com.cn		
经　　销	新华书店		
印　　刷	北京昌联印刷有限公司		
开　　本	720 mm×1000 mm　1/16	**版　　次**	2019 年 6 月第 1 版
印　　张	19.75	**印　　次**	2023 年 8 月第 3 次印刷
字　　数	371 000	**定　　价**	48.00 元